Treasures for Scholars Worldwide

北京大學圖書館　臺灣"中央研究院"近代史研究所胡適紀念館　編纂

胡適藏書目録

Bibliography of the Collection of Hu Shih

· 1 ·

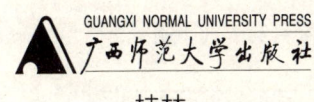

·桂林·

圖書在版編目（CIP）數據

胡適藏書目録：全4冊／北京大學圖書館，臺灣"中央研究院"近代史研究所胡適紀念館編纂．—桂林：廣西師範大學出版社，2013.8
　ISBN 978-7-5495-3919-2

Ⅰ．①胡… Ⅱ．①北…②臺… Ⅲ．①私人藏書－圖書目録－中國－現代　Ⅳ．①Z842.6

中國版本圖書館CIP數據核字（2013）第137344號

廣西師範大學出版社出版發行

（廣西桂林市中華路22號　郵政編碼：541001）
（網址：http://www.bbtpress.com）

出版人：何林夏
全國新華書店經銷
廣西地質印刷廠印刷
（廣西南寧市建政東路88號　郵政編碼：530023）
開本：787 mm×1 092 mm　1/16
印張：199.25　　字數：3000千字
2013年8月第1版　　2013年8月第1次印刷
定價：1680.00元（全4冊）

如發現印裝質量問題，影響閲讀，請與印刷廠聯繫調換。

編輯委員會

主　任：朱　强
副主任：潘光哲　張紅揚
主　編：鄒新明
編　委：鄒新明　鄭鳳凰　莊茹蘭　丁世良　周永喜　吳政同

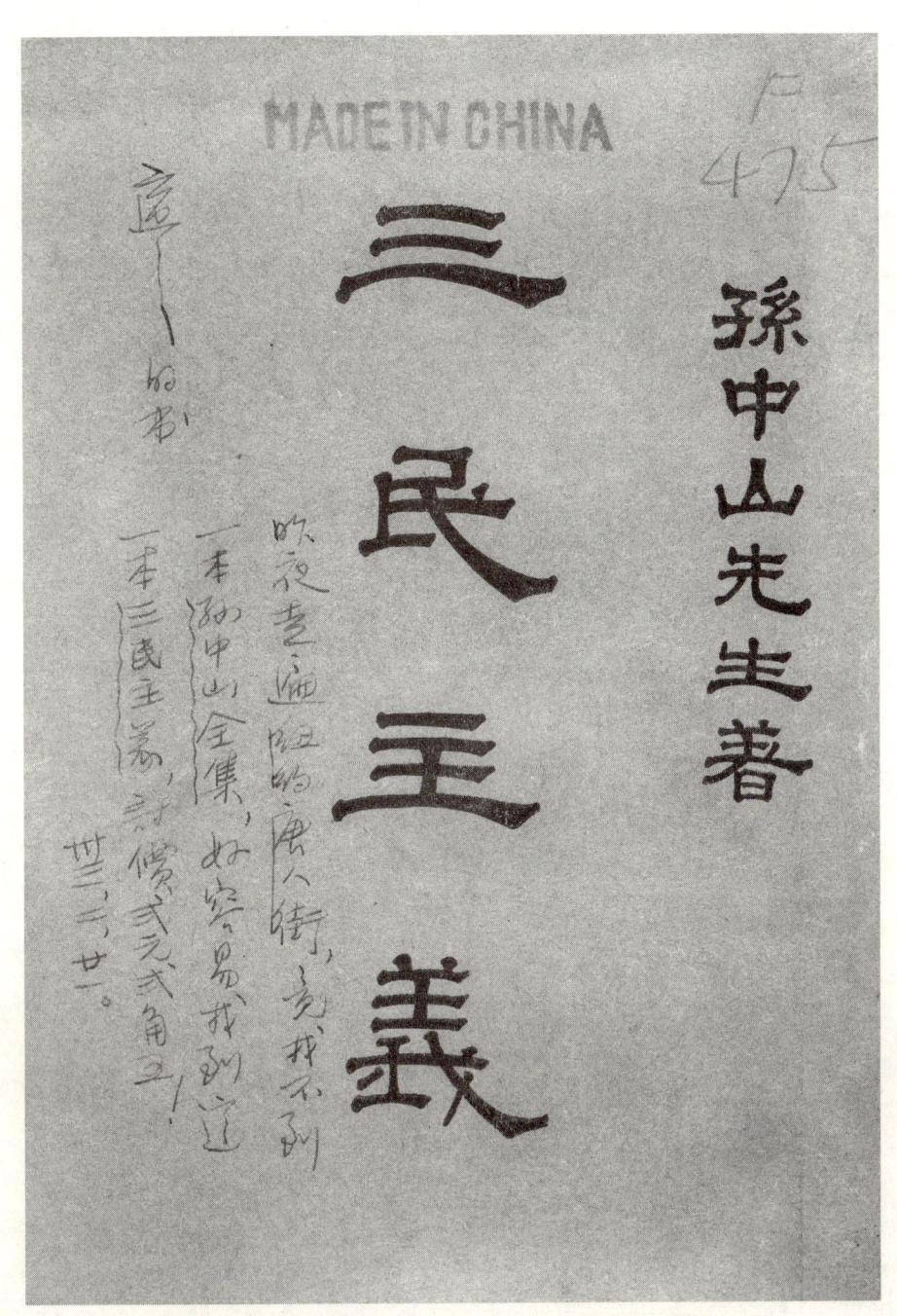

《三民主義》封面上的胡適題記（北京大學圖書館藏）

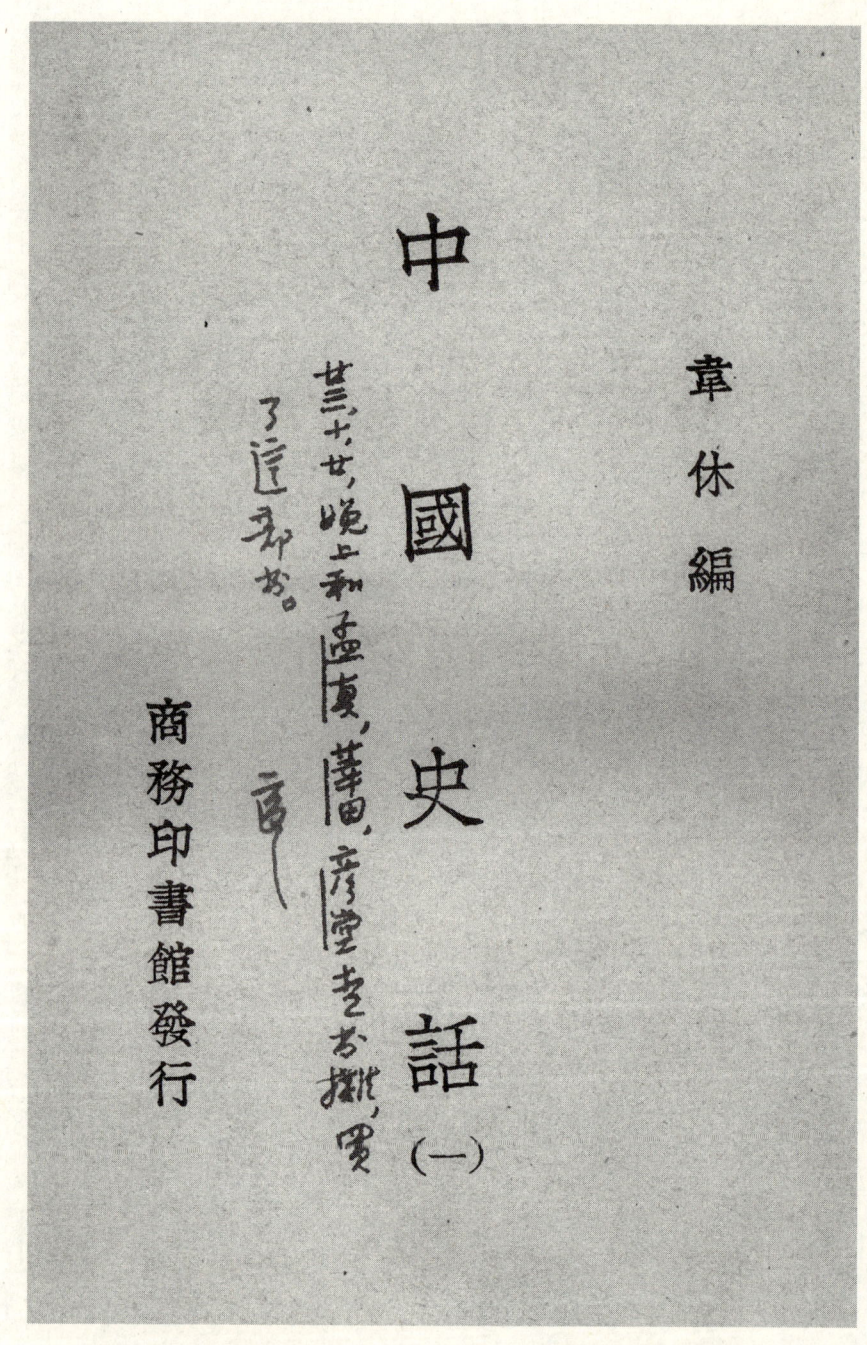

《中國史話》第一冊封面上的胡適題記 （北京大學圖書館藏）

顏李學派的程廷祚

胡適

此篇大體不錯。其中論綜莊中年以後態度轉變處，似須重他的變動，可以改正。

材料大致不錯，編制可以改它。

傳記部分可以改如簡單些，把回答件更要文件抽出留在下半篇。

陳援菴藏有綿莊与袁隨園札，可以採入。

適之
卅八，十，十三夜

國立北京大學國學季刊五卷三號
抽　印　本

《顏李學派的程廷祚》抽印本封面上的胡適題記　（北京大學圖書館藏）

三水梁燕孫先生年譜

鳳岡及門弟子謹編

> 我在四十自述的自序裡曾提到我勸梁士詒先生寫自傳的事。我在海外得見此譜，先日丘（？）是一部很用或的年譜，是一部很重要的傳記。丘（？）雖然不是自傳，我們應該把他当作一部自傳看。
>
> 胡適　卅四，五

《三水梁燕孫先生年譜》題名頁上的胡適題記　（北京大學圖書館藏）

之嫡派兒孫。二、於後來長篇小說中，時雜以詩詞歌詠成駢文敍述者，即「變文」體裁之轉用。三、中國戲曲，唱白兼用，此體裁之形成，亦可上推受於「變文」之啟示與影響。

石室祕藏，自啟發以來，幾成世人研究之一專門對相，「敦煌學」之呼聲，囂囂日上，研究『變文』者，大有其人，向達之唐代俗講考，孫楷弟之唐代俗講之科範與體裁，均研究『變文』之先聲。但『變文』原文，分散各處，猝難概見，因就手中所得抄本，裒爲一錄，蒐輯叢殘，或更有便於考訂斯學者。

一九五二、三、一。紹良於津門。

此果似是周汝昌的哥哥輯堂。他作紅樓夢新證的版，尾題「一九五三五于於津沽」与此尾題相似。
適一

《敦煌變文彙錄》叙文末尾的胡適題記　（胡適紀念館藏）

the scenes and relics of the Reformation in preparation for the present volume. Dr. Durant hopes to complete his history of civilization in 1962 with a seventh volume, The Age of Reason, *which will bring the story down to Napoleon and 1800. He will then be seventy-seven, and fully entitled to a rest.*

題杜蘭特先生「文化史」第六冊跋

此君與我同時在哥倫比亞大學（1915–1917），他比我大六歲，今年七十二歲了。他的「文化史」已出了六大冊。他的勤勞而有恆，博聞而能專力，故能有此過人的絕大成就。我題此短跋，很誠懇的感覺慚愧。

胡適 一九五七，十，十三夜

The Reformation: A History of European Civilization from Wyclif to Calvin: 1300-1564（《宗教改革——從威克里夫到加爾文的歐洲文明史：1300—1564》）書末的胡適題跋 （胡適紀念館藏）

此劇為萊氏名著德國曲本進
化是劇實其先河氏蓋以全
力經營故全書無一懈筆
真不朽之作他日當譯之
以為吾國戲曲範本云
適之

Minna von Barnhelm（《明娜·馮·巴恩赫姆》）扉頁上的
胡適題記 （北京大學圖書館藏）

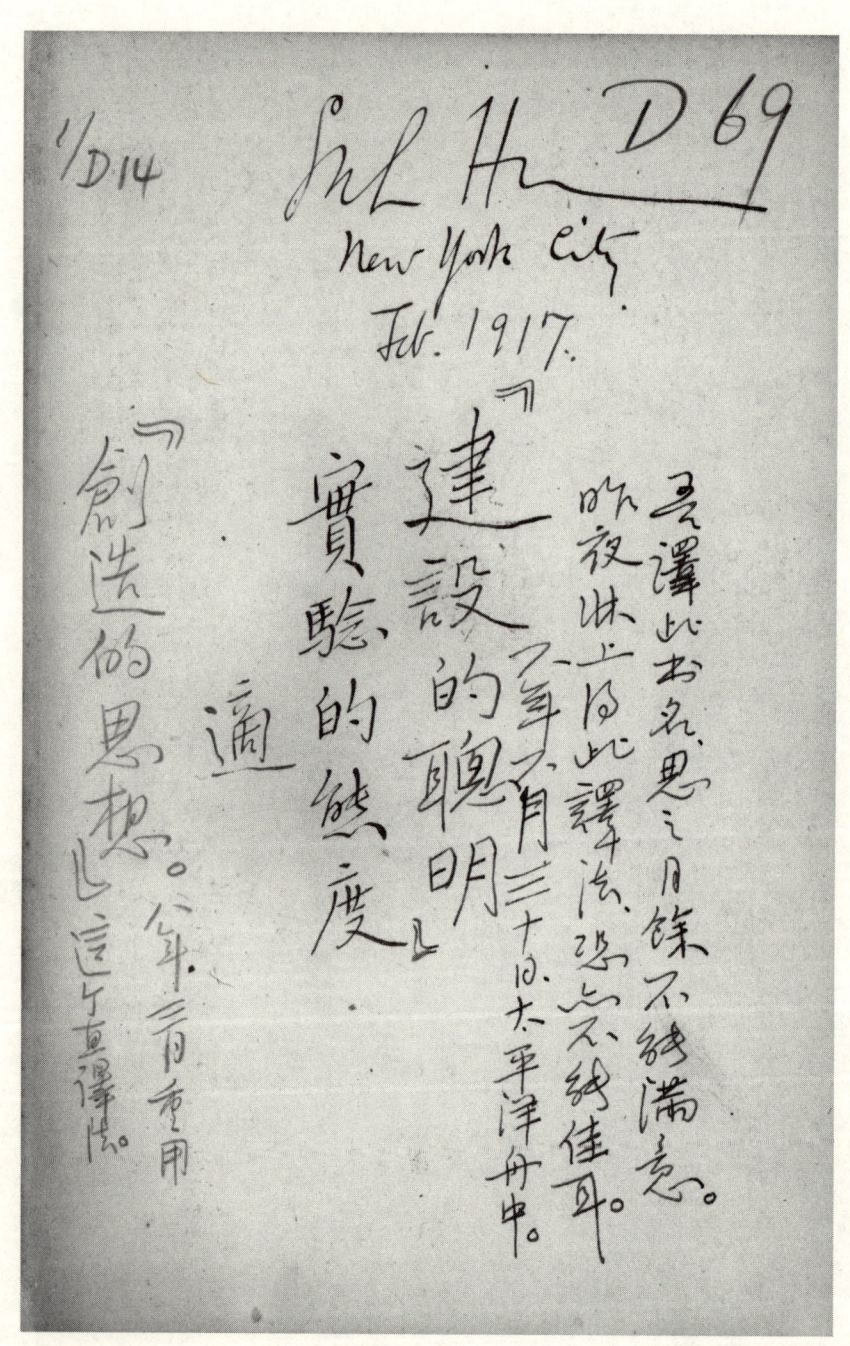

Creative Intelligence（《創造的思想》）扉頁上的胡適題記　（北京大學圖書館藏）

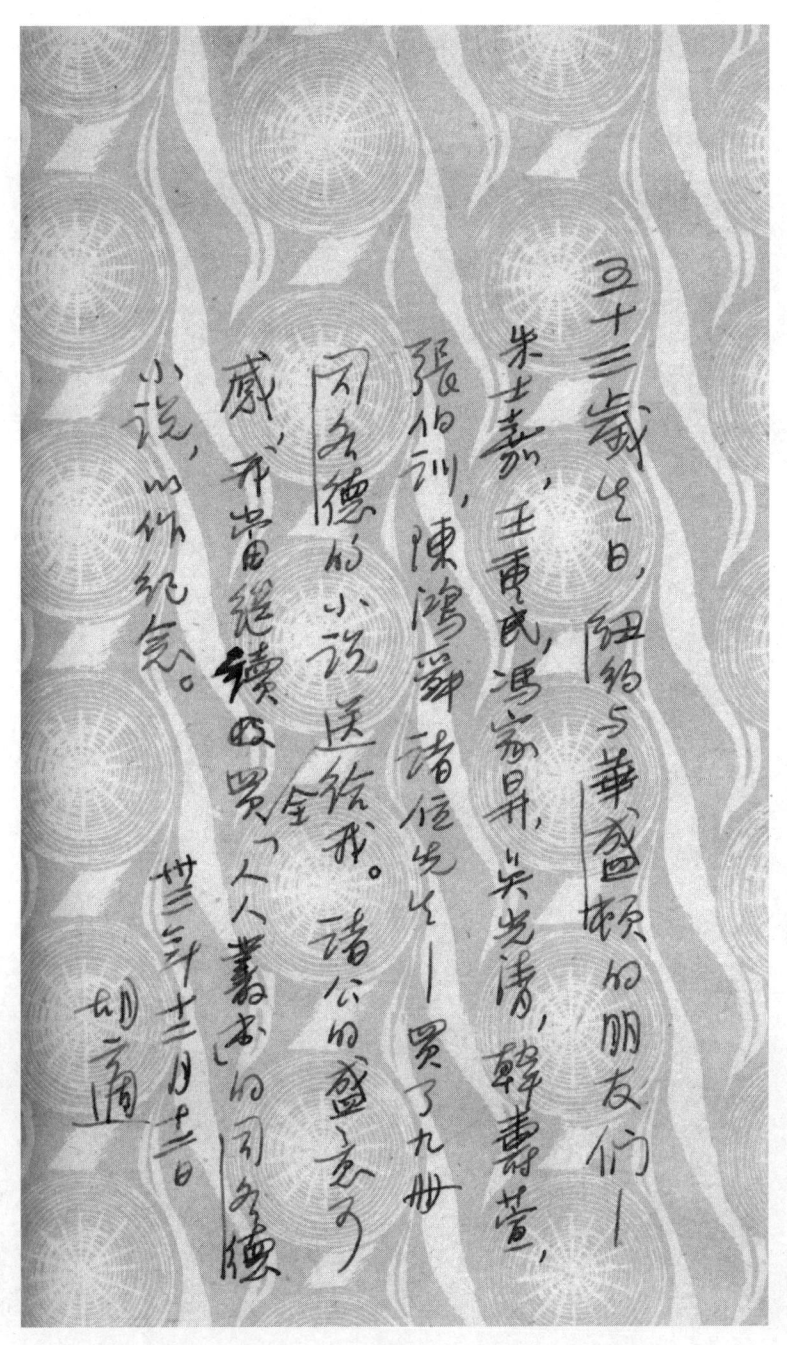

Ivanhoe（《艾凡赫》）扉頁上的胡適題記　（北京大學圖書館藏）

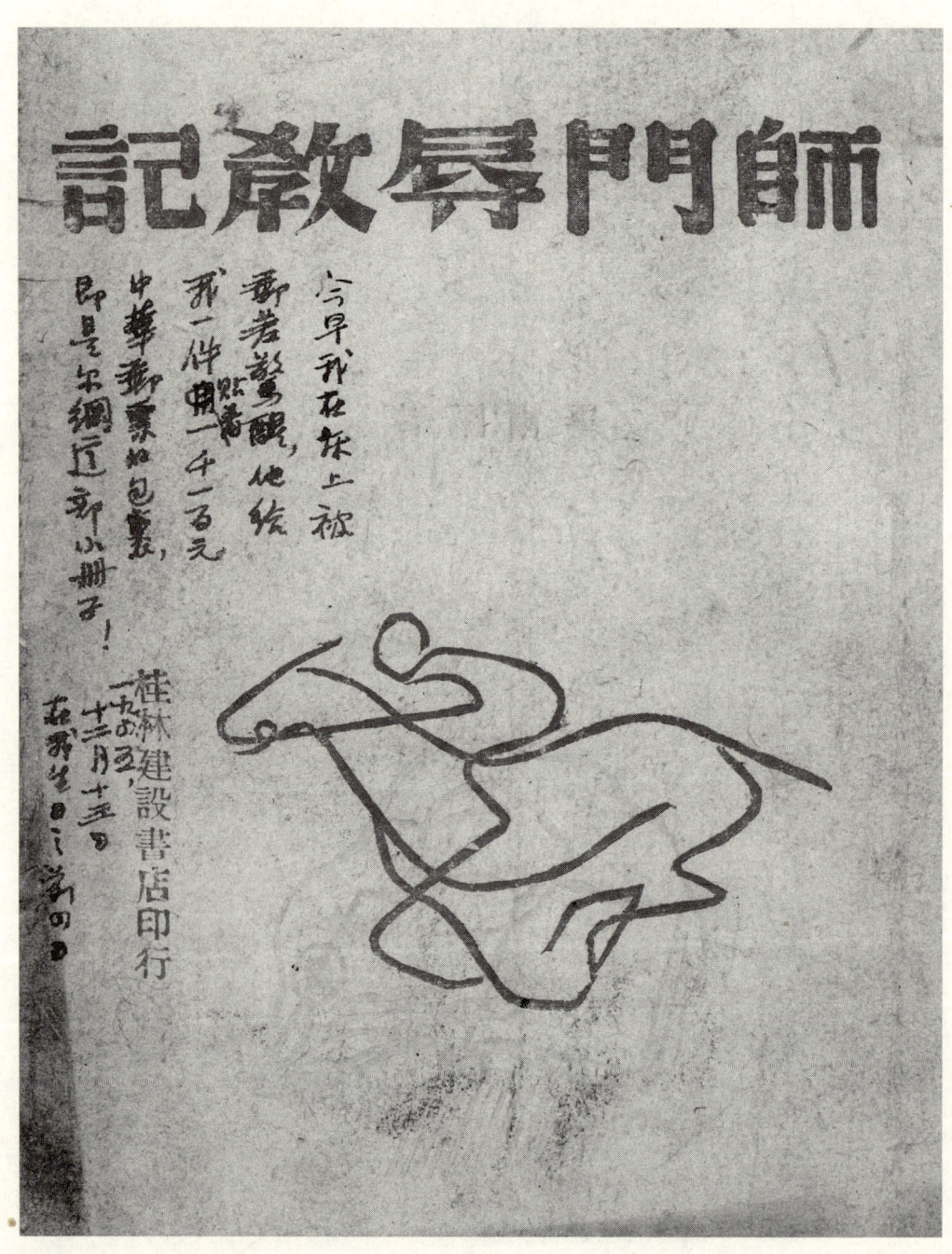

羅爾綱所贈《師門辱教記》封面上的胡適題記 （北京大學圖書館藏）

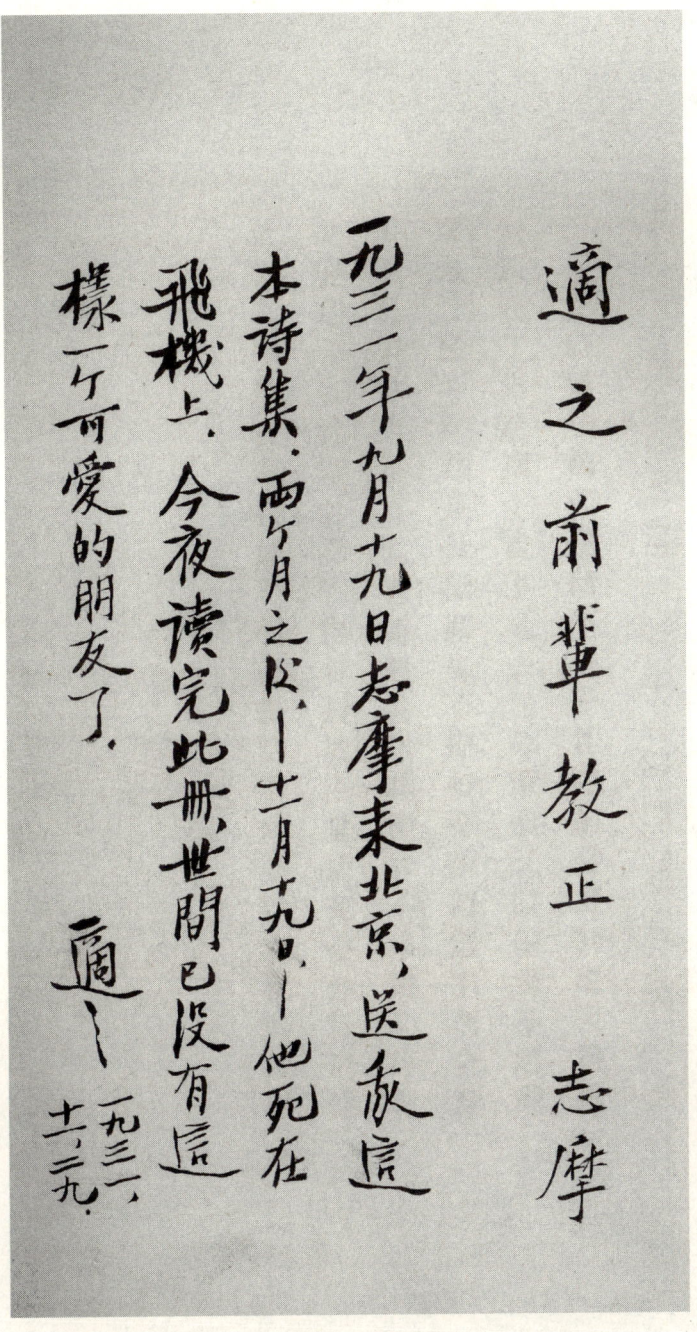

徐志摩題贈《猛虎集》扉頁上的胡適題記 （北京大學圖書館藏）

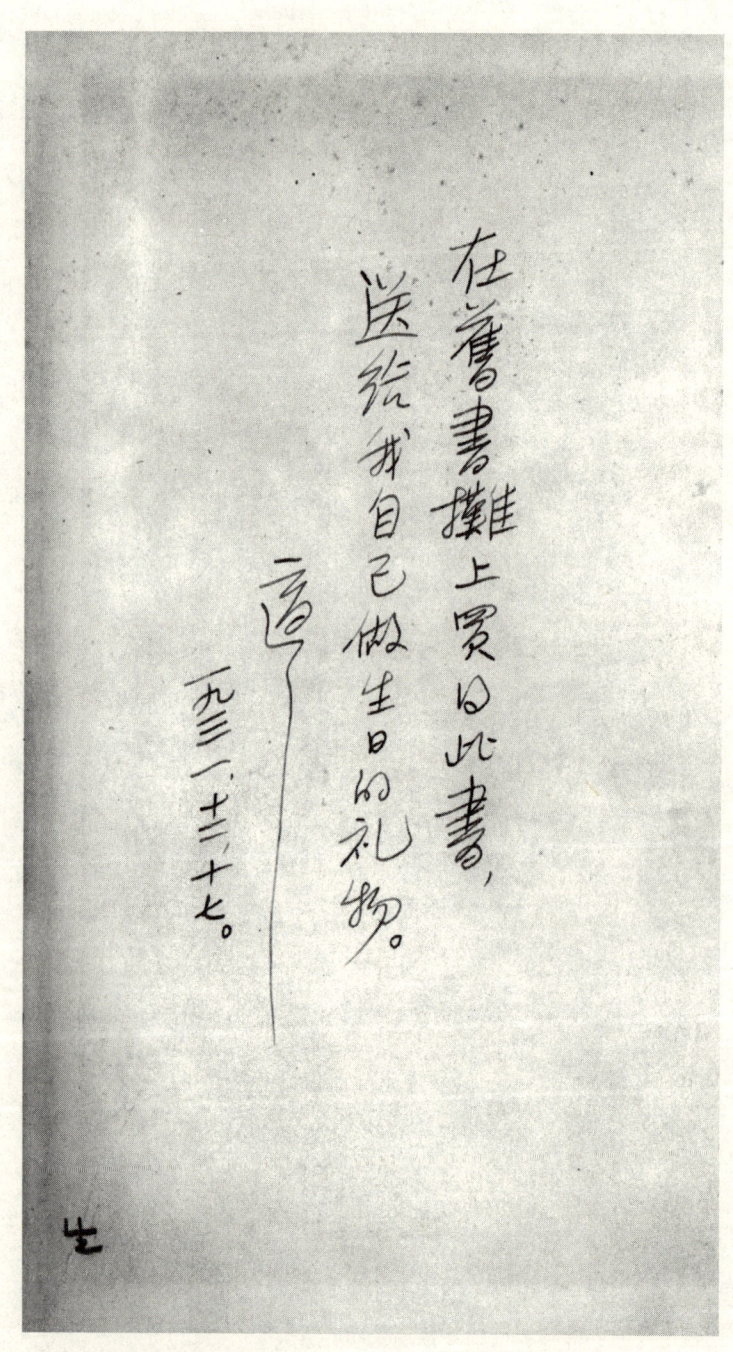

An Introduction to the Industrial and Social History of England（《英國工業和社會史導論》）扉頁上的胡適題記　（北京大學圖書館藏）

目　録

序 …………………………………………………………………… 1
前言（北京大學圖書館）…………………………………………… 5
前言（"中研院"近代史研究所胡適紀念館）…………………… 9
編輯體例 …………………………………………………………… 13

中文書刊目録

圖書目録

一、普通圖書目録

（一）北大圖書館館藏目録 ………………………………… 3

（二）胡適紀念館館藏目録 ………………………………… 572

二、綫裝圖書目録

（一）北大圖書館館藏目録 ………………………………… 1102

（二）胡適紀念館館藏目録 ………………………………… 1771

期刊目録

（一）北大圖書館館藏目録 ………………………………… 1886

（二）胡適紀念館館藏目録 ………………………………… 1902

日文書刊目録

圖書目録

一、普通圖書目録

（一）北大圖書館館藏目録 ………………………………………… 2057

（二）胡適紀念館館藏目録 ………………………………………… 2098

二、綫裝圖書目録

（一）北大圖書館館藏目録 ………………………………………… 2112

（二）胡適紀念館館藏目録 ………………………………………… 2116

期刊目録

一、普通期刊目録

（一）北大圖書館館藏目録 ………………………………………… 2118

（二）胡適紀念館館藏目録 ………………………………………… 2122

二、綫裝期刊目録

北大圖書館館藏目録 ……………………………………………… 2125

西文書刊目録

圖書目録

（一）北大圖書館館藏目録 ………………………………………… 2129

（二）胡適紀念館館藏目録 ………………………………………… 2684

期刊目録

（一）北大圖書館館藏目録 ………………………………………… 2943

（二）胡適紀念館館藏目録 ………………………………………… 2946

附録一 ……………………………………………………………… 3001

附録二 ……………………………………………………………… 3007

索引 ………………………………………………………………… 3009

後記 ………………………………………………………………… 3131

序

　　北京大學圖書館的鄒新明先生告訴我，在該館與臺北胡適紀念館合作之下，兩岸學者終於完成《胡適藏書目録》的編纂。此書即將與讀者見面，這是一件非常可喜可賀的事。致力於胡適研究的學者和致力於近代學術史、思想史研究的學者會格外感到高興。

　　我同新明先生相識約在十多年前。有一次我去北大參加蔡元培研究會的理事會，得機會認識了新明先生。當時他告訴我，北大圖書館已把整理胡適藏書的事情提上日程，他將主要致力於此項工作。此後，我們常有聯繫，他給過我不少幫助。這些年來，他曾寫過不少文章，介紹胡適藏書的有關情況。其中有幾篇曾在我主持的《胡適研究通訊》上發表，我有很深的印象。

　　這本藏書目録，不但其藏書種類繁多，數量非常可觀，而且更重要的是，其中很大一部分圖書，胡適都認真讀過，留下一些批劄文字和圈畫過的痕迹。有些還附記該書的來歷及相關故事，讀者可藉以瞭解胡適的行實，與朋友交往的情況，以及胡適的某些見解。此書編者特別細心地將這些信息都爲我們鈎稽出來，讀者閱讀此書目，不僅可以瞭解胡適先生藏書的情況，而且可以知道許多從前不知道的與胡適相關的傳記資料綫索和珍貴的學術信息。我相信，這一定是很多讀者特別感興趣的。

　　胡適留學回國的最初幾年(1917—1920)，沒有日記。但他的藏書中有一部分書却留下一些有關的記録。如，胡適回國第一年，1917年7月至年底，半年時間裏，胡適自己購買和朋友贈送的書中，以關於"小學"方面的書居多。有錢玄同贈的章太炎所著《文始》，自購《小學鈎沉》、《廣雅疏證》、《欽定清漢對音字式》，馬裕藻贈《説文通訓定聲》，胡翼謀贈《說文管見》等等。這說明胡適初回國，特別致力於充實自己"小學"方面的知識與功力。胡適很有自知之明，他在國內首發那篇鼓動文學革命的《文學改良芻議》時，故意避去"革命"的字眼，並強調"遠在異國，既無讀書之暇晷，又不得就國中先生長者質疑問難，其所主張容有矯枉過正之處。……伏惟國人同志有以匡糾是正之"。這些話，並非客套，乃胡適真實心理的反映。胡適深知自己的"小學"功底不厚，要在國內學界於舊學方面取得話語權，必須在"小學"上狠下一番功夫。

在這四年中，朋友贈書很多，就中以高一涵較突出，他與胡適既是同鄉（皆皖南人），又曾同租一處房子，同在北大教書，關係頗爲密切。他先後贈胡適《朱子大全》、《二程全書》各一部，後來他還與王徵（字文伯）一起在東京替胡適買得《佛學大辭典》。還有錢玄同、馬裕藻、吳弱男等也曾不止一次贈書給胡適，反映了他們之間的友誼。北大兩位青年俊彦，傅斯年、羅家倫也有贈書給胡適，而羅家倫在贈書題記中誠懇地說，胡適"是三年來影響我思想最大的先生"。這些從藏書中透露出的信息，很可使讀者對胡適先生的治學與交友有進一步的瞭解。

人們都知道，胡適先生也多次強調，他的思想受他的老師杜威的影響極大，這一點在胡適藏書中可以得到充分體現。據新明先生說，胡適藏書中，他詳細閱讀、圈畫並注有批劄文字的，有十七種之多。學者欲研究胡適和杜威的思想關係，應可從這些藏書中得到不少有用的資料。

胡適因新文化運動而得大名，成思想解放的先鋒，又於中國古代哲學史的研究、古小說考證等學術領域多有建樹。不但國內學者與之頻繁交往，海外治中國學的學者，即所謂漢學家，亦多與胡適相交往，這在胡適藏書中亦得到充分反映。新明先生在整理胡適藏書過程中，注意到這一點，曾有專文論及。鄒先生列舉十九位海外漢學家有贈書給胡適，胡適都留有題記，有的還有贈者的附言。把這些與胡適日記對照看，可以增加瞭解。

有些藏書還爲我們留下深入瞭解胡適思想見解的重要信息。如在一本美國人寫的綜論美國參戰前外交政策的書 *Peace and War（1931-1941）*（《和平與戰爭，1931—1941》）的扉頁上胡適自記道："范旭東先生於民國廿九年底來美國，他問我的外交方針；我對他說：'苦撐待變'四個字。變在人，而苦撐在我，我們只能盡其在我而已。范先生贊成此言，所以他回到重慶就托人刻了這個圖章寄給我。我從來不曾用過這個圖章；今天讀這本書，第一次用這圖章打在書冊上。"這段話寫於1943年的11月5日。後來，於1947年的6月5日，胡適又在書的內頁上加寫道："此書所搜材料，初看似甚完全，但實有故意隱諱的地方。如1941 November 21 Secretary Hull 向A、B、C、D四國（指英、荷、澳、中四國——引者注）使節提議的緩和日本辦法，此書全不提及,但有 November 26 的方案而已。又如中國方面的文件,此中一字不載。信史談何容易!"前一段記載說明范旭東先生爲胡適先生刻"苦撐待變"圖章的來歷,以及胡適所説"苦撐待變"四字的含義。後一段記載則説明胡適任駐美大使期間的一段經歷,並表示他對美國一部分政客和一部分學者歧視中國的態度的不滿。這都是很重要的材料。

　　胡適留在大陸的藏書,主要集中在北大圖書館,但也有一些很有價值的圖書,藏於其他地方,例如原北京圖書館(今名中國國家圖書館)就藏有胡適收藏的由周叔弢先生贈給他的《戴東原水經考次手稿》。胡適自從卸任駐美大使後,便一直以主要精力致力於《水經注》案的考證。此案戴東原是被告,有學者説他竊取了趙一清和全祖望的《水經注》研究成果。胡適認爲這是一椿冤案。他花了二十年時間,搜集相關《水經注》本,重勘此案。戴東原本人的著作自然是胡適極端重視的。胡適 1946 年 7 月剛回國,在同記者談話時就説,自己年來正集中注意力於《水經注》案的考證。此話傳出,如同登了廣告。有同好者,紛紛寄送各種《水經注》的版本。到 1948 年 12 月胡適離開北平時,他手上已有四十餘種《水經注》的本子。周叔弢先生的贈本是 1947 年 1 月送到胡適手上的。書中有周叔弢之子周一良先生在他父親決定將此書贈給胡適先生後,於 1948 年 8 月 5 日寫在書上的一封短信(我竟不知道,周一良先生何以不另紙寫此短信)。信中説:"上禮拜回天津,家父説,那本戴東原《水經》的鈔本,他沒有什麼用。您既有興趣,便送給您留供參考吧。但他頗想知道那本和李木齋(李盛鐸——引者注)藏的關係如何。希望您能便中見示!"胡適於 1948 年 8 月 12 日在這本書後寫下跋語。胡適説:"民國卅五年八月,我才看見北京大學圖書館藏的李木齋舊藏的戴東原自定《水經》一卷。我在八月裏寫了兩篇文字,指出這稿本的重要。卅六年一月十(日)夜,周一良先生來看我,把他家叔弢先生收藏的一本東原自定《水經》一卷帶來給我研究。我今年才得空寫成兩篇文字,其中一篇是比較這兩個本子的。簡單説來,周本是從東原在乾隆三十年寫定本抄出的精抄本。李本的底本也是(從)三十年本抄出的,後來又用硃筆加上了東原三十七年的修改本。……周本表示東原在乾隆三十年的見解,李本則是他在金華書院欲刻《水經注》時全部修改本,故與他後來自刻《水經注》最接近。……周本抄寫最精緻可愛。今年,一良奉叔弢先生命,把這本子贈送給我,我寫此跋,敬記謝意。"

　　《胡適藏書目録》是北京大學圖書館與臺北胡適紀念館合作完成的,書中也包括胡適紀念館所藏胡適藏書的目録。這部分書我從前完全沒有接觸過,幸由新明先生給我提供一些資料,才使我對這部分藏書有一點點瞭解。我的初步印象似有幾點可注意。一、胡適次子思杜曾幫助他的父親抄録《水經注》書稿,其中《全氏七校水經注》是胡適特別重視的一部書。胡適依據天津圖書館藏的"全氏五校本"校補這個所謂"七校本"。他曾寫有三萬多字的長文《〈全氏七校水經注〉辨僞》。就是這部書，胡適於1948年12月匆忙離開北平時，僅僅帶走其中的第二至第十一冊，而其第一冊和第十二冊，因入展北大五十周年校慶所辦的"《水經注》版本展覽"，無法隨身帶走。後來胡適曾努力設法將遺留北京的這兩冊書索回，但終未如願。直到北大圖書館與胡適紀念館合作編輯《胡適藏書目錄》，才有機緣使分置兩處的一部書有合璧的機會。這不但是胡適藏書中可資紀念的事，而且也算得上中國藏書史上一件令人感嘆的事。二、胡適往往在自己收藏的他人著作上留下一些表示他的看法的題記。他在魯迅的《中國小說史略》的後記之末記道："魯迅此書是開山之作，有工夫，也有見地。但他舉各書的例子，尤其是白話小說的例子，都很少有趣味的文字，往往都不够代表各書的作風。胡適。"須知，這是大陸正在鋪天蓋地地大批胡適的時候，胡適題在大陸新版的魯迅的書上。我們早已知道胡適對魯迅敬重而寬容的態度，但從胡適藏書中得此信息，不能不令人格外敬佩胡適先生的大氣。魯迅罵了他十幾年，簡直是罵得狗血噴頭。而胡適對魯迅，不論是公開場合，還是私下談話，以及私人筆記中，始終持以理性和寬容，實非常人可及。三、《目錄》中，據本書編者推斷——我很贊成這種推斷——有幾種書是胡適先生1948年匆忙離開北平時帶走的，其中有我上面提到的《全氏七校水經注》和其他一些與《水經注》考證有關的書和稿本。另有胡適作過詳細校改的《中國哲學史大綱》、《戴東原的哲學》及1919年北大出版部鉛印的《中古哲學史》的講義等等。這給我一種印象，在那炮火紛飛的時候，倉皇出走之際，胡適最想帶走這些書，反映出他極想償還的學術夙願：完成中國哲學史和《水經注》考證。然而，如所周知，這兩項夙願都沒有圓滿完成。我在不久前所寫《梁啓超與胡適》的一篇短文中，曾經感嘆："梁氏與胡氏其政治追求是大體一致的。梁先生追求憲政的實行；胡先生追求自由民主。兩人都未曾及身而見政治目標的實現。但梁先生却因退出政治舞臺，於思想學術上多有建樹，而嘉惠後人。胡先生捲入政治，雖其自由主義政論豐富了中國民主思想的滋養，但他也因爲分心於政治而未能專心完成自己的學術夙願，不免爲後學者留下遺憾。"

　　這本藏書目錄給我們提供了非常豐富而又非常重要的學術信息。爲説明閱讀胡適藏書對於治胡適研究和治近代思想史、學術史研究者的重要價值，略述我的一些粗淺的印象，聊供編者和讀者批評指正。

　　我非常高興兩岸學者完成《胡適藏書目錄》的編纂，祝賀此書的出版。

耿雲志　2012年11月22日　於容膝齋

前 言

　　胡適是中國近現代學術、思想、文化史上具有重要影响的人物,其一生勤於著述,交游廣泛,酷愛藏書,爲後人留下了極爲豐富的研究資源。長期以來,與胡適有關的原始資料不斷被整理出版,在胡適的著述、書信、日記等主要資料的出版趨於完整的情況下,胡適藏書的整理揭示開始受到越來越多的研究者和有識之士的關注。

　　胡適的藏書現主要由北京大學圖書館和臺北胡適紀念館收藏,其中,北京大學圖書館的收藏主要爲胡適1948年底之前的藏書,臺北胡適紀念館的收藏則主要是此後的藏書。

　　衆所周知,胡適喜歡在藏書上留下題記或批注,因此很多研究者對這些題記的整理都很期待。但北大圖書館胡適藏書的整理發表,據我們瞭解,此前只有北大哲學系樓宇烈教授整理的《胡適讀禪籍題記、眉批選》。除此之外,只有零散的個別題記的考證或以部分題記作爲參考的研究。此次兩館合作整理出版胡適藏書目錄,不僅可以比較完整地揭示胡適藏書,而且將書中的題記做了完整的著錄,既包括胡適自己的題記,也包括與胡適交往的學者、名人的贈書題記等,這無疑將爲研究胡適和中國近代史的學者提供大量的資料參考。王國維先生在《最近二三十年中中國新發見之學問》的演講中指出:"古來新學問起,大都由於新發見。"我們希冀本書的出版能够對有關胡適,乃至近代史研究有所推動。

　　在介紹兩館合作整理胡適藏書之前,我們先簡單回顧一下北大圖書館胡適藏書的搬遷整理與利用情況。1948年底,胡適倉促飛離北平,除帶走個別圖書、手稿外,個人多年搜求積累的豐富藏書和珍藏的手稿、日記、書信等珍貴資料,基本都留存於當年的住宅——東廠胡同一號後院的五大間書庫內,由次子胡思杜留下照看。後來,由胡思杜主持,毛準、王重民參加,由北大圖書館的郭松年、張光則、王幼忻等人將胡家的全部私人藏書和書信文檔裝成102箱,寄存在當時位於市内松公府的北大圖書館。1957年6月4日,胡適在紐約立下遺囑,決定將他"所擁有的102箱書籍和書信文件集全部捐贈給北京大學"。1961、1962年,北大圖書館將存放在松公府原北大圖書館內的胡適藏書運至燕園,存放在紅二、三樓樓頂。

搬遷之後,胡適的普通圖書(洋裝書)根據教師的需求,隨編隨同普通圖書按類排放。據北大哲學系樓宇烈教授回憶,"六十年代初至一九六六年間,北大圖書館曾陸續整理出一部分胡適藏書,編號上架,供讀者借閲。我也時常借到有胡適署名的書(主要是洋裝中文書)。文化大革命期間,這項工作完全停下來了"[1]。

大約上世紀80年代初,北大圖書館開始集中整理胡適綫裝書,樓教授回憶,"胡適的綫裝書被陸續整理出來,並分類編目上架,供研究借閲。由於胡適藏書很多,不少綫裝又都是無函套的散冊,北大圖書館在整理時都製作了新的函套加以保護,所以費時甚久,大約到一九八六年才基本上完成整理上架的工作"[2]。此回憶與本館當年參與其事的同仁的説法基本一致。值得指出的是,當時胡適綫裝書的整理編目並未全部完成。胡適綫裝書的分類編目,使研究者閱讀胡適藏書成為可能,但由於空間等因素的制約,胡適綫裝藏書被打散,按照分類號排架,不僅不利於研究者的集中閱讀研究,也大大增加了後來整理胡適藏書的難度。

胡適普通書的集中整理,則是在1998年北大圖書館新館建成,館藏空間緊張得到緩解之後。2000年夏季,北京大學對原燕京大學建築群樓頂進行維修加固,存放在這些樓頂的圖書館藏書必須全部搬遷,於是在紅三樓樓頂塵封了近40年的胡適普通藏書得以搬遷至新館。那一年的暑假,北大圖書館的鄒新明受前館長戴龍基之托,開始整理胡適藏書,並於其中發現了胡適澄衷學堂日記和一批中、英文書信,後來整理出版為《北京大學圖書館藏胡適未刊書信日記》。

此後,因工作安排的原因,北大圖書館的胡適藏書整理時斷時續。我們後來才知道,兩岸胡適藏書的整理似乎"心有靈犀"。2003年,胡適紀念館恢復中斷已久的胡適藏書整理工作。主要負責此事,並在後來兩館合作中發揮最為重要的聯繫推動作用和影響的是後來在臺灣東海大學任教的陳以愛教授。2003年3月,在臺灣"中央研究院"近代史研究所做博士後研究的陳以愛女士應當時胡適紀念館楊翠華主任的邀請,參與胡適藏書整理工作。到2006年夏,初步完成胡適紀念館3000餘種中、日文胡適藏書的整理著録工作。

---

[1] 樓宇烈:胡適讀禪籍題記、眉批選,收入《胡適研究叢刊》第一輯,北京大學出版社,1995年。
[2] 同上。

2005年，北大圖書館成立特藏部，胡適藏書普通書部分正式劃歸特藏部所屬北大文庫，這部分胡適藏書的整理才算走上正軌。2005年夏，陳以愛教授在北大圖書館查閱胡適藏書，並與鄒新明見面，轉達了楊翠華主任關於兩館合作整理胡適藏書的意向。陳教授回臺灣不久，兩館開始郵件聯繫，並有互訪協商，經過北大圖書館戴龍基、朱強兩任館長，胡適紀念館楊翠華、黃克武、潘光哲三任主任的努力促成，2009年4月，北大圖書館與胡適紀念館正式簽署"胡適藏書目錄整理合作協議"。2010年初，北大圖書館胡適藏書基本整理完畢。

與胡適紀念館集中存放胡適藏書不同的是，北大圖書館的胡適藏書被分成了兩部分，綫裝書歸古籍部，且被分散到各書庫相應的分類號下；普通書歸特藏部。被打散的胡適綫裝書是北大館胡適藏書整理的難點，所幸的是，本館存有一套胡適綫裝書的目錄卡片，我們才得以"按圖索驥"，借助本館"古文獻資源庫"進行檢索，把散失在150萬冊綫裝書海中的胡適藏書重新找回。需要指出的是，北大館至今仍有十餘萬冊綫裝書沒有編目，在新編的綫裝書中，時有胡適藏書發現。

談到北大圖書館胡適藏書，還有一件事情不能不提，那就是1963年移交現國家圖書館的胡適藏書。移交的具體數量，有不同的說法，陳以愛教授2006年曾為此事到國家圖書館和北大圖書館訪查，結論是懷疑當年調撥國圖的胡適藏書一共是12種，而不是一般所說的105種。我們根據檔案和圖書調查，基本支持陳以愛教授的判斷。這12種書目，我們將以附錄的形式加以揭示。

前面已經提及，北京大學圖書館現存主要是胡適1948年以前的藏書，從現在的統計數字看，包括中、日、西文書刊8699種，以中文、西文圖書為主。這些書刊涉及胡適學術、思想從形成到鼎盛時期，通過這批藏書，我們可以瞭解這一時期胡適學術、思想的淵源和形成過程，他與民國時期重要人物、海外學者的交往，對具體人物、具體著作的評價，以及他的藏書來源、特點和收藏興趣等等，因此對胡適和中國近代史研究具有很高的參考價值。這裏試舉幾例：

一、1910年至1917年，胡適留美七年，這是他學術、思想形成的重要時期，北大圖書館保存的這一時期胡適藏書比較完整，從他帶去美國，留下很多圈點批注並據以寫成《〈詩〉三百篇言字解》等考據文字的《十三經》，到"發憤盡讀"的杜威著作，這些都是考察胡適學術、思想起源的重要參考。

二、1920年，梁啟超曾贈胡適《秋蟪吟館詩鈔》一書，在書衣的題記中，梁啟超有"與語金亞匏《秋蟪吟館詩》，適之乃未見"等語。胡適完成於1922年的《五十年來中國之文學》一文，在總結這一時期的詩歌時，主要介紹了兩位詩人：黃遵憲和金和（即金亞匏）。由此我們可以推知，胡適對金和的推崇應該是受梁啟超的影響。

三、胡適與顧頡剛由親到疏，對古史的看法由相近到相左的交往歷程，為許多學人所關注。北大館藏胡適藏書中，不僅有不少顧頡剛贈給胡適或爲胡適代買的圖書，也有胡適在顧氏一些著作上的評價批注，其中最爲重要的是他在顧氏《五德終始說下的政治和歷史》一文抽印本上留下的大量批注。這些都有助於我們瞭解二人的學術交往與學術分歧。

兩館在均基本完成胡適藏書整理的情況下，經過一年多的努力，於2011年初完成書目的編寫。2011年10月，兩館聯合與廣西師範大學出版社簽署出版合同，出版《胡適藏書目錄》。在兩館的共同努力下，呈現給讀者的是12 000餘種胡適藏書目錄，包括中、日、西文。雖然我們盡最大努力使胡適藏書能夠得到完整地揭示，但由於種種歷史原因，這種完整也只是相對的。我們會在以後的工作中隨時留意，繼續收集整理，到一定時期加以補充完善。

本書目的完成，我們認爲最需要感謝的是臺灣東海大學陳以愛教授，她不僅親自負責胡適紀念館胡適藏書的整理，制定整理著錄的具體欄目，而且多次到北京調查北大館、國圖的胡適藏書情況，積極促成兩館的合作，並無私提供當年的調查文檔供我們參考使用。

感謝北大圖書館的戴龍基前館長、朱強館長，胡適紀念館的前後三任主任楊翠華女士、黃克武先生、潘光哲先生，沒有他們的支持和推動，兩館合作只能是空談。我們還要感謝胡適紀念館的彭靖媛小姐、鄭鳳凰小姐、莊茹蘭小姐，他們爲兩館合作和本書的出版作了很多細緻而又極爲重要的工作。

本書目北大圖書館部分的編寫完成，是圖書館各方同仁協作努力的結果。特藏部的鄒新明總體負責本館胡適藏書的整理和書目的編寫，並擔任本書主編，爲此做了大量辛苦細緻的工作。特藏部張紅揚主任不僅在推動與胡適紀念館的合作，協調館內及部門內的相關工作，聯繫出版事宜等方面做了大量的工作，而且在具體整理、編輯體例等方面提出了很多寶貴意見。特藏部的吳政同、周永喜老師在具體整理胡適藏書過程中也貢獻頗多。古籍部的丁世良老師不辭辛苦，負責3000種胡適綫裝書的查找核對，使北大館胡適藏書目錄的完整揭示成爲可能。古籍部的姚伯岳、劉大軍、于義芳、胡海帆、馬月華、湯燕、常文嵐、展京芬、楊楠楠、吳曉雲、何燕華、王俊、魯學禮等老師都爲本館胡適藏書的整理提供了很多無私的幫助。此外，北大圖書館分館辦的徐韶老師在普通圖書著錄規範方面給予了很大的幫助，在此一併表示感謝！

感謝廣西師範大學出版社文獻圖書出版分社雷回興社長和金學勇先生，他們爲本書的出版做了大量細緻的編輯、校對工作。

今年恰逢適之先生逝世五十周年，本書的出版應該是一種很好的紀念。

北京大學圖書館　2012年11月20日

前　言

一、緣起

胡適先生是個愛書的人，以書爲友樂趣無窮。在他一生中留下了數萬冊的藏書，可惜的是，因時代的動亂，他的藏書分散數地。胡適藏書流遷播散的故事，正是胡適先生一生漂泊的寫照。

現存的胡適藏書，主要藏於北京大學圖書館和本館（臺北"中研院"近代史研究所胡適紀念館），少部分在北京社會科學院近代史研究所圖書館及北京國家圖書館。

身爲胡適先生的紀念館，我們很高興能在今年與北京大學圖書館一同爲胡適先生的藏書出版一部較完整的目錄。我們心懷感恩，特向促成這件美事的臺灣東海大學副教授陳以愛女士致謝。

2003年，在本所（臺北"中研院"近史所）從事博士後研究的陳以愛女士，因從事學術史研究，對胡適藏書上的批記很感興趣，接下本館胡適故居藏書的整理工作。2004年夏，陳女士造訪北京大學圖書館，無意間在該館特藏部發現胡適藏書，埋下了全面搜索胡適藏書下落的種子。2005年秋，時已至東海大學通識教育中心任教的陳以愛教授，不減對胡適藏書的熱衷，再度前往北京大學圖書館，此行並受當時本館楊翠華主任的委托，探詢與北大圖書館合作整理胡適藏書的可能性。這次，通過王世儒先生的介紹，陳教授與該館鄒新明先生會面，搭起本館與北大圖書館溝通的橋梁。此後，在北大圖書館戴龍基前館長、朱強館長，以及本館黃克武主任、潘光哲主任等歷任館長的支持下，持續洽談合作事宜，但因人事交替，有時青黃不接，故遲至2009年4月兩館方簽署"胡適藏書目錄整理合作協議"。2011年4月，兩館的胡適藏書目錄全部整編完畢，本館亦完成藏書批注數位化典藏。同年9月，兩館決定再度合作,將藏書編目成果,委由廣西師範大學出版社出版爲《胡適藏書目錄》。

二、本館藏書特色

本館收藏的胡適藏書,包含中、日、英文圖書、期刊及少數其他語文書籍,共 3813 種,計 6918 冊。除極少數是胡適先生 1948 年底從北平帶出來之外,絕大部分是 1949 年以後在美國及 1958 年回臺灣就任"中研院"院長後搜集而成的,其來源有胡適先生自購、托人代購及親友饋贈。

值得一記的是胡適先生自北平帶出來的薛福成刻《全氏七校水經注》。這套綫裝書原有四十卷,共十二冊,1948 年 12 月 15 日胡先生匆忙離開北平,只帶走第二至十一冊。没帶走的第一與第十二冊,原是爲了慶祝北大五十週年校慶的《水經注》版本展。當時這場學術展覽,除了從北大圖書館藏善本書選出約五百種展示以外,胡適校長多年來搜集的各種《水經注》版本也一併陳列,其中這兩冊也在展示之列。胡適先生離開北平當天,曾緊急托人到北大展覽場取回幾部他的戰前日記及這兩冊《水經注》。不料,所托之人途中受阻,未能及時趕到,而胡先生搭乘的專機已經飛離北平了。此後,胡適先生多次想方設法要索回這兩冊,但終告失望。[1] 他在所存十冊裏除寫滿眉批與注記之外,亦留下對此二冊掛念的字句。

2005 年秋,陳以愛教授再度造訪北大圖書館古籍特藏部之際,見到了胡思杜親手謄錄胡適批校的薛刻《全氏七校水經注》第一冊與第十二冊,得此副本,如同親見胡適的手批校本。陳教授徵得該部同意,拍攝了這兩冊的書頁,帶回胡適紀念館,讓分隔兩地的《全氏七校水經注》得以完整呈現,彷彿是失散的胡適與胡思杜父子再度團聚,令人感動,也令人不勝唏噓。

胡適先生在其藏書中留下了大量的眉批、注記與隨想,這對於研究胡先生晚年的學術思想脈絡,提供了大量的參考材料。根據陳以愛教授的研究,本館中文藏書的研究價值有幾方面:

第一,它有助於我們瞭解胡適晚年的學術見解,包括他對自己學術工作的評價。胡適在自己著作上往往留下注記,上面常常有不少修改或補充,可以使我們了解他的晚年自我評價,以及他的學術上的進步和觀念的改易變遷。

第二,胡適往往收藏近代學者的著作,尤其是和他的研究領域相關或相近的學者著作,例如:王國維、陳寅恪、錢穆、陳垣、湯用彤、周汝昌等。這些著作上胡適留下的批注,有助於我們了解胡適對這些學人的直接看法,以及了解這些學者之間的

---

[1] 詳細過程,參見陳以愛:胡適的《水經注》藏本的播遷流散(上),九州學林,卷 4 期 4(2006·冬季),頁 149—183;胡適的《水經注》藏本的播遷流散(下),九州學林,卷 5 期 1(2007·春季),頁 105—159。

關係。

第三,胡適對這些近代學者或前人著作留下的批評,有些也具有學術上的貢獻。例如:《于文襄公手札》的重新編次,就對"四庫學"(清代學術史)很有貢獻。

第四,胡適對於近代的政治人物,不管是蔣介石還是毛澤東,顯然都有他的看法。而且,他對中國大陸發動的胡適思想批判也極感興趣。這部分藏書上的批注,有助於我們了解胡適這個人,以及他對政治人物的看法。[1]

同樣,本館英文藏書也有上述幾方面的研究價值:第一,胡適對自己學術工作的看法與評價。他在其著作《先秦名學史》(*The Development of the Logical Method in Ancient China*)、《中國的文藝復興》(*The Chinese Renaissance: The Haskell Lectures · 1933*)等書中留下許多注記。第二,收藏許多近代西方學者的著作,如瑞典著名漢學家高本漢(Bernhard Karlgren),美國漢學家史華慈(Benjamin Schwartz)、托馬斯·卡特(Thomas Francis Carter)、賴德烈(Kenneth Scott Latourette)、英國科技史專家李約瑟(Joseph Needham)等。這些著作上胡適留下的批注,也有助於我們了解胡適對西方漢學家的看法。第三,胡適對政治的研究材料,例如:*United States Relations with China: With Special Reference to the Period 1944-1949*, *Nazi-Soviet Relations, 1939-1941* 等書,這些書上的注記,也有助於我們了解胡適的政治思想。

當然,上述簡介僅爲概況性的介紹,究竟這些新材料能够帶來多大的研究養分,有待"胡適研究"學者專家的投入,做更深入的探索。

三、整理藏書的方法與甘苦

除了陳以愛教授帶領助手親自投入中文藏書編目之外,另有本院中國文哲研究所楊貞德教授亦帶領學生爲本館的英文藏書作編目。2006 年起,則由本館工作人員完全接手中、英文藏書編目工作,而陳教授仍不時提供咨詢意見。

最初,中文藏書的編目,列有書名、作者、版本項、出版項、稽核項、叢書名、排架號、典藏狀況、備考等欄位。英文藏書編目則列有書名、作者、版本項、出版項、書名頁注記(用印)、排架號、閱讀注記、備考、"中研院"館藏書號等欄位。最後,決定中、英文藏書使用相同的編目欄位:館藏號、書名、作者、版本項、出版項、稽核項、裝訂方式、叢書名、館藏位置、館藏冊數、典藏狀況、備考等欄位。2005 年起,本館與北大圖書館展開交流,開始將藏書整理經驗與之分享,包括提供藏書目錄選例,供其參考。當時北大圖書館負責編目的鄒新明先生,即用此目錄格式著手整理,這是後來合作的基礎。

---

[1] 陳以愛:兩岸胡適藏書的整理與胡適研究前景,未刊稿,頁6—7。

陳教授當時規劃目錄欄位時，以"備考欄"最爲重要，裏面詳細説明該書的内部狀況，作爲未來整理工作的依據，並供研究者參考。"爲了寫好這個備考欄，以免有遺漏，我們工作人員就一頁頁的翻閱，留下記錄，舉凡胡適在書上的摺頁、圈劃、注記、擠進紙條等等，都做了詳細記錄。"[1]

其中的甘苦也值得一記：

作爲胡適研究者，能夠親身接觸、觸摸胡適藏書和其上的批注，是非常興奮、非常吸引人的工作。……在這個翻閱記錄藏書批注的過程，老實説，有時候實在蠻辛苦的，但是爲了要確定每一部書的狀況，我和助手們只好用最笨的方式，一頁一頁檢查，留下注記。其中，我最記得胡適收藏的一套《正誼堂全書》，翻了我三天之久，其間鼻子過敏，腿部發酸，但是到最後就可以很確定這部分的内部狀況，令人欣慰。[2]

陳教授的體會，相信曾經一起工作的同仁們都感同身受。

本館胡適藏書的整理得以完成，除了感謝東海大學陳以愛教授熱心協助及歷任主任的支持之外，本院文哲所楊貞德教授帶領學生爲英文藏書編目，其無私奉獻的精神，本館也致上萬分的謝意！最後感謝曾經爲胡適藏書整理付出心力的工作同仁：柯月足、許惠文、莊茹蘭、鄭鳳凰、張家玲、蘇育琇、岑丞丕、王國泰、王飛仙、王超然。

"中研院"近代史研究所胡適紀念館
2012年11月

---

[1] 陳以愛：兩岸胡適藏書的整理與胡適研究前景，未刊稿，頁1。
[2] 陳以愛：兩岸胡適藏書的整理與胡適研究前景，未刊稿，頁1—2。

編輯體例

一、本書目著録現存北京大學圖書館和臺北胡適紀念館的胡適藏書;北京大學圖書館皮藏者爲1948年底之前胡適的主要藏書,胡適紀念館皮藏者爲1948年底胡適離開北平之後的藏書。此外,編者以附録的形式列出了1963年北京大學圖書館移交國家圖書館(當時的北京圖書館)書目清單,以及從北大圖書館藏書中發現的,胡適1948年底離開北平之前,陸續贈給北京大學圖書館的部分圖書清單。

二、本書目先按文種分爲中文、日文、西文三類;每類下又分爲圖書、期刊兩類;圖書類下再按裝訂形式分爲普通書和綫裝書兩類。期刊基本爲普通裝訂,有兩種日文綫裝期刊單獨列出。

三、本書目著録之編排順序,首以中文、日文、西文爲序;各文種内以圖書、期刊爲序;圖書内則以普通書、綫裝書爲序。各具體類目内,如"中文綫裝書",先列北京大學圖書館皮藏者,再列胡適紀念館皮藏者。中文書刊按照題名拼音順序排列;日文書刊按照五十音圖順序排列;英文書刊按照題名字母順序排列。題名相同者,以出版年代排序。

四、本書目參考一般通行著録格式,綫裝圖書與普通書刊著録格式有所不同。

綫裝書著録内容主要包括:書名、著者、著作方式、出版項(刻印年代、刻印者、刻印方式)、函冊、叢書、館藏地(館藏號)、附注等内容。著者、出版項不詳者,可不著録。其中"附注"項主要揭示藏書中的簽名、印章、題記、批注、夾紙、夾信、與胡適的關係等内容,中文、西文書刊中的附注項内容與此相同。

著者前用括號注明著者所處時代,例如:(清)章學誠。

刻印年代著録爲朝代+年號+中文數字年,括號内注明對應的公元紀年,例如:清康熙十四年(1675)。

館藏地標注,北京大學圖書館用 PKUL(Peking University Library)標明,臺北胡適紀念館用 HSMH(Hu Shih Memorial Hall)標明。

樣例:

四書改錯二十二卷 (清)毛奇齡撰 清嘉慶十六年(1811)學圃刻本

1函8冊

西河合集

PKUL(X/096.7/2042/C2)

附注:

　　印章:書衣鈐有"胡適藏書"朱文方印。

　　題記:書衣有胡適題記:"毛奇齡的《四書改錯》二十一卷,附録一卷。嘉慶辛未甌山金氏刻的。九,十一,十八,胡適。"

　　與胡適的關係:函套有胡適題籤:"毛西河的《四書改錯》。"

五、普通圖書著録内容主要包括:書名、著者、著作方式、出版項(出版地、出版者、出版年)、稽核項(頁碼、尺寸)、叢書、館藏號、附注。需要説明的是,由於北京大學圖書館胡適普通書刊尚未編目,館藏號暫缺,用"(館藏號缺)"注明。

樣例一:

先秦諸子繫年考辨/錢穆著.——上海:商務印書館,1935

15,471,104,4,24 頁;22.6 厘米

大學叢書

PKUL(館藏號缺)

附注:

　　題記:其中一冊扉頁有作者題記:"適之先生教正。"

　　其他:本書有2冊。

樣例二:

The 19th Century: A Review of Progress/by A. G. Sedgwick, J. G. Bourinot, et al.—London, New York: G. P. Putnam's Sons, 1901

IX, 494p.; 22.2cm

PKUL(館藏號缺)

附注:

　　印章:扉頁有胡適毛筆簽名"Hu Shih"。

六、普通期刊著録内容主要包括：刊名、編者、出版項（出版地、出版者）、年代、卷期、稽核項（單卷期著録頁碼和尺寸，多卷期著録期數和尺寸）、館藏號、附注。

樣例一：

經濟評論/方顯廷主編.——上海：經濟評論社

　　1948：Vol. 1, No. 14

　　23 頁；25.6 厘米

　　PKUL（館藏號缺）

　　附注：

　　　　題記：封面有贈刊者題記："適公校長指正，範敬贈。"

　　　　批注圈劃：刊内 4 頁有胡適批注圈劃。

樣例二：

北大半月刊/編者不詳.——北平：北京大學學生自治會

　　1948：No. 4, 9

　　2 期；26 厘米

　　PKUL（館藏號缺）

　　附注：

　　　　題記：封面有贈刊者題記："胡校長指正。"

　　　　其他：第 4 期爲"五四特大號"。

七、期刊單篇論文抽印本，按照圖書著録，著録内容與普通圖書基本相同，"叢書"一項改爲"刊名和卷期"。

樣例：

"論語"一名之來歷與其解釋/趙貞信著.——北平：國立北平研究院，1936

　　40 頁；26.3 厘米

　　史學集刊第二期單行本

　　PKUL（館藏號缺）

　　附注：

　　　　題記：封面有作者題記："適之先生誨正，貞信敬贈。"

八、叢書的處理，一般將其中所包括各種圖書單獨著録。對於大部頭的常見叢書，如《萬有文庫》，爲節省篇幅，將整個叢書著録爲一種書，注明包括子書冊數。如其中個別圖書有附注項内容，則將其單獨著録，並與叢書參見。

九、責任者、出版項不完整者，中文普通書分別注明"著者不詳"、"出版地不詳"、"出版者不詳"、"出版年不詳"。

樣例：

哀哉熱河/湯爾和譯. ——出版地不詳：出版者不詳，1933

4，40 頁；22.7 厘米

PKUL（館藏號缺）

附注：

題記：封面有作者題記："叔永先生。"

西文普通書則用[s. l.]表示"出版地不詳"；[s. n.]表示"出版者不詳"；[n. d.]表示"出版年不詳"。著者不詳的情況，省略著者項，直接到出版地項。

樣例：

American Council Institute of Pacific Relations，1930－1931. ——[s. l.]：[s. n.]，[n. d.]

90p. ；28.6cm

PKUL（館藏號缺）

十、多卷本圖書，一律著錄爲一個條目，稽核項注明該書卷冊數和尺寸，如該書頁碼爲連續標注，在卷冊數後面注明該書總頁碼。在具體附注項中注明該項内容所在卷冊。多卷冊書各卷冊複本數、收藏各卷是否完整等信息，在附注項的"其他"中給予說明。

樣例一：

八十九種明代傳記綜合引得/田繼綜編. ——北平：哈佛燕京學社，1935

3 冊；26.4 厘米

PKUL（館藏號缺）

附注：

夾紙：第 1 冊書内夾有引得編纂處贈書條，上印有"敬贈閱並請教正，引得編纂處謹贈。"

其他：本書分爲第 1—3 冊，共 3 冊。

樣例二：

胡適文存二集/胡適著. ——上海：亞東圖書館，1930

3 冊；18.3 厘米

附注：

其他：本書爲 7 版 4 卷本，缺第 2 卷。

十一、普通圖書責任者有著者、譯者的情況，著者據版權頁照錄爲中文或西文。

樣例：

奧賽羅／William Shakespeare 著；梁實秋譯.──上海：商務印書館，1936

6，2，109 頁；21.2 厘米

PKUL（館藏號缺）

附注：

與胡適的關係：封面爲胡適題寫書名。

十二、版次相同的複本圖書，著錄爲一種，在附注項的"其他"下注明複本數。

樣例：

八年抗戰經過概要／陳誠著.──出版地不詳：出版者不詳，出版年不詳

3，54 頁；25.7 厘米

PKUL（館藏號缺）

附注：

內附文件：其中一冊書內夾有贈書者致胡適書信 1 頁。

其他：本書共有 2 冊。

十三、版次不同的書，視爲多種書，分開著錄。

樣例：

白話文學史上卷／胡適著.──上海：新月書店，1931

16，16，478 頁；20.4 厘米

PKUL（館藏號缺）

附注：

題記：其中一冊封面有胡適鉛筆題記："翻版二。"

其他：本書另有一冊。

白話文學史上卷／胡適著.──上海：新月書店，1933

16，16，478 頁；20.6 厘米

PKUL（館藏號缺）

附注：

其他：本書共有 3 冊。

十四、附注項中暫時不能辨識的文字、印章，暫時不能辨識的內容，以"□"注明。

十五、題名項、著者項、附注項中涉及異體字的問題，采取照錄的原則。其他各處則用規範字代替異體字。

十六、關於數字，題名項、叢書項和附注項中的引文照錄，其他處一般采用阿拉伯數字。

十七、關於普通書刊頁碼，一般前言、正文、後記頁碼分開著錄，中間用逗號分

隔,例如:8,312,5 頁。前言或者後記部分頁碼標記較多者,各自累計爲一個數位,用方括號加數位表示,例如:[20],350,[12]頁,表示前言包括多個部分,共計 20 頁;後記包括多個部分,共計 12 頁。如頁碼過多,且無法區分主次,則著録爲"1 冊",其後圓括號照實著録實際頁碼,例如:1 冊(3,12,8,25,40,22 頁)。如多卷本著録爲一條記録,各卷頁碼不是連續的,只著録册數,不著録頁碼。

十八、本書目采用繁體字排印。

中文書刊目錄

圖書目錄

一、普通圖書目錄

（一）北大圖書館館藏目錄

0001 阿保機營建四樓說證誤/陳述著. ——出版地不詳：出版者不詳，1947

127—138 頁；26.2 厘米

輔仁學誌第十五卷第一二合期抽印本

PKUL（館藏號缺）

附注：

題記：封面有作者題記："適之先生教，後學陳述敬呈。"

0002 阿濟格略明事件之滿文木牌/李德啓編譯. ——北平：國立北平故宮博物院文獻館，1935

24 頁；26.2 厘米

PKUL（館藏號缺）

0003 阿彌陀經白話解釋/黃慶瀾編著. ——蘇州：弘化社，1933

[10]，100，78，[41]頁；22 厘米

PKUL（館藏號缺）

0004 哀歌/燕京大學宗教學院編. ——蘇州：弘化社，出版年不詳

17，34 頁；18.6 厘米

燕京宗教學院小叢書

PKUL（館藏號缺）

0005 哀哉熱河／湯爾和譯. —— 出版地不詳：出版者不詳，1933

4，40頁；22.7厘米

PKUL（館藏號缺）

附注：

題記：封面有作者題記："叔永先生。"

0006 靄理斯婚姻論／楊虎嘯，金鍾華譯. —— 上海：美的書店，1928

136頁；18.9厘米

婚姻叢書

PKUL（館藏號缺）

0007 愛底藝術方法／靄理斯著；彭兆良譯. —— 上海：美的書店，1927

4，89頁；15厘米

新文化性育小叢書

PKUL（館藏號缺）

0008 愛眉小札／徐志摩著. —— 上海：良友圖書印刷公司，1936

210頁；17.6厘米

良友文學叢書

PKUL（館藏號缺）

0009 愛情定則／張競生編. —— 上海：美的書店，1928

[10]，272頁；18.3厘米

愛術叢書

PKUL（館藏號缺）

0010 安定先生年譜／胡鳴盛編. —— 出版地不詳：出版者不詳，出版年不詳

30頁；26.5厘米

蓮豐草堂叢書
　　　PKUL（館藏號缺）

0011 安徽大學新校舍落成紀念冊/著者不詳.——出版地不詳：出版者不詳，1935
　　　30 頁；18.5 厘米
　　　PKUL（館藏號缺）

0012 安徽省立圖書館中文書目 1932/安徽省立圖書館編.——出版地不詳：出版者不詳，出版年不詳
　　　［1217］頁；18.3 厘米
　　　PKUL（館藏號缺）

0013 安斯坦相對論下冊/夏元瑮編.——出版地不詳：出版者不詳，出版年不詳
　　　142 頁；24.9 厘米
　　　PKUL（館藏號缺）
　　　附注：
　　　　題記：封面有作者題記："胡適之先生，瑮。"

0014 安徒生童話新集/趙景深譯.——上海：亞細亞書局，1928
　　　4，108 頁；12.8 厘米
　　　名家合輯文學小叢書
　　　PKUL（館藏號缺）

0015 安陽龜甲獸骨發掘散佈及研究之經過/布那柯夫著.——列寧城—莫斯科：蘇聯研究院印書館，1935
　　　VII，105—107 頁；25 厘米
　　　PKUL（館藏號缺）

0016 昂朵馬格/ J. B. Racine 著；陳綿譯.——上海：商務印書館，1936
　　　2，79 頁；21.2 厘米
　　　PKUL（館藏號缺）

0017 奧賽羅／William Shakespeare 著；梁實秋譯. —— 上海：商務印書館，1936

[8]，109 頁；21.2 厘米

PKUL（館藏號缺）

附注：

與胡適的關係：封面爲胡適題寫書名。

0018 澳門效畧／劉萬章著. —— 廣州：廣東省立第一女子中學，出版年不詳

37 頁；18.5 厘米

PKUL（館藏號缺）

附注：

題記：扉頁有作者題記："敬懇適之先生教正，萬章，二○，三，十八。"

0019 八年抗戰經過概要／陳誠著. —— 出版地不詳：出版者不詳，出版年不詳

3，54 頁；25.7 厘米

PKUL（館藏號缺）

附注：

內附文件：其中一冊書內夾有贈書者致胡適書信 1 頁。

其他：本書有 2 冊。

0020 八年抗戰中國語文國際化的進展／周辨明著. —— 廈門：國立廈門大學文學院，1945

44，11，4 頁；19.6 厘米

PKUL（館藏號缺）

附注：

題記：封面有贈書者題記："To Dr. Hu Shih, with respectful compliments, 23 Sept. 1945, □□□."

0021 八年歐美考察教育團報告美洲之部／劉文骆等編. —— 上海：商務印書館，1920

1 冊（14，1，22，45，45，37，40，60，30，8，18，18，8，4，19 頁）；20.6 厘米

PKUL（館藏號缺）

0022 八旗制度考實／孟森著.——出版地不詳：出版者不詳，[1936?]

343—412 頁；26.5 厘米

國立中央研究院歷史語言研究所集刊第六本抽印本

PKUL（館藏號缺）

0023 八十九種明代傳記綜合引得／田繼綜編.——北平：哈佛燕京學社，1935

3 冊；26.4 厘米

PKUL（館藏號缺）

附注：

夾紙：第 1 冊内夾有引得編纂處贈書條，上印有"敬贈閱並請教正，引得編纂處謹贈"。

其他：本書分爲第 1—3 冊，共 3 冊。

0024 巴苴蘘荷辨／黎錦熙著.——出版地不詳：出版者不詳，出版年不詳

19 頁；25.6 厘米

師大月刊第十期文學院專號抽印本

PKUL（館藏號缺）

0025 巴克萊哲學談話三篇／G. Berkeley 著；關琪桐譯.——上海：商務印書館，1935

9, 133 頁；21.2 厘米

PKUL（館藏號缺）

0026 巴黎的鱗爪／徐志摩著.——上海：新月書店，1930

182 頁；18.7 厘米

PKUL（館藏號缺）

0027 巴黎世界弭戰會計畫書／亨利德蒙著；胡永齡譯.——出版地不詳：出版者不詳，出版年不詳

6，126 頁；20.8 厘米

PKUL（館藏號缺）

附注：

夾紙：書內夾有譯者名片1張，上書"適之先生，胡永齡呈政"。

0028 巴山閑話／華林著.——出版地不詳：出版者不詳，1945

60 頁；18.3 厘米

PKUL（館藏號缺）

附注：

其他：本書有2冊。

0029 跋洪去蕪本朱子年譜／容肇祖著.——出版地不詳：出版者不詳，1936

195—223，587—588 頁；26.2 厘米

燕京學報第二十期抽印本

PKUL（館藏號缺）

附注：

題記：封面有作者題記："適之先生教正，學生肇祖敬呈。"

0030 白川集／傅芸子著.——東京：文求堂書店，1943

[13]，375 頁；21.5 厘米

PKUL（館藏號缺）

附注：

題記：扉頁有胡適題記："胡適，卅六，三，卅日買的。"

0031 白虎通引得／引得編纂處編.——北平：哈佛燕京學社，1931

XVI，33 頁；26.2 厘米

PKUL（館藏號缺）

0032 白話文範第一冊／洪北平著.——上海：商務印書館，1921

[6]，114 頁；20.6 厘米

PKUL（館藏號缺）

附注：

　　其他：本書全本 4 冊，胡適藏書僅存第 1 冊。

0033 白話文談及白話詩談/胡懷琛著.——上海：廣益書局，1921

　　[4]，88 頁；18.8 厘米

　　PKUL（館藏號缺）

　　附注：

　　　　印章：扉頁有毛筆"緝明"簽名。

0034 白話文學史上卷/胡適著.——上海：新月書店，1928

　　16，16，478 頁；20.3 厘米

　　PKUL（館藏號缺）

　　附注：

　　　　題記：一冊封面有胡適題記："翻版（三）。"
　　　　印章：另一冊封面有胡適毛筆簽名"適之"。
　　　　其他：本書共有 2 冊。

0035 白話文學史上卷/胡適著.——上海：新月書店，1931

　　16，16，478 頁；20.4 厘米

　　PKUL（館藏號缺）

　　附注：

　　　　題記：封面有胡適鉛筆題記："翻版二。"
　　　　其他：本書另有一冊。

0036 白話文學史上卷/胡適著.——上海：新月書店，1933

　　16，16，478 頁；20.6 厘米

　　PKUL（館藏號缺）

　　附注：

　　　　其他：本書共有 3 冊。

0037 白話文學史上卷/胡適著.——上海：新月書店，1934

16，16，478 頁；19 厘米

PKUL（館藏號缺）

0038 白話譯解莊子／葉玉麟譯.——上海：大達圖書供應社，出版年不詳

[4]，220 頁；18.4 厘米

PKUL（館藏號缺）

0039 白話字詁／方毅編著.——上海：商務印書館，1920

2，95 頁；15.3 厘米

PKUL（館藏號缺）

附注：

題記：封內有胡適題記："此書壞的很，沒有意思。適。"

0040 白經天先生訃告／著者不詳.——出版地不詳：出版者不詳，出版年不詳

9 頁；26.2 厘米

PKUL（館藏號缺）

附注：

夾紙：封面貼有紅紙條，上書"胡先生適之"。

0041 白石樵真稿上／陳眉公著；阿英校點.——上海：上海雜誌公司，1935

2 冊（24，406 頁）；18.6 厘米

中國文學珍本叢書

PKUL（館藏號缺）

附注：

其他：本書分上、下 2 冊。

0042 白蘇齋類集／袁宗道著；阿英校點.——上海：上海雜誌公司，1935

[20]，292，2 頁；18.7 厘米

中國文學珍本叢書

PKUL（館藏號缺）

0043 白屋文話/劉大白著. ——上海：世界書局，1929

   216 頁；20.8 厘米

   PKUL（館藏號缺）

0044 白雪遺音續選/汪靜之編. ——上海：北新書局，1934

   [22]，176 頁；19.7 厘米

   鑑賞叢書

   PKUL（館藏號缺）

0045 百回水滸一/冲霄漢閣主點閱. ——北平：北平流通圖書館，1934

   5 冊；18 厘米

   PKUL（館藏號缺）

   附注：

   印章：第 1 冊封面鈐有"胡適之印章"朱文方印。

   題記：第 1 冊封面有胡適題記："王重民先生贈我的。胡適，卅七，二，廿六"；本書序有胡適題記："此似是翻印李玄伯的《水滸》百回本。序本題作'讀水滸記'，亦不署名。胡適，卅七，二，廿六"；本書第 2 頁有胡適題記："今天我用李玄伯的百回《水滸》來比勘這本子，始知這本子是用玄伯原本的紙版來翻印的。《讀水滸記》也沒有改一個字，只刪去玄伯的名字。只有序文是改了的。試看《讀水滸記》第三行'美家術'三字，原本也如此。但此二頁却是重排的。三頁以下，全是用舊紙版印的了。試比較兩本就可以看出個個字，個個標點符號，都是證據。卅七，三，八，胡適。"

   其他：本書全本 5 冊。

0046 班固年譜/鄭鶴聲編. ——上海：商務印書館，1931

   2，98 頁；18.8 厘米

   中國史學叢書

   PKUL（館藏號缺）

0047 班洪問題之我見/趙康節著. ——出版地不詳：出版者不詳，1934

   15 頁；26.4 厘米

民族雜誌第二卷第八期抽印本

PKUL（館藏號缺）

附注：

　　題記：封面有作者題記："適之先生指正,著者敬贈。"

0048　**半農雜文第一冊**/劉復著.——北平：星雲堂書店,1934

[16],326頁；25.1厘米

PKUL（館藏號缺）

附注：

　　印章：封面有胡適簽名"適之"。

0049　**半農雜文二集**/劉半農著.——上海：良友圖書印刷公司,1935

4,434頁；15.2厘米

良友文庫

PKUL（館藏號缺）

0050　**半周字彙索引**/周辨明編著.——廈門：廈門大學語言學系,1928

18,70頁；26.2厘米

PKUL（館藏號缺）

0051　**包寧綫包臨段經濟調查報告書**/鐵道部財務司調查科編.——出版地不詳：出版者不詳,出版年不詳

1冊(10,32,6,24,24,30,16,20,58,18頁)；26.4厘米

鐵道部經濟叢書

PKUL（館藏號缺）

附注：

　　內附文件：書內夾有顧孟餘致胡適書信1頁,油印件。

0052　**保健免病法**/周瑞庭著.——北平：京華印書局,1938

12,118頁；18.7厘米

PKUL（館藏號缺）

附注：

    題記：封面有作者題記："校長教正，周瑞庭敬贈，三十五年，十一，七。"

0053 **寶應劉楚楨先生年譜**／劉文興著．——出版地不詳：出版者不詳，出版年不詳

    90頁；26.5厘米

    輔仁學誌四卷一期抽印本

    PKUL（館藏號缺）

    附注：

        題記：封面有作者題記："學生劉文興謹呈。"

0054 **抱經堂文集**／盧文弨著．——上海：商務印書館，1936

    2冊（294頁）；22.8厘米

    四部叢刊初編縮本384

    PKUL（館藏號缺）

    附注：

        批注圈劃：第1冊書內2頁有胡適批注。

        夾紙：第1冊頁60、61間夾有紙條；第2冊頁182、183間夾有紙條。

0055 **報紙的政治自由和社會自由**／劉豁軒著．——出版地不詳：出版者不詳，出版年不詳

    20頁；26.3厘米

    PKUL（館藏號缺）

0056 **暴風雨**／莎士比亞著；曹未風譯．——上海：文化合作股份有限公司，1946

    130頁；17.2厘米

    曹譯莎士比亞全集

    PKUL（館藏號缺）

    附注：

        題記：封面有譯者題記："適之先生教正，曹未風贈，卅五年七月。"

0057 **悲多汶傳**／楊晦譯．——上海：北新書局，1927

Ⅲ, 86 頁；18.6 厘米

沉鐘叢刊

PKUL（館藏號缺）

0058 北晨學園哀悼志摩專號/著者不詳. ——出版地不詳：出版者不詳，出版年不詳

27 頁；23.4 厘米

PKUL（館藏號缺）

附注：

與胡適的關係：封面爲胡適題籤。

0059 北大國文教師近著——給報考大學學生的三封信/陰少曾，周因夢，陳高林著. ——北平：京城印書局，出版年不詳

26 頁；19.2 厘米

PKUL（館藏號缺）

附注：

題記：封面有作者題記："適之先生教正，生陳士林敬贈，卅六，八，三。"

0060 北方工業/徐盈著. ——出版地不詳：中外出版社，1947

2, 152 頁；18.3 厘米

PKUL（館藏號缺）

附注：

題記：封面有作者題記："敬獻胡適之先生，作者，五月卅一。"

0061 北京大學國文選/北京大學中國語文學系編. ——北平：新文化出版社，1946

3, 120 頁；23.2 厘米

PKUL（館藏號缺）

附注：

夾紙：封面貼有"胡適之先生"紙條。

0062 北京大學國文選上/北京大學中國語文學系編. ——北平：新文化出版社北平

總社,1946

2 冊(242 頁);23.1 厘米

PKUL(館藏號缺)

附注:

夾紙:下冊封面貼有紙條,上書"胡適之先生"。

其他:本書分上、下 2 冊,胡適藏書共有 2 套。

0063 北京大學卅五週年紀念刊/北大學生會三十五週年紀念籌備會出版委員會編.——北平:北京書局,1933

2,[84]頁;26.4 厘米

PKUL(館藏號缺)

0064 北京人/葉爲耽著.——上海:良友圖書印刷公司,1933

55 頁;12.9 厘米

一角叢書

PKUL(館藏號缺)

附注:

其他:本書共有 2 冊。

0065 北京司法部犯罪統計的分析/張鏡予著.——北京:燕京大學社會學系,出版年不詳

66 頁;25.4 厘米

PKUL(館藏號缺)

附注:

題記:封面有胡適題記:"今天檢書,尋得此冊,轉贈雲五先生。胡適。"

0066 北京藝文中學道爾頓制實施概況/著者不詳.——北京:藝文中學校,1926

93 頁;23.8 厘米

PKUL(館藏號缺)

0067 北平參議員選舉法規集覽/著者不詳.——出版地不詳:出版者不詳,出版年

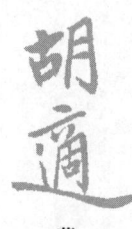

　　不詳

　　56 頁；18.1 厘米

　　PKUL（館藏號缺）

0068 北平崇孝寺楸陰感舊圖考/張江裁著.——北平：國立北平研究院總辦事處出版課，1936

　　15 頁；26.5 厘米

　　PKUL（館藏號缺）

0069 北平東嶽廟碑刻目錄/劉厚滋著.——北平：國立北平研究院總辦事處出版課，1936

　　24 頁；26.4 厘米

　　國立北平研究院院務彙報第七卷第六期單行本

　　PKUL（館藏號缺）

0070 北平婦女救護慰勞聯合會工作彙刊/著者不詳.——出版地不詳：出版者不詳，出版年不詳

　　234 頁；22 厘米

　　PKUL（館藏號缺）

0071 北平故宮博物院圖書館概況/著者不詳.——出版地不詳：出版者不詳，1931

　　2，18，4 頁；24.4 厘米

　　PKUL（館藏號缺）

0072 北平故宮博物院文獻館南遷檔案文物清冊/北平故宮博物院編.——北平：故宮博物院，1933

　　2，[138]頁；25.8 厘米

　　PKUL（館藏號缺）

0073 北平國民傷兵醫院報告書/著者不詳.——出版地不詳：出版者不詳，1933

　　44 頁；26.1 厘米

PKUL（館藏號缺）

0074 北平廟宇碑刻目錄/張江裁, 許道齡著.——北平：國立北平研究院總辦事處出版課, 1936
　　13，103 頁；26.8 厘米
　　PKUL（館藏號缺）

0075 北平清華同學錄/著者不詳.——出版地不詳：出版者不詳, 1934
　　22 頁；20.6 厘米
　　PKUL（館藏號缺）

0076 北平清華同學錄附天津同學錄/著者不詳.——出版地不詳：出版者不詳, 1948
　　42 頁；19 厘米
　　PKUL（館藏號缺）

0077 北平生活費之分析/陶孟和著.——上海：商務印書館, 1930
　　2，92 頁；23 厘米
　　社會研究叢刊
　　PKUL（館藏號缺）
　　附注：
　　　　夾紙：書內夾有社會調查所贈書卡 1 張。

0078 北平市第一民衆教育館概況/著者不詳.——出版地不詳：出版者不詳, 出版年不詳
　　28 頁；18.6 厘米
　　PKUL（館藏號缺）

0079 北平市手工藝生產合作運動/著者不詳.——北平：中央合作金庫北平分庫, 國際合作貿易委員會北平分會, 1948
　　[5]，44 頁；20.7 厘米

平庫叢書

PKUL（館藏號缺）

0080 北平市私立中學聯合會科學舘簡覽/著者不詳. ——出版地不詳：出版者不詳, 1936

9 頁；19.2 厘米

PKUL（館藏號缺）

0081 北平市政統計手冊/北平市政府統計室編. ——北平：北平市政府統計室, 1947

120 頁；15.3 厘米

PKUL（館藏號缺）

附注：

印章：封面有胡適鉛筆簽名"Hu Shih"。

0082 北平市自治之過程及將來/著者不詳. ——出版地不詳：出版者不詳, 1934

2, 42 頁；22.6 厘米

PKUL（館藏號缺）

0083 北平俗曲略/李家瑞編. ——北平：國立中央研究院歷史語言研究所, 1933

[10], 190 頁；26.6 厘米

PKUL（館藏號缺）

附注：

題記：一冊扉頁有贈書者題記："適之老兄惠存教正，弟復，二十二年三月一日。"

其他：本書有 2 冊。

0084 北平天橋志/張江裁著. ——北平：國立北平研究院總辦事處出版課, 1936

18 頁；26.4 厘米

PKUL（館藏號缺）

0085 北平文物必須整理與保存/梁思成著.——出版地不詳：出版者不詳，出版年不詳

 11 頁；21.7 厘米

 PKUL（館藏號缺）

0086 北平協和醫院第二十五次報告書/北平協和醫院編.——北平：北平協和醫院，1932

 2，62 頁；21.2 厘米

 PKUL（館藏號缺）

0087 北平研究院/著者不詳.——出版地不詳：行政院新聞局，1948

 51 頁；17.5 厘米

 PKUL（館藏號缺）

0088 北平音入聲的演化和連音的變化/張為綱著.——出版地不詳：出版者不詳，出版年不詳

 19—28 頁；22 厘米

 文學抽印本

 PKUL（館藏號缺）

 附注：

  題記：封面有作者題記："適之校長教正，生張為綱敬呈，卅六，八，廿五。"

0089 北平音系十三轍/張洵如編著.——北平：中華印書局，1937

 [74]，[386]頁；18.4 厘米

 PKUL（館藏號缺）

0090 北平遊覽區建設計劃/北平市政府編.——北平：北平市政府，1934

 2，32 頁；22.7 厘米

 PKUL（館藏號缺）

0091 北魏六鎮攷辨/朱師轍著.——出版地不詳：出版者不詳，出版年不詳

22頁；26.3厘米

輔仁學誌第十二卷第一第二合期抽印本

PKUL（館藏號缺）

附注：

題記：封面有作者題記："適之先生教正。"

0092 北音入聲演變考/白滌洲著.——出版地不詳：出版者不詳，出版年不詳

42頁；25.6厘米

中國大辭典編纂處報告之一

PKUL（館藏號缺）

附注：

題記：封面有作者題記："適之先生匡謬，學生白滌洲，十二月廿一日。"

0093 被囚禁的普羅密修士/Aeschylus著；楊晦譯.——北平：人文書店，1932

2，90，32頁；18.7厘米

PKUL（館藏號缺）

0094 被侮辱與被損害的/陀思妥夫斯基著；李霽野譯.——上海：商務印書館，1931

8冊；17.5厘米

萬有文庫第一集0885

PKUL（館藏號缺）

附注：

夾紙：書內夾有顧頡剛名片1張，上書"胡適之先生，介紹申報駐平記者汪□棣先生"。

0095 本國地理卷上/謝觀編著.——上海：商務印書館，1916

[9]，136頁；20.6厘米

PKUL（館藏號缺）

0096 本國史/呂思勉編.——上海：商務印書館，1927

［22］，313 頁；19.1 厘米

新學制高級中學教科書

PKUL（館藏號缺）

附注：

　　題記：扉頁有原書主題記："十七年十月五日購于北平商務印書館，圭貞。"（按：此書原爲江澤涵夫人蔣圭貞所有。）

　　批注圈劃：書内數處有原書主批注圈劃。

0097 本國史/孟世傑編著.——北平：文化學社，1934，1937

2 册；19.1 厘米

PKUL（館藏號缺）

附注：

　　其他：本書分上、下 2 册。上册出版于 1934 年，下册出版于 1937 年。

0098 本所發掘殷墟之經過/傅斯年著.——出版地不詳：出版者不詳，1930

387—404 頁；26.4 厘米

國立中央研究院歷史語言研究所專刊之一安陽發掘報告第二期抽印本

PKUL（館藏號缺）

附注：

　　其他：本抽印本有 2 册。

0099 比國工界卹濟終養法/著者不詳.——出版地不詳：出版者不詳，出版年不詳

2，50 頁；18.6 厘米

參考品輯刊

PKUL（館藏號缺）

0100 比較教育/鍾魯齋著.——上海：商務印書館，1935

［8］，449 頁；22.6 厘米

大學叢書

PKUL（館藏號缺）

0101 比較倫理學/黃建中著.——上海：中國文化服務社，1946

[14]，432 頁；18.2 厘米

青年文庫

PKUL（館藏號缺）

附注：

題記：題名頁有作者題記："適之先生教正，黃建中敬上，三十五年十二月二十五日。"

0102 比較實驗國語正音法/秦鳳翔著.——無錫：江蘇省立第三師範學校，1921

2，60 頁；19 厘米

PKUL（館藏號缺）

0103 比較文法詞位與句式/黎錦熙編著.——北平：著者書局，1933

[18]，292，18 頁；18.9 厘米

PKUL（館藏號缺）

附注：

題記：扉頁有作者題記："適之先生，錦熙，五月廿二日。"

0104 比較文學史/洛里哀著；傅東華譯.——上海：商務印書館，1931

[14]，352 頁；22.6 厘米

PKUL（館藏號缺）

附注：

印章：題名頁後頁鈐有"東華"朱文方印。

題記：題名頁後頁有譯者題記："適之先生指正，譯者。"

0105 比較憲法/王世杰著.——上海：商務印書館，1933

[19]，849 頁；22.7 厘米

大學叢書

PKUL（館藏號缺）

0106 比較語音學概要/保爾巴西著；劉復譯.——上海：商務印書館，1933

3，281 頁；22.6 厘米

大學叢書

PKUL（館藏號缺）

0107 比較宗教史/施密特著；蕭師毅,陳祥春等譯.——出版地不詳：輔仁書局,1948

24，362，171 頁；21.1 厘米

PKUL（館藏號缺）

0108 幣制改革/著者不詳.——南京：行政院新聞局,1948

4，115 頁；17.8 厘米

PKUL（館藏號缺）

附注：

印章:封面鈐有"行政院新聞局北平辦事處贈閱"朱文圓印。

0109 編制上行歷史的提案/魏應麒著.——出版地不詳：出版者不詳,1929

2，16 頁；25.8 厘米

PKUL（館藏號缺）

附注：

印章:封面鈐有"瑞甫"朱文方印。

題記:封面有作者題記："適之先生誨正,著者敬貽。"

0110 邊疆屯墾員手冊/黃奮生著.——南京：青年出版社,1946

4，4，4，226 頁；18.2 厘米

五項建設手冊

PKUL（館藏號缺）

0111 卞昆岡/徐志摩,陸小曼著.——上海：新月書店,1928

IV，90 頁；18.7 厘米

PKUL（館藏號缺）

0112 辯證法的唯物論/伏爾佛遜著；林超真譯.——上海：亞東圖書館，1934

II, 380 頁；19 厘米

PKUL（館藏號缺）

附注：

印章：扉頁鈐有"五馬路棋盤街西首，上海亞東圖書館"朱文長方印。

題記：扉頁有贈書者題記："敬贈適之先生，廿三，三，廿九。"

0113 辯證法研究/郭湛波著.——北平：景山書社，1930

8, 6, 144 頁；20 厘米

PKUL（館藏號缺）

0114 辯證法與資本制度/山川均著；施伏量譯.——上海：新生命書局，1929

2, 5, 118 頁；18.7 厘米

PKUL（館藏號缺）

附注：

批注圈劃：書內有鋼筆批注圈劃，非胡適所作。

0115 變態心理學派別/朱光潛著.——上海：開明書店，1930

5, 167 頁；18.8 厘米

PKUL（館藏號缺）

0116 表解現代日文語法講義/汪大捷編著.——北平：聚興印刷局，1935

4, 12, 408 頁；22.7 厘米

PKUL（館藏號缺）

附注：

印章：扉頁鈐有"汪大捷印"朱文方印。

題記：扉頁有作者題記："適之先生教正，後學汪大捷敬贈。"

0117 兵農合一/閻錫山著.——出版地不詳：出版者不詳，出版年不詳

452 頁；18.7 厘米

PKUL（館藏號缺）

0118 兵學研究綱要/戴堅撰譯. ——出版地不詳：同仇學社, 1947

　　106, 106, 70, 70, 18, 31 頁；25 厘米

　　PKUL（館藏號缺）

　　附注：

　　　　內附文件：書內夾有作者致胡適書信 1 頁，信封 1 個。

0119 秉燭後談/周作人著. ——北京：新民書局, 1944

　　4, 173 頁；18.1 厘米

　　PKUL（館藏號缺）

0120 病理總論上/周威, 洪式閭著. ——上海：商務印書館, 1933

　　3 冊；22.7 厘米

　　大學叢書

　　PKUL（館藏號缺）

　　附注：

　　　　內附文件：上冊內夾有商務印書館致胡適書信 1 封。

　　　　其他：本書分上、中、下 3 冊。

0121 波爾中國語與蘇米爾語述評/潘尊行著. ——出版地不詳：出版者不詳, 出版年不詳

　　36 頁；25.2 厘米

　　PKUL（館藏號缺）

0122 駁覆柯劭忞王樹枬等對於總會議決事件之修正案/著者不詳. ——出版地不詳：出版者不詳, 出版年不詳

　　10 頁；124.6 厘米

　　PKUL（館藏號缺）

0123 卜辭記事文字史官簽名例/胡厚宣著. ——出版地不詳：出版者不詳, 出版年不詳

305—322 頁；25.3 厘米

國立中央研究院歷史語言研究所集刊第十二本抽印本

PKUL（館藏號缺）

0124　卜辭時代的文學和卜辭文學/唐蘭著.——北平：清華大學，1936

46 頁；26 厘米

清華學報單行本

PKUL（館藏號缺）

0125　卜辭同文例/胡厚宣著.——出版地不詳：出版者不詳，出版年不詳

135—220 頁；25.5 厘米

PKUL（館藏號缺）

附注：

內附文件：書內夾有作者致胡適書信 1 頁。

0126　不安的故事/Joseph Conrad 著；關琪桐譯.——上海：商務印書館，1936

5，1，225 頁；21.3 厘米

PKUL（館藏號缺）

0127　不時髦的歌/祝實明著.——成都：晨鐘書局，1945

4，3，97 頁；17.5 厘米

PKUL（館藏號缺）

附注：

內附文件：書內夾有作者致胡適書信 2 頁。

0128　部首注音字/楊哲夫著.——出版地不詳：出版者不詳，出版年不詳

4 頁；24.5 厘米

PKUL（館藏號缺）

附注：

印章：封面鈐有"楊哲夫"朱文方印。

題記：封面有作者題記："適之先生賜存，敬祈指教，楊哲夫敬贈。"

0129 **財務行政論**/胡善恆著.——上海：商務印書館，1934

　　3，16，372 頁；22.8 厘米

　　大學叢書

　　PKUL（館藏號缺）

0130 **財政學**/尹文敬著.——上海：商務印書館，1935

　　22，686 頁；22.6 厘米

　　大學叢書

　　PKUL（館藏號缺）

0131 **財政學大綱**/亞當士著；劉秉麟譯.——上海：商務印書館，1935

　　13，36，263 頁；22.7 厘米

　　大學叢書

　　PKUL（館藏號缺）

0132 **財政學新論**/薛賚時著；許炳漢譯.——上海：商務印書館，1934

　　2，24，716 頁；22.5 厘米

　　大學叢書

　　PKUL（館藏號缺）

0133 **裁兵計畫書**/蔣方震著.——上海：商務印書館，1922

　　3，97 頁；22.1 厘米

　　PKUL（館藏號缺）

　　附注：

　　　題記：封面有作者題記："呈適之先生，震。"

0134 **采風錄**/國風社選.——出版地不詳：出版者不詳，出版年不詳

　　51—100 頁；26.3 厘米

　　PKUL（館藏號缺）

　　附注：

印章:封面鈐有"曹纕蘅"朱文長方印。

題記:封面有作者題記:"適之先生吟政,經沅。"

0135 采風錄/國風社選.——出版地不詳:出版者不詳,出版年不詳

50 頁;26.4 厘米

PKUL（館藏號缺）

附注:

印章:封面鈐有"曹纕蘅"朱文長方印。

題記:封面有作者題記:"適之先生吟鑒,經沅。"

0136 采風錄民十九上半年/國風社選.——出版地不詳:出版者不詳,出版年不詳

50 頁;26.4 厘米

PKUL（館藏號缺）

附注:

題記:封面有贈書者題記:"采風錄 民十九上半年,適之先生吟粲,揖唐寄奉。"

夾紙:書內夾有"王揖唐"名片 1 張。

0137 采風錄廿三年下半年/國風社選.——出版地不詳:出版者不詳,出版年不詳

51—100 頁;26.4 厘米

PKUL（館藏號缺）

0138 採集廣西猺山報告及請闢猺山為學術研究所意見書/國立中山大學廣西猺山採集隊編.——廣州:民鐸印務局,1928

25 頁;18.6 厘米

PKUL（館藏號缺）

0139 蔡觀明自敍傳:知非錄/蔡觀明著.——出版地不詳:出版者不詳,出版年不詳

120 頁;18 厘米

PKUL（館藏號缺）

附注：

    題記:封內有題記:"蔡觀明君惠贈。"

0140 蔡子民先生言行錄/新潮社編. ——北京：財政部印刷局, 1921

    2 冊(2, 10, 580 頁)；18.4 厘米

    新潮叢書

    PKUL（館藏號缺）

    附注：

        題記:封面有贈書者題記:"這是新潮社送我的, 洛聲, 十, 一, 七。"
        其他:本書分上、下 2 冊, 胡適藏書上冊有 2 冊, 下冊有 1 冊。

0141 參差集/侍桁著. ——上海：良友圖書印刷公司, 1935

    266 頁；17.7 厘米

    良友文學叢書

    PKUL（館藏號缺）

    附注：

        題記:扉頁有作者題記:"胡適先生教正, 侍桁贈, 一九三五年四月。"

0142 參加國聯世界文化合作會第十四次會議之經過/陳和銑編. ——北平：世界編譯館, 1933

    2, 50 頁；22.1 厘米

    世界集刊

    PKUL（館藏號缺）

0143 參加倫敦中國藝術國際展覽會銅器說明/唐蘭著. ——出版地不詳：出版者不詳, 1935

    24 頁；25.5 厘米

    國立北京大學潛社史學論叢第二冊抽印本

    PKUL（館藏號缺）

    附注：

        題記:封面有作者題記:"適之先生正之。"

0144 參與國聯東案調查委員會概要上/參與國聯東案調查委員會中國代表處編譯.——出版地不詳:參與國聯東案調查委員會中國代表處,出版年不詳

[8],[136]頁;29.4厘米

PKUL(館藏號缺)

附注:

內附文件:書內夾有該處公函1頁。

0145 參與國聯東案調查委員會概要下/參與國聯東案調查委員會中國代表處編譯.——出版地不詳:參與國聯東案調查委員會中國代表處,出版年不詳

6,[586]頁;29.4厘米

PKUL(館藏號缺)

0146 倉頡篇輯本述評/王重民著.——出版地不詳:出版者不詳,出版年不詳

16頁;26.4厘米

輔仁學誌四卷一期抽印本

PKUL(館藏號缺)

附注:

題記:封面有作者題記:"適之先生教正,後學王重民敬奉,廿三,六,廿四。"

0147 藏暉室劄記(二)/胡適著.——上海:亞東圖書館,出版年不詳

[274]頁;18.6厘米

PKUL(館藏號缺)

附注:

其他:本書分爲4冊,胡適藏書僅存第2冊。

0148 草書在文字學上之新認識/魏建功著.——出版地不詳:出版者不詳,出版年不詳

5頁;26厘米

PKUL(館藏號缺)

0149 測量壺口地形及水力報告/方俊著. ——出版地不詳:參謀本部國防設計委員會,1934

　　30頁;26.3厘米

　　參謀本部國防設計委員會參考資料

　　PKUL(館藏號缺)

0150 插圖本中國文學史/鄭振鐸著. ——北平:樸社出版部,1932

　　4冊(2,6,8,1248頁);19.1厘米

　　PKUL(館藏號缺)

0151 長城關堡錄/張鴻翔輯. ——出版地不詳:出版者不詳,出版年不詳

　　66,62,27,43頁;26.2厘米

　　中國地學會地學雜誌抽印本

　　PKUL(館藏號缺)

　　附注:

　　　題記:封面有作者題記:"適翁老師誨正,受業張制鴻翔謹呈。"

　　　夾紙:書內夾有作者名片1張。

0152 長江平原遠繪圖地理/楊克毅編著. ——[南京?]:正中書局,1948

　　26頁;18.3厘米

　　PKUL(館藏號缺)

　　附注:

　　　題記:題名頁有作者題記:"適之先生賜鑑,楊克毅敬贈";另封面有胡適藍筆題記:"牯嶺火蓮院7。"

0153 長期善後事業概述/善後事業委員會保管委員會秘書處編. ——出版地不詳:善後事業委員會保管委員會秘書處,1948

　　27頁;19.8厘米

　　PKUL(館藏號缺)

0154 長征記/斯文赫定著；李述禮譯. —— 出版地不詳：出版者不詳，出版年不詳

6，4，4，296 頁；26 厘米

西北科學考察團叢刊

PKUL（館藏號缺）

0155 嘗試集/胡適著. —— 上海：亞東圖書館，1920

8，44，68，50 頁；18.6 厘米

PKUL（館藏號缺）

附注：

題記：一冊封面有胡適題記："To Mr. Beran, with compliments from the author, Hu Suh"；另一冊封面有胡適題記："初版，自己用的，適。"

批注圈劃：另一冊書内 8 頁有胡適校改。

其他：本書爲初版，共 2 冊。

0156 嘗試集坿去國集/胡適著. —— 上海：東亞圖書館，1920

14，8，44，78，50 頁；18.5 厘米

PKUL（館藏號缺）

附注：

題記：封面有胡適題記："叔永、莎菲、豫才、啓明各删定一遍。九，十二，廿四，用紅筆删改一過。十，一，一，用墨筆又删去兩首。"

内附文件：書内貼有魯迅書信 1 頁，周作人書信 2 頁，都是關於删改《嘗試集》的；另貼有俞平伯删改意見便條 1 張。

批注圈劃：書内多頁有胡適删改圈劃。

其他：本書爲再版。

0157 嘗試集/胡適著. —— 上海：亞東圖書館，1927

4，10，194 頁；18.5 厘米

PKUL（館藏號缺）

附注：

與胡適的關係：封面印有"適之先生四十生日紀念，上海亞東圖書館謹贈，一九三〇年"燙金字。

其他：本書爲第 9 版。

0158 唱經堂才子書彙稿/金人瑞著；阿英校點.——上海：上海雜誌公司,1935
2,240,2 頁；18.6 厘米
中國文學珍本叢書
PKUL（館藏號缺）

0159 唱喏考/孫楷第著.——出版地不詳：出版者不詳,出版年不詳
24 頁；26.4 厘米
輔仁學誌第四卷第一期抽印本
PKUL（館藏號缺）
附注：
　題記：封面有作者題記："敬求適之先生教誨,後學孫楷第,二三,六,二三日。"

0160 朝聖行脚/葉秋原著.——北平：上智編譯館,1947
4,2,60 頁；18.5 厘米
PKUL（館藏號缺）
附注：
　印章：封面鈐有"秋文遇"朱文方印。
　題記：封面有作者題記："適之先生哂存,秋原謹呈。"

0161 朝鮮景教史料鈔/魏建功著.——出版地不詳：出版者不詳,出版年不詳
28 頁；26 厘米
女師大學術季刊第一卷單行本
PKUL（館藏號缺）
附注：
　題記：封面有作者題記："呈適之先生,建功,二〇,二,二四。"

0162 潮州七賢故事集/林培廬編.——上海：天馬書店,1936
4,156 頁；18.6 厘米

PKUL（館藏號缺）

附注：

　　題記：扉頁有作者題記："適之先生評正，培廬敬獻。"

　　與胡適的關係：題名頁有胡適題籤。

0163 澈底改造救國政策/張學翰著.——出版地不詳：出版者不詳，1924

　　4，14，162 頁；23 厘米

　　PKUL（館藏號缺）

0164 沉思錄/René Descartes 著；關琪桐譯.——上海：商務印書館，1935

　　[17]，78 頁；21.2 厘米

　　PKUL（館藏號缺）

0165 陳第年譜/金雲銘著.——福州：福建協和大學中國文化研究會，1946

　　2，128 頁；20.6 厘米

　　福建協和大學中國文化研究會文史叢刊

　　PKUL（館藏號缺）

0166 晨夜詩庋/彭麗天著.——出版地不詳：出版者不詳，1937

　　4，142，2，2 頁；18.9 厘米

　　PKUL（館藏號缺）

　　附注：

　　題記：封內有作者題記："適之先生教正，作者敬贈。"

0167 成都各界救國聯合會成立大會報告書/成都各界救國聯合會編.——出版地不詳：出版者不詳，出版年不詳

　　28 頁；18.7 厘米

　　PKUL（館藏號缺）

　　附注：

　　題記：封面有胡適朱筆題記："抗日，雜。"

0168 程硯秋赴歐考察戲曲音樂報告書/程硯秋著.——北平：世界編譯館北平分館，1933

　　80頁；22.9厘米

　　PKUL（館藏號缺）

　　附注：

　　　印章：扉頁鈐有"程硯秋印"朱文方印。

　　　題記：扉頁有作者題記："適之先生惠存並乞教正，程硯秋敬贈。"

　　　夾紙：書內夾有喜帖1張。

0169 誠齋集/楊萬里著.——上海：商務印書館，1936

　　6冊（1225頁）；22.7厘米

　　四部叢刊初編縮本 252—257

　　PKUL（館藏號缺）

　　附注：

　　　批注圈劃：第1冊書內13頁有胡適批注圈劃。

0170 池北偶談/王士禛著.——上海：商務印書館，出版年不詳

　　1，19，301頁；18.7厘米

　　PKUL（館藏號缺）

0171 尺牘新鈔/周亮工著；張靜廬校點.——上海：上海雜誌公司，1935

　　6，34，326頁；18.6厘米

　　中國文學珍本叢書

　　PKUL（館藏號缺）

0172 齒牙的病理及療法/宮原虎著；湯爾和譯.——上海：商務印書館，1934

　　4，8，174，6頁；22.8厘米

　　PKUL（館藏號缺）

0173 赤狄白狄東侵考/蒙文通著.——出版地不詳：出版者不詳，出版年不詳

　　67—88頁；26.2厘米

禹貢半月刊第七卷第一二三合期單行本

PKUL（館藏號缺）

0174 衝出雲圍的月亮/蔣光慈著.——上海：北新書局，1930

283 頁；20.6 厘米

PKUL（館藏號缺）

附注：

印章：扉頁鈐有"思猷"朱文方印。

0175 重新估定新教育的理論與實施的價值/吳俊升著.——出版地不詳：出版者不詳，出版年不詳

20 頁；26.2 厘米

PKUL（館藏號缺）

附注：

題記：其中一冊封面有作者題記："適之先生証謬，後學吳俊升敬上。"

其他：本書有 2 冊。

0176 愁斯丹和綺瑟/F. Bedier 著；朱孟實譯.——上海：開明書店，1930

XV，180 頁；19.1 厘米

PKUL（館藏號缺）

0177 出版目錄第七號/上海醫學書局編.——上海：上海醫學書局，1934

85 頁；18.8 厘米

PKUL（館藏號缺）

0178 出版目錄第九號/上海醫學書局編.——上海：上海醫學書局，1935

89 頁；18.9 厘米

PKUL（館藏號缺）

0179 出塞曲/拜蘋女士編.——上海：亞細亞書局，1928

38，2，6，36 頁；12.8 厘米

名家合輯文學小叢書

PKUL（館藏號缺）

0180 初訪美國/費孝通著.——上海：生活書店，1947

2，182 頁；18.2 厘米

生活叢書

PKUL（館藏號缺）

附注：

題記：扉頁有作者題記："適之先生，孝通，卅六，九，十。"

0181 初級小學國語常識課本第七冊/國立編譯館編.——出版地不詳：正中書局，1947

2，72 頁；18.2 厘米

PKUL（館藏號缺）

附注：

其他：本書全本冊數不詳，胡適藏書僅存第 7 冊。

0182 初級小學國語常識課本（五）/國立編譯館主編.——上海：世界書局，1948

2，59 頁；18.2 厘米

PKUL（館藏號缺）

附注：

其他：本書全本冊數不詳，胡適藏書僅存第 5 冊。

0183 初級中學應用文/張鴻來編.——北京：北京文化學社，出版年不詳

［14］，206，18 頁；21 厘米

PKUL（館藏號缺）

0184 初期兒童保育法/呂寶榮譯.——北平：香山慈幼院，1930

2，4，94 頁；19.1 厘米

幼稚師範叢書

PKUL（館藏號缺）

0185 初中國語讀本/劉萬章輯録.——廣州：紅棉社，1936

　　3 冊；21 厘米

　　PKUL（館藏號缺）

　　附注：

　　　其他：本書全本冊數不詳，胡適藏書僅存第 2、4、6 冊。

0186 初中精讀國文範程/潘尊行編著.——上海：國立編譯館，1935

　　[9]，413 頁；22.8 厘米

　　PKUL（館藏號缺）

0187 初中適用國文精選/汪懋祖編.——出版地不詳：正中書局，1948

　　6 冊；17.8 厘米

　　PKUL（館藏號缺）

0188 初中自然科教材之分析/徐則敏著.——南京：國立中央大學教育學院，1931

　　26 頁；21.9 厘米

　　教育專題研究

　　PKUL（館藏號缺）

0189 楚辭地名考/錢穆著.——出版地不詳：出版者不詳，1934

　　30 頁；25.7 厘米

　　清華學報第九卷第三期單行本

　　PKUL（館藏號缺）

　　附注：

　　　題記：封面有作者題記："適之先生教正。"

0190 楚辭韵釋/陸志韋著.——出版地不詳：出版者不詳，1947

　　95—104 頁；26.2 厘米

　　燕京學報第三十三期抽印本

　　PKUL（館藏號缺）

附注：

　　題記："封面有作者題記：適之先生正，韋。"

0191 楚辭作於漢代考/何天行著.——上海：中華書局，1948

　　[4]，118 頁；21.5 厘米

　　PKUL（館藏號缺）

　　附注：

　　　　印章：封面鈐有"何天行印"朱文方印。

　　　　題記：封面有作者題記："適之先生賜教，門人何天行謹贈。"

　　　　內附文件：書內夾有作者何天行致胡適書信 2 頁，並附有名片。

0192 處女膜之生理功用/韓靜齋著.——出版地不詳：出版者不詳，1934

　　[3]，26 頁；18.8 厘米

　　PKUL（館藏號缺）

　　附注：

　　　　題記：封面有作者題記："胡先生鈞鑒，學生韓修德自綏遠清曉醫院奉寄。"

0193 船山哲學/嵇文甫著.——上海：開明書店，1936

　　[3]，125 頁；19 厘米

　　PKUL（館藏號缺）

　　附注：

　　　　題記：扉頁有作者題記："適之先生教正，學生嵇文甫敬贈。"

0194 窗下隨筆/袁衣萍著.——上海：北新書局，1929

　　2，12，94 頁；20.1 厘米

　　PKUL（館藏號缺）

　　附注：

　　　　題記：扉頁有作者題記："適之先生一笑，衣萍。"

0195 創化論/伯格森著；張東蓀譯.——上海：商務印書館，1919

　　[14]，391 頁；18.6 厘米

PKUL（館藏號缺）

0196 創化真理附本/符樹勳著.——海南：海南書局，1932

[6]，44 頁；18.7 厘米

PKUL（館藏號缺）

0197 創造婦女的新史實/李曼瑰著.——南京：時代出版社，1947

[6]，152 頁；18.1 厘米

PKUL（館藏號缺）

0198 創制權複決權及罷免權/立法院編譯處編譯.——出版地不詳：立法院編譯處，出版年不詳

23，16，10 頁；29.5 厘米

PKUL（館藏號缺）

附注：

　　印章：封面鈐有"憲法草案委員會贈閱"藍文印。

0199 春/黃葯眠譯.——出版地不詳：出版者不詳，出版年不詳

[4]，76 頁；14.9 厘米

PKUL（館藏號缺）

附注：

　　批注圈劃：書內數頁有鉛筆圈劃。

0200 春冰室野乘/李岳瑞著.——上海：廣智書局，1911

6，208 頁；22.3 厘米

PKUL（館藏號缺）

0201 春波影/雙修主人著.——上海：春華書社，1929

3 冊；18.7 厘米

PKUL（館藏號缺）

0202 春痕/馮沅君著.——上海：北新書局，1944

　　108，II 頁；18.7 厘米

　　PKUL（館藏號缺）

0203 春秋繁露通檢/中法漢學研究所編.——北平：中法漢學研究所，1944

　　XXI，114 頁；26.1 厘米

　　中法漢學研究所通檢叢刊

　　PKUL（館藏號缺）

0204 春秋經傳集解/杜預集解.——上海：商務印書館，1936

　　2 冊（270 頁）；22.7 厘米

　　四部叢刊初編縮本 006，007

　　PKUL（館藏號缺）

　　附注：

　　　　批注圈劃：第 1 冊内 52 頁有胡適批注圈劃；第 2 冊内 71 頁有胡適批注圈劃。

0205 春秋經傳引得/引得編纂處編.——北平：哈佛燕京學社，1937

　　4 卷（2664 頁）；26 厘米

　　PKUL（館藏號缺）

　　附注：

　　　　其他：四卷封内均貼有"胡適的書"藏書票。

0206 春秋杞子用夷貶爵辨/陳槃著.——出版地不詳：出版者不詳，出版年不詳

　　8 頁；26.5 厘米

　　禹貢半月刊第四卷第三期單行本

　　PKUL（館藏號缺）

　　附注：

　　　　題記：封面有作者題記："初稿有錯誤今更改定即呈適之先生正之。"

0207 春秋總論初稿/毛起著.——杭州：貞社，1935

2，154 頁；25.4 厘米

PKUL（館藏號缺）

0208 春秋左氏傳例署中古文考易卦應齊詩三基説周歷典方子叢稿序上劉申叔書太誓答問評答方勇書論太誓答問/劉師培，方勇著.——出版地不詳：出版者不詳，出版年不詳

1 冊(11，2，4，7，1，1，14，2 頁)；23 厘米

合訂本

PKUL（館藏號缺）

附注：

題記：封面有胡適題寫篇名："劉申叔的：1.《春秋左氏傳例略》2.《中古文攷》3.《易卦應齊詩三基説》4.《周歷典》；方勇的：《太誓答問評》，附劉申叔一序一書。"

0209 詞詮/楊樹達著.——上海：商務印書館，1928

[42]，[728]頁；18.8 厘米

PKUL（館藏號缺）

附注：

印章：扉頁鈐有"楊樹達印"朱文方印。

題記：扉頁有作者題記："適之先生教之，樹達，十八年一月廿一日。"

0210 詞史/劉毓盤著.——上海：群衆圖書公司，1931

[4]，216，2 頁；18.8 厘米

PKUL（館藏號缺）

附注：

印章：題名頁鈐有"查猛濟印"朱文方印。

題記：題名頁有編校者題記："志摩我哥惠存，弟猛濟贈。"

0211 詞選/胡適選註.——上海：商務印書館，1932

12，4，336 頁；18.9 厘米

PKUL（館藏號缺）

0212 詞選/胡適選註. ——上海：商務印書館，1928

[16]，381，22 頁；19 厘米

PKUL（館藏號缺）

附註：

題記：扉頁有胡適題記："給祖望，一九，一，廿六，舊曆除夕前二日，適之。"

夾紙：頁 276、277，376、377 間有夾紙。

0213 詞學指南/謝無量著. ——上海：中華書局，1929

[2]，97 頁；19 厘米

PKUL（館藏號缺）

0214 從教外典籍見明末清初之天主教/陳垣著. ——出版地不詳：出版者不詳，1934

31 頁；26.5 厘米

國立北平圖書館館刊八卷二號抽印本

PKUL（館藏號缺）

附註：

題記：封面有作者題記："適之先生教"；另有毛筆書"民國廿三年七月廿八日八月四日北平輔仁大學夏令會講稿"。

0215 從三民主義到大同主義/廖白泉著. ——漢口：南方印書館，1947

[10]，68 頁；18.6 厘米

PKUL（館藏號缺）

附註：

夾紙：書內夾有本書海報 1 張。

0216 從元音的性質說到中國語的聲調/王力著. ——出版地不詳：出版者不詳，1935

28 頁；25.7 厘米

清華學報單行本

PKUL（館藏號缺）

附注：

　　題記：封面有作者題記："適之先生指正，後學王力敬贈，二三，一二，二五。"

0217 從政及講學中的朱熹/白壽彝著.——北平：國立北平研究院出版課，出版年不詳

　　43 頁；26.6 厘米

　　PKUL（館藏號缺）

0218 叢書子目索引/金步瀛編.——杭州：浙江省立圖書館，1931

　　[24]，548，22 頁；23.3 厘米

　　PKUL（館藏號缺）

　　附注：

　　　　與胡適的關係：封面有胡適題籤。

0219 促進憲政宣傳綱要/憲政實施促進委員會編.——出版地不詳：出版者不詳，1947

　　4，23 頁；18.2 厘米

　　PKUL（館藏號缺）

0220 崔東壁年譜/姚紹華編.——上海：商務印書館，1931

　　[4]，92 頁；19 厘米

　　中國史學叢書

　　PKUL（館藏號缺）

　　附注：

　　　　其他：本書有 2 冊。

0221 崔東壁莅田賸筆之殘稿/洪業著.——出版地不詳：出版者不詳，出版年不詳

　　20 頁；26.8 厘米

史學年報第二卷第一期抽印本

PKUL（館藏號缺）

附注：

夾紙：書內夾有作者贈書條1張。

0222 崔東壁先生年譜/劉汝霖著. ——北平：北平文化學社，1928

104頁；18.6厘米

PKUL（館藏號缺）

附注：

題記：封面有胡適題記："文化書社贈我的。適之。"

0223 崔東壁遺書/崔述著；顧頡剛編訂. ——上海：亞東圖書館，1936

16冊；18.7厘米

PKUL（館藏號缺）

附注：

夾紙：第7冊其中一冊《洙泗考信錄》卷4，頁22、23間夾有帶胡適鋼筆字紙條1張；第8冊其中一冊《洙泗考信餘錄》卷3，頁6、7間夾有帶胡適鋼筆字紙條1張；第11冊其中一冊《無聞集》卷2，頁14、15間夾有胡適鉛筆書英文紙條1張，取出另存。另本卷，頁16、17間夾有無字紙條1張。

其他：本書全本16冊。胡適藏書1—5冊有2冊，6—16冊有3冊。

0224 崔東壁遺書/崔東壁著；顧頡剛編訂. ——上海：亞東圖書館，1936

8冊；19.3厘米

PKUL（館藏號缺）

附注：

其他：本書全本8冊。

0225 崔東壁遺書引得/引得編纂處編. ——北平：哈佛燕京學社，1937

XIV，48頁；26.1厘米

PKUL（館藏號缺）

0226 萃文書局書目第八期/著者不詳.——出版地不詳:出版者不詳,出版年不詳

188 頁;18.6 厘米

PKUL(館藏號缺)

0227 翠樓集/劉雲份著;施蟄存校點.——上海:上海雜誌公司,1935

[10],136,[46]頁;18.6 厘米

中國文學珍本叢書

PKUL(館藏號缺)

0228 答吳諸兩君評國策勘研/鍾鳳年著.——北平:燕京大學哈佛燕京學社,1937

263—279 頁;26.2 厘米

燕京學報第二十二期單行本

PKUL(館藏號缺)

0229 達夫全集第一卷寒灰集/郁達夫著.——上海:創造社出版部,1927

[10],[304]頁;18.8 厘米

創造社叢書

PKUL(館藏號缺)

附注:

題記:題名頁有原書主題記:"□□之書,一九二七,秋,上海。"

其他:本書全本冊數不詳,胡適藏書僅存第 1 卷。

0230 達衷集/許地山編.——上海:商務印書館,1934

[13],237 頁;18.9 厘米

PKUL(館藏號缺)

0231 韃靼起源考/方壯猷著.——出版地不詳:出版者不詳,1932

16 頁;25.6 厘米

國立北京大學國學季刊三卷二號抽印本

PKUL(館藏號缺)

附注:

題記:封面有作者題記:"適之先生誨正,作者敬贈。"

0232 打倒花柳病/靄理斯著;張競生編;彭兆良譯.——上海:美的書店,1928

　　2,52 頁;15 厘米

　　性育小叢書

　　PKUL(館藏號缺)

0233 打魚/趙紫宸著.——上海:廣學會,出版年不詳

　　[10],203 頁;16.9 厘米

　　PKUL(館藏號缺)

0234 大寶積經迦葉品梵藏漢六種合刊/鋼和泰著.——上海:商務印書館,出版年不詳

　　XXVI,234 頁;27.2 厘米

　　PKUL(館藏號缺)

　　附注:

　　　題記:題名頁有贈書者題記:"To Professor Hu Shih with many thanks and kind regards from AVSH。"

0235 大便中少數住血吸蟲卵之證明及其毛蚴培養法/徐良董著.——出版地不詳:出版者不詳,1934

　　2 頁;27.3 厘米

　　熱帶病研究所刊物抽印本

　　PKUL(館藏號缺)

0236 大乘與人間兩般文化/太虛大師著.——上海:泰東圖書局,1925

　　1,54 頁;18.5 厘米

　　PKUL(館藏號缺)

0237 大地影片審查報告書/黃朝琴著.——出版地不詳:出版者不詳,1936

　　28 頁;26.1 厘米

PKUL（館藏號缺）

0238 大顛考/羅香林著.——出版地不詳：出版者不詳，出版年不詳

10 頁；26.3 厘米

清華同學會總會校友通訊第三卷第一至五期抽印本

PKUL（館藏號缺）

附注：

題記：封面有作者題記："適之先生教正，後學羅香林敬呈。"

0239 大東小東說/傅斯年著.——出版地不詳：出版者不詳，出版年不詳

101—1095 頁；26.5 厘米

國立中央研究院歷史語言研究所集刊第二本第一分抽印本

PKUL（館藏號缺）

0240 大黑狼的故事/谷萬川著.——上海：亞東圖書館，1929

4，284 頁；18.4 厘米

PKUL（館藏號缺）

0241 大數小數命名標準研究意見書/實業部全國度量衡局編.——南京：實業部全國度量衡局，1934

［18］，90 頁；26 厘米

PKUL（館藏號缺）

0242 大思想家袁枚評傳/楊鴻烈著.——上海：商務印書館，1927

2，292 頁；19 厘米

國學小叢書

PKUL（館藏號缺）

附注：

題記：扉頁有作者題記："適之先生惠存，後學鴻烈謹贈。"

0243 大唐西域記之譯與撰/賀昌群著.——北平：世界文化合作中國協會，國立北

平圖書館,出版年不詳

8 頁；25.8 厘米

圖書季刊第三卷第三期抽印本

PKUL（館藏號缺）

附注：

    題記：封面有作者題記："適之先生賜正。"

0244 大同盟會總會之成立/著者不詳.——出版地不詳：出版者不詳,出版年不詳

    307 頁；18.6 厘米

    廢止內戰運動叢書

    PKUL（館藏號缺）

0245 大同書/康有爲著.——上海：長興書局,1921

    84, 86 頁；22.3 厘米

    PKUL（館藏號缺）

    附注：

        印章：其中一冊封面鈐有"白情"朱文圓印。

        其他：本書有 2 冊。

0246 大同雲岡石窟寺記/白志謙著.——上海：中華書局,出版年不詳

    1 冊(2, 2, 2, 5, 3, 23, 40, 28 頁)；18.6 厘米

    PKUL（館藏號缺）

0247 大學叢書已出版書目錄/商務印書館編.——上海：商務印書館,出版年不詳

    2, 50 頁；19.1 厘米

    PKUL（館藏號缺）

0248 大學古本集訓/汪震著.——北平：文化學社,1932

    [10], 120 頁；19 厘米

    PKUL（館藏號缺）

    附注：

題記：封內有作者題記："呈適之先生。"

0249 **大學廣義**/唐守曾著.——北平：和平出版社, 1947

[10], 56 頁；18.3 厘米

和平出版社叢書

PKUL（館藏號缺）

附注：

與胡適的關係：封面有胡適題籤。

0250 **大學科目草案**/商務印書館編審委員會擬.——上海：商務印書館, 1933

[4], 158 頁；18.7 厘米

PKUL（館藏號缺）

0251 **大學之系統的研究**/張文穆著.——北平：北平東方學社, 1934

112 頁；19 厘米

PKUL（館藏號缺）

0252 **戴東原的哲學**/胡適著.——上海：商務印書館, 1927

1, 197, 157 頁；19.2 厘米

PKUL（館藏號缺）

附注：

印章：目錄頁鈐有"啓天"朱文方印。

其他：初版, 本書有 2 冊。

0253 **戴東原的哲學**/胡適著.——上海：商務印書館, 1932

1, 197, 157 頁；19 厘米

PKUL（館藏號缺）

附注：

題記：封面有胡適題記："胡適在海外自校本。"

批注圈劃：書內 11 頁有胡適批注圈劃。

其他：國難後第 2 版。

0254 戴東原對於古音學的貢獻/馬裕藻著.——出版地不詳：出版者不詳，出版年不詳

　　205—236 頁；25.9 厘米

　　PKUL（館藏號缺）

　　附注：

　　　　題記：封面有作者題記："呈適之兄,裕藻。"

0255 戴東原集年譜/戴震撰.——上海：商務印書館，1936

　　2 冊；22.7 厘米

　　四部叢刊初編縮本 371

　　PKUL（SB/817.734/4310.3）

　　附注：

　　　　批注圈劃：書內多處有胡適朱、綠、墨三色批注圈劃。

0256 戴氏三種/戴震著.——北京：樸社，1924

　　[14],[214]頁；21.6 厘米

　　PKUL（館藏號缺）

　　附注：

　　　　與胡適的關係：本書由胡適作序。

0257 戴震算學天文著作考/錢寶琮著.——出版地不詳：出版者不詳，出版年不詳

　　21 頁；25.7 厘米

　　PKUL（館藏號缺）

　　附注：

　　　　印章：封面鈐有"寶琮贈閱"朱文方印。

0258 丹麥王子哈姆雷特之悲劇/Shakespeare 著；梁實秋譯.——上海：商務印書館，1936

　　[11],128 頁；21.3 厘米

　　PKUL（館藏號缺）

附注:

  與胡適的關係:封面爲胡適題寫書名。

0259 當代美蘇外交紀實/張德昌譯.——南京:獨立出版社,1947

  2,348,3 頁;18 厘米

  PKUL(館藏號缺)

0260 當前經濟的根本問題/陳嘯江著.——重慶:史學書局,1944

  93 頁;18 厘米

  PKUL(館藏號缺)

  附注:

    題記:封內有作者題記:"適之先生教政,晚陳嘯江敬贈。"

    批注圈劃:書內 1 頁有批注,似非胡適所作。

0261 當塗出土晉代遺物考/徐中舒著.——出版地不詳:出版者不詳,1933

  313—330 頁;26.3 厘米

  國立中央研究院歷史語言研究所集刊第三本第三分抽印本

  PKUL(館藏號缺)

  附注:

    其他:本書有 2 冊。

0262 黨參的生理作用之研究,黨參對血壓作用之繼續研究/經利彬,石原皋著.——北平:國立北平研究院出版部,1934

  41 頁;26.5 厘米

  國立北平研究院院務彙報第五卷第二期單行本

  PKUL(館藏號缺)

0263 到田間去/南滿洲鐵道株式會社農事試驗場編;湯爾和譯.——上海:商務印書館,1930

  [18],179 頁;22.5 厘米

  東省叢刊

PKUL（館藏號缺）

0264 道德教育論/蔣拙誠編著. ——上海：商務印書館，1919

2, 90 頁；20.6 厘米

PKUL（館藏號缺）

附注：

　題記：封面有胡適毛筆題記："商務印書館送的。"

0265 道德進化問題/賀麟著. ——北平：清華大學，1934

159—182 頁；25.9 厘米

清華學報九卷一期單行本

PKUL（館藏號缺）

附注：

　題記：封面有作者題記："適之先生教正。"

0266 道德問題/李相顯著. ——北平：文成堂福記書店，1947

[12], 86 頁；18.3 厘米

文成堂福記書店叢書

PKUL（館藏號缺）

附注：

　印章：封內鈐有"李相顯印"朱文方印。

　題記：封內有作者題記："適之吾師教正，生相顯敬贈，三十六年四月二十日。"

0267 道德學/温公頤著. ——上海：商務印書館，1937

[24], 304 頁；22.7 厘米

大學叢書

PKUL（館藏號缺）

0268 道德與教育/張文穆著. ——出版地不詳：出版者不詳，1934

1 冊(5, 6, 62, 20, 6 頁)；18.5 厘米

PKUL（館藏號缺）

0269 道教史上/許地山編著.——上海：商務印書館，1935

[5]，182 頁；19 厘米

PKUL（館藏號缺）

0270 道字初刊/陳瑞祺主編.——香港：道字研究總社，1933

51 頁；20.8 厘米

PKUL（館藏號缺）

附注：

內附文件：書內夾有主編者致胡適書信 1 頁。

0271 道字課本/道字總社編.——香港：道字總社，出版年不詳

[16] 頁；18.7 厘米

PKUL（館藏號缺）

0272 稻作學/彭先澤著.——上海：商務印書館，1936

20，581 頁；22.5 厘米

大學叢書

PKUL（館藏號缺）

0273 德國的政府/錢端升著.——上海：商務印書館，1934

[25]，334，17 頁；22.6 厘米

大學叢書

PKUL（館藏號缺）

0274 德國三大哲人處國難時之態度/賀麟著.——北平：大學出版社，1934

2，120 頁；18.7 厘米

PKUL（館藏號缺）

附注：

題記：封面有作者題記："適之先生教正，著者敬贈。"

0275 德國詩選/歌德，席勒等著；郭沫若，成仿吾譯.——上海：創造社出版部，1928

　　68 頁；16.5 厘米

　　PKUL（館藏號缺）

　　附注：

　　　　印章:題名頁鈐"思猷"朱文方印。

0276 德國元首希特勒在國會之演詞/希特勒著.——出版地不詳：出版者不詳，出版年不詳

　　31 頁；22.1 厘米

　　PKUL（館藏號缺）

　　附注：

　　　　夾紙:書內夾有德國大使館北平辦事處贈書卡1張。

0277 德國志略/鄭壽麟著.——上海：中華書局，1929

　　12，181 頁；22 厘米

　　新世紀叢書

　　PKUL（館藏號缺）

0278 德謨克里特哲學道德集/梭羅文輯；楊伯愷譯.——上海：辛墾書店，1934

　　212 頁；22 厘米

　　哲學叢書

　　PKUL（館藏號缺）

0279 德意志意大利統一小史/余楠秋著.——上海：東南書店，1930

　　72 頁；14.9 厘米

　　PKUL（館藏號缺）

　　附注：

　　　　題記:題名頁有作者題記:"適之先生指正。"

55

0280 鄧析子商子韓非子/鄧析，商鞅，韓非著. ——上海：商務印書館，1936

6，33，109 頁；22.7 厘米

四部叢刊初編縮本 079

PKUL（館藏號缺）

附注：

夾紙：《韓非子》頁 80、81 間夾有紙條。

0281 笛卡爾方法論/R. Descartes 著；關琪桐譯. ——上海：商務印書館，1935

1，12，13，62 頁；21.3 厘米

PKUL（館藏號缺）

0282 敵軍日記/徐孔生編譯. ——出版地不詳：江西省合作同仁互助社印刷所，出版年不詳

1 冊(8，2，9，6 頁)；19.1 厘米

PKUL（館藏號缺）

附注：

印章：封面鈐有"徐先兆章"朱文方印。

題記：封面有作者題記："敬贈適之先生，生徐先兆，二，廿六日"；書內序言後有作者題記："適之先生：本書如有可為國際宣傳之資料，歡迎翻譯。武夷山採茶歌一稿，猶在念中。祝好 生徐先兆（旅人）上 三月十一日於南京。"

0283 敵寇暴行/著者不詳. ——上海：大時代書刊社，出版年不詳

20 頁；18.5 厘米

PKUL（館藏號缺）

0284 地方財政與地方新政/吳景超著. ——北平：清華大學，1936

24 頁；25.8 厘米

國立清華大學社會科學第二卷第一期單行本

PKUL（館藏號缺）

0285 地方自治工作人員手冊/李宗黃著.——南京:青年出版社,1946

    6,183 頁;18.1 厘米

    五項建設手冊

    PKUL（館藏號缺）

0286 地理研究法/張印堂編著.——南京:正中書局,1937

    [3],81 頁;20.7 厘米

    PKUL（館藏號缺）

    附注:

        題記:題名頁有作者題記:"敬請適之先生指正,張印堂謹贈,廿六年六月十日。"

0287 地之子/臺靜農著.——北平:未名社出版部,1928

    4,256 頁;20.1 厘米

    未名新集

    PKUL（館藏號缺）

0288 地質調查研究所沁園燃料研究室三週年紀念刊/著者不詳.——出版地不詳:出版者不詳,1933

    2,24,4 頁;23.6 厘米

    PKUL（館藏號缺）

0289 帝王春秋/易白沙著.——上海:中華書局,1924

    [8],228 頁;22.4 厘米

    PKUL（館藏號缺）

    附注:

        內附文件:書內夾有胡適手書詩歌稿紙 1 張。

0290 第二次改訂四角號碼檢字法/王雲五著.——上海:商務印書館,1930

    36,75 頁;22.8 厘米

    PKUL（館藏號缺）

附注：

與胡適的關係：本書有胡適序言。

0291 第二次湖南鑛業紀要(民國十七年至民國二十年)/劉基磐,郭紹儀著. ——出版地不詳：湖南地質調查所,1932

[8],104,[8]頁；26.8厘米

PKUL（館藏號缺）

0292 第二次世界大戰軍事參考資料合訂本一二輯/軍訓部軍學編譯處編. ——出版地不詳：軍訓部軍學編譯處,出版年不詳

1冊(6,4,332,12,317頁)；18.5厘米

PKUL（館藏號缺）

附注：

印章：扉頁鈐有"HU SHIH"藍文印。

0293 第二次世界大戰軍事參考資料合訂本三四輯/軍訓部軍學編譯處編. ——出版地不詳：軍訓部軍學編譯處,出版年不詳

1冊(7,313,8,3,342頁)；18.5厘米

PKUL（館藏號缺）

附注：

印章：扉頁鈐有"HU SHIH"藍文印。

0294 第二次世界大戰史圖解/國防部史政局編譯. ——出版地不詳：文江圖書公司,1947

96頁；26厘米

戰史叢刊

PKUL（館藏號缺）

0295 第二次世界大戰之教訓/瑞士國防軍總司令部著；國防部史政局編譯. ——出版地不詳：出版者不詳,出版年不詳

[4],64頁；17.8厘米

戰史叢刊

PKUL（館藏號缺）

0296 第二次中國勞動年鑑/社會調查所編.——北平：社會調查所，1932

3 冊；23.9 厘米

PKUL（館藏號缺）

附注：

內附文件：上冊書內夾有社會調查所信函 1 頁。

夾紙：上冊書內夾有"蔣昌煒"名片 1 張。

0297 第二回興亞美術展覽會要綱/著者不詳.——出版地不詳：出版者不詳，出版年不詳

24 頁；18.4 厘米

PKUL（館藏號缺）

0298 第二十五屆國際合作節紀念專刊/武陽漢各界慶祝第二十五屆國際合作節紀念大會編.——出版地不詳：武陽漢各界慶祝第二十五屆國際合作節紀念大會，1947

2，52 頁；26 厘米

PKUL（館藏號缺）

0299 第三屆太平洋國交討論會報告/中國太平洋國際學會編.——出版地不詳：中國太平洋國際學會，出版年不詳

84 頁；18.8 厘米

PKUL（館藏號缺）

0300 第三屆鐵展隴海館專刊/著者不詳.——出版地不詳：出版者不詳，出版年不詳

1 冊(2，2，4，12，22，8 頁)；18.9 厘米

PKUL（館藏號缺）

附注：

其他:本書有 2 冊。

0301 第一次全國美術展覽會彙刊/徐志摩,李祖韓,陳小蝶,楊清磬編.——上海:慎興印刷公司,1929

[84]頁;38.9 厘米

PKUL(館藏號缺)

0302 第一次中國教育年鑑上/教育部編.——上海:開明書店,1934

2 冊(1153 頁);26.3 厘米

PKUL(館藏號缺)

附注:

題記:上冊扉頁有贈書者題記:"適之先生惠存,星洲日報敬贈。"

0303 第一次中國勞動年鑑/王清彬,王樹勳,林頌河,樊弘編.——北平:北平社會調查部,1928

1 冊(XVII,636,490,276,VII 頁);24.5 厘米

PKUL(館藏號缺)

0304 第一屆高等考試及格人員分發任用情形報告書/著者不詳.——出版地不詳:出版者不詳,出版年不詳

2,38 頁;26.6 厘米

PKUL(館藏號缺)

0305 第一屆高等考試試題/張契靈編.——上海:便學書社,1932

9,66 頁;22.8 厘米

PKUL(館藏號缺)

附注:

題記:封面有作者題記:"亮功吾師惠存,生張契靈敬贈。"

0306 第一屆高等考試試題/張契靈編.——上海:便學書社,1932

7,66 頁;20.7 厘米

PKUL（館藏號缺）

附注：

　　題記：封面有作者題記："適之先生惠存，張契靈敬贈。"

　　夾紙：書內夾有寄贈地址。

0307　第一屆國民大會第一次會議代表席次號碼表/國民大會秘書處編.——出版地不詳：國民大會秘書處，1948

　　62頁；18.3厘米

　　PKUL（館藏號缺）

　　附注：

　　　　印章：一冊封面有胡適鋼筆簽名"胡適"；另一冊封面有胡適鉛筆簽名"Hu Shih"。

　　　　題記：另一冊封底有胡適鉛筆題記："卅六年七月一日下動員令。豫西民團的口號：①拼命保命。②破產保產。四縣養廿七個團。二等兵戰前十元，廿万元。"

　　　　其他：本書有2冊。

0308　點滴/周作人輯譯.——北京：北京大學出版部，1920

　　2冊（370頁）；18.4厘米

　　新潮叢書

　　PKUL（館藏號缺）

　　附注：

　　　　批注圈劃：上冊書內數頁有朱筆圈劃。

0309　電熱鍊鋼學/王懷琛編譯.——上海：商務印書館，1935

　　[32]，381，4頁；22.8厘米

　　大學叢書

　　PKUL（館藏號缺）

0310　電影教育移風易俗內容述要/陳果夫編著.——出版地不詳：教育部中華教育電影製片廠指導委員會，出版年不詳

2, 214 頁；18.2 厘米

PKUL（館藏號缺）

附注：

　　題記：封面有作者題記："適之先生教正，陳果夫贈。"

0311　電影與中國 / 薩爾地著；彭百川，張培漾譯. ——南京：中國教育電影協會，1933

2, 22 頁；25.9 厘米

PKUL（館藏號缺）

0312　電子 / 密立根著；鍾間譯；吳有訓校. ——上海：商務印書館，1935

2, 263, 19 頁；22.6 厘米

大學叢書

PKUL（館藏號缺）

附注：

　　其他：本書有 2 冊。

0313　丁香花的歌 / 方瑋德著. ——出版地不詳：出版者不詳，1932

5 頁；19.2 厘米

PKUL（館藏號缺）

附注：

　　題記：封內有作者題記："適之先生指政，瑋呈。北平歲暮。"

0314　定量分析化學 / 達爾波著；張澤垚，童永慶譯. ——上海：商務印書館，1937

[8], 252 頁；22.8 厘米

大學叢書

PKUL（館藏號缺）

0315　定縣農村工業調查 / 張世文著. ——北平：中華北平教育促進會，1936

[34], 488 頁；25.2 厘米

社會調查叢書

PKUL（館藏號缺）

附注：

　　題記：扉頁有作者題記："適之先生指正,張世文謹贈,民國廿五年四月。"

0316 定縣農民教育/湯茂如主編.——出版地不詳：中華平民教育促進會學校式教育部,1932

　　［38］,558 頁；24.7 厘米

　　PKUL（館藏號缺）

0317 定縣社會概況調查/李景漢編著.——北平：大學出版社,1933

　　［40］,828 頁；25.4 厘米

　　社會調查叢書

　　PKUL（館藏號缺）

0318 定縣秧歌選/李景漢,張世文編.——出版地不詳：中華平民教育促進會,1933

　　2 冊(4,6,4,1049 頁)；18.7 厘米

　　社會調查叢書

　　PKUL（館藏號缺）

0319 冬夜/俞平伯著.——上海：亞東圖書館,1931

　　［19］,248 頁；19.1 厘米

　　PKUL（館藏號缺）

0320 東北經濟小叢書總目・序文/著者不詳.——出版地不詳：出版者不詳,出版年不詳

　　18 頁；18.6 厘米

　　東北經濟小叢書

　　PKUL（館藏號缺）

　　附注：

　　　　其他：本書有 2 冊。

0321　東北抗日真相/東北社編.——出版地不詳：東北社，1933

　　　16，19，14 頁；18.1 厘米

　　　PKUL（館藏號缺）

0322　東北熱河後援協會報告書/著者不詳.——出版地不詳：出版者不詳，1933

　　　38 頁；20.9 厘米

　　　PKUL（館藏號缺）

　　　附注：

　　　　印章:封面有胡祖望簽名。

0323　東北史綱第一卷/傅斯年等編.——出版地不詳：出版者不詳，1932

　　　138 頁；26.4 厘米

　　　PKUL（館藏號缺）

0324　東北問題/徐淑希著；中國太平洋國際學會譯.——出版地不詳：中國太平洋學會，1932

　　　18 頁；24.2 厘米

　　　中國太平洋國際學會叢書

　　　PKUL（館藏號缺）

0325　東北問題之真象/唐允編著.——出版地不詳：時代出版社，出版年不詳

　　　4，198 頁；18 厘米

　　　時事論叢

　　　PKUL（館藏號缺）

0326　東北物資調節委員會工作報告自民國三十五年七月三十日起,至三十六年十二月三十一日止/東北物資調節委員會編.——出版地不詳：東北物資調節委員會，1948

　　　7，144 頁；18.5 厘米

　　　PKUL（館藏號缺）

附注：

  其他：本書有 2 冊。

0327 東北與日本之法的關係/吳瀚濤著.——北平：東北問題研究會，1932

  [8]，162 頁；20.8 厘米

  東北問題研究會叢書

  PKUL（館藏號缺）

  附注：

    內附文件：書內夾有東北外交研究委員會書信 1 頁，打印件。

0328 東方圖書館復興委員會及各地贊助委員會委員名冊/東方圖書館復興委員會編.——[上海？]：東方圖書館復興委員會，出版年不詳

  9 頁；21.5 厘米

  PKUL（館藏號缺）

0329 東漢之宗教/宋佩韋編.——上海：商務印書館，1931

  3，84 頁；18.9 厘米

  中國歷史叢書

  PKUL（館藏號缺）

0330 東胡民族考/白鳥庫吉著；方壯猷譯.——上海：商務印書館，1934

  [5]，192，92 頁；21.3 厘米

  PKUL（館藏號缺）

  附注：

    其他：本書有 3 冊。

0331 東晉南朝的錢幣使用與錢幣問題/何玆全著.——出版地不詳：出版者不詳，出版年不詳

  36 頁；33.3 厘米

  PKUL（館藏號缺）

  附注：

題記：首頁有作者題記："適之師誨教，學生何茲全謹呈。卅五，十二，廿。"

0332 東三省果爲日本之生命綫耶/東北問題研究會編. ——出版地不詳：出版者不詳，出版年不詳

50 頁；18.4 厘米

PKUL（館藏號缺）

0333 東省刮目論/藤岡啓著；湯爾和譯. ——上海：商務印書館，1930

[11], 216 頁；22.6 厘米

東省叢刊

PKUL（館藏號缺）

0334 東省韓民問題/陳作樑著. ——北平：燕京大學政治學系，1931

[4], 134 頁；18.6 厘米

政治學叢書

PKUL（館藏號缺）

0335 東文法程/著者不詳. ——上海：商務印書館，出版年不詳

[4], 127 頁；18.9 厘米

PKUL（館藏號缺）

附注：

印章：書内序言第 1 頁鈐有"胡適之印"朱文方印。

0336 東西文化及其哲學/梁漱溟著. ——北京：財政部印刷局，1921

282, 62 頁；25.5 厘米

PKUL（館藏號缺）

附注：

題記：封内有胡適抄録本書文字："我是先自己有一套思想，再來看孔家諸經的；看了孔家諸經，先有自己意見再來看宋明人書的。始終拿自己思想作主。"（頁二七九）

批注圈劃:書內 59 頁有胡適批注圈劃。

夾紙:頁 246、247 間夾有帶字紙 1 張。

摺頁:頁 31,33,90,145,150,171—178,180,181,194,199,227,253,255,257,259,261,263,266,271,278,279 有摺頁。

0337 東洋天文學史研究/新城新藏著;沈璿譯. ——上海;中華學藝社,1933

8,6,674 頁;22.8 厘米

PKUL（館藏號缺）

附注:

題記:扉頁有譯者題記:"敬呈適之先生教正,譯者。金神父路396號。"

0338 東印度故事/孫席珍譯. ——上海:亞細亞書局,1928

[12],98 頁;12.8 厘米

名家合輯文學小叢書

PKUL（館藏號缺）

0339 東語正規/唐寶鍔,戢翼翬著. ——上海:作新社,1905

[7],244 頁;21.6 厘米

PKUL（館藏號缺）

0340 動的教學法之嘗試/王鴻霖編. ——北平:北平市社會局救濟院印刷組,1936

2,160 頁;21.1 厘米

北平市市立師範學校附屬小學叢書

PKUL（館藏號缺）

0341 動力糧取給——石油之成因及其改造與煤木油脂之石油化/戴濟著. ——出版地不詳:出版者不詳,出版年不詳

30 頁;26 厘米

PKUL（館藏號缺）

0342 斗栱/梁思成,劉致平著. ——北平:故宮印刷所,1935

7，25 頁；26.5 厘米

建築設計參考圖集

PKUL（館藏號缺）

0343 都門紀略中之戲曲史料/周明泰著.——出版地不詳：光明印刷局，1932

2，170 頁；18 厘米

幾禮居戲曲叢書

PKUL（館藏號缺）

0344 都市一婦人/沈從文著.——上海：新中國書局，1932

141 頁；18.6 厘米

新中國文藝叢書

PKUL（館藏號缺）

附注：

題記：扉頁有作者題記："適之先生，從文，廿一年十二月。"

0345 獨裁政治之理論和實際/孫澤英著.——長沙：大新紙業印刷局，1934

[4]，50 頁；19 厘米

PKUL（館藏號缺）

附注：

印章：封面鈐有"孫澤英印"朱文方印。

內附文件：書內夾有作者致胡適書信 1 頁。

夾紙：書內夾有"Friedrich Thiele"名片 1 張。

0346 獨立時論集第一集/著者不詳.——北平：獨立時論社，1948

[5]，174 頁；25.3 厘米

PKUL（館藏號缺）

附注：

夾紙：其中一冊夾有獨立時論社發票 1 張。

其他：本書有 2 冊。

0347 獨笑齋金石文玫新疆稽古録陳壽卿與吳平齋手札/鄭業斅,王樹柟,陳壽卿,吳平齋著.──出版地不詳:出版者不詳,出版年不詳

    1 冊(20,12,20,6,48,30,22,28,9 頁);22.5 厘米

    中國學報掌故、叢録合訂本

    PKUL(館藏號缺)

    附註:

        題記:封面有胡適題寫篇名:"1.《三曹章奏》2.《比部招議》3.《憲臺通紀》。"

0348 獨秀文存/陳獨秀著.──上海:亞東圖書館,1927

    4 冊;18.4 厘米

    PKUL(館藏號缺)

    附註:

        夾紙:第 1 冊頁 30、31,32、33 間夾有帶胡適字紙條各 1 張;第 4 冊頁 6、7,84、85,88、89,146、147,208、209,256、257 間夾有紙條各 1 張。

        其他:本書爲第 8 版。

0349 獨秀文存/陳獨秀著.──上海:亞東圖書館,1937

    4 冊;18.7 厘米

    PKUL(館藏號缺)

    附註:

        題記:第 1 冊封面有胡適題記:"卅二年五月十五日在紐約唐人街買得此書。適之。獨秀死在卅一年五月廿八日。適之。"

        其他:本書爲第 11 版。

0350 讀老子/盧錫榮校訂.──[昆明?]:東陸大學,1924

    80 頁;18.9 厘米

    東陸大學叢書

    PKUL(館藏號缺)

0351 讀劉邵人物志/湯用彤著.──出版地不詳:出版者不詳,出版年不詳

17 頁；25.4 厘米

PKUL（館藏號缺）

附注：

批注圈劃：書內 5 頁有胡適鋼筆批注圈劃。

0352 讀曲隨筆／趙景深著．——上海：北新書局，1936

[6]，268 頁；18.6 厘米

文藝新刊

PKUL（館藏號缺）

附注：

題記：扉頁有作者題記："適之先生評正，趙景深謹呈，一月廿二日。"

批注圈劃：書內數頁有鉛筆圈劃。

摺頁：頁 43、76、78、83、102、208、219 有摺頁。

0353 讀史一得（中國歷史上之民族問題與亡國問題）／黃尊生著．——天津：大公報館，1937

2，62 頁；23.5 厘米

PKUL（館藏號缺）

附注：

題記：封面有作者題記："適之先生指正，黃尊生。"

0354 讀書問題／潘光旦著．——上海：新月書店，1930

[5]，178 頁；19.3 厘米

PKUL（館藏號缺）

0355 讀太平經書所見／湯用彤著．——出版地不詳：出版者不詳，出版年不詳

32 頁；25.6 厘米

國立北京大學國學季刊五卷一號抽印本

PKUL（館藏號缺）

附注：

題記：封面有作者題記："呈政。"

0356 讀西洋的幾種火器史後/馮家昇著.——北平：國立北平研究院史學研究所，1947

    279—297 頁；26.4 厘米

    史學集刊第五期抽印本

    PKUL（館藏號缺）

    附注：

        題記：封面有作者題記："適之先生大教。"

0357 讀憲法草案修正案/何其鞏著.——出版地不詳：出版者不詳，出版年不詳

    [18] 頁；19.5 厘米

    PKUL（館藏號缺）

    附注：

        題記：封面有作者題記："適之先生教正。"

0358 讀姚大榮馬閣老洗冤錄駁議/容肇祖著.——出版地不詳：出版者不詳，出版年不詳

    131—136 頁；26.7 厘米

    國立中央研究院歷史語言研究所集刊第五本抽印本

    PKUL（館藏號缺）

    附注：

        題記：封面有作者題記："適之先生教正，學生容肇祖敬呈。"

0359 讀莊子/盧錫榮校訂.——[昆明？]：東陸大學，1924

    198 頁；18.9 厘米

    東陸大學叢書

    PKUL（館藏號缺）

0360 杜詩僞書考/程會昌著.——出版地不詳：出版者不詳，出版年不詳

    14 頁；26.4 厘米

    PKUL（館藏號缺）

附注：

    題記：封面有作者題記："適之先生訓正，程會昌呈稿，丁丑三月。"

0361 杜詩引得序／洪煨蓮著．——出版地不詳：出版者不詳，出版年不詳

LXXX 頁；26.2 厘米

PKUL（館藏號缺）

附注：

    題記：題名頁有作者題記："適之先生教正，洪業，廿九年十一月。"

0362 渡河／陸志韋著．——上海：亞東圖書館，1927

［30］，216 頁；18.6 厘米

PKUL（館藏號缺）

0363 短篇文絜／蔣善國編．——上海：梁溪圖書館，1925

［20］，70 頁；18.6 厘米

PKUL（館藏號缺）

附注：

    題記：封面有作者題記："適之先生賜教，善國。"

0364 短篇小説第一集／胡適譯．——上海：亞東圖書館，1929

［5］，182 頁；18.5 厘米

PKUL（館藏號缺）

附注：

    其他：本書爲第 13 版。

0365 短篇小説第一集／胡適譯．——上海：亞東圖書館，1930

［6］，182 頁；18.5 厘米

PKUL（館藏號缺）

附注：

    與胡適的關係：封面印有"適之先生四十生日紀念，上海亞東圖書館謹贈，一九三〇年"燙金字。

其他:本書爲第 14 版。

0366 短篇小説第一集/胡適譯.——上海:亞東圖書館,1934

[5],182 頁;18.8 厘米

PKUL(館藏號缺)

附注:

其他:本書爲第 19 版,有 5 冊。

0367 段硯齋雜文/沈兼士著.——北平:東廠胡同協和印書局,1947

[6],[124]頁;26.1 厘米

PKUL(館藏號缺)

0368 段玉裁先生年譜/劉盼遂著.——出版地不詳:出版者不詳,1932

52 頁;26.5 厘米

清華學報單行本

PKUL(館藏號缺)

0369 對日作戰/陳啓天著.——上海:民聲週報社,1931

36 頁;18.7 厘米

PKUL(館藏號缺)

0370 對憲法草案初稿關於"人民權利"規定之批判/章友江著.——出版地不詳:出版者不詳,出版年不詳

26 頁;24.5 厘米

北平大學法學院季刊抽印本

PKUL(館藏號缺)

附注:

題記:封面有作者題記:"適之先生指正,章友江敬贈。"

0371 對於國民黨黨歌的歌調之商榷/王瑞嫻著.——出版地不詳:出版者不詳,出版年不詳

95—99 頁；25.8 厘米

東方雜誌抽印本

PKUL（館藏號缺）

附注：

題記：封面有作者題記："適之先生指正。"

0372 敦煌本東皋子集殘卷跋/王重民著.——南京：金陵學報編輯委員會，1935

4 頁；26.6 厘米

金陵學報第五卷第二期抽印本

PKUL（館藏號缺）

0373 敦煌本韓朋賦考/容肇祖著.——出版地不詳：出版者不詳，1933

627—650 頁；26.3 厘米

國立中央研究院歷史語言研究所集刊外編蔡元培先生六十五歲慶祝論文集

PKUL（館藏號缺）

附注：

題記：封面有作者題記："適之先生教正，學生容肇祖敬貽。二十三年元旦。"

0374 敦煌本尚書六跋/王重民著.——出版地不詳：出版者不詳，1935

6 頁；25.5 厘米

國立北平圖書館館刊九卷四號抽印本

PKUL（館藏號缺）

0375 敦煌本王陵變文/王重民著.——出版地不詳：出版者不詳，1936

16 頁；25.4 厘米

國立北平圖書館館刊十卷六號抽印本

PKUL（館藏號缺）

0376 燉煌唐咸通鈔本三備殘卷解題/陳槃著.——出版地不詳：出版者不詳，出版年不詳

381—401 頁；25.6 厘米

國立中央研究院歷史語言研究所集刊第十本抽印本

PKUL（館藏號缺）

附注：

  題記：封面有作者題記："適之先生教正。"

0377 盾鼻集/梁啓超著．——上海：商務印書館，1924

  2 冊；22.8 厘米

  PKUL（館藏號缺）

0378 多寶樓詞/譚振歐著．——廣州：多寶路中德中學，1934

  36 頁；20.1 厘米

  PKUL（館藏號缺）

  附注：

    題記：封面有作者題記："適之先生惠存。"

0379 多爾袞稱皇父之臆測/鄭天挺著．——出版地不詳：出版者不詳，出版年不詳

  14 頁；26.2 厘米

  國立北京大學國學季刊第六卷第一號抽印本

  PKUL（館藏號缺）

  附注：

    印章：封面鈐有"天挺再捧"朱文方印。

    題記：封面有作者題記："適之先生誨正。"

0380 多桑蒙古史/C. d'Ohsson 著；馮承鈞譯．——上海：商務印書館，1936

  2 冊；21.2 厘米

  PKUL（館藏號缺）

0381 俄國新經濟政策/張雲伏著．——上海：新建設書店，1929

  [6]，296 頁；20.4 厘米

  PKUL（館藏號缺）

75

0382 而已集/魯迅著.——上海：魯迅全集出版社，1941

　　182 頁；18.2 厘米

　　魯迅三十年集

　　PKUL（館藏號缺）

0383 兒童衛生歌/陳果夫著.——出版地不詳：正中書局，1943

　　29 頁；18.3 厘米

　　PKUL（館藏號缺）

　　附注：

　　　　題記：封面有作者題記："適之先生教正,陳果夫贈。"

0384 兒童文學講義上編/張雪門編.——北平：香山慈幼院，1930

　　2，182 頁；22.8 厘米

　　PKUL（館藏號缺）

0385 兒童文學講義中編/張雪門編.——北平：香山慈幼院，1930

　　2，142 頁；22.8 厘米

　　PKUL（館藏號缺）

0386 兒童心理學/蕭恩承著.——北平：北京大學出版部，1934

　　162 頁；24 厘米

　　PKUL（館藏號缺）

　　附注：

　　　　印章：扉頁鈐有"蕭恩承印"朱文方印。

　　　　題記：扉頁有作者題記："適之先生惠存,恩承敬贈。"

0387 兒童心理學新論/考夫卡著；高覺敷譯.——上海：商務印書館，1933

　　[22]，391 頁；22.7 厘米

　　大學叢書

　　PKUL（館藏號缺）

附注：

　　内附文件：書内夾有商務印書館致胡適書信 2 封。

0388 兒童營養/蘇祖斐著.——上海：亞美股份有限公司，1933

　　89 頁；21 厘米

　　PKUL（館藏號缺）

0389 二戴禮記輯于東漢考/童書業著.——出版地不詳：出版者不詳，出版年不詳

　　20 頁；22.9 厘米

　　浙江圖書館館刊第四卷第二期單行本

　　PKUL（館藏號缺）

　　附注：

　　　　題記：封面有作者題記："適之先生訓正，書業。"

0390 二老研究/譚戒甫著.——出版地不詳：出版者不詳，出版年不詳

　　733—784 頁；25.9 厘米

　　國立武漢大學文哲季刊第四卷第四期抽印本

　　PKUL（館藏號缺）

　　附注：

　　　　題記：封面有作者題記："適之先生指正，戒甫敬贈。二四，七，八。"

0391 二千年中日關係發展史第一冊/李季著.——柳州：學用社，1938

　　[46]，306 頁；18.6 厘米

　　PKUL（館藏號缺）

　　附注：

　　　　其他：本書全本冊數不詳，胡適藏書僅存第 1 冊。

0392 二十九軍血戰長城輯略/終南山人著.——北平：東方學社，1934

　　[58]，128 頁；19 厘米

　　PKUL（館藏號缺）

0393 二十三年份國產電影發達概況/郭有守著.——出版地不詳：中國教育電影協會，出版年不詳

24 頁；18.6 厘米

PKUL（館藏號缺）

0394 二十世紀之母/P. Y. 著.——上海：出版合作社，1926

160 頁；18.3 厘米

PKUL（館藏號缺）

0395 二十五史/二十五史刊行委員會編.——上海：開明書店，1935

9 冊（7949 頁）；29.3 厘米

PKUL（館藏號缺）

附注：

批注圈劃：第 1 冊中一冊目錄頁有胡適批注。第 2—4 冊，6—9 冊內數頁有胡適標點圈劃。

夾紙：第 1 冊中一冊頁 202、203、350、351、736、737 間夾有紙條；另一冊頁 478、479 間夾有紙條 1 張。第 2 冊中一冊頁 1502、1503、1828、1829 間夾有紙條。第 3 冊頁 2154、2155、2680、2681 間夾有紙條。第 4 冊頁 3338、3339 間夾有紙條；頁 3496、3497 間夾有信封 1 個。第 6 冊頁 4618、4619、4744、4745 間夾有紙條。第 7 冊頁 5366、5367、5578、5579、5672、5673 間夾有紙條。第 8 冊頁 6410、6411、6528、6529、6598、6599、6658、6659、6668、6669、6940、6941 間夾有紙條。第 9 冊頁 2154、2155、2680、2681 間夾有紙條。

其他：本書全本 9 冊，胡適藏書第 6、7 冊有 3 冊，其餘爲 2 冊。各卷冊內容：第 1 冊，《史記》、《漢書》、《後漢書》；第 2 冊，《三國志》、《晉書》、《宋書》、《南齊書》、《梁書》；第 3 冊，《陳書》、《魏書》、《北齊書》、《周書》、《隋書》、《南史》；第 4 冊，《北史》、《唐書》；第 5 冊，《新唐書》、《五代史》、《新五代史》；第 6 冊，《宋史（上）》；第 7 冊，《宋史（下）》、《遼史》、《金史》；第 8 冊，《元史》、《新元史》；第 9 冊，《明史》。

0396 二十五史補編/二十五史刊行委員會編.——上海：開明書店，1937

6 冊（8866 頁）；28.3 厘米

PKUL（館藏號缺）

附注：

  批注圈劃：第 1 冊書內數頁有胡適朱筆批注標點圈劃。

  內附文件：第 1 冊書內夾有開明書店打印書信 1 頁。

  夾紙：第 1 冊頁 1262、1263 間夾有紙條。

  其他：本書全本 6 冊。胡適藏書第 2、4 冊有 2 冊，其餘爲 1 冊。

0397 二十五史人名索引／二十五史刊行委員會編．——上海：開明書店，1935

518 頁；19.7 厘米

PKUL（館藏號缺）

附注：

  其他：本書有 2 冊。

0398 二心集／魯迅著．——上海：魯迅全集出版社，1941

229 頁；18.2 厘米

魯迅三十年集

PKUL（館藏號缺）

0399 二晏及其詞／宛敏灝著．——上海：商務印書館，1935

[3]，367，19 頁；19 厘米

國學小叢書

PKUL（館藏號缺）

附注：

  題記：扉頁有作者題記："適之先生教正，後學宛敏灝敬呈。"

0400 發展中國科學計畫書／中國科學社擬．——出版地不詳：出版者不詳，出版年不詳

32 頁；22.4 厘米

PKUL（館藏號缺）

附注：

其他：本書有 2 冊。

0401 **法國的政府**/錢端升著.——上海：商務印書館，1934

［19］，186，13 頁；22.7 厘米

大學叢書

PKUL（館藏號缺）

0402 **法國第四共和國憲法**/法國新聞處編.——出版地不詳：出版者不詳，出版年不詳

4，24 頁；18 厘米

PKUL（館藏號缺）

附注：

夾紙：書內夾有"甘默"名片 1 張。

0403 **法國革命史**/Albert Mathiez 著；楊人楩譯註.——上海：商務印書館，1947

2 冊（3，1，4，520 頁）；20.3 厘米

中山文庫

PKUL（館藏號缺）

附注：

題記：上冊題名頁有譯者題記："適之先生指正，楊人楩敬贈，一九四八，二月一日。"

0404 **法國社會經濟史上冊**/賽昂里著；陸侃如譯 ——［上海？］：大江書鋪，1933

［46］，241 頁；18.4 厘米

PKUL（館藏號缺）

附注：

其他：本書有 2 冊。

0405 **法國十八世紀思想史**/彭基相著.——出版地不詳：出版者不詳，1932

［4］，181 頁；18.5 厘米

PKUL（館藏號缺）

附注：

    題記：題名頁有作者題記："適之師賜教，基相敬贈，二十四年三月十七日。"

0406 **法國十八世紀思想史**/彭基相著.——上海：新月書店，1939

    2，204 頁；18.6 厘米

    PKUL（館藏號缺）

    附注：

    題記：扉頁有作者題記："敬贈適之教授：學生基相，十七，十二，廿四，武昌。"

0407 **法國現代社會學**/狄亞著；楊堃譯.——北平：建設圖書館，1931

    VI，138 頁；24.5 厘米

    PKUL（館藏號缺）

    附注：

    題記：扉頁有譯者題記："適之先生指正，楊堃，一九三一年十月七日於北平。"

0408 **法國戰後經濟建設**/梅里靄講述.——出版地不詳：出版者不詳，出版年不詳

    13 頁；17.2 厘米

    PKUL（館藏號缺）

0409 **法國哲學史**/雷維不魯爾著；彭基相譯.——上海：商務印書館，1934

    14，302 頁；22.7 厘米

    哲學叢書

    PKUL（館藏號缺）

    附注：

    題記：題名頁有作者題記："適之師賜正，基相敬贈，三月十七日。"

0410 **法家政治哲學**/陳烈著.——上海：華通書局，1929

    [8]，265 頁；19 厘米

PKUL（館藏號缺）

附注：
　　題記：封面有作者題記："熊師教正，宗烈謹贈。"
　　夾紙：書內夾有"李謨"名片1張。

0411　法勒第傳/何肇菁譯.——南京：獨立出版社，1947
　　　[6]，94頁；21.5厘米
　　　傳記叢書
　　　PKUL（館藏號缺）
　　　附注：
　　　　題記：封面有題記："適之先生夫人教正，肇菁謹贈，三十六年七月。"

0412　法律觀念之演進及其詮釋/趙之遠著.——出版地不詳：出版者不詳，出版年不詳
　　　48頁；26.2厘米
　　　社會科學叢刊抽印本
　　　PKUL（館藏號缺）
　　　附注：
　　　　題記：封面有作者題記："適之先生教正，後學趙之遠，二三，六月。"

0413　法西斯蒂之怒潮/伊達龍城著；敷之譯.——上海：中國出路研究社，1933
　　　[13]，514頁；22.2厘米
　　　PKUL（館藏號缺）

0414　法語初步/凌望超編著.——上海：商務印書館，1935
　　　148頁；19厘米
　　　PKUL（館藏號缺）

0415　法苑珠林/釋道世著.——上海：商務印書館，1936
　　　8冊(1435頁)；22.7厘米
　　　四部叢刊初編縮本　113—120

PKUL（館藏號缺）

附注：

批注圈劃：第 4 冊書內 10 頁有胡適批注圈劃；第 5 冊書內 2 頁有胡適圈劃；第 6 冊書內 1 頁有胡適批注。

夾紙：第 1 冊頁 74、75、80、81 間夾有紙條。

0416 樊榭山房集/厲鶚著.——上海：商務印書館，1936

2 冊(338 頁)；22.8 厘米

四部叢刊初編縮本 368，369

PKUL（館藏號缺）

附注：

批注圈劃：第 1 冊書內 21 頁有胡適批注圈劃；第 2 冊書內 7 頁有胡適批注圈劃。

0417 方法論/笛卡兒著；彭基相譯.——上海：商務印書館，1934

[7]，81 頁；19 厘米

漢譯世界名著

PKUL（館藏號缺）

附注：

印章：題名頁鈐有"彭基相章"朱文方印。

題記：題名頁有譯者題記："敬贈適之師，學生基相，六月六日。"

夾紙：書內夾有贈書者所寫地址 1 張。

0418 方豪文錄/方豪著.——北平：上智編譯館，1948

[6]，346 頁；26.5 厘米

PKUL（館藏號缺）

附注：

與胡適的關係：封面、書內題名為胡適題寫。

0419 防空讀本/華北政務委員會政務廳情報局編.——北平：華北政務委員會政務廳情報局，1943

58 頁；18 厘米

時局叢書

PKUL（館藏號缺）

0420 彷徨/魯迅著.——上海：魯迅全集出版社，1941

203 頁；18.2 厘米

魯迅三十年集

PKUL（館藏號缺）

0421 非常時期青年救國之路/張九如著.——南京：漢文正楷印書局，1936

[19]，108 頁；18.6 厘米

PKUL（館藏號缺）

附註：

題記：封面有作者題記："適之先生教正。"

0422 非歐派幾何學/陳藎民著.——上海：商務印書館，1936

6，287 頁；22.7 厘米

大學叢書

PKUL（館藏號缺）

0423 飛蝗之研究/著者不詳.——出版地不詳：江蘇省昆蟲局，出版年不詳

[6]，72 頁；22.7 厘米

江蘇省昆蟲局研究報告

PKUL（館藏號缺）

0424 飛鳥集/R. Tagore 著；鄭振鐸譯.——上海：商務印書館，1922

[18]，88 頁；19.1 厘米

PKUL（館藏號缺）

附註：

批註圈劃：書內 2 頁有胡適批註圈劃。

0425 肥料學/彭家元著.——上海：商務印書館，1936

[16]，409 頁；22.8 厘米

大學叢書

PKUL（館藏號缺）

附註：

內附文件：書內夾有商務印書館致胡適書信 2 封。

0426 肥皂工業/哈爾司特著；萬德固譯.——上海：商務印書館，1935

24，418，28，27 頁；22.7 厘米

大學叢書

PKUL（館藏號缺）

0427 翡冷翠的一夜/徐志摩著.——上海：新月書店，1927

V，139 頁；19.2 厘米

PKUL（館藏號缺）

附註：

題記：題名頁有作者題記："適之老阿哥指教，志摩"；另有胡適題記："此集內好詩甚少，今天重讀了頗失望。適之，廿，十一，卅（摩死後十二日）。"

批注圈劃：書內 12 頁有胡適批注圈劃。

0428 費唐君提交上海公共租界工部局報告書第一卷摘要譯文/著者不詳.——出版地不詳：出版者不詳，出版年不詳

44，40 頁；26.5 厘米

PKUL（館藏號缺）

附註：

內附文件：書內夾有英文書信 1 頁。

0429 費唐君提交上海公共租界工部局報告書第二卷摘要譯文/著者不詳.——出版地不詳：出版者不詳，出版年不詳

80，64 頁；26.5 厘米

PKUL（館藏號缺）

0430 廢止內戰大同盟會賜給我的經驗/張紫林著.——出版地不詳：出版者不詳，出版年不詳

10 頁；26.1 厘米

PKUL（館藏號缺）

附注：

夾紙：書內夾有蔡敬襄《編輯江西省城磚圖感賦十絕》印刷品 1 頁，上書"胡適之先生賜教"字樣。

0431 分類白話詩選/許德鄰編.——上海：崇文書局，1920

1 冊（10，8，18，34，58，64，60 頁）；18.8 厘米

PKUL（館藏號缺）

附注：

批注圈劃：書內數頁有圈劃。

0432 墳/魯迅著.——上海：魯迅全集出版社，1941

264 頁；18.2 厘米

PKUL（館藏號缺）

0433 粉墨登場之德國絳衫軍領袖希特勒/E. Lengyel 著；馬士奇譯.——北平：星雲堂書店，1933

IV，2，328 頁；18.7 厘米

PKUL（館藏號缺）

0434 奮鬥廿年/朱謙之著.——廣州：國立中山大學史學研究會，1946

44 頁；18.3 厘米

PKUL（館藏號缺）

附注：

印章：封面鈐有"朱謙之印"朱文方印。

題記：封面有作者題記："適之師惠存，生謙之敬贈。"

0435 封建社會的農村生產關係/陳翰笙著. ——上海：出版者不詳，1930

26 頁；21.5 厘米

國立中央研究院社會科學研究所農村經濟參考資料

PKUL（館藏號缺）

0436 風俗通義通檢/中法漢學研究所編. ——北平：中法漢學研究所，1943

2 冊；26.2 厘米

中法漢學研究所通檢叢刊

PKUL（館藏號缺）

0437 風雅韻例/陸侃如著. ——北平：燕京大學哈佛燕京學社，1936

133—154 頁；26.3 厘米

燕京學報第二十期單行本

PKUL（館藏號缺）

0438 風雨談/周作人著. ——上海：北新書局，1936

[7]，265，2 頁；18.6 厘米

PKUL（館藏號缺）

附注：

印章：題名頁鈐有"冷暖自知"朱文方印。

題記：題名頁有作者題記："奉贈適之兄，作人，十二月十五日。"

0439 馮煥章先生演講錄/包世傑輯. ——出版地不詳：出版者不詳，出版年不詳

10，63 頁；18.6 厘米

西北軍的精神生命形成

PKUL（館藏號缺）

附注：

題記：封面有贈書者題記："敬賀新禧，包世傑輯贈。"

0440 奉天靖難記注/王崇武著. ——上海：商務印書館，1948

[16], 226 頁; 22.6 厘米

國立中央研究院歷史語言研究所專刊

PKUL（館藏號缺）

附注：

題記：扉頁有作者題記："適之師賜正, 學生王崇武敬呈。"

0441 佛藏子目引得/引得編纂處編.——北平：哈佛燕京學社, 1933

3 冊; 26.3 厘米

PKUL（館藏號缺）

0442 佛乘宗要論/太虛法師演講.——北京：佛經流通處, 1920

100 頁; 22.7 厘米

PKUL（館藏號缺）

附注：

題記：封面有胡適鉛筆題記："朱紱皇送我的。"

0443 佛法與科學之比較研究/王季同著.——上海：開明書店, 1932

1, XVIII, 45 頁; 25.6 厘米

PKUL（館藏號缺）

附注：

題記：封面有作者題記："適之先生惠存, 王季同謹贈。"

0444 佛教十宗概要/黎錦熙編.——北平：京城印書局, 1935

42 頁; 23.3 厘米

PKUL（館藏號缺）

附注：

印章：封面鈐有"贈閱"藍文印。

0445 佛教十宗概要/黎錦熙編.——北平：京城印書局, 1935

64, 14, 42 頁; 23.3 厘米

PKUL（館藏號缺）

0446 佛母大孔雀明王經龍王大仙衆生主名號夏梵藏漢合璧校釋/王静如著.——北平：出版者不詳，1933

  737—776 頁；26.5 厘米

  國立中央研究院歷史語言研究所集刊外編蔡元培先生六十五歲慶祝論文集抽印本

  PKUL（館藏號缺）

0447 佛説摩訶般若波羅蜜多心經密義述/李翊灼著.——上海：中華書局，1931

  54 頁；18.4 厘米

  佛學叢書

  PKUL（館藏號缺）

0448 佛學大綱/謝蒙編.——上海：中華書局，1918

  1 冊（2，4，244，4，228 頁）；23.6 厘米

  PKUL（館藏號缺）

  附注：

   題記：書内序言首頁有胡適題記："民國七年六月買的。價一元六角。胡適。"

   批注圈劃：書内 90 頁有胡適批注圈劃。

   夾紙：書内夾有圖片 1 張。

   摺頁：頁 115、184、188 有摺頁。

0449 佛學書目/著者不詳.——北平：佛經流通處，1934

  2，216 頁；25 厘米

  PKUL（館藏號缺）

0450 佛學研究十八篇/梁啓超著.——上海：中華書局，1936

  2 冊；19.5 厘米

  PKUL（館藏號缺）

0451 佛遊天竺記考釋/岑仲勉著.——上海:商務印書館,1935

2,140,[18]頁;19厘米

國學基本叢書

PKUL(館藏號缺)

0452 佛遊天竺記考釋/岑仲勉著.——上海:商務印書館,1934

2,140,[18]頁;19.1厘米

國學基本叢書

PKUL(館藏號缺)

附注:

題記:封面有作者題記:"適之先生。"

0453 夫人學堂/東亞病夫譯.——上海:真美善書店,1927

2,120,16頁;19厘米

PKUL(館藏號缺)

附注:

印章:扉頁鈐有"吾家策"朱文橢圓章、"東亞病夫造"朱文方印;正文首頁鈐有"胡適之印"朱文方印。

題記:扉頁有譯者題記:"謹贈適之先生並乞批評,一七,一,七。病夫。"

批注圈劃:正文首頁有胡適批注圈劃。

0454 福建省研究院社會科學研究所概況/福建省研究院社會科學研究所編.——出版地不詳:出版者不詳,出版年不詳

34頁;17.3厘米

PKUL(館藏號缺)

0455 福建省研究院研究彙報第二號動植物之部/福建省研究院編.——福州:福建省研究院,1947

198頁;25.8厘米

PKUL(館藏號缺)

附注:

題記:封面有"動植物研究所贈"字樣。

0456 福樓拜評傳/李健吾著.——上海:商務印書館,1935

[11],471 頁;21.2 厘米

PKUL(館藏號缺)

0457 福州電氣公司農村電化部之庶績/劉崇倫述.——出版地不詳:出版者不詳,出版年不詳

10 頁;22.3 厘米

PKUL(館藏號缺)

附注:

其他:本書有 2 冊。

0458 輔大年刊 1948/著者不詳.——出版地不詳:出版者不詳,1948

38,38 頁;26.2 厘米

PKUL(館藏號缺)

0459 負傷歸來上集/楊漢輝著.——北平:新亞洲書局,1931

[6],97 頁;20.5 厘米

PKUL(館藏號缺)

附注:

題記:封面有作者題記:"敬贈適之先生指謬,楊漢輝呈。"

0460 復興高級中學教科書國文/傅東華編著.——上海:商務印書館,1935

3 冊;19.1 厘米

PKUL(館藏號缺)

附注:

其他:本書全本冊數不詳,胡適藏書存第 2—4 冊。

0461 復員以來資源委員會工作述要/資源委員會編.——出版地不詳:資源委員會,1948

2，50 頁；25.8 厘米

PKUL（館藏號缺）

0462 賦稅論／胡善恆著.——上海：商務印書館，1934

［15］，678 頁；22.8 厘米

大學叢書

PKUL（館藏號缺）

0463 改革幣制法令彙編／大東書局編審處編.——上海：大東書局，1948

2，50，18 頁；17 厘米

PKUL（館藏號缺）

附注：

夾紙：書內夾有"阮毅成"名片 1 張。

0464 改進中國農業計畫草案／著者不詳.——出版地不詳：出版者不詳，出版年不詳

26，188 頁；26.2 厘米

PKUL（館藏號缺）

附注：

題記：封面有"未經審定，暫不發表"等字。

內附文件：頁 72、73 間夾有王世杰致胡適書信 2 頁。

0465 改善農業之要素福州在農業上之位置／劉崇倫講述.——［福州？］：福州電氣公司農村電化部，1931

16 頁；22 厘米

PKUL（館藏號缺）

附注：

其他：本書共有 3 冊。

0466 改造舊農村／蘇州中華基督教青年會編.——蘇州：蘇州中華基督教青年會，1929

18 頁；18.4 厘米

農村事業叢刊

PKUL（館藏號缺）

0467 感應類鈔/史玉涵輯. ——出版地不詳：出版者不詳，出版年不詳

308 頁；18.7 厘米

PKUL（館藏號缺）

0468 高級實用英文法/鍾作猷編著. ——北平：北京大學出版部，1933

724 頁；26.1 厘米

PKUL（館藏號缺）

附注：

印章：扉頁鈐有"鍾作猷印"朱文方印。

題記：扉頁有編者題記："適之吾師指正，受業作猷謹贈，廿二，五，十五。"

與胡適的關係：書內有胡適題寫書名。

0469 高級中學適用初級物理實習講義/丁燮林著. ——上海：商務印書館，1930

4，237 頁；21.3 厘米

PKUL（館藏號缺）

0470 高似孫子畧/顧頡剛標點. ——北平：樸社，1928

[8]，100，2 頁；20.2 厘米

PKUL（館藏號缺）

0471 高唐神女傳說之分析/聞一多著. ——出版地不詳：出版者不詳，1935

30 頁；25.7 厘米

清華學報單行本

PKUL（館藏號缺）

附注：

題記：封面有作者題記："適之先生教正。"

0472 高元國音學/高元著.——上海：商務印書館，1922

[30]，145 頁；20.6 厘米

PKUL（館藏號缺）

附註：

題記：其中一冊封面有"國語科用"字樣。

其他：本書共有 2 冊。

0473 革命的發展/愛德華著；李進之譯.——上海：新生命書店，1929

276，16 頁；18.8 厘米

PKUL（館藏號缺）

附註：

題記：扉頁有作者題記："呈適之先生教正，李進之。"

0474 革命的前一幕/陳銓著.——上海：良友圖書印刷公司，1934

226 頁；17.7 厘米

PKUL（館藏號缺）

附註：

批注圈劃：書末有胡適鉛筆批注："廿三，十一，十三，津浦車中。平常。適之。"

0475 革命的知與行/惠迪人著.——重慶：南方印書館，1945

29 頁；18.1 厘米

PKUL（館藏號缺）

附註：

印章：封面鈐有"惠迪人印"朱文方印。

題記：封面有作者題記："適之先生指教，惠迪人敬贈，卅五年七月於南京。"

0476 革命亞細亞的展望/中谷武世，包司著；牛山譯.——北平：新亞洲書局，1931

[23]，264 頁；21.6 厘米

東方問題研究會叢書

PKUL（館藏號缺）

附注：

　　題記：扉頁有譯者題記："敬呈適之先生教正,譯者宋斐如敬贈,一九三一,五,一五。"

0477 格里佛遊記卷二／斯偉夫特著；韋叢蕪譯.——北平：未名社出版部,出版年不詳

　　161 頁；20.8 厘米

　　未名叢刊

　　PKUL（館藏號缺）

附注：

　　題記：扉頁有譯者題記："適之先生指教,叢蕪。"
　　其他：本書全本 2 冊,胡適藏書僅存卷 2。

0478 格林童話集上冊／彭兆良譯.——上海：世界書局,1931

　　2, 242 頁；18.8 厘米

　　PKUL（館藏號缺）

附注：

　　題記：扉頁有胡適題記："給小三,適之,廿一,五,十三。"
　　其他：本書全本 2 冊,胡適藏書僅存上冊。

0479 格扇／梁思成,劉致平編.——北平：中國營造學社,1936

　　13, 15 頁；26.6 厘米

　　建築設計參考圖集

　　PKUL（館藏號缺）

0480 各國地方政府／赫勒斯著；張永懋譯.——上海：商務印書館,1937

　　[7], 391 頁；22.7 厘米

　　大學叢書

　　PKUL（館藏號缺）

0481 各國民族性/張安世著．——上海：華通書局，1930

　　4，172 頁；21.9 厘米

　　PKUL（館藏號缺）

　　附注：

　　　　題記:扉頁有作者題記:"特請適之先生指教,張安世謹贈。"

0482 各國文化合作協會概覽/國際聯盟秘書處著；世界文化合作中國協會籌備委員會譯．——上海：中華書局，1933

　　4，130 頁；20.9 厘米

　　PKUL（館藏號缺）

0483 各國憲法彙編/國民政府立法院編譯處編譯．——上海：漢文正楷印書局，1933—1934

　　2 冊；26.6 厘米

　　PKUL（館藏號缺）

0484 各省童謠集第一集/朱天民編．——上海：商務印書館，1923

　　[13]，101 頁；18.8 厘米

　　PKUL（館藏號缺）

0485 給青年的十二封信/朱光潛著．——上海：開明書店，1930

　　XIII，115 頁；18.9 厘米

　　PKUL（館藏號缺）

0486 給水工程學/陶葆楷著．——上海：商務印書館，1937

　　7，386 頁；22.7 厘米

　　大學叢書

　　PKUL（館藏號缺）

0487 工程教育與中國/顧毓琇著．——出版地不詳：出版者不詳，出版年不詳

　　7 頁；27 厘米

PKUL（館藏號缺）

0488 工程人員手冊/楊家瑜著.——南京：青年出版社，1946

4，202頁；17.9厘米

五項建設手冊

PKUL（館藏號缺）

0489 工言/張可治著.——出版地不詳：鋼鐵廠遷建委員會，出版年不詳

40頁；24.7厘米

PKUL（館藏號缺）

附注：

題記：一冊封面有作者題記："適之先生正之，張可治敬贈，三十七年元月廿九日"；另一冊封面有作者題記："北大圖書館惠存，張可治敬贈，三十七年元月廿九日。"

其他：本書有2冊。

0490 工業管理/藍斯堡洛著；陳建民譯.——上海：商務印書館，1935

4，475頁；22.7厘米

大學叢書

PKUL（館藏號缺）

0491 工業政策/關一著；馬凌甫譯.——上海：商務印書館，1934

12，804頁；22.7厘米

大學叢書

PKUL（館藏號缺）

0492 工業組織與管理/王撫洲著.——上海：商務印書館，1934

［12］，195，3頁；22.6厘米

大學叢書

PKUL（館藏號缺）

附注：

内附文件：書内夾有商務印書館致胡適書信 1 頁。

0493 工資理論之發展/樊弘著. ——上海：商務印書館，1934

[2]，87 頁；22.7 厘米

社會研究叢刊

PKUL（館藏號缺）

附注：

題記：封面有作者題記："適之先生教正，學生樊弘敬呈，卅五，六，三。"
内附文件：書内夾有作者名片 1 張，上書"適之先生：《進步與貧困》，因天津商務印書館業已售罄，謹先呈獻二冊，敬祈詧收，見諒為謝。即候鈞安。學生樊弘敬上"。

0494 工作八年/新運婦女指導委員會. ——南京：新運婦女指導委員會，1946

8，314 頁；20 厘米

PKUL（館藏號缺）

0495 弓箭學大綱/張唯中著. ——南京：南京印刷公司，1934

[30]，350 頁；22.3 厘米

PKUL（館藏號缺）

附注：

題記：封面有作者題記："適之先生指教。"

0496 公民/應成一，薩孟武編著. ——南京：正中書局，1939

[5]，188 頁；18.4 厘米

PKUL（館藏號缺）

附注：

印章：扉頁有"胡思杜"簽名。

0497 公民第三冊法律大意/阮毅成編著. ——南京：正中書局，出版年不詳

4，163 頁；18.8 厘米

PKUL（館藏號缺）

附注：

　　印章：封面有胡思杜簽名。

0498 公民衛生/程瀚章編.——上海：商務印書館，1924

　　[8]，172 頁；19 厘米

　　新智識叢書

　　PKUL（館藏號缺）

　　附注：

　　　題記：封面有作者題記："適之先生惠存，瀚章。"

　　　夾紙：書內夾有書寫"胡適之"三字紙條1張。

0499 公物管理之理論與實際/李植泉著.——出版地不詳：出版者不詳，1936

　　102 頁；21 厘米

　　中國財政學會叢書

　　PKUL（館藏號缺）

　　附注：

　　　印章：封面鈐有"李植泉印"朱文方印。

　　　題記：封面有作者題記："適之校長指正，著者敬贈。"

0500 公務員考績法及關係法令述評/何會源著.——出版地不詳：出版者不詳，出版年不詳

　　337—354 頁；26.1 厘米

　　PKUL（館藏號缺）

　　附注：

　　　題記：封面有作者題記："適之教授斧正，學生何會源謹贈。"

0501 公餘僅誌/著者不詳.——出版地不詳：出版者不詳，出版年不詳

　　[4]，26 頁；26.4 厘米

　　PKUL（館藏號缺）

0502 公債論/胡善恆著.——上海：商務印書館，1936

[14], 406 頁; 22.7 厘米

大學叢書

PKUL（館藏號缺）

0503 龔定盫思想之分析/錢穆著.——出版地不詳：出版者不詳，出版年不詳

22 頁; 25.9 厘米

國立北京大學國學季刊五卷三號抽印本

PKUL（館藏號缺）

附注：

題記：封面有作者題記："適之先生教正"。

0504 龔自珍佚文/龔自珍著.——出版地不詳：出版者不詳，出版年不詳

32 頁; 23 厘米

PKUL（館藏號缺）

附注：

題記：封面有胡適題記："《龔自珍佚文》1. 最錄尚書古文序寫定本 2. 最錄段先生定本許氏說文 3. 最錄漢舊儀 4. 最錄漢官儀 5. 最錄漢詩三種 6. 秦漢石刻文錄序 7. 自晉迄隋石刻文錄序 8. 定厂藏器及釋文輯。"

0505 共產主義的理論和實際/著者不詳.——出版地不詳：出版者不詳，出版年不詳

40 頁; 21.3 厘米

PKUL（館藏號缺）

附注：

夾紙：書內夾有德國大使館北平辦事處贈書卡 1 張。

0506 共產主義論/H. J. Laski 著; 黃肇年譯.——上海：新月書店, 1930

[8], 296, 8 頁; 18.5 厘米

PKUL（館藏號缺）

附注：

題記：封面有胡適題記："適之校本。"

與胡適的關係:封面爲胡適題籤。

0507 共和國開創史/著者不詳.——出版地不詳:世界書局,出版年不詳

10,219 頁;18.9 厘米

中學世界百科全書

PKUL(館藏號缺)

附注:

印章:封面鈐有"程法榮"朱文方印。

0508 溝渠工程學/顧康樂著.——上海:商務印書館,1934

[6],222,4 頁;22.9 厘米

大學叢書

PKUL(館藏號缺)

0509 購求中國圖書計劃書/顧頡剛編.——廣州:國立中山大學圖書館研究會,1927

39 頁;21.5 厘米

國立中山大學圖書館叢書

PKUL(館藏號缺)

0510 古讖緯書錄解題(一)/陳槃著.——出版地不詳:出版者不詳,出版年不詳

371—380 頁;25.6 厘米

國立中央研究院歷史語言研究所集刊第十本抽印本

PKUL(館藏號缺)

附注:

題記:封面有作者題記:"適之先生是正。"

0511 古讖緯書錄解題附錄(二)/陳槃著.——出版地不詳:出版者不詳,出版年不詳

65—77 頁;25.7 厘米

國立中央研究院歷史語言研究所集刊第十七本抽印本

PKUL（館藏號缺）

附注：

題記:封面有作者題記:"適之先生惠正。"

0512 古讖緯書錄解題(三)/陳槃著.——出版地不詳:出版者不詳,出版年不詳

59—64頁;25.7厘米

國立中央研究院歷史語言研究所集刊第十七本抽印本

PKUL（館藏號缺）

附注：

題記:封面有作者題記:"適之先生正謬。"

0513 古辭/蔣善國編.——上海:梁溪圖書館,1925

1冊(10,4,46,38頁);18.6厘米

PKUL（館藏號缺）

0514 古代狩獵圖象考/徐中舒著.——北平:出版者不詳,1933

569—618頁;26.3厘米

國立中央研究院歷史語言研究所集刊外編蔡元培先生六十五歲慶祝論文集抽印本

PKUL（館藏號缺）

附注：

題記:封面有作者題記:"適之先生教正,徐中舒,廿三,二,二。"

0515 古代學術思想變遷史/錢玄同等.——出版地不詳:出版者不詳,出版年不詳

[236]頁;22.8厘米

PKUL（館藏號缺）

附注：

與胡適的關係:其中《孔子略傳》爲胡適所作。

0516 古骸底埋葬/盈昂著.——上海:文化書局,1929

114頁;20厘米

PKUL（館藏號缺）

附注：

    題記：扉頁有作者題記："適之先生指正，盈昂。"

0517 **古今廣西旅桂人名鑑**/廣西統計局編.——南寧：出版者不詳，1934

    [9]，206，7 頁；18.8 厘米

    廣西統計叢書

    PKUL（館藏號缺）

0518 **古今僞書考**/姚際恆著；顧頡剛校點.——北平：景山書社，1929

    1 册（20，10，72，10，18 頁）；18.3 厘米

    辨僞叢刊

    PKUL（館藏號缺）

0519 **古今文譯中國故事**/王治心譯.——上海：上海廣學會，1925

    [8]，106 頁；18 厘米

    PKUL（館藏號缺）

0520 **古今遊記叢鈔**/著者不詳.——上海：中華書局，出版年不詳

    4 册；18.6 厘米

    PKUL（館藏號缺）

    附注：

        其他：本書全本冊數不詳，胡適藏書存第 1、5、7、11 冊。

0521 **古劇説彙**/馮沅君著.——上海：商務印書館，1947

    [6]，381 頁；20.5 厘米

    PKUL（館藏號缺）

    附注：

        題記：題名頁有作者題記："適之師教正，學生沅君，卅六、七、十八。"

0522 **古劇四考**/馮沅君著.——北平：燕京大學哈佛燕京學社，1936

85—131 頁；26.3 厘米

燕京學報第二十期單行本

PKUL（館藏號缺）

0523 古蘭經卷一/張秉鐸譯. ——上海：中國回教書局，1946

21 頁；21.6 厘米

PKUL（館藏號缺）

附注：

印章:扉頁鈐有"馬松亭印"朱文方印。

題記:扉頁有作者題記："適之先生，馬松亭謹贈，三六，元月。"

0524 古蘭經譯解/王静齋譯. ——上海：永祥印書館，1946

[8],844,[7]頁;25 厘米

PKUL（館藏號缺）

附注：

印章:扉頁鈐有"馬松亭印"朱文方印。

題記:扉頁有贈書者題記："適之先生惠存，馬松亭敬贈。"

0525 古樂器小記/唐蘭著. ——出版地不詳：出版者不詳，1933

59—101 頁；25.6 厘米

燕京學報第十四期單行本

PKUL（館藏號缺）

附注：

題記:封面有作者題記："適之先生教之。"

0526 古戀歌/愛絲女士編. ——出版地不詳：亞細亞書局，1928

[16],106 頁；20 厘米

PKUL（館藏號缺）

0527 古樓蘭國歷史及其在中西交通上之地位/黃文弼著. ——北平：國立北平研究院史學研究所，1947

111—146 頁；26.4 厘米

史學集刊第五期抽印本

PKUL（館藏號缺）

0528 古聖與國策/趙木森著. ——出版地不詳：出版者不詳，出版年不詳

1 冊（3，2，16，22 頁）；18.2 厘米

PKUL（館藏號缺）

附注：

其他：本書有 2 冊。

0529 古詩十九首之研究/賀揚靈著. ——上海：光華書局，1927

5，105 頁；16.3 厘米

PKUL（館藏號缺）

0530 古史辨第二冊/顧頡剛編. ——北平：北京書局，1930

[14]，454 頁；24.1 厘米

PKUL（館藏號缺）

附注：

印章：二冊扉頁均鈐有"顧頡剛"朱文方印。

題記：一冊扉頁有作者題記："適之先生評正，學生顧頡剛敬贈"；另一冊扉頁有作者題記："志摩先生評正，顧頡剛敬贈。"

其他：本書有 2 冊。

0531 古史辨第三冊/顧頡剛編. ——北平：樸社，1931

[22]，706 頁；24 厘米

PKUL（館藏號缺）

附注：

題記：扉頁有作者題記："適之先生評正，學生顧頡剛。"

批注圈劃：書內 4 頁有胡適批注圈劃。

夾紙：頁 308、309 間夾有紙條。

摺頁：頁 43 有摺頁。

0532 古史辨第五冊/顧頡剛編.——北平：樸社，1935

[26]，751，4頁；24.3厘米

PKUL（館藏號缺）

附注：

題記：扉頁有作者題記："適之先生評正，學生顧頡剛敬贈。廿四，三，三。"

0533 古史研究/衛聚賢著.——上海：新月書店，1928

[5]，260頁；19厘米

PKUL（館藏號缺）

附注：

印章：封面鈐有"衛聚賢印"朱文方印。

題記：封面有作者題記："胡適之先生教正，衛聚賢敬贈。"

0534 古史研究第二輯/衛聚賢著.——出版地不詳：出版者不詳，出版年不詳

183頁；18.6厘米

PKUL（館藏號缺）

附注：

題記：封面有作者題記："胡適之先生教正，衛聚賢敬贈。"

0535 古書之句讀/楊樹達著.——北平：文化學社，1929

2，126頁；19.1厘米

PKUL（館藏號缺）

附注：

印章：題名頁鈐有"遇夫"朱文方印。

題記：題名頁有作者題記："適之先生教之，樹達。"

0536 古文辭類纂三/著者不詳.——出版地不詳：出版者不詳，出版年不詳

[322]頁；18.5厘米

PKUL（館藏號缺）

0537 **古文字中之商周祭祀**/陳夢家著. ——北平：燕京大學哈佛燕京學社，1936

　　91—155 頁；26.4 厘米

　　燕京學報第十九期單行本

　　PKUL（館藏號缺）

　　附注：

　　　題記：封面有作者題記："適之先生教正，夢家敬贈。"

0538 **古物保管委員會工作彙報**/古物保管委員會編. ——北平：大學出版社，1935

　　[8]，186 頁；26.3 厘米

　　PKUL（館藏號缺）

0539 **古物研究**/濱田耕作等著；楊鍊譯. ——上海：商務印書館，1936

　　2，197 頁；19 厘米

　　史地小叢書

　　PKUL（館藏號缺）

　　附注：

　　　題記：題名頁有胡適題記："卅六，三，卅買的。胡適。"

0540 **古小說鉤沉**/魯迅著. ——上海：魯迅全集出版社，1941

　　2 冊（542 頁）；18.2 厘米

　　魯迅三十年集

　　PKUL（館藏號缺）

0541 **古學考**/廖平著；張西堂校點. ——北平：景山書社，1935

　　[23]，84，2 頁；18.8 厘米

　　PKUL（館藏號缺）

　　附注：

　　　題記：題名頁有作者題記："適之先生教正，張西堂敬貽。"

0542 **古音說略**/陸志韋著. ——北平：哈佛燕京學社，1947

317 頁；26.3 厘米

燕京學報專刊之二十

PKUL（館藏號缺）

附注：

 題記：封面有作者題記："適之先生正，陸志韋。"

 夾紙：書內夾有"蔣碩傑"名片1張。

0543 古音系研究/魏建功著.——北平：國立北京大學出版組，1935

 4，411，17 頁；26.5 厘米

 PKUL（館藏號缺）

附注：

 印章：扉頁鈐有"建功"朱文方印。

 題記：扉頁有作者題記："呈適之先生，學生魏建功。"

0544 故都市樂圖考/齊如山編.——北平：北平國劇學會，1935

 [4]，40，2 頁；20.4 厘米

 PKUL（館藏號缺）

0545 故宮博物院出版物目錄/著者不詳.——出版地不詳：出版者不詳，出版年不詳

 28 頁；18.2 厘米

 PKUL（館藏號缺）

0546 故宮博物院出版物目錄/著者不詳.——出版地不詳：出版者不詳，出版年不詳

 31 頁；18.4 厘米

 PKUL（館藏號缺）

0547 故宮圖錄第一集/陳萬里編.——上海：良友圖書印刷公司，出版年不詳

 3，70 頁；20.8 厘米

 PKUL（館藏號缺）

0548 故宮圖說/著者不詳.——出版地不詳:故宮博物院,出版年不詳

　　3編;18.9厘米

　　PKUL(館藏號缺)

　　附注:

　　　其他:本書第1編有2冊,其他1冊。

0549 故宮物品點查報告第一編/清室善後委員會編.——出版地不詳:清室善後委員會,1925

　　5冊;25.3厘米

　　故宮叢刊

　　PKUL(館藏號缺)

0550 故事新編/魯迅著.——上海:魯迅全集出版社,1941

　　164頁;18.2厘米

　　魯迅三十年集

　　PKUL(館藏號缺)

0551 顧案紀詳/徐永棠編.——出版地不詳:出版者不詳,1934

　　4,72頁;22厘米

　　PKUL(館藏號缺)

　　附注:

　　　夾紙:書內夾有胡適印製贈書卡片1張。

0552 顧寧人先生學譜/謝國楨編.——上海:商務印書館,1930

　　[3],191頁;18.8厘米

　　PKUL(館藏號缺)

　　附注:

　　　其他:本書有2冊。

0553 瓜豆集/周作人著.——上海:宇宙風社,1937

302 頁；18.6 厘米

PKUL（館藏號缺）

附注：

印章：題名頁鈐有"作人"朱文方印。

題記：題名頁有作者題記："奉贈適之兄，作人，廿六年三月廿八日。"

0554 官場現形記/李寶嘉著；汪原放，汪協如句讀．——上海：亞東圖書館，1927

2 冊；18.5 厘米

PKUL（館藏號缺）

附注：

與胡適的關係：二冊封面印有"適之先生四十生日紀念，上海亞東圖書館謹贈，一九三〇年"燙金字；另書內有胡適序言。

0555 官立漢文中學頒獎胡恒錦律師到場主禮之演辭譯錄/胡恒錦演講．——出版地不詳：出版者不詳，出版年不詳

4, 6, 13 頁；33 厘米

PKUL（館藏號缺）

0556 官制議/康有為著．——上海：廣智書局，1904

2 冊；22.5 厘米

PKUL（館藏號缺）

0557 關於"尾右甲"卜辭/唐蘭著．——出版地不詳：出版者不詳，出版年不詳

8 頁；25.5 厘米

國立北京大學國學季刊五卷三號抽印本

PKUL（館藏號缺）

0558 關於東北史上一位怪傑的新史料/吳晗著．——出版地不詳：出版者不詳，1935

59—87 頁；26.4 厘米

燕京學報第十七期單行本

PKUL（館藏號缺）

附注：

　　題記：封面有作者題記："適之師教正。"

0559　關於兒女英雄傳/孫楷第著.——出版地不詳：出版者不詳，出版年不詳

　　37—52 頁；26 厘米

　　國立北平圖書館館刊四卷六號抽印本

　　PKUL（館藏號缺）

　　附注：

　　　　印章：封底鈐有"胡適審定"朱文方印五處。

　　　　題記：封面有作者題記："呈適之先生教正，孫楷第"；封面另有鉛筆書題名"關於兒女英雄傳"。

　　　　批注圈劃：書內 7 頁有作者朱筆校改。

0560　關於麼㱔之名稱分佈與遷徙/陶雲逵著.——出版地不詳：出版者不詳，出版年不詳

　　135 頁；26.6 厘米

　　國立中央研究院歷史語言研究所集刊第七本抽印本

　　PKUL（館藏號缺）

　　附注：

　　　　題記：封面有作者題記："適之先生指正，著者敬贈，一九三七二月。"

0561　關於錢幣革命之言論/焦易堂著.——出版地不詳：出版者不詳，出版年不詳

　　58 頁；22.1 厘米

　　PKUL（館藏號缺）

0562　關於上海的書目提要/胡懷琛著.——上海：上海市通志館，1935

　　1，52 頁；26 厘米

　　上海市通志館期刊抽印本

　　PKUL（館藏號缺）

0563 關於新疆楊增新主席被害情形之真實紀録/著者不詳. ——出版地不詳：出版者不詳，出版年不詳

13 頁；26.2 厘米

PKUL（館藏號缺）

0564 關注孫子學說之問題/關靖著. ——出版地不詳：出版者不詳，出版年不詳

26 頁；26.5 厘米

PKUL（館藏號缺）

附注：

印章：封面鈐有"關靖印"朱文方印。

題記：封面有著者題記："上海公學轉胡適之先生教正"；封面另有朱筆題記："極司飛西路第 49 號甲。"

0565 管子探源/羅根澤著. ——上海：中華書局，1931

2，271 頁；22.3 厘米

PKUL（館藏號缺）

0566 光孝寺與六祖慧能/謝扶雅著. ——出版地不詳：出版者不詳，出版年不詳

27 頁；26.1 厘米

PKUL（館藏號缺）

附注：

題記：封面有作者題記："適之先生評正，謝扶雅敬贈，廣州，一九三五，五四運動節。"

0567 光性礦物學/何作霖著. ——上海：商務印書館，1935

3，287 頁；22.7 厘米

大學叢書

PKUL（館藏號缺）

0568 光學之研究/A. A. Michelson 著；張鈺哲，呂大元譯. ——南京：國立編譯館，1934

160頁；22.6厘米

PKUL（館藏號缺）

0569 廣東建設廳順德縣蠶業改良實施區工作計劃及實施方針/廣東建設廳蠶絲改良局, 廣東建設廳順德縣蠶業改良實施區總區合編.——廣州：中山印務局, 1934

42頁；18.5厘米

PKUL（館藏號缺）

0570 廣東建設之綱要/邵元冲著.——廣州：政治會議廣州分會編輯股, 1928

2, 22頁；19.1厘米

PKUL（館藏號缺）

0571 廣東省堤工委員會工作總報告/廣東省堤工委員會秘書室編.——廣州：廣東省堤工委員會, 1948

256頁；26.3厘米

PKUL（館藏號缺）

附註：

內附文件：書內夾有廣東省農田水利建設委員會致北京大學公函1頁。

0572 廣東省教育統計廿五學年度——卅四學年度/著者不詳.——出版地不詳：出版者不詳, 出版年不詳

20頁；39厘米

PKUL（館藏號缺）

0573 廣濟第一次報告/著者不詳.——出版地不詳：出版者不詳, 出版年不詳

2, 74頁；18.8厘米

PKUL（館藏號缺）

0574 廣西省立醫學院一覽/廣西省立醫學院編.——出版地不詳：出版者不詳, 1947

[6], 183 頁; 26.1 厘米

PKUL（館藏號缺）

附注:

　其他: 本書有 2 冊。

0575　廣西省農村調查/行政院農村復興委員會編. —— 上海: 商務印書館, 1935

[14], 385 頁; 22.6 厘米

行政院農村復興委員會叢書

PKUL（館藏號缺）

0576　廣西石刻展覽特刊/廣西省政府秘書處編譯室編. —— [桂林?]: 廣西省政府秘書處編譯室, 1946

2, 96 頁; 22 厘米

PKUL（館藏號缺）

0577　廣藝舟雙楫/康有爲著. —— 上海: 廣智書局, 出版年不詳

4, [144] 頁; 22.3 厘米

PKUL（館藏號缺）

0578　廣源輪/鄭倚虹著. —— 重慶: 讀書出版社, 1944

3, 92 頁; 18.3 厘米

PKUL（館藏號缺）

附注:

　題記: 封面有作者題記: "謹奉適之先生。"

0579　廣源輪案/黃朝琴編. —— 出版地不詳: 旅美華僑廣源輪案出版委員會, 出版年不詳

114, XVIII, 272 頁; 22.7 厘米

PKUL（館藏號缺）

0580　廣韵聲紐韵類之統計/白滌洲著. —— 出版地不詳: 出版者不詳, 出版年不詳

28 頁；25 厘米

中國大辭典編纂報告之一

PKUL（館藏號缺）

附注：

　　題記：封面有作者題記："適之先生教正，學生白滌洲，十二月廿一日。"

0581 廣韵聲紐韵類之統計/白滌洲著.——出版地不詳：出版者不詳，出版年不詳

28 頁；25.6 厘米

女師大學術季刊第二卷單行本

PKUL（館藏號缺）

附注：

　　印章：封面鈐有朱文方印，字體不識。

　　題記：封面有作者題記："適之先生正謬，學生白滌洲，二十年十二月。"

　　內附文件：書內夾有魏建功、羅常培致胡適書信 1 頁。

0582 廣韻聲系/沈兼士主編.——北平：輔仁大學，1945

　　2 冊(2, 8, 43, 106, 89, 16 頁)；26.7 厘米

PKUL（館藏號缺）

附注：

　　題記：題名頁有贈書者題記："To Doctor Hu Shih, President of Peking University (Pei Ta) and member of the Board of Trustees of the Catholic University, this set of 'Kuang yun Theng Hsi' is respectfully presented with the compliments of the Catholic University (Fu Jen) Father Harold Rigney, Rector。"

0583 廣州兒歌甲集/劉萬章編.——廣州：國立中山大學語言歷史研究所，1928

　　1 冊(10, 12, 4, 2, 170 頁)；18.8 厘米

PKUL（館藏號缺）

0584 廣州謎語第一集/劉萬章編.——廣州：國立中山大學語言歷史研究所，1928

　　1 冊(8, 4, 12, 16, 68, 2 頁)；18.6 厘米

PKUL（館藏號缺）

0585 廣州市牙科學術進修班 1947 講義彙編/廣州市牙科學術進修班編.——廣州：廣州市牙科學術進修班同學會，1947

80 頁；26.3 厘米

PKUL（館藏號缺）

0586 廣州私立嶺南大學民國二十四年度扩大蠶病研究工作請款書/嶺南大學編.——廣州：嶺南大學，1935

5 頁；27.2 厘米

PKUL（館藏號缺）

0587 龜峰詞及虛齋樂府撰者質疑/閻簡弼著.——出版地不詳：出版者不詳，出版年不詳

135—143 頁；26.2 厘米

文學年報一九四一年第七期抽印本

PKUL（館藏號缺）

附注：

題記：封面有作者題記："適之校長先生誨正，後學閻簡弼呈稿"；另書內兩頁有作者按語。

0588 歸國印象/章徵言編著.——上海：生活書店，1933

2, 93 頁；18.7 厘米

PKUL（館藏號缺）

0589 歸去集/葉穎林著.——出版地不詳：出版者不詳，1932

4, 34 頁；18.8 厘米

PKUL（館藏號缺）

附注：

印章：封內鈐有"葉穎林印"朱文方印。

題記：封內有作者題記："敬呈適之先生哂正，晚生葉穎林，廿一，十一，

廿六。"

0590 歸元恭文續鈔/歸玄恭著.——上海：國學保存會，1908

[13],[58]頁；19.9厘米

國粹叢書

PKUL（館藏號缺）

附注：

其他：本書有2冊。

0591 鬼谷子新注/俞棪撰.——上海：商務印書館，1937

1冊（3，2，2，4，14，67頁）；18.9厘米

國學小叢書

PKUL（館藏號缺）

0592 鬼世界/聞華英著.——上海：文藝出版社，1948

2，51頁；18.1厘米

PKUL（館藏號缺）

0593 桂遊半月記/五五旅行團撰.——出版地不詳：出版者不詳，1932

82頁；26.3厘米

PKUL（館藏號缺）

0594 貴州省物價年刊三十五年度/貴州省政府統計室編.——[貴陽？]：貴州省政府統計室，1946

35頁；26.5厘米

PKUL（館藏號缺）

0595 國大代表立法委員市參議員選舉有關職業團體選舉法規摘錄/北平市政府社會局編.——北平：北平市政府社會局，出版年不詳

40頁；20.4厘米

PKUL（館藏號缺）

0596 國防部史政法規彙編/國防部史政局. ——出版地不詳：國防部史政局，1947

6，118 頁；18.1 厘米

PKUL（館藏號缺）

0597 國防部史政業務處理綱要/國防部史政局編. ——出版地不詳：國防部史政局，1947

1 冊(2,2,34,2,68 頁)；18.1 厘米

PKUL（館藏號缺）

0598 國父思想研究/惠迪人著. ——南京：中央日報社，1947

174 頁；17.4 厘米

PKUL（館藏號缺）

附註：

題記：封面有作者題記："適之先生指教，惠迪人敬贈，卅六年八月於南京。"

0599 國故新探/唐鉞著. ——上海：商務印書館，1934

8,254 頁；23 厘米

PKUL（館藏號缺）

附註：

題記：扉頁有作序者題記："適之兄指正，唐鉞。"

0600 國際法大綱/周鯁生著. ——上海：商務印書館，1934

18，366，100 頁；22.8 厘米

大學叢書

PKUL（館藏號缺）

附註：

內附文件：書內夾有商務印書館致胡適書信 1 封。

0601 國際公法論上/李聖五著. ——上海：商務印書館，1933

[15], 378 頁; 22.6 厘米

大學叢書

PKUL（館藏號缺）

0602 國際經濟政策/古柏遜著; 潘源來譯. ——上海: 商務印書館, 1934

[7], 498, 20 頁; 22.7 厘米

大學叢書

PKUL（館藏號缺）

0603 國際勞工組織/曾炳鈞著. ——北平: 社會調查所, 1932

IV, 178 頁; 22.9 厘米

社會研究叢刊

PKUL（館藏號缺）

0604 國際聯合會調查團報告書/中華民國國民政府外交部譯. ——出版地不詳: 中華民國國民政府外交部, 出版年不詳

1, 228 頁; 24.3 厘米

PKUL（館藏號缺）

附注:

批注圈劃: 其中一冊書內 87 頁有胡適朱筆批注圈劃。

其他: 本書有 2 冊。

0605 國際聯合會與國際紛爭/徐敦璋編. ——北平: 平津學術團體對日聯合會, 1932

[4], 36 頁; 22.9 厘米

PKUL（館藏號缺）

0606 國際聯合會之目的及其組織/國際聯合會編; 鄭毓旒譯. ——出版地不詳: 出版者不詳, 出版年不詳

[11], 154 頁; 18.5 厘米

PKUL（館藏號缺）

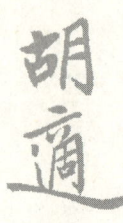

0607 國際聯盟理事會之剖視/徐敦璋著. ——上海：良友圖書印刷公司，1931

　　59 頁；13 厘米

　　一角叢書

　　PKUL（館藏號缺）

0608 國際聯盟與中日問題/王造時著. ——上海：新月書店，1932

　　[3]，166 頁；18.7 厘米

　　PKUL（館藏號缺）

0609 國際貿易統計上之貨物名目及分類/胡紀常，樊明茂著. ——上海：商務印書館，1935

　　[4]，108 頁；22.9 厘米

　　國立中央研究院社會科學研究所叢刊

　　PKUL（館藏號缺）

　　附注：

　　　　印章：其中一冊封面鈐有"贈閱"藍文長方印。

　　　　其他：本書有 2 冊。

0610 國際運動史/張雲伏著. ——上海：神州國光社，1930

　　[7]，351 頁；18.7 厘米

　　PKUL（館藏號缺）

0611 國際政治經濟一覽民國二十三年至二十四年/李聖五，史國綱編. ——上海：商務印書館，1934

　　511，26 頁；19 厘米

　　PKUL（館藏號缺）

0612 國際政治與遠東問題和我國外交的出路/吳秀峯著. ——出版地不詳：出版者不詳，出版年不詳

　　20 頁；25.2 厘米

PKUL（館藏號缺）

附注：

題記:封面有作者題記:"胡適之先生指示,請賜批評,吳秀峯敬上。"

0613 國家與倫理/Oskar P. Trautmann 講；楊丙辰譯.——出版地不詳：出版者不詳，出版年不詳

21 頁；18.9 厘米

PKUL（館藏號缺）

0614 國家主義論文集/少年中國學會編.——上海：中華書局，1925

[4]，177 頁；22.1 厘米

少年中國學會叢書

PKUL（館藏號缺）

附注：

題記:封面有贈書者題記:"適之先生指正,陳啓天敬贈。"

0615 國家主義運動史/陳啓天，常燕生著.——上海：中國書局，1929

114 頁；14.6 厘米

黄皮小叢書

PKUL（館藏號缺）

附注：

其他:本書有 2 冊。

0616 國立北京大學 1933 年畢業同學錄/著者不詳.——出版地不詳：出版者不詳，出版年不詳

III，174 頁；26.5 厘米

PKUL（館藏號缺）

0617 國立北京大學概略/著者不詳.——出版地不詳：出版者不詳，出版年不詳

[4]，32 頁；19 厘米

PKUL（館藏號缺）

0618 國立北京大學工學院留院服務同學會會員錄/著者不詳. ——出版地不詳：出版者不詳, 出版年不詳

  7 頁；18.7 厘米

  PKUL（館藏號缺）

0619 國立北京大學教務通則/國立北京大學教務處編. ——出版地不詳：出版者不詳, 1947

  7 頁；18.8 厘米

  PKUL（館藏號缺）

  附注：

    題記:封面有贈書者題記:"中國語文學系胡主任。"

0620 國立北京大學理學院藏書目錄（七）續編之一西文自然科學，數學及天文學類/著者不詳. ——出版地不詳：出版者不詳, 1942

  111 頁；20.8 厘米

  PKUL（館藏號缺）

0621 國立北京大學民國二十三年畢業同學錄/著者不詳. ——北平：協和印書局, 1934

  [132]頁；28 厘米

  PKUL（館藏號缺）

0622 國立北京大學民國九年畢業同學錄/北京大學民國九年畢業同學會. ——出版地不詳：出版者不詳, 出版年不詳

  2, 224 頁；18.5 厘米

  PKUL（館藏號缺）

  附注：

    印章:扉頁鈐有"北京大學民國九年畢業同學會"朱文橢圓印。

0623 國立北京大學南京校友錄/國立北京大學南京同學會編. ——出版地不詳：出

版者不詳，1948

34 頁；26.1 厘米

PKUL（館藏號缺）

0624 國立北京大學四十週年紀念論文集乙編上/著者不詳. ——昆明：出版者不詳，1940

2，236 頁；26 厘米

PKUL（館藏號缺）

附注：

題記：封面有胡適朱筆題記："胡適藏。"

0625 國立北京大學算學系課程指導書民國二十五年度/著者不詳. ——出版地不詳：出版者不詳，出版年不詳

12 頁；23.7 厘米

PKUL（館藏號缺）

附注：

其他：本書有 2 冊。

0626 國立北京大學文學院課程一覽民國二十三年至二十四年度/著者不詳. ——出版地不詳：出版者不詳，出版年不詳

119 頁；24 厘米

PKUL（館藏號缺）

附注：

其他：本書有 3 冊。

0627 國立北京大學文學院課程一覽民國二十一年至二十二年度/著者不詳. ——出版地不詳：出版者不詳，出版年不詳

39 頁；23.7 厘米

PKUL（館藏號缺）

0628 國立北京大學學則/國立北京大學課業處編. ——北平：國立北京大學出版

組, 1934

20 頁；23.9 厘米

PKUL（館藏號缺）

0629 國立北京大學學則/著者不詳. ——北平：國立北京大學出版組, 1934

28 頁；23.5 厘米

PKUL（館藏號缺）

附注：

題記：封面有題記："胡院長。"

0630 國立北京大學哲學系課程指導書（民國二十二年至二十三年度）/著者不詳. ——出版地不詳：出版者不詳, 出版年不詳

49 頁；23.7 厘米

PKUL（館藏號缺）

附注：

題記：封面有題記："胡適之先生。"

0631 國立北京大學重慶同學會同學錄/著者不詳. ——出版地不詳：出版者不詳, 1943

28 頁；27.4 厘米

PKUL（館藏號缺）

附注：

題記：封面有鋼筆題記："Mr. P. C. Li, Books and Letters□□□。"

內附文件：書內夾有張孟休致胡適書信 1 封。

0632 國立北平工大旅京同學錄/著者不詳. ——出版地不詳：出版者不詳, 1936

26, 4, 2 頁；22 厘米

PKUL（館藏號缺）

0633 國立北平故宮博物院文獻館整理檔案規程/國立北平故宮博物院文獻館編. ——北平：國立北平故宮博物院文獻館, 1936

30頁；25.8厘米

PKUL（館藏號缺）

0634 國立北平師範大學圖書館圖書目錄第壹次二十三年十一月/國立北平師範大學圖書館編.——出版地不詳：出版者不詳，出版年不詳

[4]，28，19頁；25.8厘米

PKUL（館藏號缺）

0635 國立北平師範大學圖書館圖書目錄第貳次二十三年十二月/國立北平師範大學圖書館編.——出版地不詳：出版者不詳，出版年不詳

1冊(2，2，26，21頁)；25.8厘米

PKUL（館藏號缺）

0636 國立北平師範大學圖書館圖書目錄第叁次二十四年一月/國立北平師範大學圖書館編.——出版地不詳：出版者不詳，出版年不詳

1冊(2，2，26，24頁)；25.8厘米

PKUL（館藏號缺）

0637 國立北平師範大學圖書館圖書目錄第肆次二十四年貳月/國立北平師範大學圖書館編.——出版地不詳：出版者不詳，出版年不詳

1冊(2，2，26，25頁)；25.8厘米

PKUL（館藏號缺）

0638 國立北平師範大學圖書館圖書目錄第伍次二十四年肆月/國立北平師範大學圖書館編.——出版地不詳：出版者不詳，出版年不詳

1冊(2，2，42，49頁)；25.8厘米

PKUL（館藏號缺）

0639 國立北平師範大學圖書館圖書目錄第陸次二十四年六月/國立北平師範大學圖書館編.——出版地不詳：出版者不詳，出版年不詳

1冊(2，2，36，33頁)；25.8厘米

PKUL（館藏號缺）

0640 國立北平師範大學圖書館圖書目錄第柒次二十四年拾月/國立北平師範大學圖書館編.——出版地不詳：出版者不詳，出版年不詳

1 冊（2，2，34，46 頁）；25.8 厘米

PKUL（館藏號缺）

0641 國立北平師範大學圖書館圖書目錄第捌次二十四年拾貳月/國立北平師範大學圖書館編.——出版地不詳：出版者不詳，出版年不詳

1 冊（1，1，34，36 頁）；25.8 厘米

PKUL（館藏號缺）

0642 國立北平師範大學圖書館圖書目錄第玖次二十五年肆月/國立北平師範大學圖書館編.——出版地不詳：出版者不詳，出版年不詳

1 冊（1，1，38，38 頁）；25.8 厘米

PKUL（館藏號缺）

0643 國立北平師範大學圖書館圖書目錄第拾次二十五年拾月/國立北平師範大學圖書館編.——出版地不詳：出版者不詳，出版年不詳

1 冊（2，2，50，41 頁）；25.8 厘米

PKUL（館藏號缺）

0644 國立北平師範大學圖書館圖書目錄第拾壹次二十六年叁月/國立北平師範大學圖書館編.——出版地不詳：出版者不詳，出版年不詳

1 冊（1，1，48，36 頁）；25.8 厘米

PKUL（館藏號缺）

0645 國立北平圖書館故宮博物院圖書館滿文書籍聯合目錄/李德啓編，于道泉譯.——北平：國立北平圖書館，故宮博物院圖書館，1933

III，126 頁；26.1 厘米

PKUL（館藏號缺）

0646 國立北平圖書館石刻題跋索引/楊殿珣編.——長沙：商務印書館，1941

[9]，834，5頁；26.6厘米

PKUL（館藏號缺）

0647 國立北平圖書館職員錄/國立北平圖書館編.——北平：國立北平圖書館，1931

20頁；19.4厘米

PKUL（館藏號缺）

0648 國立北平圖書館職員錄/國立北平圖書館編.——北平：國立北平圖書館，1935

22頁；21.5厘米

PKUL（館藏號缺）

0649 國立北平研究院出版品目錄/著者不詳.——北平：國立北平研究院總辦事處，1948

82頁；26厘米

PKUL（館藏號缺）

0650 國立北平研究院抗戰及復員期間工作概況(民國二十六年至三十六年)/國立北平研究院總辦事處編.——北平：國立北平研究院，出版年不詳

52頁；25.2厘米

PKUL（館藏號缺）

0651 國立北平研究院七周年紀念會紀錄/著者不詳.——北平：國立北平研究院總辦事處出版課，1936

30頁；26.4厘米

PKUL（館藏號缺）

0652 國立北平研究院十年來工作概況民國十八年至二十八年/國立北平研究院

编.——北平：國立北平研究院，出版年不詳

12 頁；25.9 厘米

PKUL（館藏號缺）

0653 國立北平研究院史學研究會歷史組編輯及出版計畫／著者不詳.——出版地不詳：出版者不詳，出版年不詳

4 頁；26.7 厘米

PKUL（館藏號缺）

0654 國立編譯館工作概況／著者不詳.——出版地不詳：出版者不詳，1946

[3]，81 頁；26.1 厘米

PKUL（館藏號缺）

0655 國立編譯館一覽／國立編譯館編.——南京：國立編譯館，1934

4，96 頁；26.6 厘米

PKUL（館藏號缺）

附注：

其他：本書有 2 冊。

0656 國立東北大學農學院年報／臧啓芳編.——瀋陽：國立東北大學農學院，1947

34 頁；17.2 厘米

國立東北大學農學院叢刊

PKUL（館藏號缺）

0657 國立貴州大學概況／著者不詳.——出版地不詳：出版者不詳，1948

2，114 頁；20.2 厘米

PKUL（館藏號缺）

0658 國立京師大學校要覽／著者不詳.——出版地不詳：出版者不詳，出版年不詳

2，28 頁；20.8 厘米

PKUL（館藏號缺）

0659 國立蘭州大學圖書館概況/著者不詳.——出版地不詳：出版者不詳，1948

2，49 頁；22.7 厘米

PKUL（館藏號缺）

0660 國立清華大學秘書處暨所屬各部分工作報告民國二十二、三年度/著者不詳.——出版地不詳：出版者不詳，1935

[4]，[119]頁；26 厘米

PKUL（館藏號缺）

0661 國立清華大學農業研究所蟲害組病害組工作報告民國二十三四年度/國立清華大學農業研究所蟲害組病害組編.——北平：國立清華大學農業研究所蟲害組病害組，1936

28 頁；25.4 厘米

PKUL（館藏號缺）

0662 國立山東大學概覽/山東大學編.——出版地不詳：山東大學，出版年不詳

48 頁；26.8 厘米

PKUL（館藏號缺）

0663 國立社會教育學院概況/國立社會教育學院編.——出版地不詳：國立社會教育學院，1948

170 頁；20.5 厘米

PKUL（館藏號缺）

0664 國立唐山工學院四十二週年紀念特刊/著者不詳.——出版地不詳：出版者不詳，出版年不詳

20 頁；26.1 厘米

PKUL（館藏號缺）

0665 國立武昌大學商科大學講演集第一輯/周鯁生講.——武昌：武昌時中合作書

社，1925

1 冊(2，6，2，10，18，12，10，26 頁)；18.4 厘米

國立武昌大學商科大學講演集

PKUL（館藏號缺）

附注：

其他：本書有 3 冊。

0666 國立西北大學概況/國立西北大學編.——西安：國立西北大學，1947

97 頁；26.2 厘米

PKUL（館藏號缺）

0667 國立西北工學院概要/著者不詳.——出版地不詳：出版者不詳，1948

52 頁；26 厘米

PKUL（館藏號缺）

0668 國立中山大學籌備之經過和將來之希望/著者不詳.——廣州：國立中山大學出版部，1927

28 頁；18.8 厘米

PKUL（館藏號缺）

0669 國立中山大學語言歷史研究所展覽會說明書/著者不詳.——出版地不詳：出版者不詳，出版年不詳

34 頁；18.5 厘米

PKUL（館藏號缺）

0670 國立中央大學商學院圖書館圖書目錄/國立中央大學商學院圖書館編.——南京：國立中央大學商學院圖書館，1929

7，132，63 頁；26.2 厘米

PKUL（館藏號缺）

0671 國立中央圖書館籌備之經過及現在進行概況/著者不詳.——出版地不詳：出

版者不詳，出版年不詳

8 頁；26.6 厘米

PKUL（館藏號缺）

0672 國立中央研究院職員錄/著者不詳.——出版地不詳：出版者不詳，1929

1，31 頁；26.2 厘米

PKUL（館藏號缺）

附註：

題記：封面有鉛筆題記："胡適之先生。"

0673 國立中央研究院自然歷史博物館請求補助圖書經費書/著者不詳.——出版地不詳：出版者不詳，出版年不詳

16 頁；27.2 厘米

PKUL（館藏號缺）

0674 國聯調查團報告書之批評/伍憲子著.——[北平?]：世界日報社，1932

68 頁；21.8 厘米

PKUL（館藏號缺）

附註：

內附文件：書內夾有張君勱致胡適便箋 1 張。

0675 國聯之文化合作組織/陳和銑編.——上海：中華書局，1934

2，76 頁；20.9 厘米

PKUL（館藏號缺）

0676 國民大會代表對於中華民國憲法草案意見彙編上冊/國民大會秘書處編.——出版地不詳：國民大會秘書處，出版年不詳

[250]頁；18 厘米

PKUL（館藏號缺）

0677 國民大會代表立法院立法委員監察院監查委員選舉程序/金葆光編著.——南

京：獨立出版社，1947

4，292 頁；18.4 厘米

PKUL（館藏號缺）

0678 **國民大會代表立法院立法委員選舉法規彙編**/國民大會代表立法院立法委員選舉總事務所編. —— 出版地不詳：國民大會代表立法院立法委員選舉總事務所，1947

4，240 頁；15.2 厘米

PKUL（館藏號缺）

0679 **國民大會代表提案勘誤表**/國民大會秘書處編. —— 出版地不詳：國民大會秘書處，出版年不詳

[104] 頁；18 厘米

PKUL（館藏號缺）

0680 **國民大會代表提案目錄**/國民大會秘書處編. —— 出版地不詳：國民大會秘書處，出版年不詳

68 頁；18 厘米

PKUL（館藏號缺）

附注：

摺頁：頁 7、37 有摺頁。

0681 **國民大會代表提案原文**/國民大會秘書處. —— 出版地不詳：國民大會秘書處，出版年不詳

4 冊；17.7 厘米

PKUL（館藏號缺）

附注：

印章：第 1、2 冊封面有胡適毛筆簽名"胡適"。

其他：本書全本冊數不詳，胡適藏書存第 1、2、3、5 冊。

0682 **國民大會代表席次號碼表**/國民大會秘書處. —— 出版地不詳：國民大會秘書

處, 1946

70 頁; 17.5 厘米

PKUL（館藏號缺）

附注：

印章:封面有胡適鋼筆簽名"胡適"。

0683 國民大會代表選舉罷免法/著者不詳.——出版地不詳: 國民大會代表立法院立法委員北平市選舉事務所, 1947

10 頁; 18.7 厘米

PKUL（館藏號缺）

0684 國民大會代表選舉罷免法施行條例/著者不詳.——出版地不詳: 國民大會代表立法院立法委員北平市選舉事務所, 1947

25 頁; 18.7 厘米

PKUL（館藏號缺）

0685 國民大會會議記錄下冊/國民大會秘書處編.——出版地不詳: 國民大會秘書處, 出版年不詳

[370]頁; 24.3 厘米

PKUL（館藏號缺）

0686 國民學校教師手冊/胡叔異著.——南京: 青年出版社, 1946

[8], 572 頁; 18.1 厘米

五項建設手冊

PKUL（館藏號缺）

附注：

夾紙:頁 438、439 間夾有八卦丹包裝紙 1 張。

0687 國民政府建國大綱/著者不詳.——出版地不詳: 出版者不詳, 出版年不詳

13 頁; 24.9 厘米

PKUL（館藏號缺）

0688 國內幣制改革與工商業/金烽，趙廣志等著.——出版地不詳：南方論壇社，1948

　　64 頁；20.4 厘米

　　PKUL（館藏號缺）

0689 國內經濟崩潰與中國工商業/方潮聲等著.——出版地不詳：南方論壇社，1948

　　76 頁；20.6 厘米

　　PKUL（館藏號缺）

0690 國內戰爭六講/張君勱著.——上海：中華書局，1924

　　1 冊（3，5，5，4，3，2，107 頁）；18.9 厘米

　　國立自治學院叢書

　　PKUL（館藏號缺）

　　附注：

　　題記：其中一冊扉頁有作者題記："適之吾兄正之，著者敬贈"；另有一冊有作者題記："適之兄評正，著者敬贈，十六年十月。"

　　其他：本書有 6 冊。

0691 國難文字/吳貫因編.——北平：東北問題研究會，1932

　　[10]，68 頁；18.7 厘米

　　東北問題研究會叢書

　　PKUL（館藏號缺）

　　附注：

　　與胡適的關係：封面有胡適題籤。

　　其他：本書有 2 冊。

0692 國難須知/東北問題研究會編.——北平：東北問題研究會，1932

　　10，298 頁；19 厘米

　　PKUL（館藏號缺）

0693 國人力爭英庚款主權之言論/著者不詳.——出版地不詳:出版者不詳,1926

[4],40 頁;19 厘米

PKUL(館藏號缺)

0694 國社黨治下德國經濟復興史/國民新聞社譯.——上海:國民新聞圖書印刷公司,1943

1,202 頁;18.1 厘米

國民新聞叢書

PKUL(館藏號缺)

0695 國文法草創/陳承澤著.——上海:商務印書館,1922

[6],119 頁;22.7 厘米

PKUL(館藏號缺)

0696 國文法教程第一程/傅東華編著.——上海:龍門聯合書局,1948

[12],158,7 頁;18.2 厘米

PKUL(館藏號缺)

0697 國學叢論/黃毅民編著.——北平:燕友書社,1935

2 冊;20.4 厘米

PKUL(館藏號缺)

附注:

題記:上、下冊封面有作者題記:"敬請適之先生教正。"

內附文件:上冊書內夾有作者致胡適書信 1 封,信封 1 個。

夾紙:上冊內夾"李眉安"名片 1 張。

0698 國學概論/章太炎演講;曹聚仁編.——上海:泰東圖書公司,1923

[10],136,26 頁;18.6 厘米

PKUL(館藏號缺)

附注:

　　　　印章:扉頁鈐有"曹聚仁印"朱文方印。

　　　　題記:扉頁有作者題記:"敬呈適之先生几右,曹聚仁,一九二三年七月廿日。"

　　　　夾紙:書內夾有編者寄贈地址1張。

0699 國學概論/錢穆著.——上海:商務印書館,1935

　　　2冊;19厘米

　　　PKUL(館藏號缺)

　　　附注:

　　　　內附文件:上冊頁58、59間夾有油印文件2張:《績溪縣私立燃藜小學為慶祝三十六年元旦告同胞書》。

　　　　夾紙:下冊頁66、67間夾有帶胡適字紙條1張。

0700 國學論叢第一卷第二號/清華學校研究院編.——上海:商務印書館,1927

　　　1,299頁;24.6厘米

　　　PKUL(館藏號缺)

0701 國學論文索引/北平北海圖書館編目科編.——北平:中華圖書館協會,1929

　　　[22],230頁;18.7厘米

　　　中華圖書館協會叢書

　　　PKUL(館藏號缺)

0702 國學論文索引三編/劉修業編.——北平:中華圖書館協會,1934

　　　[36],386,[16]頁;18.8厘米

　　　中華圖書館協會叢書

　　　PKUL(館藏號缺)

0703 國學論文索引四編/劉修業編.——北平:中華圖書館協會,1936

　　　[36],482,4頁;18.9厘米

　　　中華圖書館協會叢書

　　　PKUL(館藏號缺)

0704 國學研究會演講錄第一集/東南大學南京高師國學研究會編. ——上海：商務印書館, 1923

　　[10], 125 頁; 22.7 厘米

　　PKUL（館藏號缺）

0705 國音分韻檢字/張蔚瑜編. ——[北京?]：教育部國語統一籌備會, 1922

　　[11], 208, 70 頁; 25.5 厘米

　　PKUL（館藏號缺）

0706 國音字母演進史/羅常培著. ——上海：商務印書館, 1934

　　[9], 80 頁; 19.1 厘米

　　PKUL（館藏號缺）

　　附注：

　　　題記：題名頁有作者題記："適之先生教正,著者,二三,十,十五。"

0707 國語速記術/陸衣言著. ——出版地不詳：出版者不詳, 1927

　　6, 144 頁; 19.5 厘米

　　PKUL（館藏號缺）

　　附注：

　　　印章：題名頁鈐有"敬請指正"藍文印、"衣言"朱文方印。

0708 國語速記學/汪怡著. ——北平：和濟印書局, 1931

　　XXI, 374, II, 2 頁; 19.8 厘米

　　PKUL（館藏號缺）

　　附注：

　　　題記：封面有作者題記："適之先生惠存,著者敬贈。"

0709 國語文法綱要六講/黎錦熙編著. ——上海：中華書局, 1926

　　[4], 72 頁; 17.3 厘米

　　國語小叢書

PKUL（館藏號缺）

附注：

　　印章:題名頁胡思永鉛筆簽名"Hu S. Y."。

　　批注圈劃:書內有兩處鉛筆批注,當爲胡思永所作。

0710 國語文法講義/爾槑著.——上海：中華書局,1921

　　[6],88頁；18.8厘米

　　PKUL（館藏號缺）

　　附注：

　　　　題記:封面有胡適朱筆題記:"此書全是鈔襲來的,但還可用。適。"

0711 國語文學史/胡適著.——北平：文化學社,1927

　　[30],340頁；20.6厘米

　　PKUL（館藏號缺）

　　附注：

　　　　印章:其中一冊封面有胡適簽名"適"。

　　　　其他:本書共有7冊。

0712 國語修辭學/汪震著.——北平：北平文化學社,1935

　　[22],398頁；18.7厘米

　　PKUL（館藏號缺）

　　附注：

　　　　題記:題名頁有作者題記:"適之先生正:門人汪震謹呈。"

0713 國語虛字用法/戴渭清編著.——上海：商務印書館,1921

　　[3],108頁；20.6厘米

　　PKUL（館藏號缺）

0714 國語學講義/黎錦熙編.——上海：商務印書館,1919

　　1冊(1,4,45,54頁)；20.8厘米

　　PKUL（館藏號缺）

附注：
　　其他:本書爲初版。

0715　國語學講義/黎錦熙編.——上海：商務印書館，1920
　　[5]，54 頁；20.6 厘米
　　PKUL（館藏號缺）
　　附注：
　　　　其他:本書爲第 3 版。

0716　國語與左傳問題後案/童書業著.——出版地不詳：出版者不詳，出版年不詳
　　15 頁；23.4 厘米
　　浙江省立圖書館館刊抽印本
　　PKUL（館藏號缺）
　　附注：
　　　　題記:封面有作者題記:"適之先生訓正,書業。"
　　　　夾紙:書內夾有作者寄贈地址 1 張。

0717　國語運動史綱/黎錦熙著.——上海：商務印書館，1934
　　20，425，[22]頁；19 厘米
　　PKUL（館藏號缺）

0718　國粵音對照速解字彙/黃元生編.——香港：商務印書館香港分館，1946
　　[11]，[212]頁；16.8 厘米
　　PKUL（館藏號缺）
　　附注：
　　　　印章:封面鈐有"黃元生"朱文方印。
　　　　題記:封面有作者題記:"胡校長適之賜正,黃元生敬贈,三五,十二,卅於南京石鼓路天主堂。"

0719　國字整理發揚的途徑/張公輝著.——臺北：臺灣評論社，1946
　　[5]，61 頁；18.3 厘米

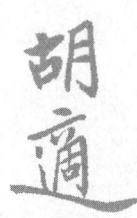

　　　PKUL（館藏號缺）

　　附注：

　　　題記：封面有作者題記："適之先生賜正，著者，卅五年十月。"

0720 果樹園藝學/諶克終著. ——上海：商務印書館，1936

　　16，422 頁；22.5 厘米

　　大學叢書

　　PKUL（館藏號缺）

0721 過去的生命/周作人著. ——上海：北新書局，1930

　　[10]，128 頁；19.7 厘米

　　苦雨齋小書

　　PKUL（館藏號缺）

0722 海盜船/孫毓棠著. ——北平：立達書局，1934

　　61 頁；22.6 厘米

　　PKUL（館藏號缺）

　　附注：

　　　題記：扉頁有作者題記："適之先生教正，毓棠，三四，五月。"

　　　夾紙：書內夾有作者郵寄地址 1 張。

0723 海錄注/謝清高口述；楊炳南筆受；馮承鈞注釋. ——長沙：商務印書館，1938

　　1 冊（6，4，1，1，1，2，83 頁）；19 厘米

　　史地小叢書

　　PKUL（館藏號缺）

0724 海上國際法/包遵彭著. ——南京：海軍總司令部新聞處，1948

　　6，106 頁；18.4 厘米

　　PKUL（館藏號缺）

　　附注：

　　　印章：封面鈐有"贈閱"藍文印。

題記:封內有題記:"海軍司令部新聞處惠贈。"

0725 海上花列傳/汪原放標點. ——上海:亞東圖書館,1928

2 冊;18.2 厘米

PKUL(館藏號缺)

附注:

與胡適的關係:書內收錄胡適《〈海上花列傳〉序》一文。

其他:上、下冊封面有"適之先生四十生日紀念,上海亞東圖書館謹贈,一九三〇年"燙金字。

0726 海洋運輸原理/胡繼瑗著. ——上海:商務印書館,1935

[11],326,18 頁;22.7 厘米

大學叢書

PKUL(館藏號缺)

0727 亥帖註解/楊敬修著. ——上海:中華書局,1921

[7],113,2 頁;26.3 厘米

PKUL(館藏號缺)

附注:

印章:扉頁鈐有"馬松亭印"朱文方印。

題記:扉頁有贈書者題記:"適之先生,馬松亭敬贈,三五,元月。"

0728 害羞的進化/靄理斯著;張競生編;楊虎嘯譯. ——上海:美的書店,出版年不詳

2 冊;14.7 厘米

新文化性育小叢書

PKUL(館藏號缺)

0729 涵芬樓古今文鈔簡編一/吳曾祺編. ——上海:商務印書館,1933

1 冊(3,6,109,7,106,6,105,8,124,107 頁);18.9 厘米

國學基本叢書

PKUL（館藏號缺）

附注：

夾紙：本冊四序跋類頁 112、113，122、123 間夾有帶胡適字紙條各 1 張。

0730 涵芬樓古今文鈔簡編二/吳曾祺編. —— 上海：商務印書館，1933

1 冊(6, 135, 4, 139, 8, 137, 7, 126, 6, 123 頁) ; 18.9 厘米

國學基本叢書

PKUL（館藏號缺）

0731 涵芬樓古今文鈔簡編三/吳曾祺編. —— 上海：商務印書館，1933

1 冊(9, 89, 11, 93, 6, 143, 5, 145, 5, 119 頁) ; 18.9 厘米

國學基本叢書

PKUL（館藏號缺）

0732 涵芬樓古今文鈔簡編四/吳曾祺編. —— 上海：商務印書館，1933

1 冊(10, 123, 11, 138, 11, 97, 5, 142, 12, 148 頁) ; 18.9 厘米

國學基本叢書

PKUL（館藏號缺）

0733 涵芬樓志書目錄/著者不詳. —— 出版地不詳：出版者不詳，出版年不詳

216 頁 ; 22.6 厘米

PKUL（館藏號缺）

附注：

題記：書脊書名爲胡適手書。

0734 寒季自我衛生/黃貽清著. —— 上海：中國科學圖書儀器公司，1947

[11]，124 頁 ; 17.9 厘米

PKUL（館藏號缺）

附注：

題記：封面有作者題記："適之先生教正。"

內附文件：書內夾有作者致胡適書信 2 頁。

0735 韓非子法意/夏忠道著.——上海：青年協會書局，1927

8，112 頁；18.9 厘米

世界學會國學叢書

PKUL（館藏號缺）

0736 韓非子校釋/陳啓天編.——上海：中華書局，1940

[14]，962 頁；22.6 厘米

PKUL（館藏號缺）

0737 韓平原評/陳登原著.——出版地不詳：出版者不詳，1934

54 頁；26.4 厘米

金陵學報第四卷第二期抽印本

PKUL（館藏號缺）

0738 漢代風俗制度史前編/瞿兌之著.——北平：中華印字館，1928

[10]，326，[28]頁；25 厘米

中國文化史

PKUL（館藏號缺）

0739 漢汾陰后土祠遺址的發現/衛聚賢著.——出版地不詳：出版者不詳，出版年不詳

71—81 頁；26.6 厘米

東方雜誌第二十六卷第十九號抽印本

PKUL（館藏號缺）

附注：

其他：本書有 3 冊。

0740 漢書補註補正/楊樹達著.——上海：商務印書館，1925

1 冊（2，2，2，38，36，34，32，30，33 頁）；22.7 厘米

北京師範大學叢書

143

PKUL（館藏號缺）

附注：

　　其他：本書爲初版。

0741 漢書補註補正/楊樹達著.——上海：商務印書館，1925

　　1 冊(2，2，2，38，36，34，32，30，33 頁)；22.8 厘米

　　北京師範大學叢書

　　PKUL（館藏號缺）

附注：

　　其他：本書爲再版。

0742 漢書古今人表通檢/孟森編.——北平：國立北平研究院總辦事處出版課，1936

　　31 頁；26.9 厘米

　　PKUL（館藏號缺）

0743 漢書及補注綜合引得/引得編纂處編.——北平：哈佛燕京學社，1940

　　XXXII，846 頁；26.2 厘米

　　PKUL（館藏號缺）

0744 漢書藝文志講疏/顧實著.——上海：商務印書館，1924

　　[12]，262 頁；22.7 厘米

　　東南大學叢書

　　PKUL（館藏號缺）

附注：

　　內附文件：書內夾有袁同禮致胡適書信 2 頁。

0745 漢文典/來裕恂著.——上海：商務印書館，1912

　　2 卷；22.6 厘米

　　PKUL（館藏號缺）

0746 漢文學史綱要/魯迅著.——上海：魯迅全集出版社，1941

69 頁；18.2 厘米

魯迅三十年集

PKUL（館藏號缺）

0747 漢熹平石經周易殘字跋/劉節著.——出版地不詳：出版者不詳，1932

2377—2396 頁；25.9 厘米

燕京學報第十一期單行本

PKUL（館藏號缺）

附注：

題記：封面有作者題記："適之先生教正。"

0748 漢語詞類/高本漢著；張世禄譯.——上海：商務印書館，1937

XV，259 頁；19.1 厘米

國學小叢書

PKUL（館藏號缺）

附注：

題記：封面有譯者題記："適之先生正之，譯者世禄，26/3/20。"

0749 漢語和歐洲語用動詞的比較/陸志韋著.——出版地不詳：出版者不詳，1936

225—243 頁；26.2 厘米

燕京學報第二十期單行本

PKUL（館藏號缺）

附注：

題記：封面有作者題記："適之先生正，弟陸志韋。"

0750 漢語語法論/高名凱著.——上海：開明書店，1948

20，696 頁；20.4 厘米

PKUL（館藏號缺）

附注：

印章：題名頁鈐有"胡適之印章"朱文方印。

　　　　題記:題名頁有作者題記:"適之校長先生教正,後學高名凱敬呈。"

0751 漢字之優點與缺點/Unokichi Hattori 著; 中國太平洋國際學會編譯.——出版地不詳: 中國太平洋國際學會, 1932
　　12 頁; 23.8 厘米
　　PKUL（館藏號缺）

0752 杭州市參議會第一屆第八次大會會刊/杭州市參議會秘書處編.——杭州: 杭州市參議會, 1948
　　4, 92 頁; 25.5 厘米
　　PKUL（館藏號缺）

0753 航空研究院簡史/王助編.——出版地不詳: 出版者不詳, 出版年不詳
　　20 頁; 24.6 厘米
　　PKUL（館藏號缺）

0754 河北棉花之出產及販運/曲直生著.——上海: 商務印書館, 1931
　　[18], 314, 8 頁; 22.9 厘米
　　社會研究叢刊
　　PKUL（館藏號缺）

0755 河北省及平津兩市勞資爭議底分析十六年一月——十八年六月/吳半農編.——北平: 社會調查所, 1930
　　[4], 72 頁; 24.9 厘米
　　PKUL（館藏號缺）

0756 河北省教育廳民國二十三年度行政計劃/河北省教育廳編.——出版地不詳: 河北省教育廳, 出版年不詳
　　24 頁; 26.6 厘米
　　PKUL（館藏號缺）

0757 河北省農村調查/行政院農村復興委員會編.——上海：商務印書館，1934

[4]，166 頁；22.7 厘米

行政院農村復興委員會叢書

PKUL（館藏號缺）

0758 河工學/鄭肇經著.——上海：商務印書館，1934

[7]，570 頁；22.7 厘米

大學叢書

PKUL（館藏號缺）

0759 河南汲縣李闇齋先生行狀/著者不詳.——出版地不詳：出版者不詳，出版年不詳

9 頁；25.6 厘米

PKUL（館藏號缺）

0760 河南省立輝縣百泉鄉村師範學校概況/河南省立輝縣百泉鄉村師範學校編.——開封：開明印刷局，1933

42 頁；18.4 厘米

PKUL（館藏號缺）

0761 河南省農村調查/行政院農村復興委員會編.——上海：商務印書館，1934

2，166 頁；22.8 厘米

行政院農村復興委員會叢書

PKUL（館藏號缺）

0762 河南葉縣之長沮桀溺古蹟辨/趙貞信著.——出版地不詳：出版者不詳，出版年不詳

31—42 頁；26.3 厘米

禹貢半月刊第五卷第七期單行本

PKUL（館藏號缺）

附注：

題記：封面有作者題記："適之先生誨正，貞信敬贈。"

批注圈劃：書內一頁有胡適朱筆圈劃。

0763 河上集/康白情著.——上海：亞東圖書館，1929

1 冊（12，4，2，8，24，24，10，8，10，12，30，4，4 頁）；18.7 厘米

PKUL（館藏號缺）

0764 河西字藏經彫版考/王靜如著.——出版地不詳：出版者不詳，1930

13 頁；25.6 厘米

PKUL（館藏號缺）

附注：

題記：封面有作者題記："胡適之先生教正。"

內附文件：書內夾有作者致胡適書信 1 頁。

0765 赫爾回憶錄/Cordell Hull 著；南京中央日報編輯部譯.——南京：中央日報社，1948

[10]，226 頁；20.7 厘米

PKUL（館藏號缺）

附注：

題記：封面有胡適題記："胡適之校本。"

與胡適的關係：本書由胡適作序。

0766 鶴林歌集/陳果夫著.——重慶：正中書局，1945

IV，94 頁；26.1 厘米

PKUL（館藏號缺）

附注：

題記：封面有作者題記："適之先生教正，陳果夫贈。"

0767 黑龍江流域的農民與地主/陳翰笙，王寅生著.——上海：出版者不詳，1929

16 頁；26.9 厘米

國立中央研究院社會科學研究所專刊

PKUL（館藏號缺）

附注：

 其他：本書有 2 冊。

0768 弘明集/僧佑著. ——上海：商務印書館，1936

 186 頁；22.7 厘米

 四部叢刊初編縮本 109

 PKUL（館藏號缺）

 附注：

  批注圈劃：書內 47 頁有胡適批注圈劃。

0769 洪大泉考/羅爾綱著. ——出版地不詳：出版者不詳，1936

 46 頁；25.9 厘米

 國立清華大學社會科學第一卷第三期抽印本

 PKUL（館藏號缺）

 附注：

  題記：封面有作者題記，其中一冊爲"敬呈師賜閱，學生羅爾綱敬呈"；另一冊爲"敬呈師賜閱"。

  其他：本書有 2 冊。

0770 洪江北詩文集/洪亮吉著. ——上海：商務印書館，1936

 4 冊(723 頁)；22.8 厘米

 四部叢刊初編縮本 378—381

 PKUL（館藏號缺）

 附注：

  夾紙：第 1 冊頁 114、115 間夾有紙條。

0771 紅樓夢本事辨證/壽鵬飛著. ——上海：商務印書館，1927

 1，53，2 頁；19.1 厘米

 文藝叢刻乙集

 PKUL（館藏號缺）

附注：

　　批注圈劃：書內 25 頁有胡適朱筆批注圈劃。

0772 紅樓夢辨／俞平伯著. —— 上海：亞東圖書館，1923

　　1 冊（4，162，178，92 頁）；18.7 厘米

　　PKUL（館藏號缺）

0773 紅樓夢抉微／闞鐸著. —— 出版地不詳：出版者不詳，出版年不詳

　　8，116，2 頁；18.5 厘米

　　PKUL（館藏號缺）

　　附注：

　　　　題記：封面有作者題記："適之先生教正，闞鐸。"

0774 紅樓夢索隱／王夢阮，沈瓶庵著. —— 上海：中華書局，1916

　　10 冊；22.2 厘米

　　PKUL（館藏號缺）

　　附注：

　　　　摺頁：第 1 冊頁 86 有摺頁；第 2 冊卷 3 頁 56 有摺頁；第 3 冊卷 4 頁 10、12 有摺頁；第 9 冊卷 19 頁 51、53、64，卷 20 頁 11、13、15、30、35 有摺頁；第 10 冊卷 23 頁 29、42、44、46、53、55、58，卷 24 頁 9、24、25、28、38、47、51 有摺頁。

0775 紅樓夢研究／李辰冬編著. —— 重慶：正中書局，1946

　　[6]，116 頁；18.5 厘米

　　文藝叢書

　　PKUL（館藏號缺）

　　附注：

　　　　題記：封面有作者題記："適之先生賜正，後學李辰冬敬贈。"

0776 侯官嚴氏評點老子／嚴復著. —— 東京：東京並木活版所，1905

　　1 冊（7，3，36，42 頁）；22.3 厘米

PKUL（館藏號缺）

附注：

印章：題名頁鈐有"化碧軒藏書"、"雙谿社長"朱文方印，"績溪許怡蓀"藍文橢圓印。

摺頁：上卷頁 23 有摺頁。

0777 後金國汗姓氏攷/朱希祖著. —— 出版地不詳：出版者不詳，1932

19—63 頁；26.7 厘米

蔡元培先生六十五歲祝論文集

PKUL（館藏號缺）

0778 胡明復博士紀念刊/大同大學數理研究會. —— 上海：大同大學數理研究會，1928

177 頁；26.4 厘米

PKUL（館藏號缺）

附注：

印章：扉頁鈐有"大同大學數理研究會"藍文橢圓印。

題記：封面有編者題記："適之先生，大同大學數理研究會敬贈。"

與胡適的關係：封面爲胡適題寫。

0779 胡三省生卒行歷考/周祖謨著. —— 出版地不詳：出版者不詳，出版年不詳

4 頁；26.1 厘米

輔仁學誌第十三卷第一第二合期抽印本

PKUL（館藏號缺）

附注：

印章：封面有胡適鋼筆簽名"適之"。

0780 胡適的嘗試集附去國集/胡適. —— 上海：亞東圖書館，1920

1 冊(13，8，43，78，2，50 頁)；18.6 厘米

PKUL（館藏號缺）

0781 胡適的南遊雜憶/胡適著.——出版地不詳：國民出版社，1935

176 頁；17.2 厘米

PKUL（館藏號缺）

附注：

與胡適的關係：封面、扉頁有胡適題寫書名。

0782 胡適留學日記/胡適著.——上海：商務印書館，1947

4 冊（2，8，21，1170 頁）；17.9 厘米

PKUL（館藏號缺）

附注：

印章：一套4冊題名頁均鈐有"胡適"朱文方印；另一套4冊封面均鈐有"胡適之印章"朱文方印。

題記：另一套第4冊封面有胡適題記："卅六年十二月廿九日收到這重印第一版。胡適。"

夾紙：另一套第4冊頁114、115，198、199間夾有紙條，第一處紙條有胡適鋼筆字。

其他：本書有2套。

0783 胡適批判——在哲學、科學、思想、政治、文學、歷史或國故各方面的胡適底考察/葉青著.——上海：辛墾書店，1934

2 冊（13，1148 頁）；21.9 厘米

批判叢書

PKUL（館藏號缺）

0784 胡適文存/胡適著.——上海：亞東圖書館，1930

4 冊（2，4，8，1173 頁）；18.3 厘米

PKUL（館藏號缺）

附注：

其他：本書爲平裝4卷本重排13版。第1冊有16冊；第2冊有14冊；第3冊有16冊；第4冊有15冊。

0785 胡適文存/胡適著. —— 上海：亞東圖書館, 1930
   2 冊(2, 4, 8, 1172 頁)；18.8 厘米
   PKUL（館藏號缺）
   附注：
      其他：本書爲精裝 2 卷本重排 13 版, 共 6 套。

0786 胡適文存/胡適著. —— 上海：亞東圖書館, 1923
   2 冊；18.6 厘米
   PKUL（館藏號缺）
   附注：
      其他：本書爲初版精裝 2 卷本。

0787 胡適文存/胡適著. —— 上海：亞東圖書館, 1929
   2 冊；18.2 厘米
   PKUL（館藏號缺）
   附注：
      其他：本書爲 3 版精裝 2 卷本。封面有燙金字"適之先生四十生日紀念, 上海亞東圖書館謹贈, 一九三〇年"。

0788 胡適文存二集/胡適著. —— 上海：亞東圖書館, 1929
   4 冊；18.3 厘米
   PKUL（館藏號缺）
   附注：
      其他：本書爲 6 版 4 卷本。

0789 胡適文存二集/胡適著. —— 上海：亞東圖書館, 1930
   3 冊；18.3 厘米
   PKUL（館藏號缺）
   附注：
      其他：本書爲 7 版 4 卷本, 缺第 2 卷。

0790 胡適文存二集一/胡適著.——上海：亞東圖書館，1933

3 冊；18.3 厘米

PKUL（館藏號缺）

附注：

其他：本書爲 10 版 4 卷本，缺第 2 卷。

0791 胡適文存二集一/胡適著.——出版地不詳：出版者不詳，出版年不詳

[10]，288 頁；18.3 厘米

PKUL（館藏號缺）

附注：

題記：封面有胡適朱筆題記："北平翻版。"

其他：本書全本 4 冊，有脱頁，版次不詳。胡適藏書僅存第 1 卷。

0792 胡適文存二集/胡適著.——上海：亞東圖書館，1930

2 冊；18.2 厘米

PKUL（館藏號缺）

附注：

其他：本書爲 7 版精裝 2 卷本。封面有燙金字"適之先生四十生日紀念，上海亞東圖書館謹贈，一九三〇年"。

0793 胡適文存三集/胡適著.——上海：亞東圖書館，1930

4 冊；18.3 厘米

PKUL（館藏號缺）

附注：

題記：第 1 卷題名頁有胡適毛筆題記："子水兄，適之，二十年元旦。"

其他：本書爲再版平裝 4 卷本。

0794 胡適文存三集二/胡適著.——上海：亞東圖書館，1940

277—548 頁；18.3 厘米

PKUL（館藏號缺）

附注：

其他：本書爲 6 版平裝 4 卷本，缺 1、3 卷，本卷有 2 册。

0795 胡適文存三集四/胡適著.——上海：亞東圖書館，1940

873—1222 頁；18.3 厘米

PKUL（館藏號缺）

附注：

其他：本書爲 6 版平裝 4 卷本，缺 1、3 卷。

0796 胡適文存三集一/胡適著.——上海：亞東圖書館，出版年不詳

[20]，274 頁；18.3 厘米

PKUL（館藏號缺）

附注：

其他：本書版次不詳，平裝 4 卷本，僅存第 1 卷。

0797 胡適文選/胡適著.——上海：亞東圖書館，1930

[30]，490 頁；18.7 厘米

PKUL（館藏號缺）

附注：

印章：一册封面鈐有"適之"朱文橢圓印。

題記：另一册題名頁有胡適題記："子水兄，適之，十九，十二，十七。"

與胡適的關係：另一册封面、書内有胡適題寫書名。

其他：本書有 2 册。

0798 胡適之《墨辯新詁·小取篇》質疑/萬宗一著.——出版地不詳：出版者不詳，出版年不詳

15 頁；17.6 厘米

PKUL（館藏號缺）

附注：

題記：書末有作者題記："通訊處：開封宋門内自由路東段一七四號。"

0799 胡思集/梁光復著.——合肥：兄弟印刷社，1948

70 頁；18.5 厘米

PKUL（館藏號缺）

附注：

印章：封面鈐有"梁光復"朱文方印。

題記：封面有作者題記：一冊爲"國立北平大學惠存，梁光復贈"；一冊爲"胡適博士郢政，梁光復呈"。

其他：本書有 2 冊。

0800 胡思永的遺詩／胡思永著．——上海：亞東圖書館，1929

6，124，14 頁；18.6 厘米

PKUL（館藏號缺）

附注：

印章：其中一冊有原書主簽名"圭貞"（應爲江澤涵夫人蔣圭貞）。

其他：本書有 6 冊。

0801 胡惟庸黨案攷／吳晗著．——出版地不詳：出版者不詳，1934

163—205 頁；26.2 厘米

燕京學報第十五期抽印本

PKUL（館藏號缺）

附注：

題記：封面有作者題記："適之師指正。"

0802 胡應麟年譜／吳晗著．——出版地不詳：出版者不詳，1934

183—252 頁；25.8 厘米

清華學報九卷一期單行本

PKUL（館藏號缺）

附注：

題記：封面有作者題記："適之師指正，生吳晗謹呈。"

0803 湖南長沙崇禮堡鄉村調查／孫本文，陳倚興編．——出版地不詳：出版者不詳，1948

14 頁；26.1 厘米

國立中央大學社會學研究所叢刊

PKUL（館藏號缺）

0804 湖南地質調查所致中華教育文化基金會董事會請款書/湖南地質調查所編.——出版地不詳：出版者不詳，1935

5，4 頁；26.9 厘米

PKUL（館藏號缺）

0805 湖南省參議會第一屆第四次大會輯覽/著者不詳.——出版地不詳：出版者不詳，出版年不詳

5,［220］頁；26 厘米

PKUL（館藏號缺）

0806 湖南省參議會第一屆第五次大會輯覽/著者不詳.——出版地不詳：出版者不詳，1948

8,［244］頁；25.8 厘米

PKUL（館藏號缺）

0807 湖南省地質調查所致中華教育文化基金會董事會請款書/湖南地質調查所編.——出版地不詳：出版者不詳，1934

6，5 頁；26.4 厘米

PKUL（館藏號缺）

0808 湖南省憲法/湖南省憲法審查會審定.——［長沙？］：湖南省議會，1922

28 頁；21.8 厘米

PKUL（館藏號缺）

附注：

印章：封面有胡適毛筆簽名"適之"。

0809 葫蘆島/祁仍奚著.——上海：商務印書館，1930

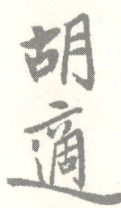

[3]，36 頁；19 厘米
PKUL（館藏號缺）

0810 花邊文學/魯迅著. ——上海：魯迅全集出版社，1941
176 頁；18.3 厘米
中國文學珍本叢書
PKUL（館藏號缺）

0811 花環/孫席珍著. ——上海：亞細亞書局，1928
[3]，132 頁；20 厘米
PKUL（館藏號缺）

0812 花之寺/凌叔華著. ——上海：新月書店，1928
IV，182 頁；19.9 厘米
PKUL（館藏號缺）

0813 華北地文沿革之重檢討/王竹泉著. ——北平：中國地質學會，出版年不詳
357—360 頁；21.1 厘米
地質論評第二卷第四期抽印本
PKUL（館藏號缺）

0814 華北各省市中小學校徵收學雜費概覽/教育總署教育局普遍教育科編. ——出版地不詳：教育總署，1942
18 頁；23.3 厘米
PKUL（館藏號缺）

0815 華北民眾食料的一個初步研究/曲直生著. ——出版地不詳：參謀本部國防設計委員會，1934
56 頁；26.3 厘米
參謀本部國防設計委員會參考資料
PKUL（館藏號缺）

0816 華北農業合作事業委員會報告書/華北農業合作事業委員會編.——出版地不詳：華北農業合作事業委員會，1934

  22 頁；26.6 厘米

  PKUL（館藏號缺）

0817 華北水利委員會二十年來工作概況/著者不詳.——出版地不詳：華北水利工程總局，1947

  74 頁；26.3 厘米

  PKUL（館藏號缺）

  附注：

    印章：封面鈐有"贈閱"藍文長方印。

0818 華府會議約章彙錄/著者不詳.——出版地不詳：出版者不詳，出版年不詳

  178，130 頁；21.5 厘米

  政治學會季報增刊

  PKUL（館藏號缺）

  附注：

    題記：英文封面有胡適題記："周寄梅先生贈。"

0819 華蓋集/魯迅著.——上海：魯迅全集出版社，1941

  172 頁；18.3 厘米

  魯迅三十年集

  PKUL（館藏號缺）

0820 華蓋集續編/魯迅著.——上海：魯迅全集出版社，1941

  216 頁；18.3 厘米

  魯迅三十年集

  PKUL（館藏號缺）

0821 華陽散稿/史震林著；張静廬校點.——上海：上海雜誌公司，1935

[10], 113 頁; 18.6 厘米

中國文學珍本叢書

PKUL（館藏號缺）

0822 華語入門/沙志培編. ——Berkeley: University of California Press, 1937

179, 35 頁; 23.6 厘米

PKUL（館藏號缺）

附注：

題記：扉頁有作者題記："適之先生正之，志培敬贈，一九卅七年一月十二日。"

夾紙：書內夾有作者書寫胡適英文地址卡片1張。

0823 化學下冊/韋鏡權，柳大綱編著. ——上海：商務印書館，出版年不詳

[5], 181—348, 13 頁; 18.8 厘米

PKUL（館藏號缺）

0824 化學命名原則/國立編譯館編訂. ——南京：國立編譯館，1933

XIII, 98 頁; 26.5 厘米

PKUL（館藏號缺）

附注：

印章：封面鈐有"贈閱"藍文印。

0825 化學史通考/丁緒賢著. ——上海：商務印書館，1936

[15], 664 頁; 22.5 厘米

大學叢書

PKUL（館藏號缺）

0826 化學史通考/丁緒賢著. ——北京：國立北京大學出版部，1925

XXIV, 420 頁; 24.8 厘米

國立北京大學叢書

PKUL（館藏號缺）

0827 淮河運河等之治理/Ingehr O. Franzius Hannover 著.——出版地不詳：出版者不詳，1934

  39 頁；25.9 厘米

  地學雜誌民國二十三年第一期抽印本

  PKUL（館藏號缺）

0828 淮南鴻烈集解/劉文典著.——上海：商務印書館，1931

  6 冊；17.5 厘米

  萬有文庫第一集 0057

  PKUL（館藏號缺）

  附注：

    與胡適的關係：本書有胡適作序。

0829 淮南王書/胡適著.——上海：商務印書館，1934

  3，136 頁；19 厘米

  PKUL（館藏號缺）

  附注：

    其他：本書爲再版。

0830 淮南王書/胡適著.——上海：新月書店，1931

  3，136 頁；18.7 厘米

  PKUL（館藏號缺）

  附注：

    題記：一冊封面有胡適題記："卅二年五月十五日，在紐約唐人街買的。適之。想不到這是'新月'的'初版'，乃是'初版的初版'也！適之，卅二，五，十八。"

    其他：本書爲初版。本書有 2 冊。

0831 懷人詩草/説劍樓主著.——出版地不詳：廣東鳴社中國文學研究部，出版年不詳

18 頁；20.9 厘米

PKUL（館藏號缺）

附注：

題記：封面有作者題記："適之先生正謬，劍影謝悲天敬贈，時客故都西山。"

0832 還鄉/哈代著；張穀若譯. —— 上海：商務印書館，1936

2 冊(1，4，682 頁)；21.2 厘米

PKUL（館藏號缺）

0833 環游月球/焦奴士威爾士著；井上勤譯；商務印書館編譯所重譯. —— 上海：商務印書館，1913

128 頁；18.8 厘米

説部叢書

PKUL（館藏號缺）

0834 荒唐遊記/靄沈都夫著；綺紋譯. —— 上海：亞東圖書館，1934

175 頁；19.1 厘米

PKUL（館藏號缺）

附注：

印章：扉頁鈐有"五馬路棋盤街西首，上海亞東圖書館"朱文長方印。

題記：扉頁有贈書者題記："敬贈適之先生，廿三，三，廿九。"

0835 皇朝文鑑/呂祖謙輯. —— 上海：商務印書館，1936

7 冊(1530 頁)；22.8 厘米

四部叢刊初編縮本 414—420

PKUL（館藏號缺）

附注：

批注圈劃：第 1 冊書内 1 頁有胡適批注；第 7 冊書内 7 頁有胡適批注。

0836 皇漢醫學批評/余雲岫著. —— 上海：社會醫報館出版部，1931

152 頁；19.3 厘米

社會醫學叢書

PKUL（館藏號缺）

0837 黃帝內經素問/著者不詳.——上海：商務印書館，1936

203 頁；22.7 厘米

四部叢刊初編縮本 081

PKUL（館藏號缺）

附注：

夾紙：頁 14—31 間（缺 15—30）夾有帶胡適字紙條；頁 132、133 間夾有紙條。

0838 黃海化學工業研究社廿週年紀念冊/黃海化學工業研究社編.——出版地不詳：黃海化學工業研究社，1942

2,47 頁；24.7 厘米

PKUL（館藏號缺）

附注：

其他：本書有 5 冊。

0839 黃鶴樓頭/劉大杰著.——武昌：武昌時中合作書社，1925

[4],120 頁；18.7 厘米

藝林社叢書

PKUL（館藏號缺）

附注：

題記：扉頁有"某冠英"題記。

批注圈劃：書內多處有"某冠英"批注。

0840 黃山攬勝集/許世英著.——上海：良友圖書印刷公司，1934

110 頁；18.8 厘米

PKUL（館藏號缺）

0841 黃山遊覽指南/程鉄華編.——出版地不詳：出版者不詳，出版年不詳

　　92 頁；18.8 厘米

　　PKUL（館藏號缺）

　　附注：

　　　　內附文件：書內夾有作者程敷鍇（鉄華）致胡適書信 1 頁。

0842 回顧錄第二冊/鄒魯著.——南京：獨立出版社，1946

　　2，317—706 頁；22 厘米

　　傳記叢書

　　PKUL（館藏號缺）

　　附注：

　　　　印章：封面鈐有"HU SHIH"藍文印。

0843 回教哲學史/第·博雅著；馬堅譯.——重慶：商務印書館，1944

　　[18]，296 頁；17.7 厘米

　　伊斯蘭文化叢書

　　PKUL（館藏號缺）

　　附注：

　　　　題記：封面有作者題記："適之先生指正，後學馬堅敬贈，卅六年二月十五日於北大。"

0844 惠施公孫龍/錢穆著.——上海：商務印書館，1931

　　2，132 頁；19 厘米

　　國學小叢書

　　PKUL（館藏號缺）

0845 會師東京回憶/陳孝威著；黃興中編註.——上海：天文臺出版社，1947

　　2，103 頁；18.2 厘米

　　PKUL（館藏號缺）

0846 蕙的風/汪靜之著.——上海：亞東圖書館，1922

[18], 242 頁; 18.4 厘米

PKUL（館藏號缺）

0847 火星遊記／市隱著. ——出版地不詳: 出版者不詳, 出版年不詳

60 頁; 18.6 厘米

PKUL（館藏號缺）

0848 火藥的發現及其傳佈／馮家昇著. ——北平: 國立北平研究院史學研究所, 1947

29—84 頁; 26.4 厘米

史學集刊第五期抽印本

PKUL（館藏號缺）

附注:

題記:封面有作者題記:"適之先生大教。"

0849 貨幣與物價之研究／蔣廷黼著. ——上海: 作者書社, 1946

[10], 154 頁; 18.1 厘米

PKUL（館藏號缺）

附注:

印章:封內鈐有"蔣廷黼"朱文方印。

題記:封內有作者題記:"北京大學胡校長指正,蔣廷黼敬贈,三五,八,二三。"

0850 霍去病墓上石蹟及漢代雕刻之試察／滕固著. ——出版地不詳: 出版者不詳, 1934

14 頁; 26.9 厘米

金陵學報第四卷第二期抽印單行本

PKUL（館藏號缺）

附注:

題記:封面有作者題記:"適之先生指謬,固,廿四,六,七。"

0851 飢餓/郭伯恭著. ——上海：開明書店，1935
　　［14］,108 頁；17.2 厘米
　　PKUL（館藏號缺）

0852 基督教之佛學研究/王治心編著. ——上海：上海廣學會，1924
　　［4］,118 頁；19 厘米
　　PKUL（館藏號缺）

0853 基督抹殺論/幸德秋水著；狸弔疋譯. ——北京：北京大學出版部，1924
　　［6］,114 頁；22.8 厘米
　　PKUL（館藏號缺）
　　附注：
　　　題記：扉頁有作者題記："敬贈適之尊兄，文典。"

0854 嵇康集/魯迅校輯. ——上海：魯迅全集出版社，1941
　　137 頁；18.2 厘米
　　魯迅三十年集
　　PKUL（館藏號缺）

0855 畿輔安瀾志與趙戴兩書公案續通鑑紀事本末書後/孟森著. ——出版地不詳：世界文化合作中國協會，國立北平圖書館，出版年不詳
　　12 頁；25.5 厘米
　　圖書季刊第三卷第四期抽印本
　　PKUL（館藏號缺）

0856 機關組織論/陳果夫編著. ——出版地不詳：正中書局，1945
　　4,37 頁；18.4 厘米
　　PKUL（館藏號缺）
　　附注：
　　　題記：封面有作者題記："適之先生教正，陳果夫贈。"

0857 機械化軍備論/徐庭瑤著.——出版地不詳：出版者不詳，出版年不詳

[12]，194 頁；17.9 厘米

PKUL（館藏號缺）

附注：

題記：扉頁有作者題記："適之先生指正，弟徐庭瑤。"

0858 吉姆爺/Joseph Conrad 著；梁遇春譯.——上海：商務印書館，1934

[13]，366 頁；21.2 厘米

PKUL（館藏號缺）

0859 集聯彙選初編/胡君復選輯.——上海：商務印書館，1927

2 冊；19 厘米

PKUL（館藏號缺）

0860 集體習作實踐記/于在春編.——上海：永祥印書館，1946

[6]，176 頁；18.3 厘米

PKUL（館藏號缺）

附注：

印章：題名頁鈐有"請批評！請指教！永祥印書館贈"藍文長方印。

題記：題名頁有作者題記："適之先生指教，編者，卅五年十月。"

0861 集外集/魯迅著.——上海：魯迅全集出版社，1941

198 頁；18.1 厘米

魯迅三十年集

PKUL（館藏號缺）

0862 集外集拾遺/魯迅著.——上海：魯迅全集出版社，1941

347 頁；18.2 厘米

魯迅三十年集

PKUL（館藏號缺）

0863 紀念碑/宋若瑜, 蔣光慈著. ——上海: 亞東圖書館, 1928

    4, 226 頁; 18.8 厘米

    PKUL (館藏號缺)

0864 紀念范旭東先生/著者不詳. ——出版地不詳: 久大鹽業公司, 永利化學工業公司, 黃海化學工業研究社, 1946

    14 頁; 18.4 厘米

    PKUL (館藏號缺)

0865 紀念美國社會學家湯麥史博士/孫本文編. ——出版地不詳: 出版者不詳, 1948

    5 頁; 26.1 厘米

    國立中央大學社會學研究所叢刊

    PKUL (館藏號缺)

0866 計畫的城市/董洗凡著. ——出版地不詳: 世界科學社, 出版年不詳

    24 頁; 25.4 厘米

    科學時報第十五卷抽印本

    PKUL (館藏號缺)

0867 記畢拱宸韻略匯通/陸志韋著. ——出版地不詳: 出版者不詳, 1947

    105—113 頁; 26.3 厘米

    燕京學報第三十三期抽印本

    PKUL (館藏號缺)

    附注:

      題記:封面有作者題記:"適之先生正, 韋。"

0868 記丁玲/沈從文著. ——上海: 良友圖書印刷公司, 1934

    188 頁; 17.8 厘米

    良友文學叢書

    PKUL (館藏號缺)

附注：

    題記：題名頁有作者題記："適之先生惠存，沈從文，廿三年九月。"

0869 記骨室文目中華民國七年至二十六年五月/著者不詳.——出版地不詳：出版者不詳，1937

    18 頁；26.4 厘米

    PKUL（館藏號缺）

0870 記藍茂韻略易通/陸志韋著.——出版地不詳：出版者不詳，1947

    161—168 頁；26.2 厘米

    燕京學報第三十二期抽印本

    PKUL（館藏號缺）

    附注：

        題記：封面有作者題記："適之先生正。"

0871 記五方元音/陸志韋著.——出版地不詳：出版者不詳，1948

    13 頁；26.2 厘米

    燕京學報第三十四期抽印本

    PKUL（館藏號缺）

    附注：

        題記：封面有作者題記："適之先生正，韋上。"

0872 記正德本朱子實紀並說朱子年譜的本子/容肇祖著.——出版地不詳：出版者不詳，1935

    73—95 頁；26.5 厘米

    燕京學報第十八期抽印本

    PKUL（館藏號缺）

    附注：

        題記：封面有作者題記："適之師教正，學生容肇祖呈。"

0873 寂寞的國/汪靜之著.——上海：開明書店，1931

[8]，171 頁；18.8 厘米

PKUL（館藏號缺）

附注：

　　題記：封面有作者題記："適之先生教正，學生汪靜之贈。"

0874 **寄詩魂**／曹葆華著．——北平：震東印書館，1930

12，210，2 頁；21 厘米

PKUL（館藏號缺）

附注：

　　題記：扉頁有作者題記："敬呈適之先生指正，曹葆華上，二月十一日。"

　　內附文件：書內夾有作者致胡適書信 1 封。

0875 **繼承法要義**／范揚著．——上海：商務印書館，1935

10，218 頁；22.8 厘米

大學叢書

PKUL（館藏號缺）

0876 **家庭進化論**／嚴恩椿編．——上海：商務印書館，1918

[5]，90 頁；20.3 厘米

PKUL（館藏號缺）

0877 **家庭衛生論**／胡宣明著．——出版地不詳：出版者不詳，出版年不詳

12 頁；17.8 厘米

衛生教育會小叢書

PKUL（館藏號缺）

0878 **家族演化之理論**／楊堃著．——出版地不詳：出版者不詳，1934

50 頁；25.7 厘米

清華學報第九卷第三期單行本

PKUL（館藏號缺）

附注：

題記:封面有作者題記:"適之先生教正,楊堃謹贈。"

0879 甲骨文斷代研究例/董作賓著.——北平:出版地不詳,1933

323—424 頁;26.5 厘米

國立中央研究院歷史語言研究所集刊外編蔡元培先生六十五歲慶祝論文集抽印本

PKUL(館藏號缺)

附注:

題記:封面有作者題記:"適之先生教正,作賓,廿二,三,十八。"

0880 甲午中國海軍戰蹟考/張蔭麟著.——出版地不詳:出版者不詳,1935

36 頁;25.7 厘米

清華學報單行本

PKUL(館藏號缺)

附注:

題記:封面有作者題記:"適之先生教正,作者敬呈。"

0881 稼軒詩文鈔存/辛啓泰原輯;鄧廣銘校補.——上海:商務印書館,1947

1 冊(3,66,2,15,1,20 頁);20.5 厘米

PKUL(館藏號缺)

附注:

題記:題名頁有作者題記:"適之吾師誨正,受業鄧廣銘敬呈,卅七年三月十七日。"

0882 簡體字之研究/歐陽溱著.——南昌:慈燦軒,1936

[8],[31]頁;25.5 厘米

PKUL(館藏號缺)

附注:

題記:封面有作者題記:"適之師指正。"

內附文件:書內夾有作者致胡適書信 1 封。

夾紙:書內夾有"簡體字考證序"油印件。

0883 簡字論集續集/陳光垚著.——上海：啓明學社，1933

[4]，206 頁；18.7 厘米

簡字叢書

PKUL（館藏號缺）

附注：

　　夾紙:書内夾有作者名片 1 張。

0884 建國大綱評論/諸青來著.——出版地不詳：出版者不詳，1932

65 頁；20.8 厘米

PKUL（館藏號缺）

附注：

　　夾紙:書内夾有卡片 1 張。

0885 建國方略/孫文著.——上海：商務印書館，1930

1 冊(4，1，136，2，5，210，5，13，125 頁)；22.8 厘米

萬有文庫

PKUL（館藏號缺）

0886 建國綱論/陸建三著.——出版地不詳：世界編譯社，1928

2，44 頁；22.6 厘米

PKUL（館藏號缺）

0887 建設的"大衆語"文學(國語運動史序)/黎錦熙著.——出版地不詳：出版者不詳，1934

77 頁；25.7 厘米

PKUL（館藏號缺）

附注：

　　題記:封面有作者題記:"適之先生，錦熙。"

0888 建設救災/中國華洋義賑救災總會編.——出版地不詳：中國華洋義賑救災總

會,出版年不詳

12 頁;20.7 厘米

PKUL（館藏號缺）

0889 建設與法治/光明甫著.——出版地不詳:出版者不詳,出版年不詳

1,20 頁;22.4 厘米

PKUL（館藏號缺）

附注:

題記:封面有作者題記:"適之兄正,昇呈。"

0890 建塔者/臺静農著.——北平:未名社,1930

182 頁;20 厘米

未名新集

PKUL（館藏號缺）

附注:

題記:扉頁有作者題記:"一九三○年十二月呈適之先生,静農舊作。"

0891 建築設計參考圖集樣張/著者不詳.——出版地不詳:出版者不詳,出版年不詳

[3 頁];26.5 厘米

中國營造學社特刊

PKUL（館藏號缺）

0892 賤胎/朱企霞著.——上海:北新書局,1936

145 頁;16.7 厘米

創作新刊

PKUL（館藏號缺）

附注:

印章:扉頁鈐有"朱企霞"朱文長方印。

題記:扉頁有作者題記:"適之師誨正,企霞敬贈。一九三六年四月,于南昌。"

0893 江南民間情歌集/李白英編.——上海：光華書局，1929

　　101 頁；19.4 厘米

　　民間文學叢書

　　PKUL（館藏號缺）

0894 江山情詩/姚江濱著.——上海：中國圖書雜誌公司，1947

　　[4]，74 頁；18 厘米

　　PKUL（館藏號缺）

　　附注：

　　　題記：題名頁有作者題記："敬請適之校長指正，姚江濱呈。十二月十二日。"

0895 江蘇地方財政第一次調查報告/翁之鏞著.——出版地不詳：財政部整理地方捐稅委員會，1934

　　20 頁；26.5 厘米

　　PKUL（館藏號缺）

　　附注：

　　　印章：首頁鈐有"翁之鏞"朱文方印。

　　　題記：扉頁有作者題記："適之先生惠存，作者敬贈。"

0896 江蘇兼上海財政委員會收支餘額總表/著者不詳.——出版地不詳：出版者不詳，出版年不詳

　　48 頁；23.3 厘米

　　PKUL（館藏號缺）

0897 江蘇兩年來之衛生工作/江蘇省衛生處秘書室編.——鎮江：美華印書社，1948

　　36 頁；18.2 厘米

　　PKUL（館藏號缺）

　　附注：

內附文件:書內夾有陳萬里致胡適書信1頁。

0898 江蘇省辦理公醫院概況/江蘇省衛生處秘書室編.——南京:江蘇省衛生處秘書室,1948

34 頁;18.5 厘米

PKUL(館藏號缺)

0899 江蘇省立江蘇學院概況暨發展計劃/著者不詳.——出版地不詳:出版者不詳,1947

22 頁;26.5 厘米

PKUL(館藏號缺)

0900 江蘇省立教育學院惠北普及民眾教育實驗區/著者不詳.——出版地不詳:出版者不詳,1933

12 頁;25.3 厘米

PKUL(館藏號缺)

附注:

內附文件:書內夾有江蘇省立教育學院惠北普及民眾教育實驗區公函1頁。

0901 江蘇省農村調查/行政院農村復興委員會編.——上海:商務印書館,1934

[6],245 頁;22.8 厘米

行政院農村復興委員會叢書

PKUL(館藏號缺)

附注:

印章:扉頁鈐有"行政院農村復興委員會圖書室"朱文橢圓印。

題記:扉頁有贈書者題記:"胡委員適之惠存。"

0902 江蘇省三化螟蟲之研究/著者不詳.——出版地不詳:江蘇省昆蟲局,出版年不詳

9,74 頁;22.7 厘米

江蘇省昆蟲局研究報告

PKUL（館藏號缺）

0903 **江蘇無錫農民地主經濟調查表**/著者不詳.——出版地不詳：出版者不詳，出版年不詳

26 頁；26.5 厘米

PKUL（館藏號缺）

0904 **江西南昌附近之地下水**/朱庭祜，吳燕生，王鈺，馬振圖合著.——出版地不詳：行政院農村復興委員會，1934

3，26，9 頁；22.7 厘米

行政院農村復興委員會地下水研究報告

PKUL（館藏號缺）

0905 **江西省電務局業務概況圖表**/江西省電務局統計室編.——南昌：中國興業出版公司，出版年不詳

10 頁；25.6 厘米

PKUL（館藏號缺）

0906 **江西省公路局民國三十五年業務報告**/江西省公路局編纂股編.——南昌：江西省公路局，1947

4 冊；20.5 厘米

PKUL（館藏號缺）

附注：

其他：本書各冊主要內容：第一類，工務報告；第二類，機務報告；第三類，運務報告；第四類，總務報告。

0907 **江西省公路局民國三十六年業務報告**/江西省公路局編纂股編.——南昌：江西省公路局，1948

3 冊；20.5 厘米

PKUL（館藏號缺）

附注:

  其他:本書全本4冊,胡適藏書缺第2冊。各冊主要內容:第一類,工務報告;第三類,運務報告;第四類,總務報告。

0908 江西省農業院廿四年度工作報告/江西省農業院編. ——出版地不詳:江西省農業院,1936

  2,204頁;25.6厘米

  江西省農業院院務報告

  PKUL(館藏號缺)

0909 江西之金融/江西省政府經濟委員會編. ——南昌:江西省政府經濟委員會,1933

  [15],190頁;21.1厘米

  江西省政府經濟委員會叢刊

  PKUL(館藏號缺)

0910 江西之米麥問題/江西省政府經濟委員會編. ——南昌:江西省政府經濟委員會,1933

  4,54頁;20.8厘米

  江西省政府經濟委員會叢刊

  PKUL(館藏號缺)

0911 姜原/傅斯年著. ——出版地不詳:出版者不詳,出版年不詳

  130—135頁;26.5厘米

  國立中央研究院歷史語言研究所集刊第二本第一分抽印本

  PKUL(館藏號缺)

附注:

  其他:本書有2冊。

0912 蔣主席生活漫記/著者不詳. ——出版地不詳:出版者不詳,出版年不詳

  4,56頁;18.1厘米

177

PKUL（館藏號缺）

0913 交感巫術的心理學/弗蘭柔著；李安宅譯.——上海：商務印書館，1931

1，84 頁；19 厘米

PKUL（館藏號缺）

附注：

題記：題名頁有譯者題記："適之先生賜教，宅敬贈，一九三一，九，廿三。"

0914 交通部國際電台民國二十一年份統計概要/交通部國際電台.——上海：中國科學公司，1933

6，[77]頁；27 厘米

PKUL（館藏號缺）

附注：

印章：封面鈐有"温毓慶印"朱文方印。

題記：封面有贈書者題記："適之先生，温毓慶敬贈。"

0915 交通部瀋陽製材廠鋸製枕木時動測驗報告/瀋陽製材廠編.——出版地不詳：出版者不詳，出版年不詳

[3]，11 頁；18.3 厘米

PKUL（館藏號缺）

0916 交通銀行編制財政部積欠本行各款帳略/交通銀行編.——出版地不詳：出版者不詳，1923

[6]，210 頁；25.5 厘米

PKUL（館藏號缺）

附注：

題記：封面有題記："王文伯先生。"

0917 交通銀行編制財政部積欠本行各款帳略初續/著者不詳.——出版地不詳：出版者不詳，1923

3，56 頁；25.5 厘米

PKUL（館藏號缺）

附注：

　　題記：封面有毛筆題記："王文伯先生。"

　　內附文件：書內夾有"財部欠款未計複利情形"表 1 張。

0918 交通銀行第一屆行務會議記事/著者不詳.——出版地不詳：出版者不詳，1922

　　[8]，134 頁；26.4 厘米

　　PKUL（館藏號缺）

　　附注：

　　　　內附文件：書內夾有交通銀行總管理處信箋 3 頁，記有各分行流通最高額、現款準備金等情況。

0919 交通銀行營業會計帳表樣本/著者不詳.——出版地不詳：交通銀行總管理處，出版年不詳

　　[9]，124 頁；25.2 厘米

　　PKUL（館藏號缺）

　　附注：

　　　　題記：封面有毛筆書"文存"二字。

0920 交通銀行自六年上期至十一年下期負債類餘額比較表/交通銀行編.——出版地不詳：出版者不詳，出版年不詳

　　29 頁；48.5 厘米

　　PKUL（館藏號缺）

　　附注：

　　　　題記：封面有題記："第六十壹號王文伯先生收存。"

0921 交通銀行自六年上期至十一年下期營業損益比較表/交通銀行編.——出版地不詳：出版者不詳，出版年不詳

　　16 頁；48.5 厘米

　　PKUL（館藏號缺）

附注：

　　題記：封面有題記："第六十壹號王文伯先生收存。"

0922 交通銀行自六年上期至十一年下期資產類餘額比較表/交通銀行編.——出版地不詳：出版者不詳，出版年不詳

28 頁；48.5 厘米

PKUL（館藏號缺）

附注：

　　題記：封面有題記："第六十壹號王文伯先生收存。"

0923 焦理堂年譜初稿/王永祥著.——出版地不詳：出版者不詳，出版年不詳

66 頁；25.7 厘米

PKUL（館藏號缺）

0924 焦氏易林/焦延壽撰.——上海：商務印書館，1936

2 冊（261 頁）；22.7 厘米

四部叢刊初編縮本 091，092

PKUL（館藏號缺）

附注：

　　夾紙：第 1 冊書內夾有胡適書本書目錄 1 頁；第 2 冊頁 204、205 間夾有紙條 1 張。

0925 膠澳商埠觀象臺參加萬國經度測量成績報告書/膠澳商埠觀象臺編.——出版地不詳：出版者不詳，1927

X，77 頁；24.4 厘米

PKUL（館藏號缺）

0926 驕傲與偏見/奧斯丁著；董仲篪譯.——出版地不詳：大學出版社，1935

[7]，355 頁；20 厘米

PKUL（館藏號缺）

附注：

題記:扉頁有作者題記:"適之先生指正,仲篪敬贈。"

與胡適的關係:封面有胡適題籤。

0927 校讎學史/蔣元卿著. ——上海:商務印書館,1935

[7],312頁;19.1厘米

PKUL(館藏號缺)

附注:

題記:題名頁前頁有作者題記:"適之先生校正,著者敬贈,廿四年八月於皖省圖書館。"

0928 校刻日本外史/賴山陽著. ——東京:出版地不詳,1906

[21],759頁;18.3厘米

PKUL(館藏號缺)

附注:

題記:書脊有胡適毛筆題寫書名"賴山陽日本外史"。

0929 教會源流考/陶成章著. ——廣州:國立中山大學語言歷史學研究所,1928

2,20頁;21.3厘米

國立中山大學語言歷史學研究所史料叢刊

PKUL(館藏號缺)

0930 教學方法理論體系/趙憲卿著. ——張家口:綏遠省立印刷局,1936

[30],192頁;23.5厘米

PKUL(館藏號缺)

附注:

題記:扉頁有作者題記:"適之先生指教,趙憲卿敬贈,廿六年七月七日,四屆教育年會時於故都。"

0931 教學做合一發凡/潘一塵編著. ——出版地不詳:廣西普及國民基礎教育研究院,1935

[8],86頁;19厘米

廣西普及國民基礎教育研究院叢刊

PKUL（館藏號缺）

附注：

　　題記:封面有作者題記:"適之先生教正,著者敬贈。"

0932 教義學大綱/Sa'd-ud Din 著；馬堅譯. ——昆明：雲南印刷局，1945

184 頁；18.1 厘米

PKUL（館藏號缺）

附注：

　　題記:封面有作者題記:"適之先生指正,後學馬堅敬贈,卅六年二月十五日於北大文學院。"

0933 教育? 名教與教育/衛中講演；康繼祥,陳廷耿,何容森筆記；杜大爲編述. ——出版地不詳：出版者不詳，出版年不詳

77—118 頁；26 厘米

廣東省教育會雜誌第一卷第二期

PKUL（館藏號缺）

附注：

　　題記:封面有作者題記:"適之先生指正,衛中";另有胡適補記:"廣州郵箱83。"

0934 教育編譯館圖書目録/教育編譯館編. ——上海：教育編譯館，1935

48 頁；18.8 厘米

PKUL（館藏號缺）

0935 教育部公布國音常用字彙/教育部國語統一籌備委員會編. ——上海：商務印書館，1932

4，286，76 頁；15.7 厘米

PKUL（館藏號缺）

附注：

　　印章:題名頁鈐有"贈閱"藍文印。

0936 教育部化學討論會專刊/國立編譯館編.——出版地不詳：出版者不詳，1932

  [8]，288 頁；26.4 厘米

  PKUL（館藏號缺）

0937 教育部暨所屬機關職員進修函授班講義/著者不詳.——出版地不詳：出版者不詳，出版年不詳

  17—34 頁；21 厘米

  PKUL（館藏號缺）

  附注：

    其他：本書有 2 冊。

0938 教育部圖書目錄上冊/著者不詳.——出版地不詳：出版者不詳，1915

  2，[310]頁；25 厘米

  PKUL（館藏號缺）

0939 教育參考資料選輯第四集/著者不詳.——上海：教育編譯館，1934

  4，[736]頁；23.7 厘米

  PKUL（館藏號缺）

0940 教育參考資料選輯第五集/著者不詳.——上海：教育編譯館，1935

  4，[892]頁；23.7 厘米

  PKUL（館藏號缺）

0941 教育測驗綱要/華超編.——上海：商務印書館，1925

  [5]，129 頁；19.1 厘米

  現代師範教科書

  PKUL（館藏號缺）

0942 教育兒童復興中國/著者不詳.——出版地不詳：九龍兒童書局，出版年不詳

  25 頁；15.2 厘米

183

PKUL（館藏號缺）

0943 **教育法令**/教育部參事室編.——出版地不詳：潤華印書館，1946

[20]，700 頁；26 厘米

PKUL（館藏號缺）

0944 **教育方法原論**/克伯屈著；孟憲承，俞慶棠譯.——上海：商務印書館，1927

1 冊（3，1，4，2，21，33，15，16，13，16，12，25，21，31，30，25，23，21，25，29，27，24，23，26，39 頁）；22.7 厘米

現代教育名著

PKUL（館藏號缺）

附注：

印章：題名頁有"曹京平"（端木蕻良）簽名。

0945 **教育局長**/楊亮功著.——南京：正中書局，1935

2，37 頁；21 厘米

教與學月刊社叢篇

PKUL（館藏號缺）

0946 **教育社會學**/雷通羣著.——上海：商務印書館，1933

[7]，226，7 頁；22.6 厘米

大學叢書

PKUL（館藏號缺）

附注：

內附文件：書內夾有商務印書館致胡適書信 1 封。

0947 **教育實驗法**/麥柯著；薛鴻志譯.——上海：商務印書館，1936

X，259 頁；22.7 厘米

大學叢書

PKUL（館藏號缺）

0948 **教育思潮大觀**/中島半次郎著；鄭次川譯.——上海：商務印書館，1922

4，260頁；19.1厘米

新知識叢書

PKUL（館藏號缺）

0949 **教育行政下冊**/羅廷光著.——上海：商務印書館，1946

7，411頁；20.8厘米

大學叢書

PKUL（館藏號缺）

0950 **教育與學校行政原理**/杜佐周著.——上海：商務印書館，1933

[13]，330頁；22.6厘米

大學叢書

PKUL（館藏號缺）

0951 **教育原理**/查浦曼，孔次著；趙演譯.——上海：商務印書館，1935

[24]，541頁；22.8厘米

大學叢書

PKUL（館藏號缺）

0952 **教育哲學**/蕭恩承著.——上海：商務印書館，出版年不詳

[10]，131，36，6頁；23.1厘米

PKUL（館藏號缺）

附注：

題記:扉頁有作者題記："適之老哥教正,弟恩承贈。"

0953 **教育哲學**/蕭恩承著.——上海：商務印書館，1928

[10]，131，36，6頁；22.8厘米

PKUL（館藏號缺）

附注：

印章:題名頁鈐有"蕭恩承印"朱文方印。

題記：題名頁有作者題記："適之吾兄教正，蕭恩承敬贈。"
內附文件：書內夾有作者給胡適便箋 1 張。

0954 教育之科學研究法/鍾魯齋著. ——上海：商務印書館，1935
［13］，357 頁；22.7 厘米
大學叢書
PKUL（館藏號缺）

0955 街頭集/王木岡著. ——濟南：奔流社，1948
2，46 頁；18.3 厘米
PKUL（館藏號缺）
附注：
題記：封面有作者題記："胡校長指正，三七，七，三，於濟南"；另扉頁有作者書寫致胡適短信 1 封。

0956 劫灰/馮沅君著. ——上海：北新書局，1929
115，2 頁；20 厘米
PKUL（館藏號缺）

0957 節譯田中內閣對滿蒙積極政策/著者不詳. ——出版地不詳：新東北學會，出版年不詳
55 頁；19 厘米
PKUL（館藏號缺）

0958 鮚埼亭集全榭山先生經史問答外編/全祖望撰. ——上海：商務印書館，1936
4 冊；22.7 厘米
四部叢刊初編 373—376
PKUL（SB/817.733/8030.1）
附注：
批注圈劃：書內多處有胡適批注圈劃。
其他：本書全本 5 冊，胡適藏書缺第 1 冊，叢書編號 372。

0959 鮚埼亭詩集/全祖望撰.——上海：商務印書館，1936

　　1 冊；22.7 厘米

　　四部叢刊初編 377

　　PKUL（SB/811.175/8030.1）

　　附注：

　　　　題記：卷末有胡適題記："今夜讀完此集，校改數字。胡適。卅三，二，廿夜。"

0960 解放的童僧/萊蒙托夫作；鄭毅堅譯.——出版地不詳：出版者不詳，出版年不詳

　　23 頁；17.4 厘米

　　PKUL（館藏號缺）

0961 今古奇觀序及解題/孫楷第著.——出版地不詳：出版者不詳，出版年不詳

　　42 頁；18.5 厘米

　　PKUL（館藏號缺）

　　附注：

　　　　題記：封面有作者題記："敬呈適之先生哂正，楷第。"

0962 今後中國的出路及人類之將來/蔡正中著.——出版地不詳：出版者不詳，出版年不詳

　　[25]，322 頁；18.7 厘米

　　PKUL（館藏號缺）

　　附注：

　　　　內附文件：書內夾有作者致胡適書信 1 頁。

0963 今後中國文化之動向/尹哲生著.——出版地不詳：拔提書店，1935

　　2，70 頁；25.7 厘米

　　PKUL（館藏號缺）

　　附注：

題記：封面有作者題記："適之先生惠存，請指教，一，七。"

0964 今日四大思想家信仰之自述/胡適等著；向真等譯. ——上海：良友圖書印刷公司, 1931

　　1 冊(50, 26, 6, 26 頁)；12.9 厘米

　　一角叢書

　　PKUL（館藏號缺）

0965 今日之化學/中國化學會成都分會編. ——成都：今日新聞社出版部, 1946

　　206 頁；18.5 厘米

　　今日叢刊

　　PKUL（館藏號缺）

0966 今世中國實業通志/吳承洛編. ——上海：商務印書館, 1929

　　2 冊；22.7 厘米

　　PKUL（館藏號缺）

0967 金剛般若波羅蜜經貫釋/李柏朝著. ——上海：佛學書局, 1931

　　6, 48 頁；22.3 厘米

　　PKUL（館藏號缺）

　　附注：

　　　　印章：封面鈐有"李柏朝"朱文方印。

　　　　題記：封面有作者題記："適之夫子指政，弟子柏朝敬呈。"

0968 金尼閣西儒耳目資所記的音/陸志韋著. ——出版地不詳：出版者不詳, 1947

　　115—128 頁；26.3 厘米

　　燕京學報第三十三期抽印本

　　PKUL（館藏號缺）

　　附注：

　　　　題記：封面有作者題記："適之先生正，韋。"

0969 金瓶梅詞話/笑笑生著；施蟄存校點.——上海：上海雜誌公司，1935

5 冊(1300 頁)；18.7 厘米

中國文學珍本叢書

PKUL（館藏號缺）

附注：

夾紙：第1冊頁42、43，60、61，72、73，74、75，76、77，110、111，112、113，156、157，186、187，190、191，216、217 間夾有紙條；第2冊頁292、293，356、357，358、359，390、391，394、395，402、403，404、405，420、421，422、423，424、425，442、443 間夾有紙條；第3冊頁456、457，470、471，480、481，482、483，488、489，500、501，504、505，546、547，548、549，550、551，564、565，582、583，584、585，594、595，596、597，600、601，604、605，608、609，626、627，628、629，630、631，646、647，654、655，666、667，680、681，702、703，704、705，706、707，710、711 間夾有紙條；第4冊頁720、721，726、727，730、731，794、795，816、817，818、819，840、841，872、873，878、879，880、881，904、905，916、917，918、919，926、927，928、929，936、937，938、939，946、947，948、949，958、959，960、961，1004、1005，1056、1057 間夾有紙條；第5冊頁1084、1085，1086、1087，1092、1093，1098、1099，1102、1103，1118、1119，1156、1157，1160、1161，1164、1165，1188、1189，1204、1205，1206、1207，1214、1215，1226、1227 間夾有紙條。另頁1212、1213 間夾有"張目寒"名片1張，背面有胡適書"魯迅，宮門口西三條21，西四"；另卡片1張，上有胡適書"上海静安寺路慶福里653，陳伯莊"。書末夾有藥方1張。

0970 金錢問題/小仲馬著；陳聘之，潘伯明譯.——北平：蓓蕾學社，1933

8，242 頁；18.4 厘米

PKUL（館藏號缺）

附注：

題記：扉頁有譯者題記："適之先生指教，學生陳聘之敬贈。"

0971 金錢問題/小仲馬著；陸侃如譯.——[上海?]：大江書鋪，1933

167，7 頁；19 厘米

PKUL（館藏號缺）

附注：

其他：本書有 2 冊。

0972 金融/東北物資調節委員會研究組編.——瀋陽：東北物資調節委員會研究組，1948

[5]，220 頁；19 厘米

東北經濟小叢書

PKUL（館藏號缺）

0973 金山國墜事拾零/王重民著.——出版地不詳：出版者不詳，1935

28 頁；25.8 厘米

國立北平圖書館館刊九卷六號抽印本

PKUL（館藏號缺）

附注：

夾紙：書內夾有作者贈書條 1 張。

0974 金山沈涇河工載記/沈涇河工局文牘科編.——上海：世界書局，1927

6，140 頁；21.8 厘米

PKUL（館藏號缺）

0975 金山縣概況/金山縣政府編.——金山：金山縣政府，1948

5，74 頁；18.4 厘米

金山縣政小叢書

PKUL（館藏號缺）

0976 金聖歎傳/陳登原著.——上海：商務印書館，1935

3，81 頁；19 厘米

國學小叢書

PKUL（館藏號缺）

0977 金田之遊及其他/簡又文著.——上海：商務印書館，1946

[9]，223 頁；17.8 厘米

太平天國雜記

PKUL（館藏號缺）

附注：

印章：扉頁鈐有"簡又文"朱文方印。

題記：扉頁有作者題記："適之學兄評正，著者，卅六，七，廿八。"

0978 金文嘏辭釋例/徐中舒著.——出版地不詳：出版者不詳，出版年不詳

44 頁；26.7 厘米

國立中央研究院歷史語言研究所集刊第六本抽印本

PKUL（館藏號缺）

附注：

題記：封面有作者題記："適之先生教正，徐中舒謹上，廿五，六，十二。"

0979 金藏雕印始末考/蔣唯心著.——出版地不詳：出版者不詳，出版年不詳

34 頁；26.5 厘米

PKUL（館藏號缺）

附注：

批注圈劃：書內 9 頁有胡適朱筆圈劃。

0980 近代二十家評傳/王森然著.——北平：杏巖書屋，1934

[8]，408 頁；23.7 厘米

PKUL（館藏號缺）

附注：

題記：封面有作者題記："適之先生教正。"

0981 近代國家觀念/克拉勃著；王檢譯.——上海：商務印書館，1936

68，10，210 頁；22.6 厘米

大學叢書

PKUL（館藏號缺）

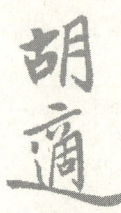

0982 近代農村經濟的趨向/宗華著.——上海：出版者不詳，1931

115 頁；21.5 厘米

國立中央研究院社會科學研究所農村經濟參考資料

PKUL（館藏號缺）

0983 近代散文抄/沈啓無編選.——北平：人文書店，1932

2 冊；18.9 厘米

PKUL（館藏號缺）

附注：

印章：上冊扉頁鈐有"啓無"朱文方印。

題記：上冊扉頁有編者題記："敬贈適之先生，十月四日啓無。"

0984 近代社會學發展史/孫本文著.——上海：商務印書館，1947

[5]，221，6 頁；18.2 厘米

學生科學叢書

PKUL（館藏號缺）

附注：

印章：封面鈐有"孫本文"朱文方印。

0985 近代文藝批評斷片/李霽野譯.——北平：未名社出版部，1929

133 頁；19.6 厘米

PKUL（館藏號缺）

0986 近代五大家倫理學/C. D. Broad 著；慶澤彭譯.——上海：商務印書館，1932

[4]，233 頁；22.9 厘米

PKUL（館藏號缺）

附注：

題記：扉頁有作者題記："適之先生指正，慶澤彭敬贈，一九三三，二，八，安徽含山。"

0987 近代意大利史/馬克勒蘭著；朱基俊譯.——上海：商務印書館，1936

[3]，311 頁；22.8 厘米

大學叢書

PKUL（館藏號缺）

0988 近代英文獨幕名劇選/羅家倫著.——上海：商務印書館，1933

Ⅵ，204，142 頁；22.7 厘米

大學叢書

PKUL（館藏號缺）

0989 近代英文獨幕名劇選/羅家倫選譯.——上海：商務印書館，1931

[5]，203，142 頁；22.7 厘米

PKUL（館藏號缺）

附注：

題記:扉頁有作者題記:"適之先生賜教,家倫敬贈,二一,一,一八。"

0990 近代遠東外交史/鄂裕綿編著.——上海：世界書局，1934

[2]，10，232 頁；20.7 厘米

世界政治學叢書

PKUL（館藏號缺）

附注：

印章:扉頁鈐有"林棣"朱文方印。

題記:扉頁有贈書者題記:"用祝適之夫子奎誕,學生林棣呈,一九三五,十,一四。"

0991 近代中國留學史/舒新城著.——上海：中華書局，1929

[10]，300 頁；22.3 厘米

教育叢書

PKUL（館藏號缺）

0992 近代中國人口的估計/王士達著.——北平：社會調查所，1931

2, 223, [11] 頁；25.4 厘米

PKUL（館藏號缺）

0993 近二十年來之中日貿易及其主要商品/蔡謙著. ——上海：商務印書館，1936

3, 127, 93 頁；22.9 厘米

國立中央研究院社會科學研究所叢刊

PKUL（館藏號缺）

0994 近古文學概論/徐嘉瑞編. ——上海：北新書局，1936

[27], 388 頁；20.4 厘米

PKUL（館藏號缺）

附注：

題記：封面有作者題記："適之師指政，生徐嘉瑞呈。"

與胡適的關係：書內有胡適題寫書名。

0995 近三十年中國思想史/郭湛波著. ——北平：大北書局，1935

16, 338, 2 頁；21 厘米

PKUL（館藏號缺）

0996 近世病原微生物及免疫學/志賀潔著；湯爾和譯. ——上海：商務印書館，1933

[18], 542 頁；22.7 厘米

大學叢書

PKUL（館藏號缺）

0997 近世婦人科學/木下正中，清水由隆著；湯爾和譯. ——上海：商務印書館，1933

18, 604, [39] 頁；22.7 厘米

大學叢書

PKUL（館藏號缺）

附注：

内附文件:書內夾有商務印書館致胡適書信1封。

0998 近世眼科學/劉以祥著.——上海:商務印書館,1935
　　14,447,[47]頁;22.6厘米
　　大學叢書
　　PKUL（館藏號缺）

0999 晉辟雍碑考證/余嘉錫著.——北平:輔仁大學輔仁學誌編輯會,出版年不詳
　　40頁;25.8厘米
　　PKUL（館藏號缺）
　　附注:
　　　題記:封面有作者題記:"適之先生教正。"

1000 晉江新志上冊第一分本/莊爲璣著.——廈門:新志出版委員會,1948
　　13,90頁;26.3厘米
　　PKUL（館藏號缺）
　　附注:
　　　題記:封面有作者題記:"敬呈北京大學胡校長適之先生,作者寄自廈大,卅七年一月。"

1001 晉之統一與八王之亂/王鍾麒編.——上海:商務印書館,1931
　　[6],114頁;19厘米
　　中國歷史叢書
　　PKUL（館藏號缺）

1002 進化論與物源論上卷/林賽著;金俊譯.——北平:北京書局,1931
　　6,236頁;22.8厘米
　　PKUL（館藏號缺）

1003 京滬、滬杭甬鐵路管理局廿四年第二季工作概況/著者不詳.——出版地不詳:
　　出版者不詳,出版年不詳

26 頁；26.3 厘米

PKUL（館藏號缺）

1004 荆軻/顧一樵著.——出版地不詳：美吉印刷社，1932

24 頁；18 厘米

PKUL（館藏號缺）

附注：

題記：封面有作者題記："適之先生誨正，著者謹呈。"

1005 旌德縣政府二十年份施政成績統計彙編/旌德縣政府編.——出版地不詳：出版者不詳，出版年不詳

［16］,［206］頁；22 厘米

PKUL（館藏號缺）

1006 經濟地理與國際問題/韓亮儔著.——上海：民智書局，1928

392 頁；21.5 厘米

PKUL（館藏號缺）

附注：

印章：封面鈐有"韓亮儔印"朱文方印。

題記：封面有作者題記："適之先生指正，亮儔敬贈。"

1007 經濟計畫/劉仙洲編譯.——上海：商務印書館，1935

［8］,181 頁；22.8 厘米

大學叢書

PKUL（館藏號缺）

1008 經濟史學原論/羅仲言著.——長沙：經濟新潮社，1947

2,132 頁；18.6 厘米

國立西北大學經濟學系叢書

PKUL（館藏號缺）

附注：

印章:封面鈐有"羅仲言印"朱文方印。

題記:封面有作者題記:"適之校長先生賜正,著者敬贈。"

內附文件:書內夾有作者致胡適書信1頁。

1009 經濟思想與社會改造/顧季高著.——出版地不詳:出版者不詳,1935

22頁;26.1厘米

民族雜誌第三卷第八期抽印本

PKUL(館藏號缺)

1010 經濟統計摘要/王毓霖編.——出版地不詳:出版者不詳,1935

[16],300,3頁;24.7厘米

PKUL(館藏號缺)

附注:

題記:扉頁有作者題記:"適之先生教正,毓霖敬贈。"

1011 經濟學的基本概念/博洽德著;嚴靈峯譯.——上海:春秋書店,1930

2,265頁;18.8厘米

PKUL(館藏號缺)

1012 經濟學的基本原理/Charles Gide著;樓桐孫譯.——上海:商務印書館,1934

[6],181頁;23厘米

PKUL(館藏號缺)

附注:

印章:封面鈐有"贈閱"藍文長方印。

1013 經濟學概論/巫寶三,杜俊東編譯.——上海:商務印書館,1937

23,995,20頁;22.6厘米

大學叢書

PKUL(館藏號缺)

1014 經濟學及其賦稅之原理/里嘉圖著;郭大力,王亞南合譯.——上海:神州國

光社, 1931

[23], 338, 3 頁; 21.7 厘米

PKUL（館藏號缺）

1015 經濟學史/因格拉門著; 胡澤, 許炳漢譯.——上海: 商務印書館, 1933

[21], 393 頁; 22.7 厘米

大學叢書

PKUL（館藏號缺）

1016 經濟學説史/史盤著; 陳清華譯.——上海: 商務印書館, 1934

20, 267 頁; 22.7 厘米

大學叢書

PKUL（館藏號缺）

1017 經史百家簡編/抱恨生標點註解.——上海: 新文化書社, 1933

10, 132, 128 頁; 18.6 厘米

PKUL（館藏號缺）

1018 經史百家雜鈔/著者不詳.——上海: 新文化書社, 出版者不詳

2 冊; 18.5 厘米

PKUL（館藏號缺）

附注：

其他：本書全本冊數不詳,胡適藏書存卷 1、卷 2,共 2 冊。

1019 經學史講義/皮錫瑞著.——上海: 群益書社, 1911

98 頁; 22.4 厘米

PKUL（館藏號缺）

附注：

題記：扉頁有胡適毛筆題記："九年二月,胡適。"

1020 精神建設與民族復興/周佛海著.——上海: 新生命書局, 1935

[4]，178 頁；18.7 厘米

PKUL（館藏號缺）

附注：

題記：封面有作者題記："適之先生教正，著者贈。"

1021 井田之迷/萬國鼎著. ——出版地不詳：出版者不詳，1931

575—580 頁；26.8 厘米

金陵學報第一卷第二期抽印本

PKUL（館藏號缺）

1022 井田制度新攷/余精一著. ——出版地不詳：出版者不詳，出版年不詳

59 頁；26.3 厘米

中山大學社會科學論叢季刊第一卷第二號單行本

PKUL（館藏號缺）

附注：

題記：封面有作者題記："適之先生教正，學生余精一敬呈，一九三四，五，十四"；另封內注有"本冊爲中山大學社會科學論叢季刊第一卷第二號之單行本"。

1023 景德鎮瓷業調查報告/江西省政府統計處編. ——出版者不詳：江西省政府統計處，1948

66 頁；26 厘米

PKUL（館藏號缺）

1024 景洪遺稿/景洪著. ——出版地不詳：出版者不詳，出版年不詳

87 頁；18.2 厘米

PKUL（館藏號缺）

1025 淨水工程學/顧康樂著. ——上海：商務印書館，1937

8，198，6 頁；22.7 厘米

大學叢書

PKUL（館藏號缺）

1026 静山攝影集/郎静山攝.——上海：中國美術刊行社，1929

[6],[33]頁；28.1 厘米

PKUL（館藏號缺）

1027 鏡花緣/李汝珍著；汪原放，章希吕標點；章希吕，余昌之校對.——上海：亞東圖書館，1928

2 冊；18.6 厘米

PKUL（館藏號缺）

附注：

與胡適的關係：上冊書内收錄胡適《〈鏡花緣〉的引論》一文。

其他：二冊封面有"適之先生四十生日紀念，上海亞東圖書館謹贈，一九三〇年"燙金字。

1028 九朝律考/程樹德著.——上海：商務印書館，1934

[6]，524 頁；22.7 厘米

大學叢書

PKUL（館藏號缺）

1029 九朝律考/程樹德著.——上海：商務印書館，1927

2 冊；22.5 厘米

PKUL（館藏號缺）

附注：

印章：上、下冊題名頁鈐有"適之"朱文橢圓印。

1030 九一八的薤露歌/吴博著.——北平：朝旭讀書社，1932

[8]，104 頁；20.1 厘米

PKUL（館藏號缺）

附注：

題記：題名頁有作者題記："給思猷，吴博，一九三二，四，一二，於故都。"

1031 九一八事變真相/東北問題研究會編.——出版地不詳：出版者不詳，出版年不詳

  2，68 頁；25.7 厘米

  PKUL（館藏號缺）

1032 救濟華北煤業意見書/嚴莊著.——出版地不詳：出版者不詳，出版年不詳

  2，29 頁；18.5 厘米

  PKUL（館藏號缺）

  附注：

   題記：封面有作者題記："適之學長指政。"

1033 就元秘史譯文所見之中國人稱代名詞/王靜如著.——出版地不詳：出版者不詳，出版年不詳

  545—549 頁；26.8 厘米

  國立中央研究院歷史語言研究所集刊第五本抽印本

  PKUL（館藏號缺）

  附注：

   題記：封面有作者題記："敬求適之先生教正。"

1034 舊歡/伍光建譯.——上海：黎明書局，1929

  5，151 頁；18.8 厘米

  黎明文藝叢書

  PKUL（館藏號缺）

1035 痀僂集/鄭振鐸著.——上海：生活書店，1934

  2 冊(691 頁)；17.1 厘米

  創作文庫

  PKUL（館藏號缺）

  附注：

   題記：上冊扉頁有作者題記："適之先生指正，鄭振鐸，二四，二，二十九。"

1036 局部解剖學/李定著.——上海：商務印書館，1936

3，398 頁；22.8 厘米

大學叢書

PKUL（館藏號缺）

1037 咀華集/劉西渭著.——上海：文化生活出版社，1936

II，205，III 頁；17.3 厘米

文學叢刊

PKUL（館藏號缺）

附注：

　　題記：題名頁有作者題記："適之先生指教，廿六年一月十一日，健吾。"

1038 舉重練習法/韋宏岐著.——重慶：說文社出版部，1946

2，106 頁；18 厘米

PKUL（館藏號缺）

1039 卷葹/馮沅君著.——出版地不詳：出版者不詳，出版年不詳

110，2 頁；20 厘米

PKUL（館藏號缺）

1040 軍國民詩選/邵元冲選輯.——南京：建國月刊社，1933

2，10，37 頁；22.1 厘米

PKUL（館藏號缺）

1041 軍事領導心理/王書林，丁伯恆編譯.——出版地不詳：國防部史政局，1937

1 冊（2，6，4，6 頁）；17.9 厘米

軍事叢書

PKUL（館藏號缺）

1042 開發西北計畫書/著者不詳.——出版地不詳：出版者不詳，出版年不詳

[6], 74 頁; 24.7 厘米

PKUL（館藏號缺）

1043 開灤煤礦概況/開灤礦務總局編. —— 出版地不詳: 出版者不詳, 出版年不詳

16 頁; 26.3 厘米

PKUL（館藏號缺）

附注:

題記: 封面有贈書者題記:"胡校長",印有"請指教,開灤礦務總局敬贈"字樣。

1044 凱撒/莎士比亞著; 巴德注釋; 徐嘉瑞譯. —— 出版地不詳: 出版者不詳, 1934

272 頁; 18.7 厘米

PKUL（館藏號缺）

1045 刊誤引得/侯毅編. —— 北平: 哈佛燕京學社, 1934

VIII, 5 頁; 26.5 厘米

PKUL（館藏號缺）

1046 戡亂行政概論/劉昶著. —— 出版地不詳: 行政研究院, 1948

[8], 142 頁; 18 厘米

PKUL（館藏號缺）

附注:

印章: 題名頁鈐有"劉昶私印"朱文方印。

題記: 題名頁有作者題記:"適之老師教正,鄉後學劉昶拜贈。"

1047 看月樓書信/吳曙天, 章衣萍編著. —— 上海: 開明書店, 1931

3, 97 頁; 19 厘米

PKUL（館藏號缺）

附注:

題記: 扉頁有贈書者題記:"子華:願在'瞭解'的一點上,重建起我們新的友誼。德明,六,五。"

203

1048 看雲集/周作人著.——上海：開明書店，1932

[7]，272 頁；18.9 厘米

PKUL（館藏號缺）

附注：

題記：扉頁有作者題記："適之兄惠存，作人，廿一年十一月一日。"

1049 康德純理批判研究/蘇德宏著.——出版地不詳：出版者不詳，1934

22 頁；22.1 厘米

PKUL（館藏號缺）

附注：

題記：其中一冊扉頁有作者題記："適之先生指正，晚德宏謹贈。"

其他：本書有 2 冊。

1050 康德與現代哲學/桑木嚴翼著；余又蓀譯.——上海：商務印書館，1935

1 冊(6，3，5，3，190，4，4，12 頁)；22.9 厘米

哲學叢書

PKUL（館藏號缺）

附注：

題記：扉頁有譯者題記："我在東京帝大時，承桑木嚴翼先生指導過兩年；去年他滿六十歲退職時，我譯此書紀念他。他狠歡喜，給我寫了一篇序文。書現印出，尚未校對。先呈適之老師指正！學生余錫嘏，二五，三，三，於北平。"

1051 康有爲學術述評/錢穆著.——出版地不詳：出版者不詳，1936

74 頁；26 厘米

清華學報單行本

PKUL（館藏號缺）

附注：

題記：封面有作者題記："適之先生教正。"

1052 抗戰紀實第四冊/趙曾儔等編．——上海：商務印書館，1947

　　9，176，7 頁；20.3 厘米

　　PKUL（館藏號缺）

1053 考察廣西電訊報告暨改造該省長途電話網計劃/趙曾玨編．——出版地不詳：出版者不詳，出版年不詳

　　4，114 頁；26 厘米

　　PKUL（館藏號缺）

　　附注：

　　　印章：封面鈐有"趙曾玨印"朱文方印。

　　　題記：封面有作者題記："適之先生指正，著者。"

1054 考銓法規集/考試院秘書處主編．——南京：中國印刷廠，1947

　　2 冊；21.5 厘米

　　PKUL（館藏號缺）

　　附注：

　　　印章：第 1 輯書內首頁鈐有"史尚寬"朱文方印。

　　　題記：第 1 輯書內首頁有贈書者題記："適之鄉先生惠存，弟史尚寬敬贈。卅六，十，廿。"

　　　夾紙：第 1 輯書內頁 196、197 間夾有紙條。

1055 考試院總報告書/考試院秘書處文書科編．——出版地不詳：考試院秘書處文書科，1934

　　2，378 頁；26.7 厘米

　　PKUL（館藏號缺）

1056 柯萊斯之平生及其創作/商章孫著．——出版地不詳：出版者不詳，出版年不詳

　　75—90 頁；25.6 厘米

　　學原第一卷第三期抽印本

　　PKUL（館藏號缺）

附注：
題記：封面有作者題記："適之吾師指教，受業商承祖敬呈。"

1057 科斗説音/魏建功著. —— 出版地不詳：出版者不詳，出版年不詳
10 頁；25.8 厘米
女師大學術季刊第二卷單行本
PKUL（館藏號缺）

1058 科學的民族復興/竺可楨，盧于道，于振翮編. —— 上海：中國科學社，1937
II，284 頁；22.6 厘米
PKUL（館藏號缺）

1059 科學的南洋/黃素封著. —— 上海：商務印書館，1934
[32]，555 頁；22.8 厘米
PKUL（館藏號缺）
附注：
題記：題名頁有作者題記："適之學前輩正謬，後學黃素封上。"

1060 科學方法/胡寄南著. —— 上海：世界書局，1927
[8]，51 頁；19.9 厘米
PKUL（館藏號缺）

1061 科學方法論/干星拱編. —— 北平：國立北京大學出版組，1935
[6]，318 頁；18.2 厘米
PKUL（館藏號缺）

1062 科學方法漫談/汪敬熙著. —— 重慶：商務印書館，1944
70 頁；17.4 厘米
PKUL（館藏號缺）
附注：
題記：封面有作者題記："適之先生教正，汪敬熙。"

1063 科學概論/J. Arthur Thomson 著；嚴鴻瑤譯. ——上海：世界書局，1933

[7]，231，3 頁；21.2 厘米

PKUL（館藏號缺）

附注：

題記：扉頁有譯者題記："適之吾師教正，譯者敬贈，二十年於中大。"

1064 科學教授法原理/推士著；王璡譯. ——上海：商務印書館，1933

[18]，494，24 頁；22.8 厘米

大學叢書

PKUL（館藏號缺）

1065 科學與佛學/胡超伍著. ——上海：新聲書局，1932

10，82 頁；18.8 厘米

PKUL（館藏號缺）

附注：

題記：書末版權頁有作者題記："如蒙賜教請寄仙桃鎮胡新昌。"

1066 科學與科學思想發展史上冊/W. C. D. Dampier-Whetham 著；任鴻雋，李珩，吳學周譯. ——上海：商務印書館，出版年不詳

[8]，53 頁；20.7 厘米

大學叢書

PKUL（館藏號缺）

附注：

題記：封面有胡適題記："叔永贈，適之，卅六，八，八。"

1067 科學與人生觀（上）/亞東圖書館編. ——上海：亞東圖書館，1935

2 冊；18.9 厘米

PKUL（館藏號缺）

附注：

摺頁：上冊書內 3 頁有摺頁。

1068 **科學與哲學**/張東蓀著.——上海：商務印書館，1924

8，90 頁；19.1 厘米

PKUL（館藏號缺）

附注：

批注圈劃：書內 17 頁有胡適批注圈劃。

內附文件：書內夾有胡適鉛筆抄錄歌謠 2 首。

1069 **科學知識與軍隊淞滬抗日戰爭中所得之教訓**/林繼庸述.——南京：國立編譯館，1932

4 頁；26.1 厘米

教育部化學討論會專刊抽印本

PKUL（館藏號缺）

1070 **可欽佩的克萊敦**/J. M. Barrie 著；余上沅譯.——出版地不詳：出版者不詳，出版年不詳

42，209 頁；19.2 厘米

PKUL（館藏號缺）

附注：

題記：一冊扉頁有作者題記："叔永兄，莎菲姊教正，上沅再贈，十九，六，十"；另一冊扉頁有作者題記："適之吾師教正，上沅，十九，六，十。"

與胡適的關係：封面為胡適題籤。

其他：本書為精裝本，有 2 冊。

1071 **可欽佩的克萊敦**/J. M. Barrie 著；余上沅譯.——上海：新月書店，1930

42，209 頁；19 厘米

PKUL（館藏號缺）

附注：

與胡適的關係：書脊、書內為胡適題寫書名。

其他：本書為初版平裝本。

208

1072 克伯屈講演集/瞿菊農編.——北京：北京文化學社，1927

　　2，149 頁；18.7 厘米

　　PKUL（館藏號缺）

1073 客家研究導論/羅香林著.——出版地不詳：希山書藏，1933

　　[20]，292 頁；26.2 厘米

　　客家研究叢書

　　PKUL（館藏號缺）

1074 客音情歌集/鍾敬文編.——出版地不詳：北新書局，1927

　　4，70，12 頁；19.5 厘米

　　PKUL（館藏號缺）

　　附注：

　　　題記：封面有胡適朱筆題記："胡適的。"

　　　內附文件：書內夾有"某璩"致胡適書信 1 頁。

1075 墾殖集/祝實明著.——貴陽：文通書店，1944

　　[10]，100 頁；18.1 厘米

　　PKUL（館藏號缺）

1076 倥傯集/李天夢著.——北平：文心書業社，1936

　　174 頁；17.4 厘米

　　PKUL（館藏號缺）

　　附注：

　　　題記：扉頁有作者題記："適之先生：天夢，二五，十，四。"

1077 孔尚任年譜/容肇祖著.——出版地不詳：出版者不詳，1934

　　86 頁；26.2 厘米

　　嶺南學報第三卷第二期抽印本

　　PKUL（館藏號缺）

　　附注：

题记：封面有作者题记："适之先生教正，学生肇祖敬呈。"

1078 孔子/黎東方編著．——出版地不詳：勝利出版社，1944

[11]，114 頁；17.7 厘米

中國歷代名賢故事集

PKUL（館藏號缺）

附注：

题记：题名頁有作者题記："適之先生教正，著者敬獻，卅五，七，十四。"

1079 孔子的唯適哲學/安文溥著．——瀋陽：北陵新華印書局，1931

9，103 頁；19 厘米

PKUL（館藏號缺）

附注：

题记：一冊题名頁有作者题記："適之先生教正，受業安文溥拜贈"；另一冊题名頁有作者题記："適之先生指正，受業安文溥。"

夾紙：另一冊書內夾有"安文溥"名片 1 張。

其他：本書有 2 冊。

1080 孔子家語/王肅編．——上海：商務印書館，1936

123 頁；22.7 厘米

四部叢刊初編縮本 071

PKUL（館藏號缺）

附注：

批注圈劃：書內 9 頁有胡適批注圈劃。

1081 孔子哲學/汪震著．——天津：百城書局，1931

[4]，94，52 頁；18.8 厘米

PKUL（館藏號缺）

1082 孔子哲學之真面目/蔡尚思著．——上海：啓智書局，1930

[10]，240 頁；22 厘米

PKUL（館藏號缺）

附注：

　　印章：封面鈐有"蔡尚思印"朱文方印。

　　題記：封面有作者題記："適之先生指正，編者敬贈"；另封內有作者題記：
　　"忘固陋，敢寄呈！不見棄，乞賜評！"

1083 口詞/龔鉞著.——上海：中國文藝學會，出版年不詳

　　7, 51 頁；17.4 厘米

　　PKUL（館藏號缺）

1084 苦茶隨筆/周作人著.——上海：北新書局，出版年不詳

　　[10], 345 頁；18.7 厘米

　　PKUL（館藏號缺）

附注：

　　印章：題名頁鈐有"知慚愧"朱文長方印。

　　題記：封面有作者題記："文既不足觀，又多錯字，奈何。適之兄，作人。
　　廿四年十一月十一日。"

1085 苦趣/A. A. Sofio 著；微明學社編.——上海：開明書店，1929

　　108 頁；15.3 厘米

　　PKUL（館藏號缺）

1086 苦竹雜記/周作人著.——上海：良友圖書印刷公司，1936

　　4, 314 頁；17.3 厘米

　　PKUL（館藏號缺）

附注：

　　印章：題名頁鈐有"作人"朱文方印。

　　題記：題名頁有作者題記："適之兄一笑，作人，三月廿五日。"

1087 會稽郡故書雜集/魯迅著.——上海：魯迅全集出版社，1941

　　115 頁；18.1 厘米

魯迅三十年集

PKUL（館藏號缺）

1088 快樂的心理/羅素著；于熙儉譯.——上海：商務印書館，1932

[5]，203 頁；18.9 厘米

社會科學叢書

PKUL（館藏號缺）

1089 窺天集/常風著.——出版地不詳：正中書局，1948

1，126 頁；20.5 厘米

PKUL（館藏號缺）

附注：

題記：封內有作者題記："適之前輩先生誨正，後學常風敬獻，卅七、八、十九。"

1090 狼獞情歌/劉乾初，鍾敬文譯.——廣州：國立中山大學語言歷史學研究所，1928

96 頁；18.8 厘米

民俗學會叢書

PKUL（館藏號缺）

1091 瑯嬛文集/張岱著；劉大杰校點.——上海：上海雜誌公司，1935

[32]，198，1 頁；18.7 厘米

中國文學珍本叢書

PKUL（館藏號缺）

1092 浪漫詩人杜牧/胡雲翼編.——上海：亞細亞書局，1928

2，63 頁；12.8 厘米

名家合輯文學小叢書

PKUL（館藏號缺）

1093 老殘遊記二集/劉鶚著.——上海：良友書局，1935

　　122，10頁；15.3厘米

　　PKUL（館藏號缺）

　　附注：

　　　　印章：扉頁鈐有贈書者朱文方印"□□"。

　　　　題記：扉頁有贈書者題記："此先王父鐵雲先生遊記續稿，三十年前曾於《天津日日新報》逐日刊載，共成八回，仍未結束。十九年該報停業，其主人方藥雨太世丈遂以還吾家。今年從兄鈇孫以交良友書店印行，又無故截去後兩回，殊憾憾，別有《外篇》手稿十六頁；尚未能印行也。敬呈適之先生，二四，六，二一，□緒。"

1094 老子/許嘯天著.——上海：群學社，1930

　　12，404頁；18.7厘米

　　PKUL（館藏號缺）

　　附注：

　　　　題記：扉頁有作者題記："適之先生指正，嘯天敬贈。"

1095 老子道德經/支偉成編.——上海：泰東圖書局，1923

　　2，66頁；18.6厘米

　　PKUL（館藏號缺）

1096 老子化胡説考證/王維誠著.——出版地不詳：出版者不詳，出版年不詳

　　122頁；26.2厘米

　　國立北京大學國學季刊四卷二號抽印本

　　PKUL（館藏號缺）

　　附注：

　　　　題記：封面有作者題記："適之先生教正，學生王維誠上。"

1097 老子時代新考/唐蘭著.——出版地不詳：出版者不詳，出版年不詳

　　60—98頁；24.9厘米

　　抽印本

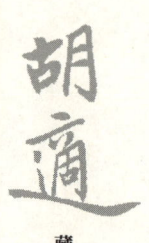

  PKUL（館藏號缺）

  附注：

   題記：封面有作者題記："敬請適之先生教正。"

1098 老子研究/王力著．——上海：商務印書館，1928

  3，108，2 頁；21 厘米

  民鐸叢書

  PKUL（館藏號缺）

1099 烙印/臧克家著．——上海：開明書店，1934

  72 頁；15 厘米

  PKUL（館藏號缺）

  附注：

   題記：扉頁有作者題記："適之先生指教，克家。"

1100 雷雨/曹禺著．——上海：文化生活出版社，1936

  XIX，332 頁；17.3 厘米

  文學叢刊

  PKUL（館藏號缺）

1101 類音研究/王力著．——出版地不詳：出版者不詳，1935

  44 頁；25.8 厘米

  清華學報單行本

  PKUL（館藏號缺）

  附注：

   題記：封面有作者題記："適之先生指教，王力，一九三五，八，八。"

1102 黎錦熙的國語講壇/陸衣言編．——上海：中華書局，1921

  1 冊(2，2，43，29，25，39，22 頁)；20.7 厘米

  PKUL（館藏號缺）

  附注：

内附文件:書内夾有黎錦熙致胡適書信1頁,1921年4月10日《時事新報》學燈版1張。

1103 離奇的美蘇聯盟/約翰·狄恩著;趙君才,袁逸塵譯.——南京:獨立出版社,1947

2,301頁;18.2厘米

PKUL(館藏號缺)

1104 李翱思想的來源/孫道昇著.——出版地不詳:出版者不詳,出版年不詳

16頁;26.5厘米

PKUL(館藏號缺)

1105 李爾王/William Shakespeare著;梁實秋譯.——上海:商務印書館,1936

[13],107頁;21.2厘米

PKUL(館藏號缺)

附注:

與胡適的關係:封面有胡適題籤。

1106 李笠翁朋輩考/顧敦鍒著.——出版地不詳:出版者不詳,出版年不詳

86頁;26.3厘米

之江學報第四期抽印本

PKUL(館藏號缺)

附注:

題記:封面有作者題記:"適之先生教正,編者敬贈,杭州之江大學。"

1107 李笠翁與十二樓/孫楷第著.——出版地不詳:出版者不詳,出版年不詳

64頁;26.1厘米

PKUL(館藏號缺)

附注:

題記:封面有作者題記:"適之先生賜教,後學孫楷第。"

1108 **李清照及其漱玉詞**/胡雲翼編. ——上海：亞細亞書局，1928

　　1 冊（2，2，20，2，4，28，16 頁）；12.8 厘米

　　名家合輯文學小叢書

　　PKUL（館藏號缺）

1109 **李氏焚書**/李卓吾著；阿英校點. ——上海：上海雜誌公司，1936

　　12，289，6 頁；18.6 厘米

　　中國文學珍本叢書

　　PKUL（館藏號缺）

　　附注：

　　　批注圈劃：書內數頁有胡適朱筆圈劃。

　　　夾紙：頁 158、159 間有夾紙。

1110 **李唐爲蕃姓攷**/劉盼遂著. ——出版地不詳：出版者不詳，出版年不詳

　　6 頁；25.6 厘米

　　女師大學術季刊第二卷單行本

　　PKUL（館藏號缺）

1111 **李唐爲蕃姓考唐白氏蕃姓考**/劉盼遂著. ——出版地不詳：出版者不詳，出版年不詳

　　6，2 頁；25.9 厘米

　　女師大學術季刊第一卷單行本

　　PKUL（館藏號缺）

1112 **李文公集歐陽行周文集**/李翱，歐陽詹著. ——上海：商務印書館，1936

　　82，50 頁；22.7 厘米

　　四部叢刊初編縮本 159

　　PKUL（館藏號缺）

　　附注：

　　　批注圈劃：書內 5 頁有胡適批注圈劃。

1113 **李文饒文集**/李德裕著. ——上海：商務印書館, 1936

　　201 頁；22.7 厘米

　　四部叢刊初編縮本 161

　　PKUL（館藏號缺）

　　附注：

　　　　批注圈劃：書內 5 頁有胡適批注。

1114 **李義山戀愛事跡攷**/雪林女士著. ——上海：北新書局, 1927

　　2, 140, IV 頁；19.7 厘米

　　PKUL（館藏號缺）

　　附注：

　　　　題記：扉頁有作者題記："適之先生賜正, 學生蘇雪林謹呈, 二六, 一一, 一九二七。"

1115 **李卓吾評傳**/容肇祖著. ——上海：商務印書館, 1937

　　[5], 108 頁；19 厘米

　　國學小叢書

　　PKUL（館藏號缺）

　　附注：

　　　　題記：題名頁有作者題記："適之先生教正, 學生肇祖敬呈。"

　　　　批注圈劃：書內 16 頁有胡適批注圈劃。

　　　　摺頁：頁 99 有摺頁。

1116 **理想的前途甲集**/陳果夫著. ——重慶：正中書局, 1941

　　[7], 68 頁；18.1 厘米

　　PKUL（館藏號缺）

　　附注：

　　　　題記：封面有作者題記："適之先生教正, 陳果夫贈。"

1117 **理則學綱要**/雷香庭著. ——廣州：大學文化事業公司, 1948

　　2, 104 頁；18.3 厘米

PKUL（館藏號缺）

附注：

　　印章：封內鈐有"香庭"朱文橢圓印。

　　題記：封內有作者題記："胡博士適之教正，雷香庭敬贈。"

　　夾紙：書內夾有該書廣告頁1張，上書"請介紹，郵址：廣州下九路華林新街十號三樓"。

1118 禮記引得/引得編纂處編．——北平：哈佛燕京學社，1937

　　LXVIII, 612頁；26.1厘米

　　PKUL（館藏號缺）

1119 禮治與法治/趙鳳喈著．——出版地不詳：出版者不詳，出版年不詳

　　46頁；26厘米

　　國立武漢大學社會科學季刊第六卷第一號抽印本

　　PKUL（館藏號缺）

1120 立法院立法委員選舉罷免法/著者不詳．——出版地不詳：國民大會代表立法院立法委員北平市選舉事務所，1947

　　10頁；18.7厘米

　　PKUL（館藏號缺）

1121 立法院立法委員選舉罷免法施行條例/著者不詳．——出版地不詳：國民大會代表立法院立法委員北平市選舉事務所，1947

　　12頁；18.7厘米

　　PKUL（館藏號缺）

1122 利比亞戰役/國防研究院編譯組編譯．——出版地不詳：國防部史政局，1947

　　[4]，44頁；25.6厘米

　　戰史叢刊

　　PKUL（館藏號缺）

1123 歷代藏經考略/葉恭綽著.——出版地不詳：出版者不詳，出版年不詳

    25—42 頁；26.4 厘米

    張菊生先生七十生日紀念論文集抽印本

    PKUL（館藏號缺）

    附注：

        印章：其中一冊封面有胡適鋼筆簽名"適之"。

        其他：本書有 3 冊。

1124 歷代名人年里碑傳總表高僧生卒表訂誤/德祿著.——出版地不詳：出版者不詳，出版年不詳

    239—246 頁；26.1 厘米

    輔仁學誌第十一卷第一第二合期抽印本

    PKUL（館藏號缺）

1125 歷代求法翻經錄/馮承鈞編.——上海：商務印書館，1931

    [9]，107 頁；19.1 厘米

    PKUL（館藏號缺）

    附注：

        印章：封面有胡適朱筆簽名"胡適"。

        批注圈劃：書內 2 頁有胡適朱筆圈劃。

1126 歷代求法翻經錄/馮承鈞著.——上海：商務印書館，1934

    [9]，107 頁；19 厘米

    史地小叢書

    PKUL（館藏號缺）

    附注：

        批注圈劃：書內 8 頁有胡適批注圈劃。

1127 歷屆憲法約法省憲關於縣制問題之條文/立法院編譯處編譯.——出版地不詳：立法院編譯處，出版年不詳

    12 頁；29.3 厘米

PKUL（館藏號缺）

1128 歷史的鏡子/吳晗著.——上海：生活書店，1946

2，162 頁；18.5 厘米

PKUL（館藏號缺）

附注：

題記：封面有作者題記："適之師教正。"

1129 歷史教學旨趣之改造/鄭鶴聲著.——南京：正中書局，1935

31 頁；20.9 厘米

教與學月刊社叢篇

PKUL（館藏號缺）

附注：

題記：封面有作者題記："胡適之先生，敬請指教。"（後四字爲印章）

1130 歷史人物/郭沫若著.——上海：海燕書店，1947

6，196 頁；20.3 厘米

PKUL（館藏號缺）

附注：

題記：封面有胡適題記："光甫給我的。胡適。"

1131 歷史主義的歷史學講稿/閻焕文著.——出版地不詳：出版者不詳，出版年不詳

4，72 頁；19 厘米

PKUL（館藏號缺）

附注：

題記：封面有作者題記："適之先生教正，著者敬贈。"

1132 酈學考序目/丁山著.——出版地不詳：出版者不詳，1933

353—374 頁；26.2 厘米

國立中央研究院歷史語言研究所集刊第三本第三分抽印本

PKUL（館藏號缺）

附注：

題記：封面有作者題記："呈政適之先生。"

1133 連鎖與合作主義/侯哲莠著.——出版地不詳：合作與農村出版社，1947

[4]，55 頁；18.5 厘米

PKUL（館藏號缺）

1134 聯村自治法/任溪盧著.——出版地不詳：出版者不詳，出版年不詳

[21]，186 頁；19 厘米

PKUL（館藏號缺）

附注：

印章：扉頁鈐有"任光甲印"朱文方印。

題記：扉頁有作者題記："適之先生大人正謬。任光甲敬贈，三月廿六日。"

1135 聯合國概覽/著者不詳.——上海：聯合國駐滬辦事處，1948

36 頁；14.6 厘米

PKUL（館藏號缺）

1136 聯合國憲章中英文原版合刊/著者不詳.——舊金山：舊金山少年中國晨報社，出版年不詳

27，30 頁；31 厘米

PKUL（館藏號缺）

附注：

題記：扉頁有贈書者題記："適之博士珍存，三藩市少年中國晨報敬贈。"

1137 聯合國組織及其動態/方文正編著.——出版地不詳：國防部史政局，1947

1 冊（2，2，28，1，34 頁）；18.1 厘米

國防叢刊

PKUL（館藏號缺）

1138 聯省救國談/王克家著. ——出版地不詳：同益印刷公司, 1925

20 頁；22 厘米

PKUL（館藏號缺）

1139 聯友/國立西南聯合大學南京校友會編. ——南京：國立西南聯合大學南京校友會，出版年不詳

9 頁；26.3 厘米

校慶專刊

PKUL（館藏號缺）

附注：

其他：本書有 13 冊。

1140 戀愛錯綜/張資平著. ——上海：文藝書局, 1932

247 頁；18.2 厘米

PKUL（館藏號缺）

附注：

題記：封面有鉛筆書"張資平送來"。

1141 戀愛論/廚川白村著；任白濤譯. ——上海：學術研究會總會, 1923

[6], 82 頁；18.9 厘米

學術研究會叢書

PKUL（館藏號缺）

1142 戀愛問題/李相顯著. ——北平：佩文齋, 1930

[8], 192 頁；20 厘米

PKUL（館藏號缺）

附注：

題記：題名頁有作者題記："適之先生指正，生相顯敬贈，一九三一，二，二七"；另有胡適題記："油房胡同九號。"

1143 戀愛與痛苦/靄理斯著；張競生編；薛以恆譯. —— 上海：美的書店，1928

67 頁；14.8 厘米

性育小叢書

PKUL（館藏號缺）

1144 梁鼓角橫吹曲用北歌解/孫楷第著. —— 出版地不詳：出版者不詳，出版年不詳

6 頁；26.3 厘米

輔仁學誌第十三卷第一第二合期抽印本

PKUL（館藏號缺）

附注：

題記：封面有作者題記："適之先生正，後學孫楷第。"

1145 梁任公先生最近講演集/楊維新編. —— 天津：協成印書局，1922

1 冊（2，2，24，14，16，16，14，20，38 頁）；18.8 厘米

PKUL（館藏號缺）

1146 梁任公學術講演集/梁啓超著. —— 上海：商務印書館，1926

3 輯；22.6 厘米

PKUL（館藏號缺）

1147 兩般秋雨盦/梁晉竹著；薛恨生標點. —— 上海：新文化書社，1936

222 頁；18.4 厘米

PKUL（館藏號缺）

1148 兩地書/魯迅著. —— 上海：魯迅全集出版社，1941

354 頁；18.2 厘米

魯迅三十年集

PKUL（館藏號缺）

1149 兩漢不列傳人名韻編/莊鼎彝纂錄. —— 上海：商務印書館，1935

[8],[231],[66]頁;19.1厘米

PKUL(館藏號缺)

1150 兩漢縣政考/瞿兌之,蘇晉仁著.——出版地不詳:中國聯合出版公司,1944

4,343頁;18.4厘米

PKUL(館藏號缺)

1151 兩朋友/屠格涅夫著;劉大杰譯.——上海:亞東圖書館,1930

3,158頁;18.8厘米

PKUL(館藏號缺)

附注:

題記:封面有譯者題記:"適之先生,大杰,上海,七月。"

1152 兩浙藏書家史略/辰伯著.——出版地不詳:出版者不詳,出版年不詳

88頁;26.5厘米

清華週刊第三十七卷第九十期文史專號單行本

PKUL(館藏號缺)

附注:

題記:封面有作者題記:"適之師指正,學生吳春晗謹贈。"

1153 兩周金文辭大系/郭沫若著.——東京:株式會社開明堂,1932

[20],276,29頁;24.5厘米

PKUL(館藏號缺)

1154 聊齋白話韻文/馬立勛編.——北平:北京書局,1929

[10],140頁;20.2厘米

PKUL(館藏號缺)

附注:

題記:扉頁有胡適題記:"胡適之的書。"

批注圈劃:書內2頁有胡適批注圈劃。

1155 聊齋志異外書磨難曲/蒲松齡著;路大荒編註.——東京:文求堂書店,1936

[8],272頁;19.1厘米

PKUL(館藏號缺)

附註:

題記:封面有作者題記:"適之先生存閱,路大荒敬呈。"

1156 廖平行狀/著者不詳.——出版地不詳:出版者不詳,出版年不詳

[14],[17]頁;31厘米

PKUL(館藏號缺)

附註:

題記:封面有朱筆題記:"廖平行狀";另有鉛筆題記:"胡書。"

夾紙:書內夾有郵寄信封1個,訂入書中。

1157 遼碑九種/孟森著.——出版地不詳:出版者不詳,1932

24頁;26厘米

國立北京大學國學季刊三卷三號抽印本

PKUL(館藏號缺)

1158 遼金元傳記三十種綜合引得/哈佛燕京學社引得編纂處編.——北平:哈佛燕京學社,1940

XXIV,207頁;26.1厘米

PKUL(館藏號缺)

1159 列寧主義問題/約瑟夫著;全大聲譯.——上海:揚子江書店,1933

2,229頁;20厘米

PKUL(館藏號缺)

1160 林琴南/陳寒光著.——上海:中華書局,1935

[4],212頁;18.5厘米

PKUL(館藏號缺)

附註:

题记：扉页有作者题记："高梦旦先生指教，后学陈寒光敬赠。"

1161 临安三志考/朱士嘉著. ——北平：燕京大学哈佛燕京学社，1936

34 页；26.3 厘米

燕京学报第二十期单行本

PKUL（馆藏号缺）

附注：

题记：扉页有作者题记："适之先生教正，后学朱士嘉敬赠。"

1162 灵焰/曹葆华著. ——上海：新月书店，1943

IV, 92 页；20.2 厘米

PKUL（馆藏号缺）

附注：

题记：扉页有作者题记："适之先生指正，葆华敬呈，二月廿四日，一九三四。"

夹纸：书内夹有作者名片 1 张。

1163 领袖学/著者不详. ——出版地不详：出版者不详，出版年不详

4, 108 页；18.8 厘米

PKUL（馆藏号缺）

附注：

其他：本书有 2 册。

1164 流浪者自歌/伙夫著. ——北平：民友书局，1936

[12], 76 页；18.7 厘米

PKUL（馆藏号缺）

附注：

题记：扉页有作者题记："适之先生指正，伙夫敬赠，宣内抄手胡同 52。"

1165 流沙坠简校补/贺昌群著. ——出版地不详：世界文化合作中国协会，国立北平图书馆，出版年不详

18 頁；25.4 厘米

圖書季刊第二卷第一期抽印本

PKUL（館藏號缺）

附注：

題記：封面有作者題記："適之先生教正，賀昌群敬呈。"

1166 流雲小詩/宗白華著.——上海：亞東圖書館，1929

61 頁；18.6 厘米

PKUL（館藏號缺）

1167 留東日記/莫東寅著.——北平：博文印書局，1942

[3]，38 頁；18.6 厘米

PKUL（館藏號缺）

1168 留日帝國大學高等學校同窗錄/著者不詳.——出版地不詳：出版者不詳，1926

57 頁；22.1 厘米

PKUL（館藏號缺）

1169 留學指南/海外留學咨詢委員會編.——南京：海外留學咨詢委員會，1934

[10]，136 頁；21 厘米

PKUL（館藏號缺）

1170 琉璃瓦/梁思成，劉致平著.——北平：故宮印刷所，1935

18，25 頁；26.5 厘米

建築設計參考圖集

PKUL（館藏號缺）

1171 硫酸製造法/李敦化著.——上海：商務印書館，1937

[14]，520 頁；22.7 厘米

大學叢書

PKUL（館藏號缺）

1172 劉端臨先生年譜/劉文興著. ——出版地不詳：出版者不詳，1932

82 頁；25.9 厘米

國立北京大學國學季刊三卷二號抽印本

PKUL（館藏號缺）

附注：

題記：封面有作者題記，一冊爲"恭求誨正，後學劉文興謹陳"；另一冊爲"學生劉文興謹呈"。

其他：本書有 2 冊。

1173 劉海粟遊歐作品展覽會/著者不詳. ——出版地不詳：出版者不詳，1932

[55] 頁；18.7 厘米

PKUL（館藏號缺）

1174 柳亭詩話上冊/宋長白著；辛未白校點. ——上海：上海雜誌公司，1935

[38]，322 頁；18.6 厘米

中國文學珍本叢書

PKUL（館藏號缺）

1175 六朝唐代反語考/劉盼遂著. ——北平：清華大學，1934

127—142 頁；25.9 厘米

清華學報九卷一期單行本

PKUL（館藏號缺）

1176 六臣註文選/蕭統選；李善等註. ——上海：商務印書館，1936

5 冊(1128 頁)；22.8 厘米

四部叢刊初編縮本 399—403

PKUL（館藏號缺）

附注：

夾紙：第 1 冊頁 206、207 間夾有紙條；第 2 冊頁 390、391 間夾有紙條；第 3

册頁 530、531 間夾有紙條。

1177 六十年來中國與日本第七卷/王芸生輯. ——天津:大公報社,1934

[14],384 頁;23.1 厘米

PKUL(館藏號缺)

附注:

題記:扉頁有作者題記:"適之先生教正,後學王芸生謹贈。二三,五,四。"

1178 六藝之一錄目錄附引得/引得編纂處編. ——北京:哈佛燕京學社,1940

XX,265,217 頁;26.2 厘米

PKUL(館藏號缺)

1179 六月流火/蒲風著. ——東京:渡邊印刷所,1935

2,130 頁;18.2 厘米

PKUL(館藏號缺)

1180 隆阜戴氏私立東原圖書館紀念冊/著者不詳. ——出版地不詳:出版者不詳,出版年不詳

2,27 頁;26 厘米

PKUL(館藏號缺)

附注:

題記:封面有胡適題記:"中山門外衛橋,農林部中央林業實驗所,程躋雲。"

1181 龍涎/羅念生著. ——上海:時代圖書公司,1936

[6],101 頁;18.4 厘米

新詩庫

PKUL(館藏號缺)

附注:

題記:題名頁有作者題記:"適之先生教正,羅念生。"

1182 廬隱自傳/黃廬隱著. ——上海：第一出版社，1934

[10]，132 頁；18.6 厘米

自傳叢書

PKUL（館藏號缺）

附注：

題記：封面有胡適題記："沒有內容，又不成文！廿三，十一，十二。適。"

1183 廬山歷史文物圖片集/著者不詳. ——出版地不詳：出版者不詳，出版年不詳

21 頁；28.1 厘米

PKUL（館藏號缺）

附注：

印章：封面鈐有"羅成堯印"朱文方印。

題記：封面有作者題記："適公校長惠存，生羅成堯敬贈。"

1184 廬山遊記/胡適著. ——上海：商務印書館，1934

74 頁；15.2 厘米

PKUL（館藏號缺）

附注：

與胡適的關係：封面有胡適題籤。

其他：本書有 2 冊。

1185 蘆花餘孽/林紓，魏易譯. ——上海：商務印書館，1914

80 頁；18.5 厘米

PKUL（館藏號缺）

1186 魯濱遜漂流記/達尼爾・笛福著；汪原放譯. ——上海：建文書店，1947

18，673 頁；17.9 厘米

PKUL（館藏號缺）

附注：

題記：扉頁有作者題記："敬贈適之兄並乞批評指教。原放。三七，

一,九。"

1187 魯迅在廣東/鍾敬文編. ——上海：北新書局, 1927
    4, 123 頁；19.6 厘米
    PKUL（館藏號缺）

1188 陸法言切韵以前的幾種韵書/魏建功著. ——出版地不詳：出版者不詳, 1932
    36 頁；25.6 厘米
    國立北京大學國學季刊三卷二號抽印本
    PKUL（館藏號缺）

1189 陸王哲學辨微/胡哲敷著. ——上海：中華書局, 1930
    [6], 136 頁；22.1 厘米
    PKUL（館藏號缺）
    附注：
        與胡適的關係：封面有胡適題籤。
        內附文件：書內目錄頁夾有作者致胡適書信 1 頁。

1190 陸志韋白話詩近作/陸志韋著. ——出版地不詳：出版者不詳, 出版年不詳
    1, 67 頁；19 厘米
    PKUL（館藏號缺）
    附注：
        題記：封面有作者題記："近作呈適之先生。"
        其他：本書無題名，現書名爲編者根據本書內容暫擬。

1191 路加傳的福音/蕭舜華譯. ——天津：崇德堂, 1940
    206 頁；13.1 厘米
    PKUL（館藏號缺）

1192 露天學校/哀利斯著；潘淵譯. ——北平：立達書局, 1933
    2, 96 頁；18.5 厘米

PKUL（館藏號缺）

附注：

印章：扉頁鈐有"潘淵之章"朱文方印。

題記：扉頁有譯者題記："適之先生指教，後學潘淵敬贈，二十三年三月，北平。"

1193 呂和叔文集張司業詩集皇甫持正文集/呂温，張籍，皇甫湜著. —— 上海：商務印書館，1936

64，56，26 頁；22.7 厘米

四部叢刊初編縮本 158

PKUL（館藏號缺）

附注：

批注圈劃：書內 8 頁有胡適批注圈劃。

夾紙：《張司業詩集》頁 10、11 間夾有紙條 1 張。

1194 呂克蘭斯鮑夏/東亞病夫譯. —— 上海：真美善書店，1927

11，172 頁；19 厘米

小學生文庫

PKUL（館藏號缺）

附注：

印章：扉頁鈐有"樸"朱文方印、"超齋□學"朱文橢圓印。

題記：扉頁有作者題記："適之先生弆存，一七，一，七，病夫贈。"

1195 呂留良及其思想/容肇祖著. —— 出版地不詳：出版者不詳，出版年不詳

85 頁；25.6 厘米

PKUL（館藏號缺）

1196 呂留良年譜/包賚著. —— 上海：商務印書館，1937

[12]，189，3 頁；19.1 厘米

中國史學叢書

PKUL（館藏號缺）

附注:

    印章:扉頁鈐有"包賚"朱文方印。

    題記:扉頁有作者題記:"適之先生教正,學生包賚敬贈。"

1197 **呂氏春秋彙校**/蔣維喬,楊寬,沈延國,趙善詒著.——上海:中華書局,1937

    [42],716頁;23厘米

    光華大學叢書

    PKUL(館藏號缺)

    附注:

        批注圈劃:書内3頁有胡適批注。

1198 **呂氏春秋拾遺**/楊樹達著.——北平:清華大學,1936

    30頁;26厘米

    清華學報單行本

    PKUL(館藏號缺)

    附注:

        題記:封面有作者題記:"適之先生教,弟樹達。"

1199 **呂氏春秋通檢**/中法漢學研究所編.——北平:中法漢學研究所,1943

    XXV,163頁;26厘米

    中法漢學研究所通檢叢刊

    PKUL(館藏號缺)

1200 **呂譯新約初稿**/呂振中譯.——北平:燕京大學宗教學院,1946

    481頁;21.6厘米

    PKUL(館藏號缺)

    附注:

        題記:封面有贈書者題記:"胡適之先生指正,燕京大學宗教學院贈。"

        批注圈劃:書内序言一處有胡適鉛筆圈劃。

1201 **旅美見聞錄**/張其昀著.——上海:商務印書館,1946

4，95 頁；18.1 厘米

PKUL（館藏號缺）

附注：

　　題記：題名頁有作者題記："適之先生賜存，後學張其昀敬贈。"

1202　綠草與窗/李京生著.——南昌：江西書店，1946

60 頁；20 厘米

PKUL（館藏號缺）

附注：

　　印章：封面鈐有"李京生章"朱文方印。

　　題記：封面有作者題記："胡適先生：李京生敬贈。"

1203　綠天/綠漪女士著.——上海：北新書局，1928

124 頁；19.6 厘米

PKUL（館藏號缺）

1204　綠營兵志/羅爾綱著.——重慶：商務印書館，1945

5，326 頁；20.1 厘米

國立中央研究院社會研究所叢刊

PKUL（館藏號缺）

附注：

　　題記：扉頁有作者題記："適之師賜閱，學生羅爾綱敬呈，三十五年七月廿五日。"

1205　倫理學導言/薛蕾著；朱進譯.——南京：南京高等師範學校，1917

[6]，216 頁；22.5 厘米

PKUL（館藏號缺）

1206　倫理學體系/汪少倫著.——上海：商務印書館，1946

[10]，212 頁；20.8 厘米

PKUL（館藏號缺）

1207 輪盤/徐志摩著.——上海：中華書局，1930

[9]，129 頁；18.5 厘米

新文藝叢書

PKUL（館藏號缺）

附注：

其他：本書有 2 冊。

1208 論反對派/斯大林著.——上海：中華書局，1932

5，344 頁；22.1 厘米

PKUL（館藏號缺）

1209 論古無複輔音凡來母字古讀如泥母/唐蘭著.——出版地不詳：出版者不詳，1937

11 頁；25.9 厘米

清華學報第十二卷第二期抽印本

PKUL（館藏號缺）

附注：

題記：封面有作者題記："敬請適之先生教正，後學唐蘭。"

1210 論漢代之陸運與水運/勞榦著.——出版地不詳：出版者不詳，出版年不詳

69—91 頁；25.7 厘米

國立中央研究院歷史語言研究所集刊第十六本抽印本

PKUL（館藏號缺）

附注：

題記：封面有作者題記："適之先生教正，學生勞榦呈稿。"

1211 論衡/王充著.——上海：商務印書館，1936

2 冊(286 頁)；22.7 厘米

四部叢刊初編縮本 098，099

PKUL（館藏號缺）

附注：

批注圈劃：第 1 冊書內 3 頁有胡適批注圈劃；第 2 冊書內 1 頁有胡適批注圈劃。

夾紙：第 1 冊頁 18、19、86、87 間夾有紙條；第 2 冊頁 190、191、204、205 間夾有紙條。

1212 論衡通檢/中法漢學研究所編.——北京：中法漢學研究所,出版年不詳

XXIX, 163 頁；26.2 厘米

中法漢學研究所通檢叢刊

PKUL（館藏號缺）

1213 論衡校釋/黃暉著.——上海：商務印書館,1938

4 冊(15, 1359 頁)；19 厘米

PKUL（館藏號缺）

附注：

題記：第 1 冊封面有胡適題記："卷一至六（篇一至廿三）"；第 2 冊封面有胡適題記："卷七至十五（篇 24 至 46）"；第 3 冊封面有胡適題記："卷十六至廿四（篇 47 至 73）"；第 4 冊封面有胡適題記："卷廿五至三十（篇 74 至 85）又附篇六。"

批注圈劃：第 1 冊書內 26 頁有胡適批注圈劃；第 2 冊書內 3 頁有胡適批注圈劃；第 3 冊書內 2 頁有胡適批注圈劃；第 4 冊書內 21 頁有胡適批注圈劃。

1214 論胡適與張君勱/夏康農著.——上海：新知書店,出版年不詳

4, 68 頁；17.1 厘米

新認識叢書

PKUL（館藏號缺）

1215 論開合口/王靜如著.——北平：燕京大學哈佛燕京學社,1941

143—192 頁；26.3 厘米

燕京學報第二十九期單行本

PKUL（館藏號缺）

1216 論理學講義/蔣維喬編.——上海：商務印書館，1914

5，152 頁；22.3 厘米

PKUL（館藏號缺）

1217 論詩經中的何曷胡/丁聲樹著.——出版地不詳：出版者不詳，1942

347—368 頁；27.5 厘米

國立中央研究院歷史語言研究所集刊第十本第二分抽印本

PKUL（館藏號缺）

附注：

題記：封面有作者題記："適之先生誨正，學生聲樹敬上，三十四年二月二日初到劍橋"；另有作者題寫題名等項："詩經中的何曷胡，丁聲樹，自歷史語言研究所集刊第十本第二分抽出，民國三十一年四川印。"

1218 論所謂"五等爵"/傅斯年著.——出版地不詳：出版者不詳，出版年不詳

110—129 頁；26.5 厘米

國立中央研究院歷史語言研究所集刊第二本第一分抽印本

PKUL（館藏號缺）

1219 論唐末以前韻學家所謂"輕重"和"清濁"/唐蘭著.——出版地不詳：出版者不詳，1948

19 頁；25.6 厘米

國立北京大學五十週年紀念論文集抽印本

PKUL（館藏號缺）

附注：

題記：封面有作者題記："適之先生教正，箸者。"

1220 論吐火羅及吐火羅語/王斐烈著.——出版地不詳：出版者不詳，出版年不詳

217—277 頁；26.2 厘米

中德學誌抽印本

PKUL（館藏號缺）

附注：

題記：封面有作者題寫篇名："論吐火羅及吐火羅語，王靜如。"

1221 論語辨/趙貞信輯點. ——北平：景山書社，1935

［12］，69 頁；18.7 厘米

辨偽叢刊

PKUL（館藏號缺）

附注：

題記：扉頁有編者題記："適之先生誨正，小門生貞信敬贈，二十四，五，二十。"

1222 論語新證/于省吾著. ——出版地不詳：出版者不詳，1941

24 頁；24.7 厘米

輔大語文學會講演集抽印本

PKUL（館藏號缺）

附注：

題記：封面有作者題記："適之先生匡謬。"

1223 論語堯曰章作於墨者考/趙貞信著. ——出版地不詳：出版者不詳，出版年不詳

185—214 頁；26.2 厘米

中德學誌抽印本

PKUL（館藏號缺）

附注：

印章：封面鈐有"適"朱文方印。

內附文件：書內夾有作者致胡適書信 1 頁，信封 1 個。

1224 "論語"一名之來歷與其解釋/趙貞信著. ——北平：國立北平研究院，1936

40 頁；26.3 厘米

史學集刊第二期單行本

PKUL（館藏號缺）

附注：

題記：封面有作者題記："適之先生誨正，貞信敬贈。"

1225 論語引得/哈佛燕京學社引得編纂處編.——北平：哈佛燕京學社，1940

XXII，190 頁；26.1 厘米

PKUL（館藏號缺）

1226 論中西畫法之淵源與基礎/宗白華著.——出版地不詳：出版者不詳，出版年不詳

22 頁；26.3 厘米

文藝叢刊抽印本

PKUL（館藏號缺）

附注：

題記：封面有作者題記："適之先生賜正，宗白華，八月卅一日。"

1227 論字喃(Chữ Nôm)之組織及其與漢字之關涉/聞宥著.——出版地不詳：出版者不詳，1933

201—242 頁；25.6 厘米

燕京學報第十四期單行本

PKUL（館藏號缺）

附注：

題記：封面有作者題記："適之先生教正，聞宥上。"

內附文件：書內夾有顧頡剛致胡適書信 2 頁。

1228 論左傳"君子曰"/楊向奎著.——杭州：浙江省立圖書館，1936

8 頁；25.9 厘米

文瀾學報第二卷第一期單印本

PKUL（館藏號缺）

附注：

題記：封面有作者題記："適之先生指正。"

1229 羅馬法/陳允,應時著.——上海:商務印書館,1933

15,384 頁;22.7 厘米

大學叢書

PKUL(館藏號缺)

1230 邏輯/金岳霖著.——上海:商務印書館,1936

2,362 頁;22.6 厘米

大學叢書

PKUL(館藏號缺)

1231 邏輯大綱/李相顯著.——北平:和平出版社,1947

[7],108 頁;17.5 厘米

和平出版社叢書

PKUL(館藏號缺)

1232 邏輯講義/王祥輝著.——出版地不詳:出版者不詳,出版年不詳

2,10,216 頁;22 厘米

PKUL(館藏號缺)

附注:

批注圈劃:書內 51 頁有校改筆迹。

夾紙:書內夾有作者王祥輝名片 1 張。

1233 倮區漢奴籲天錄/劉芷汀編述.——出版地不詳:出版者不詳,出版年不詳

[6],84 頁;25.8 厘米

PKUL(館藏號缺)

1234 洛賓荷德傳/嚴楨編著.——上海:中華書局,1917

90 頁;18.7 厘米

初級英文叢書

PKUL(館藏號缺)

1235 洛桑會議評價/朱少軒著.——上海:良友圖書印刷公司,1932

56 頁;12.8 厘米

一角叢書

PKUL(館藏號缺)

1236 落日頌/曹葆華著.——上海:新月書店,1932

IV,90 頁;20.3 厘米

PKUL(館藏號缺)

附注:

題記:扉頁有作者題記:"適之先生指正,葆華敬呈,廿四,二月,一九三四。"

1237 吕氏春秋/吕不韋編.——上海:商務印書館,1936

188 頁;22.7 厘米

四部叢刊初編縮本 095

PKUL(館藏號缺)

附注:

批注圈劃:書内 14 頁有胡適批注圈劃。

夾紙:頁 110、111 間夾有帶字紙條 1 張。

1238 馬克白/William Shakespeare 著;梁實秋譯.——上海:商務印書館,1936

[12],73 頁;21.2 厘米

PKUL(館藏號缺)

附注:

與胡適的關係:封面爲胡適題寫。

1239 馬克斯學説批判/吴惟平著.——北平:東方學會籌備會,1931

[7],272 頁;20.8 厘米

PKUL(館藏號缺)

附注:

題記：封面有作者題記："適之先生指正，吳惟平敬贈。"

1240 馬陸里志/封溶川編．——出版地不詳：出版者不詳，1948

34 頁；18.5 厘米

PKUL（館藏號缺）

1241 馬氏文通/馬建忠著．——上海：商務印書館，1935

[12]，[559]，3 頁；19.1 厘米

PKUL（館藏號缺）

1242 馬氏文通/馬建忠著．——上海：中國商務印書館，1905

2 冊；22.4 厘米

PKUL（館藏號缺）

附注：

印章：下冊書末鈐有"錦城"朱文長方印。

批注圈劃：上冊書內 73 頁有胡適批注圈劃；下冊書內 50 頁有胡適批注圈劃。

內附文件：書內夾有 1920 年 2 月 14 日《平民教育》報，上有毛筆書"張西曼"、"胡適之先生"。

夾紙：上冊卷 4 頁 1、卷 4 頁 28 夾有紙條；下冊卷 9 頁 86 夾有紙條。

摺頁：上冊卷 5 頁 36、37 有摺頁；下冊卷 9 頁 55 有摺頁。

1243 馬相伯先生文集/方豪編．——北平：上智編譯館，1947

[16]，448 頁；22.5 厘米

PKUL（館藏號缺）

1244 瑪竇傳的福音/蕭舜華譯．——天津：天津崇德堂，1939

2，180 頁；13 厘米

PKUL（館藏號缺）

1245 瑪爾谷傳的福音/蕭舜華譯．——天津：天津崇德堂，1939

2，128 頁；13.1 厘米

PKUL（館藏號缺）

1246 瑪麗瑪麗/徐志摩，沈性仁譯.——上海：新月書店，1928

214 頁；19 厘米

PKUL（館藏號缺）

1247 買愁集/錢尚濠撰著；阿英校點.——上海：上海雜誌公司，1936

[34]，196，1 頁；18.7 厘米

中國文學珍本叢書

PKUL（館藏號缺）

1248 曼殊代表作/纖雲女士編.——上海：亞細亞書局，1928

2 冊(5，3，252 頁)；12.8 厘米

名家合輯文學小叢書

PKUL（館藏號缺）

1249 莽權價值之重新考訂/劉復著.——出版地不詳：出版者不詳，1933

507—508 頁；26.2 厘米

國立中央研究院歷史語言研究所集刊第三本第四分抽印本

PKUL（館藏號缺）

附注：

印章：封面鈐有"劉"朱文方印。

題記：封面有作者題記："適之兄教，弟復。"

1250 毛詩引得/引得編纂處編.——北平：哈佛燕京學社，1934

XXXII，83，243 頁；26.5 厘米

PKUL（館藏號缺）

附注：

夾紙：頁 48、49 間夾有紙條 2 張，其一爲某人致胡適書信局部。

其他：本書有 2 冊。

1251 毛詩植物名考/童士愷著. ——上海：公平書局，1924
  1 冊（2，2，2，12，2，2，82 頁）；18.5 厘米
  PKUL（館藏號缺）

1252 毛詩註疏引書引得/引得編纂處編. ——北平：哈佛燕京學社，1937
  VI，31 頁；26.2 厘米
  PKUL（館藏號缺）

1253 梅花草堂筆談/張大復著；阿英校點. ——上海：上海雜誌公司，1935
  1 冊（2，2，2，24，322，2，2 頁）；18.8 厘米
  中國文學珍本叢書
  PKUL（館藏號缺）

1254 梅景周氏言論集/著者不詳. ——出版地不詳：出版者不詳，出版年不詳
  [6]，174 頁；24.6 厘米
  PKUL（館藏號缺）

1255 梅嶺之春/張資平著. ——上海：光華書局，1934
  263 頁；18.7 厘米
  PKUL（館藏號缺）

1256 梅溪山莊唱和集/張銘編. ——出版地不詳：出版者不詳，出版年不詳
  [127]，[104] 頁；26 厘米
  PKUL（館藏號缺）
  附注：
  印章：扉頁鈐有"我是主人梅是客"朱文橢圓印、"書有未曾經我讀，事無不可對人言"朱文長方印、"南華館主人藏書"朱文方印、"張銘"朱文方印、"代表國府授勳尼邦"朱文方印。
  夾紙：書內夾有"關菁麟頌華"名片 1 張。

1257 美的社會組織法/張競生著.——上海：美的書店，1927

[12]，240 頁；18.3 厘米

PKUL（館藏號缺）

1258 美國的科學研究/方柏容著.——出版地不詳：出版者不詳，出版年不詳

14 頁；21.5 厘米

PKUL（館藏號缺）

附注：

印章：封面鈐有"方柏容章"朱文方印。

題記：封面有作者題記："適之老伯指正：柏容謹贈。三六，九，四。"

1259 美國工程師費禮門治淮計畫書/余明德，齊群編譯.——出版地不詳：安徽省水利局，出版年不詳

[20]，136 頁；25.8 厘米

PKUL（館藏號缺）

1260 美國哈佛大學哈佛燕京學社漢和圖書館漢籍分類目錄經學類/著者不詳.——Cambridge：Harvard-Yenching Institute，1938

III，199 頁；34.5 厘米

PKUL（館藏號缺）

附注：

其他：書脊有胡適鋼筆題寫書名"哈佛漢籍分類目錄，經學類"。

1261 美國哈佛大學哈佛燕京學社漢和圖書館漢籍分類目錄歷史科學類/裘開明編.——北平：燕京大學哈佛燕京學社，1940

VII，349—829 頁；34.5 厘米

PKUL（館藏號缺）

1262 美國哈佛大學哈佛燕京學社漢和圖書館漢籍分類目錄哲學宗教類/裘開明編.——北平：燕京大學哈佛燕京學社，1939

II，201—347 頁；34.5 厘米

PKUL（館藏號缺）

附注：

其他：書脊有胡適鋼筆題寫書名"哈佛漢籍分類目錄，哲學宗教類"。

1263 美國教育徹覽/汪懋祖著. ——上海：中華書局，1922

[16]，232 頁；22.3 厘米

PKUL（館藏號缺）

附注：

題記：封面有作序者題記："適之先生指正。"

1264 美國陸海空軍統一法案全文/杜魯門著；謝愛群編譯. ——南京：國防部史政局，1947

4，30 頁；18.1 厘米

軍事史料叢刊

PKUL（館藏號缺）

1265 美國外交政策/美國新聞處編. ——上海：美國新聞處，1948

32，69 頁；20.3 厘米

PKUL（館藏號缺）

1266 美國憲法通論/William Bennett Munro 著；郎依山譯. ——北平：佩文齋書局，1937

[5]，242 頁；21.6 厘米

PKUL（館藏號缺）

1267 美國與滿洲問題/王光祈譯. ——上海：中華書局，1929

[14]，106 頁；22.3 厘米

PKUL（館藏號缺）

附注：

摺頁：頁 31 有摺頁。

1268 美國政府大綱/趙蘊琦編.——上海：商務印書館，1921

  1 冊(2，1，3，40，122，93，54，19，8 頁)；19 厘米

  世界叢書

  PKUL（館藏號缺）

1269 美蘇外交秘錄/貝爾納斯著；中央通訊社總社編譯部.——南京：中央通訊社總社，1947

  2，344，2 頁；21.8 厘米

  PKUL（館藏號缺）

1270 美學/李安宅著.——上海：世界書局，1934

  3，119 頁；18.7 厘米

  PKUL（館藏號缺）

  附注：

    題記：扉頁有作者題記："敬呈適之先生教正，安宅，一九三四，五，廿八。"

1271 妹相思/王顯恩編.——上海：女子書店，1933

  2，131 頁；14.7 厘米

  PKUL（館藏號缺）

1272 媚幽閣文娛/鄭元勳著；阿英校點.——上海：上海雜誌公司，1935

  [22]，296 頁；18.4 厘米

  中國文學珍本叢書

  PKUL（館藏號缺）

1273 門頭溝煤礦公司城子村礦廠概況/著者不詳.——出版地不詳：出版者不詳，出版年不詳

  1，14 頁；18.7 厘米

  PKUL（館藏號缺）

1274 萌芽/春飛譯.——出版地不詳：芒種出版社，1947

22 頁；12.7 厘米

芒種叢刊

PKUL（館藏號缺）

1275 孟東野集賈浪仙長江集李賀歌詩編沈下賢集/孟郊，賈島，李賀，沈亞之著.——上海：商務印書館，1936

1 冊（73，42，35，73 頁）；22.7 厘米

四部叢刊初編縮本 160

PKUL（館藏號缺）

附注：

批注圈劃:《沈下賢集》版本頁有胡適批注。

1276 夢家存詩/陳夢家著.——上海：上海時代圖書公司，1936

3，68 頁；18.3 厘米

PKUL（館藏號缺）

附注：

題記:扉頁有作者題記："適之先生教正，夢家敬贈，二十五年四月七日。"

1277 夢家詩集/陳夢家著.——上海：新月書店，1931

[10]，129 頁；18.7 厘米

PKUL（館藏號缺）

附注：

題記:其中一冊題名頁有作者題記："適之先生存正，作者七月□□，並謝'悔與回'一詩之標點。"

其他:本書爲再版，有 2 冊。

1278 夢家詩集/陳夢家著.——上海：新月書店，1931

[7]，105 頁；18.6 厘米

PKUL（館藏號缺）

附注：

題記:題名頁有作者題記："適之先生存正，作者。"

批注圈劃:書内47頁有胡適批注圈劃。

其他:本書爲初版。

1279 猛虎集/徐志摩著.——上海:新月書店,1931

[20],129頁;18.7厘米

PKUL(館藏號缺)

附注:

印章:平裝本扉頁鈐有"胡適之印"朱文方印。

題記:平裝本扉頁有胡適題記:"你已飛度萬重的山頭,去更闊大的湖海投射影子。志摩的詩,適之寫,他死後第十一日";另一頁有徐志摩題記:"適之前輩教正,志摩";另有胡適題記:"一九三一年九月十九日志摩來北京,送我這本詩集。兩個月之後,——十一月十九日,——他死在飛機上。今夜讀完此册,世間已没有這樣一個可愛的朋友了。適之,一九三一,十一,二九。"

其他:本書有平裝、精裝本各1册。

1280 蒙古包/吳文藻著.——出版地不詳:出版者不詳,出版年不詳

20頁;19.2厘米

平綏鐵路旅行讀物

PKUL(館藏號缺)

1281 蒙古民間故事/柏烈偉著.——上海:商務印書館,1934

[26],242頁;19厘米

小學生文庫

PKUL(館藏號缺)

附注:

印章:題名頁鈐有"柏烈偉印"朱文方印。

題記:題名頁有作者題記:"適之先生教正,柏烈偉謹贈。"

1282 孟姜女的故事考/白占友編.——天津:天津民族印刷局,1935

34頁;18厘米

249

PKUL（館藏號缺）

1283 孟姜女故事研究集/顧頡剛著.——廣州：國立中山大學語言歷史研究所，1928

2 冊；21 厘米

國立中山大學語言歷史研究所民俗學會叢書

PKUL（館藏號缺）

附注：

其他：本書全本冊數不詳，胡適藏書存第 1 冊、第 3 冊，其中第 1 冊有 2 冊。

1284 孟祿的中國教育討論/陶知行，陳寶泉，胡適編.——上海：中華書局，1922

4，168，2 頁；22.3 厘米

PKUL（館藏號缺）

1285 孟子新解/景學鈐著.——南京：監政雜誌社，1947

68 頁；18.8 厘米

韜園叢書

PKUL（館藏號缺）

附注：

題記：封面有作者題記："胡適之先生指正。"

1286 迷信與傳說/容肇祖著.——廣州：民俗學會，1929

［7］，261 頁；20 厘米

PKUL（館藏號缺）

1287 迷信與心理/陳大齊著.——北京：北京大學出版部，1916

［8］，190，2 頁；18.4 厘米

新潮叢書

PKUL（館藏號缺）

附注：

印章：封面鈐有"新潮社章"藍文方印。

題記:封面有作者題記:"洛聲先生惠存。"

1288 迷眼的沙子/E. M. Labiche 著;趙少侯譯.——上海:新月書店,1929

　　6,125 頁;18.7 厘米

　　PKUL(館藏號缺)

　　附注:

　　　題記:封面有作者題記:"適之先生指正,晚趙少侯謹贈。"

　　　與胡適的關係:封面有胡適題籤。

1289 謎史/錢南揚著.——廣州:國立中山大學語言歷史學研究所,1928

　　[12],120 頁;19.1 厘米

　　民俗學會叢書

　　PKUL(館藏號缺)

1290 謎語研究/陳光垚編.——上海:商務印書館,1930

　　1,116 頁;19.1 厘米

　　PKUL(館藏號缺)

　　附注:

　　　印章:扉頁鈐有"光垚"朱文方印。

　　　題記:扉頁有作者題記:"適之先生教正,陳光垚敬贈。"

1291 密宗大綱/黃奉西譯.——上海:有正書局,1923

　　5,84 頁;19.2 厘米

　　PKUL(館藏號缺)

1292 密宗塑像說略/吳世昌著.——北平:國立北平研究院史學集刊編輯委員會,1936

　　139—162 頁;26.2 厘米

　　史學集刊第一冊抽印本

　　PKUL(館藏號缺)

　　附注:

題記：一冊封面有作者題記："適之先生教正,吳世昌呈,廿五年六月四日。"

其他：本書有 2 冊。

1293 縣桐館集聯彙刊/楊調元著. —— 上海：商務印書館,1931

1 冊(2,3,2,25,2,26,28 頁)；19.1 厘米

PKUL（館藏號缺）

1294 縣桐館集聯彙刊/楊調元著. —— 上海：商務印書館,1919

1 冊(2,3,2,25,2,26,28 頁)；19.1 厘米

PKUL（館藏號缺）

1295 妙峯山/顧頡剛編著. —— 廣州：國立中山大學語言歷史研究所,1928

[14],271 頁；21.2 厘米

PKUL（館藏號缺）

1296 妙峰山瑣記/奉寬著. —— 廣州：國立中山大學民俗學會,1929

8,150 頁；22.6 厘米

PKUL（館藏號缺）

1297 民本主義與教育/杜威著；鄒恩潤譯. —— 上海：商務印書館,1933

[18],653 頁；22.7 厘米

大學叢書

PKUL（館藏號缺）

1298 民法親屬編/趙鳳喈編著. —— 出版地不詳：國立編譯館,1945

[17],279,16 頁；20.8 厘米

PKUL（館藏號缺）

附注：

題記：封面有作者題記："卅六年元旦禮品敬贈適之校長先生,並祈校正,著者謹誌於北平。"

1299 民法通義債編各論/陳瑾昆著.——北平：朝陽學院，1931

8，441，15 頁；25 厘米

PKUL（館藏號缺）

1300 民法通義債編總論/陳瑾昆著.——北平：朝陽大學出版部，1930

12，487，7 頁；25 厘米

PKUL（館藏號缺）

1301 民法通義總則/陳瑾昆著.——北平：朝陽大學，1930

[23]，397，7 頁；25.2 厘米

PKUL（館藏號缺）

1302 民國初期善後借款之交涉/張忠紱著.——出版地不詳：出版者不詳，出版年不詳

291—320 頁；25.9 厘米

國立武漢大學社會科學季刊第五卷第二期抽印本

PKUL（館藏號缺）

1303 民國二十二年高等考試總報告/高等考試典試委員會編.——出版地不詳：出版者不詳，1934

[18]，484 頁；27.4 厘米

PKUL（館藏號缺）

附注：

其他：本書有 2 冊。

1304 民國二十三年江浙皖三省旱災調查/實業部中央農業實驗所農業經濟科編.——出版地不詳：出版者不詳，出版年不詳

74—83 頁；27.9 厘米

農情報第二年第九期抽印本

PKUL（館藏號缺）

1305 民國二十三年首都普通考試總報告書/首都普通考試典試委員會編. ——出版地不詳：出版者不詳, 1934

　　322 頁；27.3 厘米

　　PKUL（館藏號缺）

　　附注：

　　　其他：本書有 2 冊。

1306 民國二十四年度國立北京大學一覽/著者不詳. ——出版地不詳：出版者不詳, 出版年不詳

　　[4], 274 頁；25.4 厘米

　　PKUL（館藏號缺）

　　附注：

　　　夾紙：書內頁 2、3, 72、73 間夾有帶胡適字紙條 2 張，一條上書"1912—1916, 嚴章馬何胡蔡六易校長"；一條上書"我們借孟鄰先生親自計畫督造的這個圖書館來紀念他領導北京大學二十多年的功績"。

1307 民國二十五年六月十九日日全食北海道隊觀測報告/余青松，陳遵媯著. ——出版地不詳：出版者不詳, 1936

　　20 頁；25.6 厘米

　　宇宙第七卷第三號抽印本

　　PKUL（館藏號缺）

1308 民國二十一年度賑務報告書/著者不詳. ——出版地不詳：出版者不詳, 1933

　　90 頁；26.3 厘米

　　中國華洋義賑救災總會叢刊

　　PKUL（館藏號缺）

1309 民國七年上海棉紗貿易概況/畢雲程編. ——出版地不詳：上海紗業公所, 出版年不詳

　　6, 114 頁；18.9 厘米

PKUL（館藏號缺）

1310 民國十八年之中華職業教育社/著者不詳. ——出版地不詳：出版者不詳，出版年不詳

[8]，142 頁；25.3 厘米

PKUL（館藏號缺）

附注：

内附文件：書內夾有中華職業教育社書信 1 頁，油印。

1311 民國十二年大元帥東征日記/古應芬紀錄. ——上海：民智書局，1926

38 頁；18.7 厘米

PKUL（館藏號缺）

1312 民國政制史上/錢端升著. ——上海：商務印書館，1939

2 冊(3，31，795，16 頁)；21.2 厘米

大學叢書

PKUL（館藏號缺）

1313 民間十種曲/李白英編. ——上海：光華書局，1931

2，66 頁；22.2 厘米

PKUL（館藏號缺）

1314 民間世説/林培廬編. ——上海：兒童書局，1936

[14]，165 頁；18.6 厘米

PKUL（館藏號缺）

附注：

題記：扉頁有作者題記："適之先生教正，生培廬敬上。"

1315 民間文藝/國立中山大學語言歷史學研究所編. ——廣州：國立中山大學語言歷史學研究所，1927

1 冊；17.6 厘米

彙刊第一冊

PKUL（館藏號缺）

附注：

印章：封面鈐有"國立第一中山大學語言歷史學研究所民間文藝周刊編輯室"藍文長方印。

題記：封面有編者題記："適之先生。"

1316 民間文藝叢話/鍾敬文著. ——廣州:國立中山大學語言歷史學研究所, 1928

[4], 148 頁; 21.5 厘米

PKUL（館藏號缺）

附注：

題記：其中一冊封內有作者題記："請適之先生教正, 敬文, 二八, 七, 一六, 廣州。"

其他：本書有 2 冊。

1317 民權初步摘要/國民大會秘書處編. ——出版地不詳: 國民大會秘書處, 出版年不詳

40, 123 頁; 17.8 厘米

PKUL（館藏號缺）

1318 民三山東問題之交涉/張忠紱著. ——出版地不詳: 國民大會秘書處, 出版年不詳

87—102 頁; 25.6 厘米

北京大學社會科學季刊第五卷第三期抽印本

PKUL（館藏號缺）

1319 民生經濟學/江公正著. ——北平: 北京經濟建設協會出版部, 1937

2, 74 頁; 18.7 厘米

PKUL（館藏號缺）

1320 民十三之故宮/陳萬里攝. ——上海: 開明書店, 1928

84頁;18.6厘米

PKUL(館藏號缺)

附注:

題記:封面有作者題記:"贈適之先生,萬里,一七,九,三,西湖。"

1321 民俗學問題格/Charlotte Sophia Burne 著;楊成志譯.——廣州:國立中山大學語言歷史學研究所,1928

1冊(12,6,2,96,16頁);21.3厘米

民俗學會叢書

PKUL(館藏號缺)

1322 民憲會緣起/著者不詳.——出版地不詳:出版者不詳,出版年不詳

8頁;26.4厘米

PKUL(館藏號缺)

附注:

夾紙:書内夾有"陳維麟"名片1張。

1323 民元以來天主教史論叢/葉德祿編.——北平:輔仁大學圖書館,1943

[4],216頁;18.7厘米

PKUL(館藏號缺)

附注:

印章:封面鈐有"葉德祿"朱文方印。

題記:封面有作者題記:"適之先生教正,後學葉德祿謹呈。"

1324 民衆文藝論集/陳光垚著.——上海:啓明學社,1933

2,163頁;18.8厘米

簡字叢書

PKUL(館藏號缺)

1325 民主建國問題:禦侮・團結・建國/鄧啓著.——上海:上海茂葉書局,1947

[3],52頁;18.3厘米

PKUL（館藏號缺）

附注：

  題記：封面有作者題記："適之先生評教，鄧啓敬贈。"

1326 民主與設計/D. E. Lillienthal 著；徐仲航譯.——上海：商務印書館，1946

  [11]，178 頁；20.3 厘米

  美國文化叢書

  PKUL（館藏號缺）

  附注：

    內附文件：書內夾有商務印書館北平分館致胡適書信 1 頁。

1327 民主政治的基礎/吳恩裕著.——上海：商務印書館，1946

  [4]，49 頁；18.2 厘米

  PKUL（館藏號缺）

1328 民主政治論評/穆超編.——南京：時代出版社，1946

  [12]，186 頁；18 厘米

  時事論叢

  PKUL（館藏號缺）

1329 閩歌甲集/謝雲聲編.——廣州：國立中山大學語言歷史學研究所，出版年不詳

  12，4，28 頁；21.2 厘米

  PKUL（館藏號缺）

1330 閩侯科貢鄉農村改造過去進行之成績及將來之計劃/劉崇倫講述.——福州：福州電氣公司農村電化部，1931

  8 頁；21 厘米

  福州電氣公司演講集

  PKUL（館藏號缺）

  附注：

其他：本書有 2 冊。

1331 閩南集／吳敬軒著. ——出版地不詳：出版者不詳，1921

74 頁；22.6 厘米

PKUL（館藏號缺）

附注：

題記：封面有作者題記："奉贈適之先生，十一，八，廿四。"

1332 閩南遊記／陳萬里著. ——上海：開明書店，1930

XII，66 頁；18.7 厘米

PKUL（館藏號缺）

附注：

題記：封面有作者題記："贈適之先生，陳萬里，一九，六，一七，時去巴爾幹 Yogoslavic 團 Zagreb 之 Institute of Hygiene。"

1333 閩縣何氏贈品展覽會／著者不詳. ——北平：國立北平圖書館，1934

2，22 頁；23 厘米

PKUL（館藏號缺）

1334 名學叢著序／伍非百著. ——出版地不詳：出版者不詳，出版年不詳

50 頁；19 厘米

PKUL（館藏號缺）

1335 明北族列女傳／張鴻翔著. ——出版地不詳：出版者不詳，1934

96 頁；25.9 厘米

國立北京大學國學季刊四卷一號抽印本

PKUL（館藏號缺）

附注：

題記：封面有作者題記："適翁老師誨正，受業張鴻翔謹呈。"

1336 明本紀校注／王崇武著. ——上海：商務印書館，1948

[11],135 頁;20.6 厘米

國立中央研究院歷史語言研究所專刊

PKUL（館藏號缺）

附注：

題記：扉頁有作者題記："適之師賜正,學生王崇武敬呈。"

1337 明成祖生母考/吳晗著.——出版地不詳：出版者不詳,1935

16 頁;25.7 厘米

清華學報單行本

PKUL（館藏號缺）

附注：

題記：封面有作者題記："適之師教正。"

1338 明代廣州之船舶貿易/張德昌著.——出版地不詳：出版者不詳,1932

18 頁;26.4 厘米

清華學報單行本

PKUL（館藏號缺）

附注：

題記：封面有作者題記："適之先生教正,張德昌敬贈。"

1339 明代戶口的消長/王崇武著.——出版地不詳：出版者不詳,1936

331—373 頁;26.3 厘米

燕京學報第二十期單行本

PKUL（館藏號缺）

附注：

題記：封面有作者題記："適之先生教正,學生崇武拜呈。"

1340 明代靖難之役與國都北遷/吳晗著.——出版地不詳：出版者不詳,1935

23 頁;25.7 厘米

清華學報單行本

PKUL（館藏號缺）

附注：
　　題記：封面有作者題記："適之師教正。"

1341 明代思想史/容肇祖著. ——上海：開明書店，1941

　　[6]，350 頁；18 厘米

　　齊魯大學國學研究所叢刊

　　PKUL（館藏號缺）

　　附注：
　　　　題記：題名頁有作者題記："適之吾師教正，學生容肇祖，卅五年十月。"

1342 明代四裔書目/朱士嘉輯. ——出版地不詳：出版者不詳，出版年不詳

　　137—158 頁；26.4 厘米

　　禹貢半月刊第五卷第三四合期單行本

　　PKUL（館藏號缺）

　　附注：
　　　　題記：封內有作者題記："適之先生評正，後學朱士嘉敬贈。"

1343 明季奴變考/謝國楨著. ——出版地不詳：出版者不詳，1932

　　28 頁；26.5 厘米

　　清華學報單行本

　　PKUL（館藏號缺）

1344 明靖難史事考證稿/王崇武著. ——上海：商務印書館，1948

　　146 頁；20.5 厘米

　　國立中央研究院歷史語言研究所專刊

　　PKUL（館藏號缺）

　　附注：
　　　　題記：題名頁有作者題記："適之師賜正，受業王崇武敬呈。"

1345 明末清初耶穌會士的儒教觀及其反應/陳受頤著. ——出版地不詳：出版者不詳，出版年不詳

64 頁；25.8 厘米

國立北京大學國學季刊五卷二號抽印本

PKUL（館藏號缺）

附注：

　　題記：封面有作者題記："謝謝適之先生的教正，受頤敬呈。"

1346 明南京車駕司職掌／祁承爜編．——上海：商務印書館，1934

［7］，136，2 頁；21.2 厘米

國立北京大學研究院文史叢刊

PKUL（館藏號缺）

1347 明清史料研究／謝國楨著．——出版地不詳：出版者不詳，1933

19 頁；26.6 厘米

金陵學報第三卷第二期抽印本

PKUL（館藏號缺）

1348 明清之際黨社運動考／謝國楨著．——上海：商務印書館，1934

［4］，328 頁；19 厘米

史地小叢書

PKUL（館藏號缺）

附注：

　　題記：扉頁有作者題記："適之先生教正，國楨謹贈。"

1349 明日的中國報紙／劉豁軒著．——出版地不詳：出版者不詳，出版年不詳

7 頁；26.5 厘米

PKUL（館藏號缺）

附注：

　　題記：封面有作者題記："適之先生指正，豁軒，九，廿日。"

1350 明日之學校／杜威著；朱經農，潘梓年譯．——上海：商務印書館，1933

［5］，286 頁；22.7 厘米

大學叢書

　　　PKUL（館藏號缺）

　　　附注：

　　　　　內附文件：書內夾有商務印書館致胡適書信 1 封。

1351 明史卷一五六諸臣世系表/張鴻翔著. ——出版地不詳：出版者不詳，出版年不詳

　　　42 頁；25.7 厘米

　　　輔仁學誌第一卷第一第二合期抽印本

　　　PKUL（館藏號缺）

　　　附注：

　　　　　題記：封面有作者題記："適翁老師誨正，受業張鴻翔謹呈。"

1352 明太祖/吳晗編著. ——重慶：中華書局，1944

　　　[9]，208 頁；18.4 厘米

　　　中國歷代名賢故事集

　　　PKUL（館藏號缺）

　　　附注：

　　　　　題記：封面有作者題記："適之吾師教正，生吳晗。"

1353 明外族賜姓考/張鴻翔著. ——北平：輔仁大學輔仁學誌編輯會，出版年不詳

　　　40 頁；26 厘米

　　　PKUL（館藏號缺）

　　　附注：

　　　　　題記：封面有作者題記："適之老師誨正，張鴻翔由北大研究所上。"

1354 明外族賜姓續考/張鴻翔著. ——出版地不詳：出版者不詳，出版年不詳

　　　2，84 頁；26.1 厘米

　　　輔仁學誌抽印本

　　　PKUL（館藏號缺）

　　　附注：

題記:封面有作者題記:"適翁老師誨正,受業張制鴻翔謹呈";另有作者題寫題名:"明外族賜姓續考,輔仁學誌抽印。"

1355 明遺民張穆之先生事蹟及遺稿/張江裁著. ——北平:國立北平研究院總辦事處出版課,1936

27 頁;26.5 厘米

PKUL(館藏號缺)

1356 没累文存/楊没累著. ——上海:泰東圖書局,1929

[6],348 頁;18.8 厘米

PKUL(館藏號缺)

附注:

題記:扉頁有贈書者題記:"敬贈適之先生,生情章寄自東京(神田區北神保町十七右明館)。"

1357 莫須有先生傳/廢名著. ——上海:開明書店,1932

XII, 2, 176 頁;18.9 厘米

PKUL(館藏號缺)

附注:

印章:扉頁鈐有"所作已辦"朱文方印。

題記:扉頁有作者題記:"適之先生教正,廢名,二十二年一月五日。"

1358 墨辯解故/伍非百著. ——北京:中國大學晨光社,1923

1 冊(2, 14, 2, 2, 2, 4, 2, 10, 82, 76, 14 頁);22.3 厘米

晨光社叢書

PKUL(館藏號缺)

1359 墨辯疏證/范耕研著. ——上海:商務印書館,1935

[3], 152, 3 頁;19 厘米

國學小叢書

PKUL(館藏號缺)

1360 墨辯新詁質疑/萬宗一著. —— 出版地不詳：出版者不詳，出版年不詳

16 頁；17.6 厘米

PKUL（館藏號缺）

附註：

內附文件：書內夾有張光祖致胡適書信 1 頁。

1361 墨經校釋/梁啓超著. —— 上海：中華書局，1936

[16]，104 頁；19.6 厘米

PKUL（館藏號缺）

附註：

與胡適的關係：本書有胡適序。

1362 墨經校釋/梁啓超著. —— 上海：商務印書館，1926

1 冊(2，4，2，25，19，163，12 頁)；22.8 厘米

PKUL（館藏號缺）

附註：

與胡適的關係：本書有胡適序。

1363 墨經校釋/梁啓超著. —— 上海：商務印書館，1922

1 冊(2，4，2，163，12 頁)；22.6 厘米

PKUL（館藏號缺）

附註：

題記：封面有作者題記："奉贈適之教授，啓超。"

與胡適的關係：本書有胡適序。

1364 墨經易解/譚介甫著. —— 上海：商務印書館，1935

1 冊(1，2，1，204，36，9 頁)；22.7 厘米

國立武漢大學叢書

PKUL（館藏號缺）

附註：

題記：一册封面有作者題記："適之先生評正，戒甫持贈，廿四，九，一七。"
　　　其他：本書有 2 册。

1365 墨索里尼／苗鋭羅著；吴藹宸譯. ——北平：京華印書局，1929
　　6，4，88 頁；18.5 厘米
　　PKUL（館藏號缺）
　　附注：
　　　題記：封面有譯者題記："To Dr. Hu Shih, with the compliments of Aitchen K. Wu。"

1366 墨子／錢穆著. ——上海：商務印書館，1935
　　[4]，84 頁；19.1 厘米
　　百科小叢書
　　PKUL（館藏號缺）
　　附注：
　　　其他：本書有 2 册。

1367 墨子大義述／伍非百著. ——南京：國民印書局，1933
　　[6]，201 頁；21.9 厘米
　　PKUL（館藏號缺）
　　附注：
　　　其他：此書有平裝、精裝本各 1 册。本書爲平裝本。

1368 墨子大義述／伍非百著. ——南京：國民印務局，1933
　　[6]，202 頁；23.4 厘米
　　PKUL（館藏號缺）
　　附注：
　　　題記：扉頁有作者題記："敬求適之先生賜教，伍非百再拜。"
　　　其他：此書有平裝、精裝本各 1 册。本書爲精裝本。

1369 墨子學案／梁啓超著. ——上海：商務印書館，1926

[8], 175 頁; 22.5 厘米

共學社哲人傳記叢書

PKUL（館藏號缺）

1370 牟子理惑論檢討/余嘉錫著.——北平: 燕京大學哈佛燕京學社, 1936

23 頁; 26.3 厘米

燕京學報第二十期抽印本

PKUL（館藏號缺）

附注:

題記:封面有作者題記:"適之先生糾謬,嘉錫。"

1371 木棉集/盧冀野著.——出版地不詳: 出版者不詳, 出版年不詳

48 頁; 21 厘米

PKUL（館藏號缺）

1372 目錄學/姚名達著.——上海: 商務印書館, 1934

[17], 244 頁; 19 厘米

國學小叢書

PKUL（館藏號缺）

附注:

題記:題名頁有作者題記:"適之先生指正,名達敬贈。"

1373 目前中國社會的病態/張振之著.——上海: 民智書局, 1929

[14], 190 頁; 18.4 厘米

PKUL（館藏號缺）

附注:

印章:扉頁鈐有"思獸"朱文方印。

1374 牧齋初學集/錢謙益著.——上海: 商務印書館, 1936

6 冊(1162 頁); 22.8 厘米

四部叢刊初編縮本 343

PKUL（館藏號缺）

附注：

批注圈劃：第 1 冊書內 1 頁有胡適批注；第 3 冊書內 2 頁有胡適批注。

夾紙：第 4 冊頁 588、589 間夾有紙條；第 5 冊頁 864、865、872、873 間夾有紙條。

1375 牧齋有學集/錢謙益著.——上海：商務印書館，1936

3 冊（568 頁）；22.8 厘米

四部叢刊初編縮本 349—351

PKUL（館藏號缺）

附注：

批注圈劃：書內 1 頁有胡適批注。

1376 拿破崙第三政變記/馬克思著；陳仲濤譯.——上海：江南書店，1930

［13］，230 頁；18.3 厘米

PKUL（館藏號缺）

附注：

印章：扉頁鈐有"思猷"朱文方印。

1377 吶喊/魯迅著.——北平：新潮社，1923

XII，272 頁；18.9 厘米

PKUL（館藏號缺）

文藝叢書

1378 吶喊/魯迅著.——上海：魯迅全集出版社，1941

198 頁；18.2 厘米

魯迅三十年集

PKUL（館藏號缺）

1379 南冠紀事/鄧之誠著.——北平：現代知識半月刊社，1947

2，24，19 頁；17.6 厘米

現代知識小叢書

PKUL（館藏號缺）

附注：

題記：封面有胡適題記："蕭正誼君贈,胡適讀,卅七,二,十七夜。"

1380 南京市教育概覽/南京市教育局編.——出版地不詳：出版者不詳,1948

4,2,70頁；18.2厘米

PKUL（館藏號缺）

1381 南開大學社會經濟研究委員會制工作及計劃/南開大學社會經濟研究委員會編.——天津：南開大學社會經濟研究委員會,1929

14頁；20.3厘米

PKUL（館藏號缺）

1382 南開學校決算表民國廿二年七月至廿三年六月/南開學校編.——天津：南開學校,1933

[10]頁；24.5厘米

PKUL（館藏號缺）

1383 南開學校預算表民國廿二年七月至廿三年六月/南開學校.——天津：南開學校,1933

[9]頁；24.5厘米

PKUL（館藏號缺）

1384 南腔北調集/魯迅著.——上海：魯迅全集出版社,1941

224頁；18.2厘米

PKUL（館藏號缺）

1385 南宋初河北新道教考/陳垣著.——北平：輔仁大學,1941

112頁；26厘米

輔仁大學叢書

PKUL（館藏號缺）

1386 南宋杭州的消費與外地商品之輸入/全漢昇著.——出版地不詳：出版者不詳，出版年不詳

91—119 頁；26.6 厘米

國立中央研究院歷史語言研究所集刊第七本抽印本

PKUL（館藏號缺）

附注：

題記：封面有作者題記："適之師賜正，生全漢昇于史言所。"

1387 南宋六陵遺事正名暨諸攢宮發毀年代攷/閻簡弼著.——出版地不詳：出版者不詳，1946

24 頁；26.2 厘米

燕京學報第三十期抽印本

PKUL（館藏號缺）

附注：

題記：封面有作者題記："適之校長方家誨政，後學閻簡弼呈稿。"

1388 南通張季直先生傳記/張孝若著.——上海：中華書局，1929

10，22，512，6，104 頁；24.8 厘米

PKUL（館藏號缺）

附注：

印章：扉頁鈐有"張孝若"朱文方印。

題記：扉頁有作者題記："適之先生教，孝若呈，十九年二月。"

夾紙：書內頁 136、137 間夾有雜記紙條 4 張。

與胡適的關係：本書由胡適作序。

其他：本書爲初版平裝本。

1389 南通張季直先生傳記/張孝若著.——上海：中華書局，1930

4，3，2，20，522，6，102，24 頁；22.8 厘米

PKUL（館藏號缺）

附注：

　　印章：題名頁鈐有"適之"朱文橢圓印。

　　題記：題名頁有胡適題記："著者送我的，胡適。"

　　其他：本書爲訂正初版精裝本。

1390 **南戲拾遺**/陸侃如，馮沅君合著. ——北平：哈佛燕京學社，1936

　　8，182 頁；26.1 厘米

　　燕京學報專號

　　PKUL（館藏號缺）

1391 **南洋華僑史**/李長傅著. ——上海：國立暨南大學南洋文化事業部，1929

　　2，2，4，4，10，120，12，6 頁；18.8 厘米

　　南洋叢書

　　PKUL（館藏號缺）

1392 **南洋僑民教育改進的管見**/李樸生著. ——出版地不詳：僑務月報社，1937

　　22 頁；26 厘米

　　PKUL（館藏號缺）

　　附注：

　　　　題記：封面有作者題記："適之先生指正，樸生敬呈。"

1393 **南洋熱帶醫藥史話**/黄素封編著. ——上海：商務印書館，1936

　　2，136，2 頁；19 厘米

　　PKUL（館藏號缺）

　　附注：

　　　　印章：封面鈐有"不使人間造孽錢"朱文方印。

　　　　題記：封面有作者題記："適之博士學前輩正謬，後學黄素封呈，於上海租界，廿五年二月。"

　　　　與胡適的關係：封面爲胡適題籤。

1394 **南洋商業調查工作初步計劃**/暨南大學商學院南洋商業調查部編. ——出版地

不詳：出版者不詳，出版年不詳

　　1, 25 頁；20.5 厘米

　　PKUL（館藏號缺）

1395 南洋中學復校特刊/南洋中學復校特刊編輯委員會編.——出版地不詳：出版者不詳，出版年不詳

　　[11],[155],1 頁；24.8 厘米

　　PKUL（館藏號缺）

1396 南遊雜憶/胡適著.——出版地不詳：國民出版社，1935

　　176 頁；17.2 厘米

　　PKUL（館藏號缺）

　　附注：

　　　題記：一冊題名頁有胡適題記："送給思齊先生，適之。"

　　　與胡適的關係：封面、書內有胡適題寫書名。

　　　其他：本書有 4 冊。

1397 南雲集/吳敬軒著.——出版地不詳：國立廣東大學，1924

　　2, 8, 122, 34 頁；20.7 厘米

　　PKUL（館藏號缺）

　　附注：

　　　題記：封面有作者題記："敬贈適之先生，吳康。"

1398 內閣大庫現存清代漢文黃冊目錄/國立北平故宮博物院文獻館編.——北平：國立北平故宮博物院，1936

　　8, 436, 6 頁；26.2 厘米

　　PKUL（館藏號缺）

1399 內國公債史/徐滄水編.——上海：商務印書館，1923

　　[12], 172, 6 頁；22.7 厘米

　　PKUL（館藏號缺）

1400 內國匯兌計算法/徐業編輯. ——出版地不詳：中國銀行管理處, 1915

[16], 468 頁; 21.9 厘米

PKUL（館藏號缺）

1401 內外蒙古考察日記/馬鶴天著. ——南京：新亞細亞學會, 1932

[24], 280 頁; 20.9 厘米

新亞細亞學會邊疆叢書

PKUL（館藏號缺）

1402 內學第三輯民國十五年支那內學院年刊/支那內學院編. ——南京：支那內學院, 1926

2, 182 頁; 25 厘米

PKUL（館藏號缺）

1403 能力本位制確有護黨救國安內攘外之四大效用/劉冕執著. ——出版地不詳：出版者不詳, 出版年不詳

35 頁; 21.6 厘米

PKUL（館藏號缺）

1404 能率增進法/黃士恆, 薩君陸編譯. ——上海：商務印書館, 1919

2, 75 頁; 20.2 厘米

商業叢書

PKUL（館藏號缺）

1405 霓裳續譜/章衣萍校訂. ——上海：中央書店, 1935

1 冊(8, 4, 1, 1, 32, 352 頁); 18.6 厘米

國學珍本文庫

PKUL（館藏號缺）

附注：

與胡適的關係：書內有胡適題寫書名。

1406 鳥書考/容庚著. ——北平：燕京大學燕京學報社，1934

195—203 頁；26.5 厘米

燕京學報第十六期抽印本

PKUL（館藏號缺）

1407 寧波旅滬同鄉會紀念冊/著者不詳. ——出版地不詳：出版者不詳，出版年不詳

[4],[33]頁；24.5 厘米

PKUL（館藏號缺）

1408 農產流通篇/東北物資調節委員會研究組編. ——出版地不詳：東北物資調節委員會，出版年不詳

2 冊；19 厘米

東北經濟小叢書

PKUL（館藏號缺）

附注：

其他：本書分上、下 2 冊，胡適藏書有 2 套。

1409 農產品運銷研究的方法/曲直生編. ——北平：京城印書局，1933

38 頁；22.9 厘米

PKUL（館藏號缺）

1410 農村調查表/金陵大學農林科編. ——出版地不詳：出版者不詳，出版年不詳

54 頁；26.8 厘米

金陵大學農林科農業叢刊

PKUL（館藏號缺）

1411 農村復興委員會會報第六號/行政院農村復興委員會編. ——出版地不詳：行政院農村復興委員會，1933

4,170 頁；26.4 厘米

PKUL（館藏號缺）

1412 農村建設的意見及計劃/李蔚堂草擬.——合肥：湖濱鄉村師範學校，1932

6，92 頁；18.1 厘米

PKUL（館藏號缺）

附注：

印章：封面鈐有"李蔚堂章"朱文方印。

題記：封面有作者題記："奉贈適之先生，學生李蔚堂，二一，六。"

1413 農村救濟的法律問題/趙鳳喈著.——出版地不詳：出版者不詳，1934

28 頁；25.7 厘米

清華學報單行本

PKUL（館藏號缺）

附注：

題記：封面有作者題記："適之先生校正，著者敬贈。"

1414 農家的草紫/何植三著.——上海：亞東圖書館，1929

158 頁；18.3 厘米

PKUL（館藏號缺）

1415 農鑛部直轄地質調查所國立北平研究院地質學研究所出版地質圖書目錄/著者不詳.——北平：地質調查所，1931

19 頁；21.9 厘米

PKUL（館藏號缺）

1416 農民與革命/N. I. Ulianov 著；石英譯.——上海：滬濱書局，1929

138 頁；18.6 厘米

PKUL（館藏號缺）

1417 農情報告是什麼/事業部中央農業實驗所農業經濟科編.——出版地不詳：實業部中央農業實驗所，1934

18 頁；21.9 厘米

實業部中央農業實驗所淺說

PKUL（館藏號缺）

1418 農田水利/東北物資調節委員會研究組編.──瀋陽：東北物資調節委員會，1947

2，138 頁；18.9 厘米

東北經濟小叢書

PKUL（館藏號缺）

附注：

其他：本書有 2 冊。

1419 農業倉庫論/徐淵若著.──上海：商務印書館，1935

[9]，252，51 頁；22.8 厘米

行政院農村復興委員會叢書

PKUL（館藏號缺）

1420 農業金融制度論/吳敬敷，徐淵若撰述.──上海：商務印書館，1935

[6]，161 頁；22.8 厘米

行政院農村復興委員會叢書

PKUL（館藏號缺）

附注：

印章：扉頁鈐有"農村復興委員會贈閱"朱文印。

1421 農業經濟學/George O'Brien 著；巫寶三譯.──上海：商務印書館，1935

[7]，198 頁；21.3 厘米

PKUL（館藏號缺）

附注：

內附文件：其中一冊頁 34、35 間夾有 Roger S. Greene 致胡適書信 1 頁，剪報 2 頁。

其他：本書有 2 冊。

1422 農業推廣/章之汶，李醒愚著.——上海：商務印書館，1936

[20]，253 頁；22.8 厘米

大學叢書

PKUL（館藏號缺）

1423 農林種子學上/近藤萬太郎著；楊開渠譯.——上海：商務印書館，1936

17，464，[10]頁；22.8 厘米

大學叢書

PKUL（館藏號缺）

1424 女性詞選/胡雲翼編.——上海：亞細亞書局，1928

8，8，66 頁；12.8 厘米

名家合輯文學小叢書

PKUL（館藏號缺）

1425 瘧疾一夕談/胡定安編.——上海：商務印書館，1926

2，42 頁；21 厘米

通俗醫書

PKUL（館藏號缺）

1426 挪威戰役/國防研究院編譯組編譯.——南京：國防部史政局，1947

28 頁；26.4 厘米

戰史叢書

PKUL（館藏號缺）

附注：

其他：本書有 2 冊。

1427 歐美日本的政黨/彭學沛著.——上海：商務印書館，1933

[19]，344 頁；22.7 厘米

大學叢書

PKUL（館藏號缺）

1428 歐美同學會會員會友錄／著者不詳.——出版地不詳：出版者不詳，1947

26 頁；19.4 厘米

PKUL（館藏號缺）

附注：

題記：封面有贈書者題記："胡適之先生，東廠胡同一號。"

1429 歐那尼／東亞病夫譯.——上海：真美善書店，1927

10，226，8 頁；19.1 厘米

囂俄戲劇全集

PKUL（館藏號缺）

附注：

印章：扉頁鈐有"吾家策"朱文橢圓印、"籀齋五十歲以後所作"朱文方印。

題記：扉頁有作者題記："適之先生是正並批評，一七，一，七，病夫。"

1430 歐戰鱗爪／著者不詳.——出版地不詳：美國新聞處，出版年不詳

85 頁；18.3 厘米

PKUL（館藏號缺）

1431 歐戰之目的及和局之基礎／葉景莘編著.——出版地不詳：國際研究社，出版年不詳

4，84 頁；26.2 厘米

PKUL（館藏號缺）

附注：

題記：封面有胡適題記："著者贈。適。"

內附文件：書內夾有剪報 1 張。

1432 歐洲大陸市政論／埃爾巴德著；美濃部達吉譯；胡爾霖重譯.——上海：商務印書館，1916

[15]，387 頁；22.4 厘米

PKUL（館藏號缺）

附注：

夾紙：書內夾有稿紙3張。

1433 歐洲近代史/王繩祖著.——上海：商務印書館，1936

6，701頁；22.6厘米

大學叢書

PKUL（館藏號缺）

1434 歐洲戰後十年史/布渥爾著；譚健常譯.——上海：商務印書館，1930

［6］，356頁；22.7厘米

PKUL（館藏號缺）

附注：

印章：扉頁鈐有"譚惕吾"朱文方印。

題記：扉頁有譯者題記："適之吾師教正，受業譚惕吾敬呈，二十年五月五日。"

1435 歐洲戰役史論 前編/梁啓超著.——上海：商務印書館，1904

［10］，109頁；22.3厘米

PKUL（館藏號缺）

附注：

其他：本書有2冊。

1436 歐洲政府/張慶泰編譯.——上海：商務印書館，1935

26，773頁；22.6厘米

大學叢書

PKUL（館藏號缺）

1437 歐洲政治思想史中卷/高一涵編著.——上海：商務印書館，1925

［7］，300頁；22.7厘米

北京大學叢書

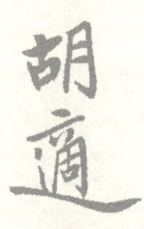

PKUL（館藏號缺）

附注：

題記：封面有作者題記："送給適之兄指正，一涵。"

1438 藕初五十自述／穆湘玥著．——上海：商務印書館，1926

［8］，226，3，81 頁；22.8 厘米

PKUL（館藏號缺）

附注：

題記：扉頁有作者題記："適之學長兄指正，藕初持贈。"

1439 潘平格的思想／容肇祖著．——出版地不詳：出版者不詳，1936

71—90 頁；26.5 厘米

燕京學報第十九期單行本

PKUL（館藏號缺）

附注：

題記：一冊封面有作者題記："適之師教正，學生容肇祖呈"；另一冊封面有作者題記："孟真學長正，弟肇祖呈。"

其他：本書有 2 冊。

1440 批評的希臘哲學史／斯塔斯著；慶澤彭譯．——上海：商務印書館，1931

［11］，311 頁；22.7 厘米

PKUL（館藏號缺）

附注：

題記：扉頁有作者題記："適之先生正之，慶澤彭敬贈，廿，五，廿八，皖含山。"

1441 飄渺的夢及其他／向培根著．——出版地不詳：出版者不詳，1926

4，175 頁；18.8 厘米

烏合叢書

PKUL（館藏號缺）

1442 平東地震調查報告/劉儼然，王竹泉，宋鴻年著.——出版地不詳：中央地質調查所北平分所，出版年不詳

    7,7 頁；25.8 厘米

    PKUL（館藏號缺）

    附注：

        題記：封面有作者題記："適之先生教正,弟王竹泉敬贈。"

1443 平衡性原理/李文邦著.——廣州：大華印刷，1947

    [4], 64 頁；18.6 厘米

    PKUL（館藏號缺）

    附注：

        題記：封面有作者題記："適公校長賜教,李文邦敬贈,卅七,三,九。"

1444 平津國立院校教職員聯合會簡章/著者不詳.——出版地不詳：出版者不詳，1934

    6,6 頁；19.9 厘米

    PKUL（館藏號缺）

1445 平民文學的兩大文豪/謝無量著.——上海：商務印書館，1923

    2, 114 頁；19 厘米

    國學小叢書

    PKUL（館藏號缺）

1446 平綏第一分冊自二十二年七月起至二十三年六月止/平綏鐵路管理局編.——出版地不詳：平綏鐵路管理局總務處，出版年不詳

    [28],[206]頁；26.3 厘米

    PKUL（館藏號缺）

1447 平綏沿綫之天主教會/雷潔瓊著.——出版地不詳：平綏鐵路管理局，1935

    22 頁；19 厘米

    平綏鐵路旅行讀物

PKUL（館藏號缺）

1448 評論近人考據老子年代的方法/胡適著.——出版地不詳：出版者不詳，1933

38 頁；19 厘米

PKUL（館藏號缺）

附注：

題記：一冊封面有胡適題記："子水兄，適之"；另一冊封面有胡適題記："博晨光先生，胡適。"

其它：本書有 2 冊。

1449 評限界效用價值說和社會勞動價值說/樊弘著.——出版地不詳：出版者不詳，1936

24 頁；26.5 厘米

PKUL（館藏號缺）

附注：

題記：封面有作者題記："呈獻於適之先生之前，生樊弘。"

1450 評註經史百家雜鈔(五)/著者不詳.——上海：廣益書局，出版年不詳

1 冊(2, 62, 4, 78, 4, 60, 2, 82, 2, 60 頁)；18.5 厘米

PKUL（館藏號缺）

1451 破產者/邊孫著；郭智石譯.——上海：商務印書館，1930

172 頁；18.9 厘米

PKUL（館藏號缺）

附注：

題記：扉頁有作者題記："適師指正，生郭智石謹贈。"

1452 破壞農村經濟與減低兒童智能的寄生蟲/洪式閭著.——出版地不詳：出版者不詳，1933

12 頁；26.1 厘米

北平醫刊抽印本

PKUL（館藏號缺）

1453 破破新唯識論/熊十力著.——北平：斌興印書局，1933

118 頁；25.1 厘米

PKUL（館藏號缺）

1454 葡萄仙子/黎錦暉編著.——上海：中華書局，1927

2, 60 頁；19 厘米

PKUL（館藏號缺）

1455 蒲壽庚考/陳裕菁譯.——上海：中華書局，1936

[3], 224 頁；22 厘米

南京中國史學會叢書

PKUL（館藏號缺）

附注：

摺頁：頁 69、76 有摺頁。

1456 普天頌讚/The Union Hymnal Committee 編.——上海：廣學會，1936

50, 598 頁；23.3 厘米

PKUL（館藏號缺）

附注：

印章：扉頁鈐有"廷芳之印"、"風滿樓"朱文方印。

題記：扉頁有贈書者題記："適之學長兄指謬，廷芳，一九三七，一，一，第一版第一百本之一。"

1457 普通教學法/帕刻著；俞子夷譯.——上海：商務印書館，1933

[6], 152 頁；22.7 厘米

大學叢書

PKUL（館藏號缺）

1458 普通心理學/汪震著.——北平：北平文化學社，1932

[14], 276 頁; 21.1 厘米

PKUL（館藏號缺）

附注：
    印章：題名頁鈐有"汪震"朱文方印。
    題記：題名頁有作者題記："呈適之先生，汪震。"

1459 普希金小説集/趙誠之譯. ——上海：亞東圖書館，1924

2, 408, 10 頁; 18.4 厘米

PKUL（館藏號缺）

1460 普選問答/王偉俠，蕭文哲編. ——南京：民本出版公司，1947

28 頁; 18 厘米

PKUL（館藏號缺）

1461 七邑方志纂修序例/鄭豐稔著. ——漳州：勝利出版社，1947

[5], 54 頁; 17.7 厘米

PKUL（館藏號缺）

附注：
    題記：封面有作者題記："適之校長存核，鄭豐稔敬贈。"
    與胡適的關係：封面有胡適題籤。

1462 期待/王平陵著. ——南京：正中書局，1934

230 頁; 18.7 厘米

PKUL（館藏號缺）

附注：
    題記：封面有作者題記："敬請胡先生指教，晚王平陵謹上，十一，廿六。"

1463 歧路燈一/李緑園著. ——北平：樸社，出版年不詳

[36], 412 頁; 18.8 厘米

PKUL（館藏號缺）

附注：

其他:本書有 2 册。

1464 契丹國書略説/厲鼎煃著.——出版地不詳:仁聲印刷所, 1934
2, 28 頁; 25.3 厘米
PKUL(館藏號缺)

1465 契丹國字再釋/王静如著.——出版地不詳:出版者不詳, 出版年不詳
537—543 頁; 26.8 厘米
國立中央研究院歷史語言研究所集刊第五本抽印本
PKUL(館藏號缺)
附注:
題記:封面有作者題記:"敬求適之先生教正。"

1466 棄餘集/常風著.——北京:新民印書局, 1944
4, 186 頁; 18.2 厘米
藝文叢書
PKUL(館藏號缺)
附注:
印章:扉頁鈐有"常風"朱文方印。
題記:扉頁有作者題記:"適之先生賜正,後學常風敬呈,三十五年九月。"

1467 乾化市政統計/乾化市政府編.——出版地不詳:出版者不詳, 1948
42 頁; 31 厘米
PKUL(館藏號缺)

1468 錢幣革命救亡方法癥結責任論文/劉子任著.——南京:仁德印刷所, 1934
42 頁; 22.2 厘米
PKUL(館藏號缺)

1469 潛研堂文集/錢大昕著.——上海:商務印書館, 1936
3 册(677 頁); 22.8 厘米

四部叢刊初編縮本 386—388

PKUL（館藏號缺）

附注：

批注圈劃：第 2 冊書內 2 頁有胡適圈劃；第 3 冊書內 2 頁有胡適批注。

夾紙：第 1 冊頁 212、213 間夾有紙條；第 2 冊頁 280、281 間夾有紙條。

1470 倩女離魂／孫席珍編．——上海：亞細亞書局，1928

12，82 頁；12.8 厘米

名家合輯文學小叢書

PKUL（館藏號缺）

1471 切韵 â 的來源／李方桂著．——出版地不詳：出版者不詳，1931

38 頁；25.4 厘米

國立中央研究院歷史語言研究所集刊第三本第一分抽印本

PKUL（館藏號缺）

附注：

題記：封面有作者題記："適之先生指正，方桂，二十，十二，廿一。"

1472 切韻魚虞之音值及其所據方音攷——高本漢切韻音讀商榷之一／羅常培著．——出版地不詳：出版者不詳，1931

358—385 頁；26.6 厘米

國立中央研究院歷史語言研究所集刊第二本第三分抽印本

PKUL（館藏號缺）

附注：

題記：封面有作者題記："適之先生教正，受業羅常培，二十，五，一九三二。"

1473 且介亭雜文／魯迅著．——上海：魯迅全集出版社，1941

215 頁；18.2 厘米

PKUL（館藏號缺）

1474 且介亭雜文二集/魯迅著. ——上海:魯迅全集出版社,1941

　　250 頁;18.2 厘米

　　PKUL(館藏號缺)

1475 且介亭雜文末編/魯迅著. ——上海:魯迅全集出版社,1941

　　184 頁;18.2 厘米

　　PKUL(館藏號缺)

1476 秦婦吟本事/徐嘉瑞著. ——出版地不詳:華中大學,哈佛燕京學社,出版年不詳

　　3,34 頁;18.5 厘米

　　PKUL(館藏號缺)

　　附注:

　　　題記:其中一冊扉頁有作者題記:"適之師座誨正,生徐嘉瑞。"

　　　其他:本書有 2 冊。

1477 秦晉紀遊/李紫乾著. ——北平:京城印書局,1935

　　6,96 頁;19 厘米

　　PKUL(館藏號缺)

1478 秦始皇刻石考鳥書考補正/容庚著. ——北平:燕京大學燕京學報社,1935

　　125—178 頁;26.3 厘米

　　燕京學報第十七期單行本

　　PKUL(館藏號缺)

1479 欽天山氣象臺落成紀念刊/著者不詳. ——出版地不詳:出版者不詳,出版年不詳

　　51 頁;26.4 厘米

　　PKUL(館藏號缺)

1480 青瓷之調查及研究第一集/陳萬里著. ——出版地不詳:出版者不詳,出版年

不詳

    5，12，28 頁；24.2 厘米

PKUL（館藏號缺）

附注：

    題記：封面有作者題記："適之先生指正，萬里，二四，四，一。"

1481 青島概要/葉春墀著. ——上海：商務印書館，1922

    [4]，126 頁；18.8 厘米

PKUL（館藏號缺）

1482 青島市道路及下水道概況/王崇植報告. ——出版地不詳：出版者不詳，出版年不詳

    26 頁；19.1 厘米

PKUL（館藏號缺）

1483 青島特別市觀象臺五週紀念冊/著者不詳. ——出版地不詳：出版者不詳，出版年不詳

    4，88，27 頁；24.7 厘米

PKUL（館藏號缺）

1484 青年女子書信/張其柯著. ——上海：亞東圖書館，1934

    [7]，188 頁；18.8 厘米

PKUL（館藏號缺）

附注：

    印章：題名頁鈐有"五馬路棋盤街西首上海亞東圖書館"朱文長方印。

    題記：題名頁有贈書者題記："敬贈適之先生，廿三，三，廿九。"

1485 青年學生學術常識講話/惠迪人著. ——重慶：中國文化服務社，1941

    2，55 頁；18.3 厘米

PKUL（館藏號缺）

附注：

印章：封面鈐有"惠迪人印"朱文方印。

題記：扉頁有作者題記："適之先生指教，惠迪人敬贈，卅五年七月於南京。"

1486 青鳥飛去／寸草著. ——上海：風雨出版社，出版年不詳

2，34 頁；18.3 厘米

PKUL（館藏號缺）

附注：

題記：封內有作者題記："適之老師指正，受業寸草敬贈，一九四八年春臺北。"

1487 清初僧諍記／陳垣著. ——出版地不詳：出版者不詳，出版年不詳

69 頁；26.6 厘米

輔仁學誌第九卷第二期抽印本

PKUL（館藏號缺）

1488 清代書畫家字號引得／蔡金重編；引得編纂處校訂. ——北平：哈佛燕京學社，1934

XXXII，179 頁；26.5 厘米

PKUL（館藏號缺）

1489 清代通史卷下之一／蕭一山著. ——出版地不詳：出版者不詳，出版年不詳

1 冊（10，38，124，228，281，8 頁）；25.8 厘米

PKUL（館藏號缺）

附注：

摺頁：《清代軍機大臣表》頁 81 有摺頁。

1490 清代文集篇目分類索引／國立北平圖書館索引組編. ——北平：國立北京大學出版組，1935

1 冊（5，13，37，18，23，572，1，18，392，7，138 頁）；26.9 厘米

PKUL（館藏號缺）

1491 清代學術概論/梁啓超著.——上海：商務印書館，1925

[7]，183 頁；22.8 厘米

共學社史學叢書

PKUL（館藏號缺）

1492 清代學者生平及著述表/蕭一山著.——出版地不詳：出版者不詳，1931 年

281,8 頁；26 厘米

PKUL（館藏號缺）

1493 清華心理實驗室/周先庚著.——出版地不詳：出版者不詳，1931

11 頁；26.4 厘米

清華週刊 1931 年 35 卷 11、12 期抽印本

PKUL（館藏號缺）

附註：

印章：封面鈐有"周先庚"朱文方印。

1494 清華學校圖書館中文書籍目錄/清華學校圖書館編.——北京：清華學校圖書館，1927

43，1364，25 頁；23 厘米

PKUL（館藏號缺）

附註：

印章：題名頁鈐有"敬呈指正，清華學校圖書館贈"。

1495 清儒學術討論集第一集/陳柱等著.——上海：商務印書館，1933

[3]，94，98 頁；22.7 厘米

PKUL（館藏號缺）

附註：

批注圈劃：書内 56 頁有胡適批注圈劃。

1496 清史探微/鄭天挺著.——出版地不詳：獨立出版社，1946

4，134 頁；22.7 厘米

現代學術叢書

PKUL（館藏號缺）

1497 清式營造則例乙種/梁思成著. ——北平：京城印書局，1934

10，53，18 頁；28.1 厘米

PKUL（館藏號缺）

附注：

題記：扉頁有贈書者題記："適之先生，將作薪傳，朱啟鈐題贈。"

內附文件：書內夾有中國營造學社致胡適書信 1 封。

1498 情歌唱答/丘峻編. ——廣州：國立中山大學語言歷史學研究所，1928

1 冊(2,4,2,58,2,61,2,66)頁；20.2 厘米

PKUL（館藏號缺）

1499 慶祝蔡元培先生六十五歲論文集/歷史語言研究所研究員外國通信員編輯員助理員共撰. ——北平：國立中央研究院歷史語言研究所，1933

2，1148 頁；27.7 厘米

PKUL（館藏號缺）

1500 秋水軒尺牘/黃勝白標點. ——上海：大新書局，1935

6，102，77 頁；84 厘米

PKUL（館藏號缺）

1501 求索/華林著. ——上海：新月書店，1932

32 頁；18.7 厘米

文藝小叢書

PKUL（館藏號缺）

1502 曲海總目提要拾遺/伯英校編. ——上海：中國戲曲音樂院研究所，出版年不詳

291

91 頁;26 厘米

劇學月刊第五卷第三四期合刊

PKUL（館藏號缺）

1503 曲選/吳梅選錄.——上海：商務印書館，1930

[5]，[210]頁;22.6 厘米

國立中央大學叢書

PKUL（館藏號缺）

附注：

題記：題名頁有原書主題記："梁遇春，廿一，五，八，北平。"

1504 屈原/陸侃如編.——上海：亞東圖書館，1933

4，150 頁;19 厘米

PKUL（館藏號缺）

1505 屈原/游國恩編著.——南京：勝利出版公司，1946

[6]，221 頁;18.2 厘米

中國歷代名賢故事集

PKUL（館藏號缺）

附注：

題記：封面有作者題記："敬呈適之吾師誨正，卅六年四月。"

1506 鞠極論/黃巽著——廣州：大芳電版印刷所，1947

2，95 頁;20.8 厘米

PKUL（館藏號缺）

附注：

題記：封面有作者題記："適之先生賜正，著者敬贈。"

1507 全國稻麥改進所工作概況民國二十四年十二月至二十五年八月/全國稻麥改進所編.——出版地不詳：出版者不詳，出版年不詳

2，8 頁;26.7 厘米

PKUL（館藏號缺）

1508 全國國語教育促進會概況第八年中華民國二十二年九月一日起至二十三年八月卅一日止/著者不詳. ——出版地不詳：出版者不詳，出版年不詳

　　20，8 頁；26.5 厘米

　　PKUL（館藏號缺）

1509 全國國語教育促進會概況第七年中華民國二十一年九月一日起至二十二年八月卅一日止/著者不詳. ——出版地不詳：出版者不詳，出版年不詳

　　[2]，30，6 頁；25.9 厘米

　　PKUL（館藏號缺）

1510 全國文化機關一覽/莊文亞編. ——上海：世界書局，1934

　　[63]，523 頁；24.2 厘米

　　PKUL（館藏號缺）

1511 全盤西化言論續集/馮恩榮編. ——廣州：嶺南大學學生自治會出版部，1935

　　[6]，190 頁；18.9 厘米

　　PKUL（館藏號缺）

　　附注：

　　　　夾紙：書內夾有"錢稻孫"名片 1 張。

1512 全上古三代秦漢三國六朝文作者引得/引得編纂處編. ——北平：哈佛燕京學社，1932

　　IV，40 頁；25.9 厘米

　　PKUL（館藏號缺）

1513 全宋詞草目/唐圭璋編. ——南京：國立編譯館，1933

　　[4]，84 頁；25.4 厘米

　　PKUL（館藏號缺）

　　附注：

内附文件:其中一冊書內夾有國立編譯館致胡適書信1頁。
其他:本書有2冊。

1514 全唐詩補逸初稿/孫望著.——出版地不詳:出版者不詳,出版年不詳
48頁;26厘米
PKUL(館藏號缺)
附注:
印章:封面鈐有"孫望"朱文方印。
題記:封面有作者題記:"適之先生訓誨,末學孫望敬呈,二十六年三月。"

1515 銓敍年鑑/銓敍部秘書處第三科編.——南京:銓敍部秘書處第二科,1934
638,340頁;26.2厘米
PKUL(館藏號缺)

1516 犬戎東侵考/蒙文通著.——出版地不詳:出版者不詳,出版年不詳
16頁;26.4厘米
禹貢半月刊第六卷第七期單行本
PKUL(館藏號缺)

1517 雀替/梁思成,劉致平著.——北平:故宮印刷所,1935
14,25頁;26.5厘米
建築設計參考圖集
PKUL(館藏號缺)

1518 權齷囬顧錄/曾仰豐著.——出版地不詳:出版者不詳,出版年不詳
29頁;26.2厘米
PKUL(館藏號缺)

1519 群經概論/范文瀾著.——北平:樸社,1933
10,420頁;23.5厘米
PKUL(館藏號缺)

1520 群論/圓正造著；蕭君絳譯. ——上海：商務印書館，1934

   Ⅷ，630 頁；22.7 厘米

   大學叢書

   PKUL（館藏號缺）

1521 羣書治要/魏徵等撰. ——上海：商務印書館，1936

   4 冊(685 頁)；22.7 厘米

   四部叢刊初編縮本 101—104

   PKUL（館藏號缺）

   附注：

      批注圈劃：第 1 冊書內 3 頁有胡適批注圈劃。

1522 群星亂飛/張資平著. ——上海：光華書局，1932

   316 頁；18.7 厘米

   PKUL（館藏號缺）

1523 燃燒素學說史/J. H. White 著；黃素封譯. ——上海：商務印書館，1936

   [5]，222，4 頁；19.1 厘米

   自然科學小叢書

   PKUL（館藏號缺）

   附注：

      題記：封面有作者題記："適之博士前輩先生教正，後學黃素封上。"
      夾紙：書內夾有《益世報 邊疆週刊》1936 年 5 月 13 日剪報。

1524 熱風/魯迅著. ——上海：魯迅全集出版社，1941

   127 頁；18.2 厘米

   魯迅三十年集

   PKUL（館藏號缺）

1525 熱河省政府三十五年度工作報告/著者不詳. ——出版地不詳：出版者不詳，

出版年不詳

8，150 頁；22.6 厘米

PKUL（館藏號缺）

1526　人道／曾傑著.——北平：中華印書局，1933

1，40 頁；18.8 厘米

PKUL（館藏號缺）

1527　人地學論叢第一集／張其昀著.——南京：鍾山書局，1932

4，266 頁；26.2 厘米

PKUL（館藏號缺）

附注：

題記：封面有作者題記："適之先生教正。"

1528　人間詞話／王國維著.——北平：樸社，1926

3，32 頁；18.2 厘米

PKUL（館藏號缺）

1529　人間詞及人間詞話／王國維著；沈啓無編.——北平：人文書店，1933

1 冊（1，2，3，5，10，12，60，52，12，82 頁）；19 厘米

文藝小叢書

PKUL（館藏號缺）

附注：

印章：扉頁鈐有"聞步"朱文方印。

題記：扉頁有作者題記："適之先生，啓無敬贈。廿三年八月。"

1530　人口問題／陳達著.——上海：商務印書館，1934

[27]，450 頁；22.7 厘米

大學叢書

PKUL（館藏號缺）

1531 人類的前程/Charles A. Beard 著；于熙儉譯. ——上海：商務印書館，1933

[4]，515 頁；18.8 厘米

PKUL（館藏號缺）

附注：

題記：扉頁有譯者題記："適之先生指正，于熙儉敬贈。"

1532 人類南針/王善治著. ——九江：建成印刷所，1948

2，30 頁；21.9 厘米

PKUL（館藏號缺）

附注：

印章：封内鈐有"王善治印"朱文方印。

題記：封内有作者題記："適之校長指正，王善治敬贈，一九四八年八月十日。"

其他：本書有 2 册。

1533 人類生物學/尼登博士演講；俞德浚，杜增瑞譯. ——上海：中國科學社，1930

[5]，158 頁；18.8 厘米

PKUL（館藏號缺）

1534 人類學/陳映璜著. ——上海：商務印書館，1923

2，257 頁；22.5 厘米

北京大學叢書

PKUL（館藏號缺）

1535 人權論集/梁實秋，胡適，羅隆基著. ——上海：新月書店，1930

[4]，204 頁；18.8 厘米

PKUL（館藏號缺）

附注：

與胡適的關係：封面爲胡適題寫書名。本書有胡適作序。

1536 人權論集/梁實秋，胡適，羅隆基著. ——上海：新月書店，1931

2, 204 頁; 18.8 厘米

PKUL（館藏號缺）

附注:

題記:封面有胡適題記:"紐約華僑印字館有此書幾冊,我一齊買了來,留作紀念。胡適,卅二,十二,廿四夜。"

與胡適的關係:封面爲胡適題寫書名。本書有胡適作序。

其他:本書爲第4版。

1537 人生觀的科學/太虛上人著. ——上海:泰東圖書公司, 1925

1, 97, 4 頁; 18.5 厘米

PKUL（館藏號缺）

1538 人生基礎哲學/柯璜著. ——上海:商務印書館, 1946

[11], 185 頁; 17.4 厘米

PKUL（館藏號缺）

附注:

印章:封面鈐有"綠天齋"朱文方印。

題記:封面有作者題記:"適之先生正,柯璜謹上。"

夾紙:書内夾格言2頁。

1539 人生哲學/杜亞泉編. ——上海:商務印書館, 1929

[7], 260 頁; 22.6 厘米

PKUL（館藏號缺）

附注:

印章:題名頁鈐有"亞泉"朱文方印。

題記:題名頁有作者題記:"適之先生惠存,並希指正,亞泉持贈。"

1540 人生哲學/李相顯著. ——北平:和平出版社, 1947

[10], 72 頁; 17.6 厘米

PKUL（館藏號缺）

附注:

印章:題名頁鈐有"李相顯印"朱文方印。

題記:題名頁有作者題記:"適之吾師教正,生相顯敬贈,三十六年二月二十日";封面有作者題記:"東昌胡同中央研究院,胡校長適之";另書末有作者題記:"東昌胡同中央研究院。"

其他:本書有2冊。

1541 人生哲學/舒新城編著.——上海:中華書局,1924

1冊(12,12,26,42,64,94,58,56,65頁);20.5厘米

PKUL(館藏號缺)

1542 人生之體驗/唐君毅著.——上海:中華書局,1946

[6],182頁;22.1厘米

PKUL(館藏號缺)

1543 人生指津/聶雲台著.——出版地不詳:出版者不詳,出版年不詳

118頁;21.4厘米

PKUL(館藏號缺)

附注:

題記:封內有贈書者題記:"第一輯已罄,此係餘姚楊君編印者,特撿呈一冊。"

1544 人事管理學/郭壽華著.——廣州:中山印刷所,1947

3,138頁;26厘米

PKUL(館藏號缺)

附注:

印章:封面鈐有"郭壽華印"朱文方印。

題記:封面有作者題記:"適之先生賜教,郭壽華敬贈。"

1545 人壽保險學/漢白納著;徐兆蓀譯.——上海:商務印書館,1933

15,244頁;22.5厘米

大學叢書

PKUL（館藏號缺）

1546 人文類輯社民國十八年度報告/著者不詳.——出版地不詳：出版者不詳，出版年不詳

8頁；18.8厘米

PKUL（館藏號缺）

1547 人物志顏氏家訓白虎通德論/劉邵，顏之推，班固撰.——上海：商務印書館，1936

42，44，83頁；22.7厘米

四部叢刊初編縮本097

PKUL（館藏號缺）

附注：

批注圈劃：書內43頁有胡適批注圈劃。

1548 人與醫學/Henry S. Sigerist 著；顧謙吉譯.——上海：商務印書館，1936

[15]，315頁；22.8厘米

PKUL（館藏號缺）

附注：

與胡適的關係：本書有胡適作序。

其他：本書有3冊。

1549 仁龠吟草/干一仁著.——出版地不詳：出版者不詳，出版年不詳

60頁；19.2厘米

PKUL（館藏號缺）

1550 日本的孔子聖廟/國際文化振興會編.——出版地不詳：出版者不詳，出版年不詳

14，38頁；21.6厘米

PKUL（館藏號缺）

附注：

其他:本書有 3 冊。

1551 日本帝國主義下的臺灣教育/洪炎秋編著.——出版地不詳:出版者不詳,出版年不詳

40 頁;21 厘米

PKUL(館藏號缺)

附注:

題記:封面有作者題記:"適之先生指正,洪櫨呈。"

1552 日本東北視察記/王桐齡著.——北平:國立北平師範大學,1937

72 頁;25.7 厘米

PKUL(館藏號缺)

附注:

題記:封面有作者題記:"王桐齡敬贈。"

1553 日本對東三省之鐵路侵略/林同濟著.——上海:中印印刷所,1932

[11],195,14 頁;18.9 厘米

PKUL(館藏號缺)

附注:

題記:扉頁有作者題記:"敬呈適之先生正之,林同濟。"

1554 日本對華的基礎觀念/支那駐屯軍司令部編.——出版地不詳:支那駐屯軍司令部,1935

26 頁;18.9 厘米

PKUL(館藏號缺)

1555 日本對華投資/金冶井谷著;中國太平洋國際學會譯.——出版地不詳:中國太平洋國際學會,1932

36 頁;24.4 厘米

中國太平洋國際學會叢書

PKUL(館藏號缺)

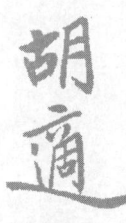

1556 日本對華陰謀之揭露/著者不詳. ——上海：世界學會，1930

2，66 頁；19 厘米

世界學會叢書

PKUL（館藏號缺）

1557 日本官制官規之研究/沈覲鼎著. ——出版地不詳：出版者不詳，出版年不詳

4，138 頁；21.9 厘米

PKUL（館藏號缺）

1558 日本建國年代考/王輯五著. ——北平：國立北平師範大學出版課，1934

12 頁；25.7 厘米

師大月刊第十四期抽印本

PKUL（館藏號缺）

1559 日本將何之？/忠孝學識編纂社編. ——出版地不詳：出版者不詳，出版年不詳

4 頁；25.6 厘米

世界法政經濟見解叢編

PKUL（館藏號缺）

附注：

其他：本書有 9 冊。

1560 日本救濟農村法規彙編/行政院農村復興委員會編. ——上海：商務印書館，1934

[2]，585 頁；22.6 厘米

行政院農村復興委員會叢書

PKUL（館藏號缺）

1561 日本考試制度調查報告書/陳有豐著. ——出版地不詳：出版者不詳，出版年不詳

238 頁；21.8 厘米

PKUL（館藏號缺）

1562 日本利用匪首凌印清擾亂東北實録/東北問題研究會編. ——出版地不詳：出版者不詳，出版年不詳

2，20 頁；23.6 厘米

PKUL（館藏號缺）

1563 日本歷史概説/王迅中著. ——出版地不詳：正中書局，1942

[6]，130 頁；18.7 厘米

中國人文科學社叢刊

PKUL（館藏號缺）

附注：

題記：扉頁有作者題記："適之先生訓正，王信忠謹贈。"

1564 日本陸軍大臣荒木貞夫告全日本國民書/劉文典譯. ——天津：大公報館，出版年不詳

4，122 頁；17.6 厘米

PKUL（館藏號缺）

附注：

題記：封面有作者題記："敬贈適之吾兄，文典。"

與胡適的關係：封面有胡適題籤。

1565 日本内幕/董德芳編譯. ——出版地不詳：國防部史政局，1947

[4]，93 頁；18 厘米

戰史叢刊

PKUL（館藏號缺）

1566 日本農業發達情況及農村之電化/劉崇倫講述. ——福州：福州電氣公司農村電化部，1931

12 頁；22 厘米

福州電氣公司講演集

PKUL（館藏號缺）

附注：

其他：本書有 3 冊。

1567 日本期刊三十八種中東方學論文篇目附引得/于式玉編.——北平：哈佛燕京學社，1933

XXX, 343 頁；26.3 厘米

PKUL（館藏號缺）

1568 日本欺詐外交/東北問題研究會編.——出版地不詳：出版者不詳，出版年不詳

2, 16 頁；19.2 厘米

PKUL（館藏號缺）

1569 日本全史/陳恭禄編.——上海：中華書局，1929

[30], 334 頁；22.2 厘米

史學叢書

PKUL（館藏號缺）

1570 日本銓敍制度調查報告書/馬洪焕著.——出版地不詳：考試院印刷所，出版年不詳

14, 384 頁；21.9 厘米

PKUL（館藏號缺）

1571 日本人——一個外國人的研究/蔣百里編著.——出版地不詳：大公報，1938

6, 54 頁；18.5 厘米

PKUL（館藏號缺）

1572 日本社會史/徐孔僧譯.——上海：華通書局，1931

10, 206 頁；21.7 厘米

PKUL（館藏號缺）

附注：

  題記：封面有作者題記："胡適之先生惠存。"

1573 日本外交/李執中著.——長沙：商務印書館，1938

  [18]，540頁；18.9厘米

  PKUL（館藏號缺）

1574 日本現代語辭典/葛祖蘭編譯.——上海：出版者不詳，1930

  12，696，21頁；19.3厘米

  PKUL（館藏號缺）

  附注：

    題記：扉頁有編譯者題記："適之學長惠存，弟葛祖蘭贈，19/10/24。"

1575 日本政府/金長佑著.——上海：商務印書館，1937

  [12]，462頁；22.7厘米

  大學叢書

  PKUL（館藏號缺）

1576 日本之棉紡織工業/王子建著.——出版地不詳：社會調查所，1933

  [12]，202，[79]頁；23厘米

  社會研究叢刊

  PKUL（館藏號缺）

1577 日本之農業金融/徐淵若著.——上海：商務印書館，1935

  [6]，307頁；22.6厘米

  行政院農村復興委員會叢書

  PKUL（館藏號缺）

1578 日本之再認識/周作人著.——出版地不詳：國際文化振興會，出版年不詳

  22頁；21.5厘米

  PKUL（館藏號缺）

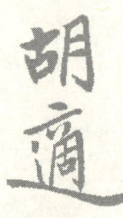

1579 日本駐華總領事會議紀錄/著者不詳.——出版地不詳：出版者不詳,出版年不詳

　　130 頁；22.1 厘米

　　PKUL（館藏號缺）

1580 日本組織"華北協會"重要文件/著者不詳.——出版地不詳：出版者不詳,出版年不詳

　　8 頁；32 厘米

　　PKUL（館藏號缺）

　　附注：

　　　題記：首頁有贈者題記："適之先生,陳彬龢上。"

1581 日常應用基礎二千字/著者不詳.——出版地不詳：潞河鄉村服務部,1938

　　20 頁；18.7 厘米

　　PKUL（館藏號缺）

1582 日俄戰爭與遼東開放/陳功甫編.——上海：商務印書館,1931

　　[6],82 頁；18.9 厘米

　　中國歷史叢書

　　PKUL（館藏號缺）

1583 日華對照日文翻譯著眼點/汪大捷著.——北平：午未日文研究社,1935

　　[12],243 頁；22.8 厘米

　　PKUL（館藏號缺）

　　附注：

　　　印章：扉頁鈐有"汪大捷印"朱文方印。

　　　題記：扉頁有作者題記："適之先生教正,後學汪大捷敬贈。"

1584 日軍登陸作戰/國防部史政局編.——出版地不詳：國防部史政局,1947

　　2,46 頁；26.4 厘米

戰史叢刊

PKUL（館藏號缺）

附注：

  其他：本書有2冊。

1585 日語讀本第三冊/內堀維文著.——上海：商務印書館，出版年不詳

  4，116頁；20.4厘米

  PKUL（館藏號缺）

  附注：

    印章：封面鈐有"洪熙"朱文方印；另目次第1頁鈐有"章洪熙"朱文印。

1586 日語文藝讀本/葛祖蘭譯註.——上海：出版者不詳，1931

  [6]，390頁；22厘米

  PKUL（館藏號缺）

  附注：

    印章：扉頁鈐有"葛氏祖蘭"朱文方印。

    題記：扉頁有譯註者題記："適之吾兄，祖蘭贈。20/9/18。"

    夾紙：書內夾有寄書者胡頌平地址，取出另存。

1587 日語新編/葉良，李庚桐著.——[東京？]：清國留學生會館，1906

  [12]，239頁；21.7厘米

  PKUL（館藏號缺）

1588 如此世界/蒲立德著；伍友書譯.——出版地不詳：出版者不詳，出版年不詳

  2，142，105頁；21.7厘米

  PKUL（館藏號缺）

  附注：

    題記：封面有胡適題記："鄧文德先生送我的，胡適，卅六，九，廿七。"

    批注圈劃：書內25頁有胡適批注圈劃。

1589 如何振興中國實業/顧毓琇著.——出版地不詳：出版者不詳，出版年不詳

29—36 頁；26.2 厘米

申報月刊第二卷第四號抽印本

PKUL（館藏號缺）

附注：

　　題記:封面有作者題記:"敬呈適之先生賜正,著者。"

1590 如願/William Shakespeare 著；梁實秋譯.——上海：商務印書館，1936

［6］，93 頁；21.2 厘米

PKUL（館藏號缺）

附注：

　　與胡適的關係:封面爲胡適題寫。

1591 儒道兩家哲學系統/黃子通著.——長沙：宇宙書局，1946

［4］，240 頁；18.9 厘米

PKUL（館藏號缺）

附注：

　　題記:扉頁有作者題記:"適之先生指正,黃子通持贈,卅六,十一,十九。"

1592 儒教對於德國政治思想的影響/五來欣造著；劉百閔，劉燕谷譯.——出版地不詳：商務印書館，1938

［15］，446 頁；22.8 厘米

PKUL（館藏號缺）

1593 儒林外史上册/吴敬梓著.——上海：商務印書館，出版年不詳

［6］，191 頁；18.8 厘米

PKUL（館藏號缺）

附注：

　　題記:封面有贈書者題記:"送給適之先生。玄同。一九一九,一一,六。"

　　批注圈劃:書内 20 頁有胡適批注圈劃。

　　夾紙:書内夾有"賈懷瑜"名片 1 張；另頁 114、153 各貼有抄錄詩詞 1 張。

　　摺頁:頁 116、118、126、128、129 有摺頁。

1594 入佛因緣記/蔣園居士編.——上海：佛學書局，1934

    6，61 頁；18.7 厘米

    PKUL（館藏號缺）

1595 若望傳的福音/蕭舜華譯.——天津：崇德堂，1940

    184 頁；13.1 厘米

    PKUL（館藏號缺）

1596 卅五年的回憶/古楳著.——無錫：民生印書館，1935

    2，248 頁；18.7 厘米

    PKUL（館藏號缺）

    附注：

        題記：封面有作者題記："適之先生評正，述者敬贈。"

1597 三百篇演論/蔣善國著.——上海：商務印書館，1931

    1，349 頁；19 厘米

    國學小叢書

    PKUL（館藏號缺）

    附注：

        題記：封面有作者題記："適之先生賜教，著者敬贈，卅七，五，三。"

1598 三百篇之"之"/黎錦熙著.——北平：燕京大學，1930

    1517—1561 頁；26 厘米

    燕京學報第八期單行本

    PKUL（館藏號缺）

    附注：

        題記：封面有作者題記："適之先生。"

1599 三百篇之"之"/黎錦熙著.——北平：燕京大學，1929

    1021—1040 頁；25.9 厘米

燕京學報第六期單行本

PKUL（館藏號缺）

1600 三曹章奏比部招議憲臺通紀/著者不詳.——出版地不詳：出版者不詳，出版年不詳

1 冊(20, 12, 4, 10, 8, 38, 10, 17—26, 10, 12 頁)；22.4 厘米

中國學報金石、叢錄合訂本

PKUL（館藏號缺）

1601 三朝名臣言行錄/朱熹撰.——上海：商務印書館，1936

2 冊(355 頁)；22.7 厘米

四部叢刊初編縮本 062，063

PKUL（館藏號缺）

附注：

批注圈劃：第 1 冊書內 9 頁有胡適批注圈劃。

1602 三大國安全政策之比較及其問題/吳其玉著.——成都：燕京大學政治系，1945

3, 14 頁；17.9 厘米

PKUL（館藏號缺）

1603 三個國際/烏梁諾夫著.——出版地不詳：華興書局，1932

2, 61 頁；18.7 厘米

PKUL（館藏號缺）

附注：

批注圈劃：書內有鋼筆批注圈劃，非胡適所作。

1604 三國干涉還遼秘聞/王光祈譯.——上海：中華書局，1929

[3], 65, 9 頁；22.3 厘米

PKUL（館藏號缺）

1605 三國水滸與西遊/李辰冬著. ——北平：大道出版社，1936

　　1 冊（6，11，4，132 頁）；18 厘米

　　PKUL（館藏號缺）

　　附注：

　　　　題記：封面有作者題記："適之先生賜正，後學李辰冬敬贈。"

1606 三國吳兵考/陶元珍著. ——北平：燕京大學燕京學報社，1933

　　49—87 頁；25.7 厘米

　　燕京學報第十三期抽印本

　　PKUL（館藏號缺）

1607 三國演義（二）/著者不詳. ——上海：亞東圖書館，出版年不詳

　　[404]頁；19 厘米

　　PKUL（館藏號缺）

1608 三國演義/汪原放標點；汪原放，章希呂，余昌之校對. ——上海：亞東圖書館，1930

　　2 冊；19.3 厘米

　　PKUL（館藏號缺）

　　附注：

　　　　與胡適的關係：上冊收錄胡適《〈三國志演義〉序》一文。

　　　　其他：二冊封面有"適之先生四十生日紀念，上海亞東圖書館謹贈，一九三〇年"燙金字。

1609 三國之鼎峙/王鍾麒編. ——上海：商務印書館，1931

　　2，115 頁；19.1 厘米

　　中國歷史叢書

　　PKUL（館藏號缺）

1610 三國志及表注綜合引得/哈佛燕京學社引得編纂處編. ——北平：哈佛燕京學社，1938

XXX, 478 頁；26.2 厘米

PKUL（館藏號缺）

1611 三國志演義的演化/鄭振鐸著. ——出版地不詳：出版者不詳，出版年不詳

1543—1576 頁；27.6 厘米

小説月報第十號抽印本

PKUL（館藏號缺）

附注：

題記：封面有作者題記："請適之先生指正！鄭振鐸，十八年十一月二十日。"

1612 三蝴蝶/黎錦暉著. ——上海：中華書局，出版年不詳

59 頁；18.7 厘米

PKUL（館藏號缺）

1613 三閒集/魯迅著. ——上海：魯迅全集出版社，1941

183 頁；18.2 厘米

魯迅三十年集

PKUL（館藏號缺）

附注：

批注圈劃：書內數頁有朱筆圈劃。

1614 三民主義/孫中山著. ——出版地不詳：三民主義青年團；北平青年夏令營，1946

2, 188 頁；17.8 厘米

PKUL（館藏號缺）

1615 三民主義/孫中山演講. ——上海：亞東圖書館，1928

442 頁；18.5 厘米

PKUL（館藏號缺）

1616 三民主義/孫中山著. ——廣州：以文堂印務書局，出版年不詳

170，126 頁；18.2 厘米

PKUL（館藏號缺）

附注：

題記：封面有胡適題記："適之的書。昨夜走遍紐約唐人街，竟找不到一本《孫中山全集》，好容易找到這一本《三民主義》，討價式元式角五！卅三，二，廿一。"

1617 三民主義的連環性/胡漢民著. ——上海：民智書局，1928

2，110 頁；18.2 厘米

PKUL（館藏號缺）

1618 三民主義考試指南/陳彬龢編. ——上海：世界書局，1928

1，34，6 頁；18.1 厘米

PKUL（館藏號缺）

1619 三民主義批判/常燕生著. ——上海：中國書店，1929

165 頁；14.8 厘米

黃皮小叢書

PKUL（館藏號缺）

1620 三民主義青年團團史資料第一輯初稿上編/三民主義青年團中央團部編. ——出版地不詳：三民主義青年團中央團部，1946

［10］，450，2 頁；20.4 厘米

PKUL（館藏號缺）

1621 三民主義商榷/諸青來著. ——北京：京師第一監獄，1927

［12］，176 頁；21.3 厘米

PKUL（館藏號缺）

附注：

題記：書末有胡適毛筆題記："諸青來先生"；版權頁作者被毛筆改爲"無

黨生"。

批注圈劃:書内 1 頁有胡適朱筆圈劃。

内附文件:書内夾有諸青來"國民應速起要求息戰共除赤禍"宣傳單 1 張。

1622 三民主義商榷/諸青來著. ——出版地不詳:箴文書局,1930

182 頁;21.4 厘米

PKUL（館藏號缺）

1623 三民主義文化論/徐照著. ——南京:江蘇省政府印刷所,1947

[12],278 頁;18.1 厘米

PKUL（館藏號缺）

1624 三秋草/卞之琳著. ——出版地不詳:出版者不詳,1944

II,50 頁;18.2 厘米

PKUL（館藏號缺）

附注:

題記:扉頁有作者題記:"適之師教正,卞之琳。"

1625 三秋草/卞之琳著. ——上海:新月書店,1933

II,50 頁;18.2 厘米

PKUL（館藏號缺）

附注:

題記:扉頁有贈書者題記:"適之先生,從文。"

1626 三十年來之中國地質學/黃汲清著. ——出版地不詳:出版者不詳,1936

249—264 頁;25.2 厘米

科學第二十八卷第六期抽印本

PKUL（館藏號缺）

附注:

題記:封面有作者題記:"適之先生惠存,著者敬贈。"

1627 三水梁燕孫先生年譜/鳳岡及門弟子編. ——出版地不詳：出版者不詳，1946

　　2 冊；25.3 厘米

　　PKUL（館藏號缺）

1628 三水梁燕孫先生年譜/鳳岡及門弟子編. ——出版地不詳：出版者不詳，出版年不詳

　　2 冊；25.4 厘米

　　PKUL（館藏號缺）

　　附注：

　　　題記：上冊題名頁有胡適題記："我在《四十自述》的自序裡，曾提到我勸梁士詒先生寫自傳的事。我在海外得見此譜，覺得這是一部很新式的年譜，是一部很重要的傳記。這雖然不是自傳，我們應該把他當作一部自傳看。胡適 卅五，四，五。"

　　　批注圈劃：上冊 1 頁有胡適朱筆圈劃；下冊 32 頁有胡適批注圈劃。

1629 三言二拍源流考/孫楷第著. ——出版地不詳：出版者不詳，出版年不詳

　　52 頁；25.6 厘米

　　PKUL（館藏號缺）

1630 散文初集/張永善著. ——南京：惠文印書館，1945

　　[3]，146 頁；18.6 厘米

　　杏園文集

　　PKUL（館藏號缺）

　　附注：

　　　印章：扉頁鈐有"張永善印"、"張杏園章"朱文方印。

　　　題記：扉頁有作者題記："適之先生教正！著者，一九四六，七月。"

1631 沙恭達羅/王維克譯. ——上海：世界書局，1933

　　117，6 頁；18.7 厘米

　　PKUL（館藏號缺）

　　附注：

題記:扉頁有譯者題記:"適之先生惠存,後學王維克敬贈。"

1632 沙斯比亞的幽默/袁昌英著.——出版地不詳:出版者不詳,出版年不詳

341—372 頁;25.9 厘米

國立武漢大學文哲季刊第四卷第二期抽印本

PKUL(館藏號缺)

1633 莎士比亞全集 2 凡隆納的二紳士/曹未風譯.——上海:文化合作股份有限公司,1946

131 頁;17.2 厘米

PKUL(館藏號缺)

1634 莎士比亞全集 7 仲夏夜之夢/曹未風譯.——上海:文化合作股份有限公司,1946

124 頁;17.2 厘米

PKUL(館藏號缺)

1635 莎士比亞全集 9 威尼斯商人/曹未風譯.——上海:文化合作股份有限公司,1946

151 頁;17.2 厘米

PKUL(館藏號缺)

1636 莎士比亞全集 10 如願/曹未風譯.——上海:文化合作股份有限公司,1946

133 頁;17.2 厘米

PKUL(館藏號缺)

1637 莎士比亞全集 29 安東尼及枯婁葩/曹未風譯.——上海:文化合作股份有限公司,1946

217 頁;17.2 厘米

PKUL(館藏號缺)

1638 莎士比亞全集 33 李耳王/曹未風譯.——上海：文化合作股份有限公司，1946

　　195 頁；17.2 厘米

　　PKUL（館藏號缺）

1639 莎士比亞全集 34 羅米歐及朱麗葉/曹未風譯.——上海：文化合作股份有限公司，1946

　　181 頁；17.2 厘米

　　PKUL（館藏號缺）

1640 莎士比亞全集 35 馬克白斯/曹未風譯.——上海：文化合作股份有限公司，1946

　　144 頁；17.2 厘米

　　PKUL（館藏號缺）

1641 莎士比亞全集 36 漢姆萊特/曹未風譯.——上海：文化合作股份有限公司，1946

　　221 頁；17.2 厘米

　　PKUL（館藏號缺）

1642 山城/辛克萊著；麥耶夫譯.——上海：上海現代書局，1930

　　2，386 頁；18.8 厘米

　　現代世界文藝叢書

　　PKUL（館藏號缺）

　　附注：

　　　　印章：扉頁鈐有"思猷"朱文方印；另有"胡思猷"簽名。

1643 山東韓劉內戰詳紀/廢止內戰大同盟總會編.——上海：廢止內戰大同盟總會，1932

　　150 頁；18.7 厘米

　　廢止內戰運動叢書

　　PKUL（館藏號缺）

1644 山東濟寧縣測量規範/國立清華大學土木工程系. ——出版地不詳：出版者不詳，1937

    4，62 頁；19 厘米

    PKUL（館藏號缺）

1645 山東鄉村建設研究院及鄒平實驗區概況/山東鄉村建設研究院編. ——出版地不詳：山東鄉村建設研究院，1937

    2，152 頁；18.4 厘米

    PKUL（館藏號缺）

    附注：

        印章：封面鈐有"贈閱"朱文印。

1646 山花/劉廷蔚作. ——北平：北新書局，1930

    4，70 頁；19.8 厘米

    PKUL（館藏號缺）

    附注：

        印章：扉頁鈐有"風滿樓"朱文方印。

        題記：扉頁有贈書者題記："適之哥：這是舍弟廷蔚的嘗試集，他去年出國時經幾位友人的勉強付印的，趁你壽辰奉贈你，代替他來祝壽，並請你指教他。芳。"

1647 山居散墨/袁昌英著. ——上海：商務印書館，出版年不詳

    ［4］，245 頁；19.1 厘米

    PKUL（館藏號缺）

    附注：

        印章：題名頁後頁鈐有"袁昌英印"朱文方印。

        題記：題名頁後頁有作者題記："適之先生賜存，昌英持贈。"

1648 山西煤礦誌/王竹泉著. ——出版地不詳：出版者不詳，1930

    35 頁；22.4 厘米

農鑛部叢刊

PKUL（館藏號缺）

1649 山西平民經濟輯要/山西省經濟管理局編.——出版地不詳：山西省經濟管理局，1947

2，143 頁；18.9 厘米

PKUL（館藏號缺）

1650 山西平民經濟輯要續編/山西省經濟管理局編.——出版地不詳：山西省經濟管理局，1947

4，138 頁；18.1 厘米

PKUL（館藏號缺）

1651 山西省民事行政單行規程摘要/山西省長公署編.——出版地不詳：山西省長公署，出版年不詳

9，325 頁；24.8 厘米

PKUL（館藏號缺）

附注：

印章：封面有胡適毛筆簽名"適"。

1652 山西萬泉縣閻子疙瘩即漢汾陰后土祠遺址之發掘/著者不詳.——太原：山西公立圖書館；華盛頓：福利爾藝術陳列館，1932

1 冊（2，1，2，28，44，XXI 頁）；26.9 厘米

PKUL（館藏號缺）

1653 陝北油田地質/王竹泉，潘鐘祥著.——出版地不詳：實業部地質調查所，1933

45—58 頁；65—88 頁；26.4 厘米

地質彙報第二十號抽印本

PKUL（館藏號缺）

附注：

題記:封面有作者題記:"適之先生教正,弟王竹泉敬贈。"

1654 陝西省農村調查/行政院農村復興委員會編. ——上海:商務印書館,1934

2,180 頁;22.7 厘米

行政院農村復興委員會叢書

PKUL(館藏號缺)

附注:

其他:本書有 2 冊。

1655 陝西武功光賢蘇綽為詔書六條奏請後周太祖施行原文/著者不詳. ——出版地不詳:出版者不詳,出版年不詳

8 頁;25.5 厘米

PKUL(館藏號缺)

附注:

題記:封面有贈書者題記:"適之老師賜存,生國民大會代表呼延立人謹贈,五,二於中央醫院。"

1656 善惡家族/郭達德著;黃素封,林潔娘譯. ——出版地不詳:出版者不詳,出版年不詳

[20],184 頁;19.1 厘米

PKUL(館藏號缺)

附注:

題記:扉頁有譯者題記:"敬呈適之先生師母賜正。"

1657 善惡家族/郭達德著;黃素封,林潔娘譯. ——上海:開明書店,1934

12,184 頁;19.1 厘米

PKUL(館藏號缺)

附注:

題記:封面有譯者題記:"敬呈胡博士、師母共同正謬,黃素封、林潔娘敬上。"

1658 善女人行品/施蟄存著. ——上海：良友圖書印刷公司，1933

221 頁；17.7 厘米

良友文學叢書

PKUL（館藏號缺）

1659 善之研究/西田幾多郎著；魏肇基譯. ——上海：開明書店，1940

[16]，247 頁；18.6 厘米

PKUL（館藏號缺）

附註：

題記：扉頁有作者題記："適之先生指正，魏肇基敬贈。"

1660 禪讓傳說起于墨家考/顧頡剛著. ——北平：國立北平研究院，1936

163—230 頁；26.1 厘米

史學集刊第一期單行本

PKUL（館藏號缺）

附註：

題記：封面有作者題記："適之先生正，學生顧頡剛敬呈。"

1661 商容傳說之譌變/譚戒甫著. ——出版地不詳：出版者不詳，出版年不詳

807—818 頁；25.8 厘米

國立武漢大學文哲季刊第四卷第四期抽印本

PKUL（館藏號缺）

1662 商務印書館初中書目/商務印書館編. ——上海：商務印書館，出版年不詳

63 頁；18.8 厘米

PKUL（館藏號缺）

1663 商務印書館每週初版新書三十六年/商務印書館編. ——上海：商務印書館，1947

[50]頁；25.8 厘米

PKUL（館藏號缺）

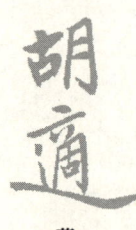

1664 商務印書館通信錄國難特刊/著者不詳. ——上海：商務印書館，1932
　　37 頁；26.2 厘米
　　PKUL（館藏號缺）

1665 上帝的兒女們/張資平著. ——上海：光明書局，1931
　　559 頁；18.5 厘米
　　PKUL（館藏號缺）
　　附注：
　　　　夾紙：書內夾有書單 1 張。

1666 上古韵母系統研究/王力著. ——出版地不詳：出版者不詳，1937
　　68 頁；25.8 厘米
　　清華學報第十二卷第三期抽印本
　　PKUL（館藏號缺）
　　附注：
　　　　題記：封面有作者題記："適之先生教正,後學王力謹贈,廿六,七,一八。"

1667 上海的定期刊物/胡道靜著. ——上海：上海市通志館，1935
　　2, 74 頁；26 厘米
　　上海市通志館期刊抽印本
　　PKUL（館藏號缺）

1668 上海的風雨/吳靜山著. ——上海：上海市通志館，1935
　　2, 88 頁；26 厘米
　　上海市通志館期刊抽印本
　　PKUL（館藏號缺）

1669 上海的日報/胡道靜著. ——上海：上海市通志館，1935
　　4, 118 頁；26 厘米
　　上海市通志館期刊抽印本

PKUL（館藏號缺）

1670 上海的學藝團體/胡懷琛著. ——上海：上海市通志館，1935
124 頁；26 厘米
上海市通志館期刊抽印本
PKUL（館藏號缺）

1671 上海的銀行/郭孝先著. ——上海：上海市通志館，1935
10, 130 頁；26.1 厘米
上海市通志館期刊抽印本
PKUL（館藏號缺）

1672 上海法學編譯社目錄二十五年第一期/上海法學編譯社編. ——上海：上海會文堂新記書局，出版年不詳
40, 5 頁；20.4 厘米
PKUL（館藏號缺）

1673 上海風土雜記/上海信托股份有限公司編輯部編. ——上海：上海信托股份有限公司，1932
2, 92 頁；18.7 厘米
上海信托股份有限公司第一叢書
PKUL（館藏號缺）

1674 上海國貨工廠調查錄/劉鉄孫，王家棟編. ——上海：蔚文印書局，1934
［13］, 132, 17 頁；20.7 厘米
PKUL（館藏號缺）

1675 上海商務印書館被毀記/商務印書館善後辦事處編. ——出版地不詳：商務印書館善後辦事處，出版年不詳
2, 36, 8 頁；22.5 厘米
PKUL（館藏號缺）

1676 上海生活費指數/盛俊主編.——出版地不詳：出版者不詳，1930

20，28 頁；26 厘米

財政部國定稅則委員會經濟統計叢刊

PKUL（館藏號缺）

1677 上海市公用事業統計年報三十六年度/上海市公用局統計室編.——上海：上海市公用局統計室，1948

6，118 頁；26.4 厘米

PKUL（館藏號缺）

附注：

內附文件：書內夾有上海市公用局書信 1 頁。

1678 上海市之工資率/上海市政府社會局編.——上海：商務印書館，1935

XII，178 頁；26.4 厘米

PKUL（館藏號缺）

1679 上海圖書館史/胡道静著.——上海：上海市通志館，1935

129 頁；26 厘米

上海市通志館期刊抽印本

PKUL（館藏號缺）

1680 上海新聞事業之史的發展/胡道静著.——上海：上海市通志館，1935

5，88 頁；25.9 厘米

上海市通志館期刊抽印本

PKUL（館藏號缺）

1681 上海在太平天國時代/徐蔚南著.——上海：上海市通志館，1935

2，51 頁；26.1 厘米

PKUL（館藏號缺）

1682 上海證券交易所年報民國三十六年度/上海證券交易所編.——出版地不詳:
出版者不詳,1947

  1,[75]頁;21.3厘米

  PKUL(館藏號缺)

  附注:

    夾紙:書內夾有"王志莘"贈書卡1張。

    其他:本書有2冊。

1683 上海自然科學研究所圖書雜誌分類目錄補遺增加篇/著者不詳.——上海:上
海自然科學研究所,1939

  1冊(3,17,42,23,12,6頁);26.4厘米

  PKUL(館藏號缺)

1684 上沅劇本甲集/余上沅著.——上海:商務印書館,1934

  4,158頁;19.1厘米

  PKUL(館藏號缺)

  附注:

    題記:封面有作者題記:"適師教正,上沅,廿三年十二月。"

1685 尚書通檢/顧頡剛主編.——北平:哈佛燕京學社,1936

  [28],308頁;26.3厘米

  PKUL(館藏號缺)

1686 少陵先生文心論/程會昌著.——出版地不詳:出版者不詳,出版年不詳

  14頁;26.2厘米

  PKUL(館藏號缺)

  附注:

    題記:封面有作者題記:"適之先生訓正,晚學程會昌呈稿,丁丑三月。"

1687 邵念魯年譜/姚名達著.——上海:商務印書館,1930

  [6],169頁;18.8厘米

中國史學叢書

PKUL（館藏號缺）

附注：

　　題記：其中一冊扉頁有作者題記："舊作敬求適之先生指正,姚名達,20/3/17。"

　　其他：本書有2冊。

1688 紹興歌謠/婁子匡編.——廣州：國立中山大學語言歷史學研究所,1928

126頁；18.9厘米

PKUL（館藏號缺）

1689 社會調查方法/樊弘著.——上海：商務印書館,1933

[9],168頁；22.8厘米

PKUL（館藏號缺）

附注：

　　題記：封面有作者題記："適之先生教正,學生弘敬呈,廿五,六,三。"

1690 社會調查方法/樊弘著.——上海：商務印書館,1927

[8],184頁；22.6厘米

PKUL（館藏號缺）

1691 社會福利統計民國三十六年度/社會部統計處編.——出版地不詳：社會部總務司印刷所,1948

80頁；25.7厘米

PKUL（館藏號缺）

1692 社會福利統計民國三十五年度/社會部統計處編.——出版地不詳：社會部印刷所,1947

82頁；25.6厘米

PKUL（館藏號缺）

1693 社會建設的基本知識/孫本文編.——出版地不詳：出版者不詳，1948

6 頁；26 厘米

國立中央大學社會學研究所叢刊

PKUL（館藏號缺）

1694 社會教育概說/馬宗榮著.——出版地不詳：中華學藝社，1925

[11]，116 頁；20.9 厘米

學藝叢刊

PKUL（館藏號缺）

1695 社會經濟研究委員會工作報告/著者不詳.——天津：南開大學校，1930

6 頁；25.9 厘米

PKUL（館藏號缺）

1696 社會思想/孫本文著.——上海：商務印書館，1946

[9]，208 頁；18.1 厘米

復興叢書

PKUL（館藏號缺）

1697 社會問題/陶孟和編著.——上海：商務印書館，1924

7，191 頁；19.1 厘米

新學制高級中學教科書

PKUL（館藏號缺）

1698 社會問題之商榷/李宗吾著.——出版地不詳：出版者不詳，出版年不詳

32，2，122 頁；18.3 厘米

PKUL（館藏號缺）

1699 社會心理學/孫本文著.——上海：商務印書館，1946

2 冊(4，15，552，41 頁)；20.2 厘米

大學叢書

PKUL（館藏號缺）

1700 社會學要旨/常乃惪編.——上海：中華書局，1930

[9]，118，11 頁；18.6 厘米

青年叢書

PKUL（館藏號缺）

1701 社會學原理/孫本文著.——上海：商務印書館，1935

3，14，717 頁；22.7 厘米

大學叢書

PKUL（館藏號缺）

附注：

其他：本書爲初版。

1702 社會學原理/孫本文著.——上海：商務印書館，1946

2 册；20.8 厘米

PKUL（館藏號缺）

附注：

其他：本書爲上海部定本第 2 版。

1703 社會與教育/陶孟和著.——上海：商務印書館，1934

[4]，283 頁；22.6 厘米

大學叢書

PKUL（館藏號缺）

1704 社會主義倫理學/考茨基著；葉星譯.——上海：平凡書局，1929

[18]，214 頁；18.6 厘米

社會主義文庫

PKUL（館藏號缺）

1705 社會主義與個人主義/Oscar Wilde 著；袁振英譯.——香港：香港浸匡出版

部, 1928

54 頁; 19.1 厘米

PKUL（館藏號缺）

1706 神會和尚遺集/胡適輯校. —— 上海: 亞東圖書館, 出版年不詳

[8], 220 頁; 18.6 厘米

PKUL（館藏號缺）

附注:

題記: 扉頁有胡適題記:"送給子水, 適之。"

1707 神經解剖學/盧于道著. —— 出版地不詳: 出版者不詳, 1932

2, 244 頁; 26.8 厘米

PKUL（館藏號缺）

附注:

題記: 扉頁有作者題記:"適之先生指正, 著者敬贈。"

1708 神經衰弱症/任一碧著. —— 上海: 良友圖書印刷公司, 1932

62 頁; 12.7 厘米

一角叢書

PKUL（館藏號缺）

附注:

印章: 封面鈐有"白濤"、"一碧"藍文方印。

題記: 封面有作者題記:"贈給適之先生, 白濤。"

1709 神巫之愛/沈從文著. —— 上海: 光華書局, 1940

105 頁; 18.8 厘米

PKUL（館藏號缺）

1710 沈從文小説習作選/沈從文作. —— 上海: 良友圖書印刷公司, 1936

5, 736 頁; 19 厘米

良友文學叢書

PKUL（館藏號缺）

附注：

　題記:扉頁有作者題記:"適之先生惠存,從文,廿五年五月。"

1711 審音通說／黎錦熙著.——出版地不詳：出版者不詳，出版年不詳

8 頁；25.9 厘米

女師大學術季刊第一卷單行本

PKUL（館藏號缺）

附注：

　題記:封面有作者題記:"適之先生。"

1712 慎子校正／王斯睿著.——上海：商務印書館，1935

1，67 頁；19 厘米

國學小叢書

PKUL（館藏號缺）

1713 生產力與生產關係／鄔孟暉著.——上海：勵群書店，1929

4，98 頁；16 厘米

引擎叢書

PKUL（館藏號缺）

附注：

　批注圈劃:書內多頁有批注圈劃,似非胡適所作。

1714 生活／蒲風著.——上海：詩人俱樂部，1936

[5],[27]頁;19.2 厘米

PKUL（館藏號缺）

1715 生活的信念／石沖白著.——出版地不詳：亞東圖書館，1943

[5],144 頁；18.4 厘米

PKUL（館藏號缺）

附注：

題記:封面有作者題記:"適之先生教正,學生石沖白敬呈。"

1716 **生活系統**/周谷城著.——上海:商務印書館,1924

[2],184 頁;19.1 厘米

新知識叢書

PKUL（館藏號缺）

1717 **生理學**/杜亞泉,凌昌煥編.——上海:商務印書館,1920

[7],192 頁;20.5 厘米

PKUL（館藏號缺）

1718 **生命表編法**/羅志如著.——上海:商務印書館,1934

II,128 頁;22.8 厘米

國立中央研究院社會科學研究所叢刊

PKUL（館藏號缺）

附注:

其他:本書有 2 冊。

1719 **生命的畫冊**/金江著.——出版地不詳:文風出版社,1947

58 頁;17.9 厘米

PKUL（館藏號缺）

附注:

印章:題名頁鈐有"金江"朱文方印。

題記:題名頁有作者題記:"適之先生指正,金江,三六,一〇,二五。"

1720 **生命知識一瞥**/H. G. Wells 等著;明耀五譯.——上海:良友圖書印刷公司,1932

53 頁;13.1 厘米

一角叢書

PKUL（館藏號缺）

331

1721 生物學實驗指導/鄭作新著.——上海：商務印書館，1933

[7]，200 頁；22.5 厘米

大學叢書

PKUL（館藏號缺）

1722 生之原理/陳立夫著.——出版地不詳：正中書局，1946

[5]，307 頁；20.3 厘米

PKUL（館藏號缺）

附注：

題記：題名頁有作者題記："適之先生教正，陳立夫敬贈。"

1723 省立岡山中學校慶特刊 1948/臺灣省立岡山中學校慶特刊編輯委員會編輯.——出版地不詳：臺灣省立岡山中學，1948

54 頁；26.1 厘米

PKUL（館藏號缺）

1724 省市縣自治通則草案四種/著者不詳.——出版地不詳：內政部，1947

86 頁；18.2 厘米

PKUL（館藏號缺）

1725 聖安東的誘惑/Gustave Flaubert 著；李健吾譯.——上海：生活書店，1937

1 冊（2，179，41，8 頁）；22.4 厘米

世界文庫

PKUL（館藏號缺）

附注：

題記：扉頁有譯者題記："適之先生存正，健吾，廿六年一月廿八日。"

1726 聖保羅傳/趙紫宸著.——上海：青年協會書局，1947

8，262 頁；21.9 厘米

青年叢書

PKUL（館藏號缺）

1727 師範生的良友/張化工著. ——上海：商務印書館，1923

　　3，54 頁；20.7 厘米

　　PKUL（館藏號缺）

　　附注：

　　　題記：封面有贈書者題記："胡適之博士，家壁。"

1728 師範學校用新中華論理學/吳俊升編著. ——上海：中華書局，1934

　　[8]，170 頁；20.2 厘米

　　PKUL（館藏號缺）

　　附注：

　　　題記：扉頁有作者題記："適之先生正謬，後學吳俊升敬贈。"

1729 師門辱教記/羅爾綱著. ——桂林：桂林建設書店，1944

　　2，67 頁；18.6 厘米

　　PKUL（館藏號缺）

　　附注：

　　　題記：封面有胡適題記："今早我在床上被郵差驚醒，他給我一件貼著一千一百元中華郵票的包裹，即是爾綱這部小冊子！一九四五，十二月十三日在我生日之前四日"；另封內有作者題記："適之吾師賜閱，學生羅爾綱敬呈，三十四年十一月十日於四川南溪縣李莊。"

1730 獅子吼/王平陵作. ——南京：南京書店，1932

　　[17]，136 頁；18.9 厘米

　　PKUL（館藏號缺）

　　附注：

　　　題記：扉頁有作者題記："敬請胡適之先生指政，晚王平陵謹贈。"

1731 詩辨妄/鄭樵著；顧頡剛輯點. ——北平：樸社，1933

　　[30]，134 頁；18.5 厘米

　　辨偽叢書

333

PKUL（館藏號缺）

1732 詩二十五首/邵洵美著. ——上海：上海時代圖書公司，1936

[17]，69 頁；18.5 厘米

新詩庫

PKUL（館藏號缺）

附注：

題記：扉頁有作者題記："假使裏面有幾句説得過分的話，你應當原諒：這是年青人一點最可愛的天真。適之先生教正，洵美謹贈。"

1733 詩經/繆天綬選註. ——上海：商務印書館，1926

1 冊（2，1，19，4 頁）；19.1 厘米

學生國學叢書

PKUL（館藏號缺）

附注：

題記：題名頁有作者題記："適之先生教正，受業繆天綬奉贈。"

1734 詩經情詩今譯/陳漱琴編. ——上海：女子書店，1932

[9]，76 頁；18.6 厘米

PKUL（館藏號缺）

附注：

題記：扉頁有作者題記："適之先生教正，漱琴、睆峰敬贈，二一，八，廿五，於上海。"

1735 詩論/朱光潛著. ——上海：正中書局，1948

[5]，243 頁；20.4 厘米

正中文學叢書

PKUL（館藏號缺）

附注：

題記：扉頁有作者題記："適之先生賜正，光潛。"

1736 詩品釋/許文玉著.——北平:國立北京大學出版部,1929

[6],172,2 頁;20.2 厘米

PKUL(館藏號缺)

附注:

題記:封面有作者題記:"適之夫子教正,受業許文玉敬呈";扉頁有胡適鉛筆題記:"北平地安門內漢花園11許(君?遠?)"

1737 詩三百篇"言"字新解/吳世昌著.——出版地不詳:出版者不詳,1933

153—169 頁;25.8 厘米

燕京學報第十三期單行本

PKUL(館藏號缺)

附注:

題記:封面有作者題記:"適之先生指謬,作者,十一,十七,一九三三。"

1738 詩三百篇"言"字新解/吳世昌著.——北平:燕京大學燕京學社,1933

153—169 頁;25.8 厘米

燕京學報第十三期單行本

PKUL(館藏號缺)

附注:

印章:首頁鈐有"世昌著述之印"朱文方印。

1739 詩三十/俞銘傳著.——出版地不詳:北望出版社,1945

103 頁;18.1 厘米

PKUL(館藏號缺)

附注:

題記:扉頁有作者題記:"敬請適之校長先生指正,晚俞銘傳。"

夾紙:書內夾有"俞銘傳"名片1張。

1740 詩新薹"鴻"字説/聞一多著.——出版地不詳:出版者不詳,1935

8 頁;25.7 厘米

清華學報單行本

PKUL（館藏號缺）

附注：

題記：封面有作者題記："適之先生教正。"

1741 詩疑/王柏著；顧頡剛校點.——北平：景山書社，1929

26，10，80 頁；19 厘米

辨偽叢刊

PKUL（館藏號缺）

1742 詩韻譜/陸志韋著.——北平：哈佛燕京學社，1948

XIV，45 頁；26.4 厘米

燕京學報專號

PKUL（館藏號缺）

附注：

題記：封面有作者題記："適之先生正，陸志韋。"

1743 十八家詩鈔/曾國藩編.——出版地不詳：出版者不詳，出版年不詳

3 冊；22.4 厘米

PKUL（館藏號缺）

附注：

摺頁：第 8 冊卷 21 頁 23，卷 23 頁 14 有摺頁。

其他：本書全本冊數不詳，胡適藏書僅存第 3、6、8 冊。

1744 十二個/亞歷山大·勃洛克著；胡斅譯.——北平：北新書局，1926

74 頁；19.5 厘米

未名叢刊

PKUL（館藏號缺）

1745 十九世紀歐洲思想史第一編/木爾茲著；伍光建譯.——上海：商務印書館，1931

2 冊；22.8 厘米

歷史叢書

PKUL（館藏號缺）

1746 十九世紀之歐洲卷三國際問題/沈熺若著.——上海：中華書局，1931

[4]，428 頁；22 厘米

PKUL（館藏號缺）

1747 十六世紀前之中國與南洋/吳晗著.——出版地不詳：出版者不詳，1936

50 頁；25.9 厘米

清華學報單行本

PKUL（館藏號缺）

附注：

題記：封面有作者題記："適之先生教正。"

1748 十年建設計劃大綱/徐慶譽著.——出版地不詳：出版者不詳，出版年不詳

30 頁；18.5 厘米

PKUL（館藏號缺）

1749 十年來之中國經濟/譚熙鴻主編.——上海：中華書局，1948

2 冊；18.3 厘米

經濟部成立十週年紀念叢刊

PKUL（館藏號缺）

1750 十年來中基會事業的回顧/任鴻雋著.——出版地不詳：出版者不詳，出版年不詳

19—25 頁；26.6 厘米

東方雜誌第三十二卷第七號抽印本

PKUL（館藏號缺）

1751 十七世紀南洋群島航海記兩種/Fryke and Schweitzer 著；黃素封，姚枬譯.——上海：商務印書館，1935

371，4 頁；19 厘米

漢譯世界名著

PKUL（館藏號缺）

附注：

題記：扉頁有譯者題記："適之學前輩正謬，後學黃素封上，廿五年二月廿四日。"

1752 十三號凶宅/徐昌霖編.——出版地不詳：出版者不詳，出版年不詳

57 頁；24.1 厘米

PKUL（館藏號缺）

1753 十三經/著者不詳.——上海：商務印書館，出版年不詳

2 冊；18.9 厘米

PKUL（館藏號缺）

附注：

批注圈劃：上冊 143 頁有胡適批注圈劃；下冊 42 頁有胡適批注圈劃。

摺頁：下冊《左傳》頁 408、428、437 有摺頁。

1754 十三月新曆法/高夢旦著.——上海：商務印書館，1931

3，150 頁；19.2 厘米

PKUL（館藏號缺）

附注：

其他：本書有 2 冊。

1755 什坊院保健院工作年報（1947—48）/鄉村衛生研究會，北大醫療隊編.——出版地不詳：出版者不詳，出版年不詳

44 頁；18.5 厘米

PKUL（館藏號缺）

附注：

印章：封面鈐有"贈閱"朱文印。

題記：封面有鋼筆書"胡校長"。

1756 石闌干/梁思成, 劉致平著. ——北平: 故宮印刷所, 1935

   10, 25 頁; 26.5 厘米

   PKUL（館藏號缺）

1757 石雅/章鴻釗著. ——出版地不詳: 出版者不詳, 出版年不詳

   [14], 348 頁; 25.7 厘米

   PKUL（館藏號缺）

1758 實地社會調查方法/李景漢著. ——北平: 星雲堂書店, 1933

   [14], 419, 51 頁; 25.4 厘米

   PKUL（館藏號缺）

1759 實驗複式教學法/趙清身編. ——北平: 集成印書局, 1937

   [10], 190 頁; 20.5 厘米

   PKUL（館藏號缺）

1760 實驗普通化學/鄭蘭華著. ——上海: 商務印書館, 1934

   3, 153 頁; 22.7 厘米

   大學叢書

   PKUL（館藏號缺）

1761 實業部中央農業實驗所民國二十四年一月至十二月工作報告/實業部中央農業實驗所編. ——出版地不詳: 出版者不詳, 出版年不詳

   148 頁; 26.8 厘米

   PKUL（館藏號缺）

1762 實業部中央農業實驗所最近三個月工作概況民國廿二年十, 十一, 十二三個月/實業部中央農業實驗所編. ——出版地不詳: 出版者不詳, 出版年不詳

   1, 36 頁; 28.7 厘米

   PKUL（館藏號缺）

1763 實用綳帶學/劉兆霖，葛秉仁著.——上海：商務印書館，1936

11，223，[12]頁；22.8 厘米

大學叢書

PKUL（館藏號缺）

附注：

　內附文件：書內夾有商務印書館致胡適書信 4 封。

1764 實用工商統計/林和成著.——上海：商務印書館，1936

[24]，474，29 頁；22.7 厘米

大學叢書

PKUL（館藏號缺）

1765 實用國語文法/王應偉編著.——上海：商務印書館，1920—1921

2 冊；20.6 厘米

PKUL（館藏號缺）

附注：

　印章：上冊封面有胡適簽名"適"。

　批註圈劃：上冊 38 頁有胡適批註圈劃。

　摺頁：上冊第 1 篇頁 15、17、19、22、23、41，第 2 篇頁 3、5、16、26、46 有摺頁；下冊頁 199 有摺頁。

1766 實用理則學八講/陳大齊著.——上海；中國义化服務社，1945

[8]，82 頁；17.8 厘米

青年文庫

PKUL（館藏號缺）

附注：

　題記：題名頁有作者題記："適之先生教正，大齊敬贈。"

　夾紙：書內夾有"陳大齊"名片 1 張。

1767 實用小麥論/金善寶著.——上海：商務印書館，1934

[11], 282 頁；22.6 厘米

大學叢書

PKUL（館藏號缺）

1768 實用心理學要義/鄭康明編著.——上海：亞東圖書館，1924

2, 64 頁；18.2 厘米

PKUL（館藏號缺）

1769 史的唯物論概說/Borchardt 著；汪馥泉譯.——上海：神州國光社，1930

2, 113 頁；18.9 厘米

社會科學名著叢刊

PKUL（館藏號缺）

附注：

印章：扉頁鈐有"思猷"朱文方印。

批注圈劃：書内數處有批注圈劃，似爲胡思猷所作。

1770 史地新論/楊鴻烈著.——北京：晨報社，1924

[12], 152, 90 頁；18.9 厘米

晨報社叢刊

PKUL（館藏號缺）

附注：

題記：封面有作者題記："適之先生批評，後學鴻烈謹贈，一九二四，九，十二日。"

1771 史諱舉例/陳垣著.——北平：燕京大學燕京學報編輯會，1928

537—652 頁；26.2 厘米

PKUL（館藏號缺）

附注：

題記：封内有作者題記："適之先生惠正，著者"；另書脊有胡適朱筆題寫書名"史諱舉例"。

1772 史記白文之部/司馬遷著；顧頡剛,徐文珊點校.——北平：國立北平研究院史學研究會,出版年不詳

　　3冊；26.4厘米

　　PKUL（館藏號缺）

1773 史記十二諸侯年表考證/羅倬漢著.——上海：商務印書館,1943

　　[8],132頁；17.8厘米

　　PKUL（館藏號缺）

1774 史蹟考訪記其一西來初地華林寺/葛定華著.——廣州：國立中山大學文學院史學系,1931

　　63頁；20.6厘米

　　PKUL（館藏號缺）

　　附注：

　　　題記：封面有作者題記："適之先生指正,定華。"

1775 史可法傳/朱文長著.——重慶：商務印書館,1943

　　[7],115頁；17.3厘米

　　PKUL（館藏號缺）

　　附注：

　　　題記：封面有作者題記："適之師賜存,受業朱文長謹呈,卅三,八,廿五,於重慶。"

1776 史料與史學第一本上/全漢昇著.——出版地不詳：獨立出版社,出版年不詳

　　58頁；25.2厘米

　　國立中央研究院歷史語言研究所集刊外編之二抽印本

　　PKUL（館藏號缺）

　　附注：

　　　題記：封面有作者題記："適之師賜正,生全漢昇敬贈,一九四五,二,三。"

1777 史料與史學第一冊上/國立中央研究院歷史語言研究所編.——重慶：獨立出

版社，1944

[4]，218 頁；25.4 厘米

國立中央研究院歷史語言研究所集刊外編

PKUL（館藏號缺）

1778 **史通點煩篇臆補**/洪業著.——出版地不詳：出版者不詳，出版年不詳

149—160 頁；26.6 厘米

史學年報第二卷第二期抽印本

PKUL（館藏號缺）

附注：

夾紙：書內夾有作者贈書條 1 張。

1779 **史學家與科學家**/沙耳非米尼著；周謙冲譯.——上海：商務印書館，1945

2，7，4，1，108 頁；17.5 厘米

漢譯世界名著

PKUL（館藏號缺）

附注：

題記：題名頁有贈書者題記："寄奉謙冲師，英傑，34，5，21 重慶。"

1780 **史學論叢**/北京大學潛社編.——北平：國立北京大學出版組，1934—1935

2 冊；25.1 厘米

PKUL（館藏號缺）

附注：

印章：第 2 冊封面鈐有"潛社"朱文長方印。

題記：第 1 冊封面有編者題記："適之先生指正，潛社敬贈"；第 2 冊封面有潛社題記："適之先生教正。"

1781 **史學通論**/李則綱著.——上海：商務印書館，1935

[9]，194 頁；19 厘米

史地小叢書

PKUL（館藏號缺）

附注：

　　題記：封面有作者題記："適之先生教正，李則綱敬贈，二五，二，一八。"

1782 史學研究會歷史組工作報告/著者不詳.——北平：國立北平研究院總辦事處出版課，1936

　　35 頁；26.7 厘米

　　PKUL（館藏號缺）

1783 史之梯/吳貫因著.——上海：上海聯合書店，1930

　　10，230 頁；18.7 厘米

　　PKUL（館藏號缺）

　　附注：

　　　　夾紙：頁 96、97 間夾有紙條 1 張，上書"錦什方街西養馬營三號，孫蜀丞"。

1784 始祖的誕生與圖騰/李則綱著.——上海：商務印書館，1935

　　1，82 頁；19 厘米

　　百科小叢書

　　PKUL（館藏號缺）

　　附注：

　　　　題記：封面有作者題記："胡適之先生教正，則綱敬贈。"

1785 世界教育的改造/顧毓琇著.——出版地不詳：出版者不詳，出版年不詳

　　19 頁；26.4 厘米

　　PKUL（館藏號缺）

　　附注：

　　　　印章：封面鈐有"顧毓琇印"朱文方印。

　　　　題記：封面有作者題記："敬請指正，顧毓琇。"

1786 世界經濟地理/樊仲雲編.——上海：南強書局，1929

　　4，96 頁；19.1 厘米

　　新社會科學叢書

PKUL（館藏號缺）

附注：

　　印章：扉頁鈐有"思猷"朱文方印。

1787 世界經濟與產業合理化/曾廣勛編著.——上海：社會書店，1932

　　1 冊(10，332，198，2 頁)；20.8 厘米

　　PKUL（館藏號缺）

　　附注：

　　　　題記：題名頁有作者題記："適之先生教正，後學曾廣勛謹獻。"

1788 世界聯邦共和國憲法彙編/著者不詳.——出版地不詳：出版者不詳，出版年不詳

　　2，[374]頁；18.2 厘米

　　PKUL（館藏號缺）

1789 世界史綱/韋爾斯著；向達等譯.——上海：商務印書館，1927

　　2 冊(1，5，21，023，36，5 頁)；22.7 厘米

　　PKUL（館藏號缺）

　　附注：

　　　　批注圈劃：下冊 68 頁有胡適批注圈劃。

　　　　夾紙：上冊頁 162、163 間夾有紙條；下冊頁 532、533，630、631，696、697，700、701，760、761 間夾有紙條。

1790 世界文化合作會討論改進中國教育報告書會議紀錄/陳和銑記述.——上海：世界文化合作中國協會籌備委員會，1933

　　16 頁；21 厘米

　　PKUL（館藏號缺）

1791 世界文化史/桑戴克著；馮雄譯.——上海：商務印書館，1936

　　[39]，678 頁；22.6 厘米

　　大學叢書

PKUL（館藏號缺）

1792 世界文化史/桑戴克著；陳廷璠譯．——重慶：重慶書店，1930

[17]，444 頁；21.8 厘米

文化科學叢書

PKUL（館藏號缺）

附注：

題記：一冊封內有胡適題記："北平伍中老胡同 24"；另一冊扉頁有作者題記："適之先生請校正，學生陳廷璠，一九三〇，十一，十七。"

內附文件：另一冊書內夾有譯者致胡適書信 1 頁。

其他：本書有 2 冊。

1793 世界形勢一覽圖/童世亨，陳鎬基著．——上海：商務印書館，1933

1 冊（1，2，25，52 頁）；26.5 厘米

萬有文庫第一集

PKUL（館藏號缺）

附注：

夾紙：書內夾有萬有文庫卡片 2 張。

1794 世界幼稚時代/克洛特著；俞松笠譯．——上海：商務印書館，1932

4，198 頁；19.1 厘米

PKUL（館藏號缺）

1795 世界語問題/I. G. Kung 著．——出版地不詳：出版者不詳，出版年不詳

16 頁；25.1 厘米

PKUL（館藏號缺）

1796 世界之秘密結社/東方雜誌社編．——上海：商務印書館，1924

76 頁；14.9 厘米

東方文庫

PKUL（館藏號缺）

附注：

　　印章：題名頁鈐有"義門書屋主人王捷三"藍文橢圓印。

1797 世界資本主義國之反俄戰綫/吳仁德著. ——出版地不詳：平凡書店，1929

　　［6］，128 頁；18.6 厘米

　　PKUL（館藏號缺）

　　附注：

　　　批注圈劃：書内多頁有批注圈劃，非胡適所作。

1798 世界最新之憲法/王揖唐譯. ——出版地不詳：出版者不詳，1922

　　［10］，［262］頁；22 厘米

　　PKUL（館藏號缺）

1799 市政概論/金國珍著. ——北平：新民印書局，1941

　　［17］，342，87 頁；23.3 厘米

　　PKUL（館藏號缺）

　　附注：

　　　印章：扉頁鈐有"金國珍"朱文方印。

　　　題記：扉頁有作者題記："敬贈適公校長，並祈指政，受業金國珍，三十六年四月，於舊京。"

　　　内附文件：書内夾有作者致胡適書信 1 封，信封 1 個。

1800 市政原理與方法/孟洛著；宋介譯. ——上海：商務印書館，1933

　　［9］，371，4 頁；22.6 厘米

　　大學叢書

　　PKUL（館藏號缺）

　　附注：

　　　内附文件：書内夾有商務印書館致胡適書信 1 封。

1801 市自治通則草案/市民治促進會擬. ——出版地不詳：出版者不詳，出版年不詳

6 頁；18.8 厘米

PKUL（館藏號缺）

1802 事理學/吳盡我著.——貴陽：國立貴陽師範學院，1947

[6]，136 頁；18.2 厘米

PKUL（館藏號缺）

附注：

題記：其中一冊封面貼有紅紙條，上有作者題記："謹呈適之先生指教。"

內附文件：同一冊書內夾有作者致胡適書信 3 頁。

其他：本書有 3 冊。

1803 室韋攷/方壯猷著.——出版地不詳：出版者不詳，出版年不詳

60 頁；26.1 厘米

PKUL（館藏號缺）

1804 視覺與性美的關係/Havelock Ellis 著；彭兆良譯.——上海：美的書店，1927

3，76 頁；14.9 厘米

新文化性育小叢書

PKUL（館藏號缺）

1805 試辦句容縣人口農業總調查報告/張心一，陶桓棻，莊繼曾著.——出版地不詳：出版者不詳，1934

194 頁；26.3 厘米

PKUL（館藏號缺）

1806 試驗鄉村師範學校概況/著者不詳.——出版地不詳：出版者不詳，1928

2，20 頁；22.1 厘米

PKUL（館藏號缺）

1807 釋悲/著者不詳.——出版地不詳：出版者不詳，出版年不詳

34 頁；24.8 厘米

支那內學院雜刊之一

PKUL（館藏號缺）

1808 釋定海方氏所藏四體字至元通寶錢文/王靜如著.——北平：出版者不詳，1931

277—278 頁；26.3 厘米

國立中央研究院歷史語言研究所集刊第三本第二分抽印本

PKUL（館藏號缺）

附注：

題記：封面有作者題記："適之先生教正，24，12，21。"

1809 釋否定詞"弗""不"/丁聲樹著.——北平：出版者不詳，1934

967—996 頁；26.7 厘米

國立中央研究院歷史語言研究所集刊外編 蔡元培先生六十五歲慶祝論文集抽印本

PKUL（館藏號缺）

附注：

題記：封面有作者題記："適之先生誨正，聲樹敬呈。"

1810 釋墨經中光學力學諸條/錢臨照著.——出版地不詳：出版者不詳，出版年不詳

28 頁；25.3 厘米

李石曾先生六十歲紀念論文集抽印本

PKUL（館藏號缺）

附注：

題記：封面有胡適鉛筆題記："昆明黃公東街十號北平研究院，錢臨照。"

1811 釋書詩之"誕"/吳世昌著.——出版地不詳：出版者不詳，1930

1563—1576 頁；25.9 厘米

燕京學報第八期單行本

PKUL（館藏號缺）

附注：

  題記：封面有作者題記："適之先生教正，吳世昌，June 28，1931。"

1812 釋午/魏建功著.——出版地不詳：出版者不詳，1930

  28 頁；25.4 厘米

  PKUL（館藏號缺）

  附注：

    題記：封面有作者題記："呈適之先生，建功，二〇，二，二四。"

1813 手掌集/辛笛著.——上海：群星出版公司，1948

  116 頁；18.2 厘米

  PKUL（館藏號缺）

1814 首都警察廳復員二周年紀念專刊/首都警察廳編譯室編.——南京：南京美和祥印刷紙號，1947

  [4]，86 頁；25.9 厘米

  PKUL（館藏號缺）

1815 首屆電信紀念日特輯/著者不詳.——出版地不詳：交通部電信總局，1947

  45 頁；25.9 厘米

  PKUL（館藏號缺）

1816 抒情詞選/胡雲翼編.——上海：亞細亞書局，1928

  [13]，94 頁；12.8 厘米

  名家合輯文學小叢書

  PKUL（館藏號缺）

1817 書翰文選/劉萬章編.——出版地不詳：出版者不詳，出版年不詳

  1 冊(1，2，62，40，6，24 頁)；18.7 厘米

  PKUL（館藏號缺）

  附注：

題記:扉頁有作者題記:"敬懇適之先生教正,萬章,二〇,三,十八。"

1818 書名小記/白壽彝著.——北平:國立北平研究院總辦事處出版課,1936

23 頁;26.1 厘米

PKUL(館藏號缺)

1819 書評:Soviet Planning and Labor in Peace and War, Soviet Economy and the War/吳景超著.——出版地不詳:出版者不詳,1947

127—136 頁;25.7 厘米

社會科學第四卷第一期抽印本

PKUL(館藏號缺)

附注:

印章:封面有胡適鋼筆簽名"Hu Shih"。

批注圈劃:書內 6 頁有胡適鋼筆批注圈劃。

1820 書序辨/顧頡剛編集.——北平:樸社,1933

54,6,148 頁;18.8 厘米

辨偽叢刊

PKUL(館藏號缺)

附注:

題記:一冊扉頁有作序者題記:"適之先生誨正,小門生貞信敬贈,卅三,四,十。"

其他:本書有 2 冊。

1821 蔬菜大全/顏綸澤著.——上海:商務印書館,1936

[31],642 頁;22.8 厘米

大學叢書

PKUL(館藏號缺)

1822 蜀漢後主劉禪評/陳登原著.——出版地不詳:出版者不詳,1932

38 頁;26.7 厘米

金陵學報第二卷第一期抽印本

PKUL（館藏號缺）

附注：

印章：封面鈐有"伯瀛登原"朱文方印。

題記：封面有作者題記："適之先生正之,後學登原。"

1823 述陸賈德思想/胡適著.——出版地不詳：出版者不詳,出版年不詳

83—94 頁；26.3 厘米

張菊生先生七十生日紀念論文集抽印本

PKUL（館藏號缺）

附注：

其他：本書有 51 冊。

1824 數理經濟學大綱/麥塔著；胡澤譯.——上海：商務印書館,1935

[7],318 頁；22.7 厘米

大學叢書

PKUL（館藏號缺）

附注：

內附文件：書內夾有商務印書館致胡適書信 2 封。

1825 樹立全馬中醫中心思想/陳習庭著.——檳城：求知廬,1948

5 頁；19.1 厘米

PKUL（館藏號缺）

附注：

印章：封面鈐有"陳習庭"朱文方印。

題記：封面有作者題記："胡博士適之教正,習贈。"

其他：本書有 3 冊。

1826 水滸五十回/施耐庵著；王憶菴重修.——上海：兒童書局,1935

[7],805 頁；19.1 厘米

PKUL（館藏號缺）

附注：

 題記:題名頁有贈書者題記:"適之先生,味辛。"

1827 水經注四十卷/酈道元撰. —— 上海:商務印書館,1936

 3冊;9.3厘米

 四部叢刊初編

 PKUL(SB/981.341/1731.8)

 附注：

  印章:書內鈐有"適之手校"朱文印章。

  批注圈劃:書內多處有胡適批注。

  夾紙:書內夾有胡適朱筆題記1頁。

1828 水經注異聞錄/任松如編. —— 上海：啓智書局,1934

 [33],366頁;18.7厘米

 PKUL（館藏號缺）

1829 水經注疏/楊守敬著. —— 出版地不詳：出版者不詳,出版年不詳

 4,28,2頁;26.5厘米

 史地叢刊

 PKUL（館藏號缺）

1830 水力勘測/著者不詳. —— 出版地不詳：行政院新聞處,1948

 32頁;17.7厘米

 PKUL（館藏號缺）

 附注：

  印章:封面鈐有"行政院新聞處北平辦事處贈閱"朱文圓印。

1831 水力學/張含英著. —— 上海：商務印書館,1936

 [13],411頁;22.8厘米

 大學叢書

 PKUL（館藏號缺）

1832 水泥/東北物資調節委員會研究組編.——出版地不詳：東北物資調節委員會，1947

    2，152 頁；19 厘米

    東北經濟小叢書

    PKUL（館藏號缺）

1833 説阿保機時代的漢城/姚從吾.——出版地不詳：出版者不詳，出版年不詳

    26 頁；25.7 厘米

    國立北京大學國學季刊五卷一號抽印本

    PKUL（館藏號缺）

    附注：

      題記：封面有作者題記："適之先生賜正！學生姚從吾，廿五年四月，北平。"

1834 説文解字/許慎著.——上海：商務印書館，1936

    137 頁；22.7 厘米

    四部叢刊初編縮本 016

    PKUL（館藏號缺）

    附注：

      夾紙：頁 16、17 間夾有紙條；頁 22、23 間夾有"喬辛煐"名片 1 張。

1835 説文解字讀若音訂/陸志韋著.——出版地不詳：出版者不詳，1946

    144 頁；26.2 厘米

    燕京學報第三十期抽印本

    PKUL（館藏號缺）

    附注：

      題記：封面有作者題記："呈適之先生轉莘田先生正，陸志韋裝死説鬼話。"

1836 説羽人/孫作雲著.——出版地不詳：出版者不詳，1947

    47 頁；25.8 厘米

國立瀋陽博物院籌備委員會彙刊第一期單行本

PKUL（館藏號缺）

附注：

　　印章：封面鈐有"孫作雲印"朱文方印。

　　題記：封面有作者題記："胡先生適之教政，後學作雲謹呈。"

1837 說話和寫作/唐天成著.——出版地不詳：建國印務局，1947

17頁；18.9厘米

PKUL（館藏號缺）

附注：

　　印章：封面鈐有"唐天成"朱文方印。

　　題記：封面有作者題記："胡校長適之指正。"

1838 司馬遷年譜/鄭鶴聲編.——上海：商務印書館，1931

4，147頁；19厘米

中國史學叢書

PKUL（館藏號缺）

1839 私立北平協和醫學院簡章/著者不詳.——出版地不詳：出版者不詳，1930

4，36頁；21.5厘米

PKUL（館藏號缺）

1840 私立福建協和學院農村服務部工作報告/私立福建協和學院秘書處編.——出版地不詳：出版者不詳，1935

2，15，[11]頁；19厘米

PKUL（館藏號缺）

1841 私立廣州嶺南大學民國二十三年度蠶病研究工作報告書/嶺南大學編.——廣州：嶺南大學，1935

[2]，[69]頁；26.6厘米

PKUL（館藏號缺）

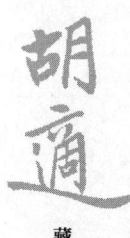

1842 私立廣州嶺南大學民國二十四年度擴大蠶病研究工作請款書/嶺南大學編.——廣州：嶺南大學，1935

3 頁；27.2 厘米

PKUL（館藏號缺）

1843 私立焦作工學院簡明一覽/著者不詳.——出版地不詳：出版者不詳，出版年不詳

1, 38 頁；25.5 厘米

PKUL（館藏號缺）

1844 私立南通學院概況/著者不詳.——出版地不詳：南通學院，1947

23 頁；26.7 厘米

PKUL（館藏號缺）

1845 斯賓塞爾哲學玄言/斯賓塞爾著；饒孟任譯.——北平：京華印書局，1931

[42], 244 頁；22.9 厘米

PKUL（館藏號缺）

1846 斯坦因西域考古記/Sir Aurel Stein 著；向達譯.——上海：中華書局，1946

[11], 300 頁；21.8 厘米

PKUL（館藏號缺）

1847 死水/聞一多著.——上海：新月書店，1928

IV, 91 頁；19.4 厘米

PKUL（館藏號缺）

1848 四部正譌/胡應麟著；顧頡剛校點.——北平：樸社，1929

14, 8, 78 頁；19.4 厘米

辨偽叢刊

PKUL（館藏號缺）

附注:

其他:本書有2冊。

1849 四角號碼國音學生字彙/方毅,馬瀛編.——上海:商務印書館,1928

[24],[282],96頁;13.8厘米

PKUL(館藏號缺)

附注:

題記:題名後頁有胡適毛筆題記:"一橫二垂三點捺。點下帶橫變零頭。叉四插五方塊六,七角八八小是九。"

1850 四庫全書纂修考/郭伯恭著.——長沙:商務印書館,1938

[5],295頁;22.8厘米

PKUL(館藏號缺)

附注:

印章:封面、題名頁鈐有"HU SHIH"藍文印。

1851 四庫提要宣室志考證/葉德禄著.——出版地不詳:出版者不詳,1941

4頁;26.5厘米

輔仁學誌第十卷第一第二合期抽印本

PKUL(館藏號缺)

附注:

印章:封面鈐有"葉德禄"朱文方印。

題記:封面有作者題記:"適之先生教正,後學葉德禄謹呈。"

1852 四庫著錄山西先哲遺書輯目/聶光甫編.——出版地不詳:出版者不詳,出版年不詳

12頁;26.2厘米

PKUL(館藏號缺)

1853 四聲別義釋例/周祖謨著.——出版地不詳:出版者不詳,出版年不詳

37頁;26.2厘米

輔仁學誌第十三卷第一第二合期抽印本

PKUL（館藏號缺）

1854 四十七種宋代傳記綜合引得/引得編纂處編. ——北平：哈佛燕京學社，1939

XXIV, 199 頁；26.2 厘米

PKUL（館藏號缺）

1855 四十自述第一冊/胡適著. ——上海：亞東圖書館，1935

[8], 180 頁；19 厘米

PKUL（館藏號缺）

附注：

其他：本數爲 3 版，有 2 冊。

1856 四十自述第一冊/胡適著. ——上海：亞東圖書館，1947

[8], 179 頁；18.2 厘米

PKUL（館藏號缺）

附注：

其他：本書爲 8 版。

1857 四忠兵略/陳增榮編. ——北京：京華印書局，1926

[4], 26 頁；22.5 厘米

有不爲齋叢書

PKUL（館藏號缺）

1858 松花江下游的赫哲族上冊/凌純聲著. ——南京：國立中央研究院歷史語言研究所，1934

17, 229 頁；26.4 厘米

國立中央研究院歷史語言研究所單刊甲種

PKUL（館藏號缺）

1859 嵩縣唐墓所出鐵剪銅尺及墓誌之攷釋/孫次舟著. ——出版地不詳：出版者不

詳，出版年不詳

54 頁；25.2 厘米

華西金陵齊魯三大學中國文化研究彙刊抽印本

PKUL（館藏號缺）

附注：

題記：封面有作者題記："適之先生誨正。"

內附文件：書內夾有作者致胡適書信 1 頁。

1860 宋代汴洛語音考/周祖謨著. ——出版地不詳：出版者不詳，出版年不詳

66 頁；26.3 厘米

輔仁學誌第十二卷第一第二合期抽印本

PKUL（館藏號缺）

附注：

題記：封面有作者題記："敬乞適之吾師教正。"

1861 宋代之市舶司與市舶條例/藤田豐八著；魏重慶譯. ——上海：商務印書館，1936

1，136 頁；19.1 厘米

史地小叢書

PKUL（館藏號缺）

附注：

題記：題名頁有譯者題記："適之先生指正，魏重慶持贈。"

1862 宋徽宗謀復燕雲之失敗/陳樂素著. ——出版地不詳：出版者不詳，出版年不詳

48 頁；26.4 厘米

輔仁學誌四卷一期抽印本

PKUL（館藏號缺）

附注：

題記：一冊封面有作者題記："適之老伯教"；另一冊封面有作者題記："適之先生教。"

其他：本書有 2 冊。

1863 宋金元諸宮調考/鄭振鐸著.——出版地不詳：出版者不詳，出版年不詳

78 頁；26.3 厘米

燕京大學文學年報第一期抽印本

PKUL（館藏號缺）

附注：

題記：封面有作者題記："適之先生教正，鄭振鐸，二十一，七，三十一。"

1864 宋刻本魏了翁周易集義跋/葉德禄著.——出版地不詳：出版者不詳，1940

2 頁；26.6 厘米

輔仁文苑第三輯抽印本

PKUL（館藏號缺）

附注：

印章：封面鈐有"葉德禄"朱文方印。

題記：封面有作者題記："適之先生指正，後學葉德禄謹呈。"

1865 宋六十名家詞/毛子晉編；施蟄存校點.——上海：上海雜誌公司，1935

2 集；18.5 厘米

中國文學珍本叢書

PKUL（館藏號缺）

附注：

其他：本書分甲、乙 2 集，胡適藏書有甲集 2 冊，乙集 1 冊。

1866 宋末通貨膨脹及其對於物價的影響/全漢昇著.——出版地不詳：出版者不詳，出版年不詳

201—230 頁；27.5 厘米

PKUL（館藏號缺）

附注：

題記：封面有作者題記："適之師賜正，生漢昇敬贈，一九四五，二，三。"

1867 宋詩紀事著者引得/引得編纂處編.——北平：哈佛燕京學社，1934

XVIII，127 頁；26.5 厘米

PKUL（館藏號缺）

1868 宋史職官志考正/鄧廣銘著.——出版地不詳：出版者不詳，出版年不詳

529—682 頁；26.6 厘米

國立中央研究院歷史語言研究所集刊抽印本

PKUL（館藏號缺）

1869 宋亡後仕元之儒學教授/周祖謨著.——出版地不詳：出版者不詳，出版年不詳

24 頁；26 厘米

輔仁學誌第十四卷第一第二合期抽印本

PKUL（館藏號缺）

1870 宋玉/陸侃如編.——上海：亞東圖書館，1929

[8]，142，62，82 頁；18.8 厘米

PKUL（館藏號缺）

附注：

題記：題名頁有作者題記："適之先生正。"

1871 宋元明清儒學年表/今關壽麿編.——東京：神田印刷所，1919

2，218 頁；22.6 厘米

PKUL（館藏號缺）

附注：

題記：扉頁有胡適題記："著者贈我的。十一，八，廿六。"

夾紙：書內夾有卡片 1 張。

1872 宋元明思想學術文選第一輯/黎錦熙編.——北平：京城印書局，1933

14，[156]頁；23.2 厘米

PKUL（館藏號缺）

1873 宋元南戲百一錄/錢南揚著. ——北平：哈佛燕京學社，1934

［8］，246 頁；26.3 厘米

燕京學報專號

PKUL（館藏號缺）

附注：

　　印章：封面鈐有"南"、"揚"朱文方印。

　　題記：封面有作者題記："適之先生誨正，學生錢南揚謹呈。"

1874 宋元戲曲史/王國維著. ——上海：商務印書館，出版年不詳

［4］，199 頁；18.8 厘米

文藝叢刻甲集

PKUL（館藏號缺）

附注：

　　印章：封面鈐有"洪熙"朱文長方印。

1875 宋元以來俗字譜/劉復，李家瑞編. ——北平：國立中央研究院歷史語言研究所，1930

［14］，137 頁；27.7 厘米

PKUL（館藏號缺）

附注：

　　內附文件：書內夾有國立中央研究院歷史語言研究所致胡適書信1頁。

1876 宋之外交/謝詒徵編. ——上海：漢文正楷印書局，1935

［3］，87 頁；22.3 厘米

PKUL（館藏號缺）

附注：

　　題記：題名頁後頁有贈書者題記："夏天的工作，請你冬天看看，你要發燒，你要打戰，希望你出一身大汗。擬適之先生白話詩，即題以贈，方震。"

　　批注圈劃：書內9頁有胡適批注圈劃。

1877 蘇達工業/著者不詳. ——天津：天津永利制鹼公司編輯部，1929

[12]，182 頁；25.6 厘米

PKUL（館藏號缺）

1878 蘇俄最近實況/Pane Haensel 著；李百強譯. ——上海：新聲通訊社出版部，1932

[17]，284 頁；19 厘米

PKUL（館藏號缺）

附注：

題記：封面有作者題記："適之先生惠存，李百強敬贈。"

1879 蘇聯國家工業化及農業集體化/蘇聯大使館新聞處編. ——南京：蘇聯大使館新聞處，1947

1，170 頁；18.1 厘米

PKUL（館藏號缺）

1880 蘇聯外交政策/蘇聯大使館新聞處編. ——南京：蘇聯大使館新聞處，1947

103 頁；17.9 厘米

PKUL（館藏號缺）

附注：

其他：本書有 2 冊。

1881 蘇聯五年計畫概論/G. Grinko 著；沈君實譯. ——出版地不詳：國際文化學會，1932

[28]，404 頁；22.1 厘米

國際文化學會叢書

PKUL（館藏號缺）

附注：

題記：題名頁有作者題記："適之先生指正，作者贈"；另有胡適題記："石駙馬 22。"

1882 蘇秦張儀/呂思勉著.——上海：中華書局，1918

1，106 頁；18.8 厘米

學生叢書

PKUL（館藏號缺）

1883 蘇維埃文化建設五年計劃/梁子青譯.——北平：文化學社，1932

[14]，332 頁；18.6 厘米

PKUL（館藏號缺）

附注：

題記：題名頁有譯者題記："亦周兄存念，弟子青持贈，二二，三，三。"

1884 蘇維埃政權對勞動者的貢獻/蘇聯大使館新聞處編.——南京：蘇聯大使館新聞處，1947

97 頁；18.1 厘米

PKUL（館藏號缺）

附注：

其他：本書有 3 冊。

1885 蘇學士文集/蘇舜欽著.——上海：商務印書館，1936

125 頁；22.7 厘米

四部叢刊初編縮本 179

PKUL（館藏號缺）

附注：

批注圈劃：書內 2 頁有胡適批注圈劃。

1886 蘇粵的婚喪/顧頡剛，劉萬章述.——廣州：國立中山大學語言歷史學研究所，1928

[5]，74 頁；21.1 厘米

民俗學會小叢書

PKUL（館藏號缺）

1887 蘇州風俗/周振鶴編.——廣州：國立中山大學語言歷史學研究所，出版年不詳

[7]，94 頁；21.4 厘米

民俗學叢書

PKUL（館藏號缺）

1888 俗文與變文/鄭振鐸著.——出版地不詳：出版者不詳，出版年不詳

47—104 頁；22.4 厘米

PKUL（館藏號缺）

附注：

題記：封面有作者題記："適之先生指正，鄭振鐸，十七，十二，十一。"

1889 隋唐文學批評史/羅根澤編著.——重慶：商務印書館，1943

5，151 頁；21.1 厘米

中央大學文學叢書

PKUL（館藏號缺）

1890 綏靖紀實/謝聲溢，路家榜，李兆垣，吳敬模編.——出版地不詳：出版者不詳，出版年不詳

[14]，285，7 頁；20.5 厘米

PKUL（館藏號缺）

附注：

題記：封面有毛筆題記："國府參事處。"

1891 綏遠概況/綏遠省政府編.——出版地不詳：綏遠省政府，1933

2 冊；23.2 厘米

PKUL（館藏號缺）

1892 碎鞋詩集/臧亦蘧著.——北平：北平市社會局第一習藝工廠，1932

178 頁；19.1 厘米

PKUL（館藏號缺）

1893 孫文學説卷一/孫文著．——上海：亞東圖書館，1919

[8]，216 頁；12.8 厘米

PKUL（館藏號缺）

附注：

　　印章：封面鈐有"胡思永印"、"思永"朱文方印。

　　批注圈劃：書內數頁有圈劃。

1894 孫文主義之哲學的基礎/戴季陶著．——上海：民智書局，1927

68 頁；18.4 厘米

PKUL（館藏號缺）

1895 孫憲精義/孫會源著．——出版地不詳：出版者不詳，出版年不詳

19 頁；25.4 厘米

民族雜誌第二卷第五期抽印本

PKUL（館藏號缺）

附注：

　　題記：封面有作者題記："適之教授斧正，學生何會源謹贈。"

1896 孫中山全集上/孫中山著．——上海：三民公司，出版年不詳

[56]，[903]頁；19.2 厘米

PKUL（館藏號缺）

附注：

　　批注圈劃：書內 5 頁有胡適圈劃。

1897 孫總理忠實同志老黨員敬告全國同胞書/著者不詳．——出版地不詳：出版者不詳，1933

33 頁；25.8 厘米

PKUL（館藏號缺）

1898 縮本四部叢刊初編書録/著者不詳.——上海：商務印書館，1936

2，134 頁；22.7 厘米

四部叢刊初編縮本

PKUL（館藏號缺）

附注：

印章：扉頁、叢書題名頁各鈐有"適"朱文橢圓印。

題記：扉頁有胡適題記："客中無書，蒙元任兄把這部縮本《四部叢刊》初編讓給我，其恩德真不止解衣推食而已。今天他把書寄到，我打電報給他説：'I feel as rich as an Indian Maharaja. A thousand thanks！'一九四三，四，十九，胡適。"

批注圈劃：書内多處有胡適圈劃，2 頁有胡適批注。

1899 所得税論/Edwin R. A. Seligman 著；杜俊東譯.——上海：商務印書館，1933

[3]，45 頁；19 厘米

PKUL（館藏號缺）

附注：

題記：封面有作者題記："適之先生教政，後學杜俊東謹贈，十二，四。"

1900 她的肖像/加藤武雄著；葉作舟譯.——上海：開華書店，1931

[12]，454 頁；18.9 厘米

新時代文藝叢書

PKUL（館藏號缺）

1901 臺灣的租佃制度/瞿明宙著.——上海：出版者不詳，1931

28 頁；21.3 厘米

國立中央研究院社會科學研究所農村經濟參考資料

PKUL（館藏號缺）

1902 臺灣肥料有限公司暨所屬各廠概況/著者不詳.——出版地不詳：出版者不詳，1948

7，8 頁；24 厘米

PKUL（館藏號缺）

1903 苔痕集/高山著.——上海：景行社，1933

[6]，86 頁；18.7 厘米

PKUL（館藏號缺）

1904 臺基/梁思成，劉致平著.——北平：故宮印刷所，1935

8，8，25 頁；26.5 厘米

建築設計參考圖集

PKUL（館藏號缺）

1905 臺灣半月記/江庸著.——出版地不詳：出版者不詳，出版年不詳

34 頁；23.8 厘米

PKUL（館藏號缺）

1906 臺灣地質文獻目錄/顏滄波，何春蓀，陳培源編.——臺北：臺灣省地質調查所，1947

58 頁；30.1 厘米

PKUL（館藏號缺）

附注：

印章：封面鈐有"贈閱"、"請交換"藍文長方印。

1907 臺灣交通統計彙報/臺灣省政府交通處編.——臺北：臺灣省政府交通處，1948

10，246 頁；29.6 厘米

PKUL（館藏號缺）

附注：

其他：本書有 2 冊。

1908 臺灣民政第二輯/臺灣省政府民政廳編.——出版地不詳：東南印書館，1948

6，423 頁；21.2 厘米

PKUL（館藏號缺）

1909 臺灣民眾的悲哀/東方問題研究會編.——北平：新亞洲書局，1930

　　1冊(2, 3, 5, 57頁)；18.9厘米

　　東方問題研究會叢書

　　PKUL（館藏號缺）

　　附注：

　　　　題記：扉頁有編譯者題記："呈獻與臺灣有多少關係底適之先生教正，編譯者敬贈。一九三一，五，一〇。"

1910 臺灣情歌集/謝雲聲編.——廣州：國立中山大學語言歷史學研究所，1928

　　17, 101頁；20.8厘米

　　PKUL（館藏號缺）

1911 臺灣省第一屆全省教育會議實錄/臺灣省政府教育廳編.——臺北：臺灣省政府教育廳，1948

　　2, 104頁；18.2厘米

　　PKUL（館藏號缺）

1912 臺灣省教育要覽/臺灣省政府教育廳編.——臺北：臺灣省政府教育廳，1947

　　1, 47頁；18.2厘米

　　PKUL（館藏號缺）

1913 臺灣省接收委員會日產處理委員會結束總報告/臺灣省接收委員會日產處理委員會編.——臺灣：臺灣印刷紙業公司，1947

　　3, 177頁；25.7厘米

　　PKUL（館藏號缺）

　　附注：

　　　　其他：扉頁貼有紙條，上書"臺灣省日產清理審議委員會惠贈"。

1914 臺灣省立農學院概況/著者不詳.——出版地不詳：出版者不詳，1947

40頁；21.9厘米

PKUL（館藏號缺）

附注：

內附文件：書內夾有贈書者書信1封。

1915 臺灣省五十一年來統計提要/臺灣省行政長官公署統計室編.——臺北：臺灣省行政長官公署統計室，1946

[16]，1384頁；25.8厘米

PKUL（館藏號缺）

附注：

印章：扉頁鈐有"李植泉印"朱文方印。

題記：扉頁有編者題記："適之校長指正，臺灣省政府統計長，李植泉敬贈，卅七年五月。"

1916 臺灣省之米穀與肥料/善後救濟總署臺灣分署經濟技正室編.——出版地不詳：善後救濟總署臺灣分署經濟技正室，出版年不詳

2，46頁；30厘米

PKUL（館藏號缺）

1917 臺灣省主要經濟統計/善後救濟總署臺灣分署經濟技正室編.——出版地不詳：善後救濟總署臺灣分署經濟技正室，1946

4，107頁；30.7厘米

PKUL（館藏號缺）

1918 臺灣通史/連雅堂著.——臺北：臺北印刷株式會社，1920

3冊(1154頁)；22.5厘米

PKUL（館藏號缺）

附注：

內附文件：上冊書內夾有作者致胡適書信1封。

1919 臺灣統計地圖/臺灣省行政長官公署統計室編.——臺北：臺灣省行政長官公

署統計室，出版年不詳

[2],[174]頁;26厘米

PKUL（館藏號缺）

1920 臺灣之煤礦/陳百藥著.——出版地不詳:出版者不詳,1948

34頁;29.7厘米

PKUL（館藏號缺）

1921 太極正宗附太極正宗銓真/吳志青著.——昆明:雲南印刷局,1943

1冊([8],102,[8],72頁);18.8厘米

尚武樓叢書

PKUL（館藏號缺）

1922 太平廣記篇目及引書引得/鄧嗣禹編.——北平:哈佛燕京學社,1934

XLII, 60, 43頁;26.1厘米

PKUL（館藏號缺）

1923 太平軍廣西首義史/簡又文著.——上海:商務印書館,1946

21, 317頁;20.5厘米

PKUL（館藏號缺）

附注：

印章:封內鈐有"簡又文"朱文方印。

題記:封內有作者題記:"適之先生正誤,簡又文寄贈,卅六、七、廿八,自廣東文獻館。"

1924 太平天國官書補編敘錄/王重民著.——出版地不詳:出版者不詳,1936

6頁;25.3厘米

國立北平圖書館館刊十卷六號抽印本

PKUL（館藏號缺）

1925 太平天國前後長江各省之田賦問題/夏鼐著.——出版地不詳:出版者不詳,

1935

66 頁;25.8 厘米

清華學報單行本

PKUL（館藏號缺）

附注：

題記:封面有作者題記:"適之先生教正。"

1926 太平天國史綱/羅爾綱著.——上海：商務印書館,1937

[15],134 頁;22.8 厘米

PKUL（館藏號缺）

附注：

題記:扉頁有作者題記:"敬呈師賜閱,學生羅爾綱呈。"

1927 太平御覽引得/引得編纂處編.——北平：哈佛燕京學社,1935

XCVIII, 261 頁;26.3 厘米

PKUL（館藏號缺）

附注：

其他:本書有 2 冊。

1928 太史公書亡篇考/余嘉錫著.——出版地不詳：出版者不詳,1947

92 頁;26.3 厘米

輔仁學誌第十五卷第一二合期抽印本

PKUL（館藏號缺）

附注：

題記:封面有作者題記:"適之先生糾謬,弟余嘉錫呈稿。"

1929 太虛法師文鈔初集/太虛法師著.——上海：中華書局,1927

3 編;20.4 厘米

PKUL（館藏號缺）

1930 太一攷/錢寶琮著.——出版地不詳：出版者不詳,1932

2449—2478 頁；25.8 厘米

燕京學報第十二期單行本

PKUL（館藏號缺）

附注：

　　印章：封面鈐有"寶琮贈閱"朱文方印。

1931 談丹崖先生紀念冊/著者不詳．——出版地不詳：出版者不詳，出版年不詳

　　1 冊（2,17,5,6,4,7,6,4,3,4,3,4,4,2,8,3,128 頁）；27.9 厘米

　　PKUL（館藏號缺）

1932 談虎集/周作人著．——上海：北新書局，1928

　　2 冊（624 頁）；19.8 厘米

　　PKUL（館藏號缺）

1933 談龍集/周作人著．——上海：開明書店，1931

　　310 頁；19 厘米

　　PKUL（館藏號缺）

1934 譚友夏合集/譚元春著；阿英校點．——上海：上海雜誌公司，1935

　　4，392 頁；18.6 厘米

　　中國文學珍本叢書

　　PKUL（館藏號缺）

1935 湯晉遺著/湯晉著；徐緒昌編校．——[北平？]：首都京華印書館，1936

　　[6]，154，73 頁；19.5 厘米

　　PKUL（館藏號缺）

附注：

　　與胡適的關係：封面有胡適題寫書名；書內有胡適作序。

1936 唐代波羅毬戲考/羅香林著．——出版地不詳：出版者不詳，出版年不詳

　　107—126 頁；26.7 厘米

暨南學報第一卷第一號抽印本

PKUL（館藏號缺）

附注：

　　題記：封面有作者題記："適之先生教正，後學羅香林敬呈。"

1937　**唐代地方行政史**/黃綬編著.——北京：永華印刷局，1927

[30]，[456]頁；25.5 厘米

PKUL（館藏號缺）

1938　**唐代胡商與珠寶**/葉德祿著.——出版地不詳：出版者不詳，1947

93—118 頁；26.3 厘米

輔仁學誌第十五卷第一第二合期抽印本

PKUL（館藏號缺）

附注：

　　題記：封面有作者題記："適之先生教正，後學葉德祿。"

1939　**唐代經濟景況的變動**/陶希聖著.——出版地不詳：出版者不詳，出版年不詳

139—152 頁；26.3 厘米

張菊生先生七十生日紀念論文集抽印本

PKUL（館藏號缺）

附注：

　　題記：封面有作者題記："適之先生，著者。"

1940　**唐代文獻叢考**/萬斯年編譯.——上海：開明書店，1947

III，120 頁；18.2 厘米

PKUL（館藏號缺）

附注：

　　題記：題名頁有作者題記："適之先生教正，後學萬斯年敬贈。"

1941　**唐代藝術的特徵**/滕固著.——出版地不詳：出版者不詳，出版年不詳

18 頁；25.1 厘米

文藝叢刊抽印本

PKUL（館藏號缺）

附注：

  題記：封面有作者題記："適之先生誤正,固,八,七。"

1942 唐帝誕辰祝賀考/葉德祿著.——出版地不詳：出版者不詳,1930

  20 頁；26.6 厘米

  輔仁學誌第九卷第一期抽印本

  PKUL（館藏號缺）

  附注：

    印章：封面鈐有"葉德祿"朱文方印。

    題記：封面有作者題記："適之先生教正,後學葉德祿呈。"

1943 唐人辨偽集語/張西堂輯點.——北平：樸社,1935

  20,18,102 頁；18.8 厘米

  辨偽叢刊

  PKUL（館藏號缺）

  附注：

    題記：題名頁有作者題記："適之先生教正,張西堂敬貽。"

1944 唐詩紀事著者引得/引得編纂處編.——北平：哈佛燕京學社,1934

  XII,15 頁；26.5 厘米

  PKUL（館藏號缺）

1945 唐詩綜論/許文玉著.——出版地不詳：出版者不詳,出版年不詳

  1 冊(4,98,16,2 頁)；20.1 厘米

  中國詩歌史研究叢刊

  PKUL（館藏號缺）

  附注：

    題記：封面有作者題記："適之夫子教正,受業許文玉敬呈。"

1946 唐宋傳奇集/魯迅校録.——上海：魯迅全集出版社，1941

  336 頁；18.2 厘米

  魯迅三十年集

  PKUL（館藏號缺）

1947 唐宋兩系韵書體制之演變/魏建功著.——出版地不詳：出版者不詳，1932

  30 頁；25.5 厘米

  國立北京大學國學季刊三卷一號抽印本

  PKUL（館藏號缺）

  附注：

    題記：封面有作者題記："呈適之先生誨正，建功。"

1948 唐寫本大方廣佛華嚴經廻向品殘卷校記/劉厚滋著.——北平：國立北平研究院總辦事處出版課，1936

  4 頁；26.9 厘米

  PKUL（館藏號缺）

1949 塘沽工人調查/林頌河著.——北平：北平社會調查所，1930

  2，286 頁；25.3 厘米

  社會研究叢刊

  PKUL（館藏號缺）

1950 塘沽新港工程二年來進展概況/邢契莘編著.——出版地不詳：交通部塘沽新港工程局，出版年不詳

  10 頁；19 厘米

  PKUL（館藏號缺）

1951 陶菴夢憶/張宗子著；張静廬校點.——上海：上海雜誌公司，1936

  [8]，88 頁；18.8 厘米

  中國文學珍本叢書

  PKUL（館藏號缺）

1952 陶集考辨/郭紹虞著.——出版地不詳：出版者不詳，1936

25—84 頁；26.3 厘米

燕京學報第二十期單行本

PKUL（館藏號缺）

附注：

題記:封面有作者題記:"適之先生教正,生紹虞敬贈。"

1953 陶淵明/梁啓超著.——上海：商務印書館，1927

1，119 頁；19.1 厘米

國學小叢書

PKUL（館藏號缺）

1954 陶淵明年譜中之問題/朱自清著.——出版地不詳：出版者不詳，1934

38 頁；25.7 厘米

清華學報第九卷第三期單行木

PKUL（館藏號缺）

附注：

題記:封面有作者題記:"適之師教正,學生朱自清。"

1955 陶淵明批評/蕭望卿著.——上海：開明書店，1947

VII，82 頁；18.2 厘米

PKUL（館藏號缺）

附注：

題記:封面有作者題記:"呈適之先生。"

內附文件:書內夾有沈從文致胡適書信 1 頁。

1956 討論實施義務教育方案報告/著者不詳.——出版地不詳：出版者不詳，出版年不詳

4 頁；28.5 厘米

PKUL（館藏號缺）

1957 特克諾克拉西/林伯修著.——上海：良友圖書印刷公司，1933

　　55 頁；12.9 厘米

　　一角叢書

　　PKUL（館藏號缺）

1958 特殊兒童/劉鈞編譯.——天津：百城書局，1931

　　[5]，120 頁；20.9 厘米

　　PKUL（館藏號缺）

1959 提案及書面意見補篇/國民大會秘書處編.——出版地不詳：國民大會秘書處，出版年不詳

　　8，[44]頁；18 厘米

　　PKUL（館藏號缺）

1960 題畫詩選/王青芳，賈仙洲選編.——北平：外交月報印刷所，1936

　　20，284 頁；18.7 厘米

　　PKUL（館藏號缺）

1961 體育救國建議書/李仲三著.——出版地不詳：出版者不詳，1937

　　[12]，174 頁；23.1 厘米

　　PKUL（館藏號缺）

　　附注：

　　　印章:封面鈐有"李仲三印"朱文方印。

　　　題記:封面有作者題記："適之校長教正,李仲三敬贈,三五,八,九。"

　　　夾紙:書內夾有作者名片 1 張。

1962 天鵝集/朱溪著.——上海：人間書店，1928

　　108 頁；18.1 厘米

　　PKUL（館藏號缺）

　　附注：

題記:扉頁有作者題記:"寄適之先生,朱溪,一九二八,十一月廿六,北平。"

1963 天津的經濟地位/李洛之,聶湯谷編著.——天津:協和印刷股份有限公司,1948

6,364,31頁;26.1厘米

PKUL(館藏號缺)

附注:

題記:封內有贈書者題記:"胡校長指正,矢野春隆謹贈,中華民國三十七年五月十六日。"

1964 天津地毯工業/方顯廷編.——天津:南開大學社會經濟研究委員會,1930

[6],101頁;26厘米

工業叢刊

PKUL(館藏號缺)

1965 天津華北製革公司卅周年紀念專刊/著者不詳.——出版地不詳:出版者不詳,出版年不詳

[24]頁;25.1厘米

PKUL(館藏號缺)

1966 天津特別市第四區民教館概況/著者不詳.——出版地不詳:出版者不詳,1939

[4],26頁;22.3厘米

PKUL(館藏號缺)

1967 天津益世報登載立法院憲法草案委員會規定之憲法原則全文/著者不詳.——出版地不詳:北平市研究憲法草案聯合會,出版年不詳

8頁;25.7厘米

PKUL(館藏號缺)

1968 天津針織工業/方顯廷著.——天津:南開大學經濟學院,1931

[4],86 頁;25.9 厘米

工業叢刊

PKUL（館藏號缺）

附注:

夾紙:書內夾有南開大學經濟學院贈書卡 1 張。

1969 天理教祖/天理教海外傳道部編.——出版地不詳:天理教教廳印刷所,1932

131 頁;19.3 厘米

PKUL（館藏號缺）

附注:

印章:扉頁鈐有"菱川"朱文橢圓印。

題記:扉頁有贈書者題記:"胡適之先生惠存,弟菱川八郎敬贈。"

1970 天山南路的雨水/劉衍淮著.——出版地不詳:出版者不詳,出版年不詳

10 頁;25.6 厘米

西北科學考察團叢刊

PKUL（館藏號缺）

1971 天壇所藏編鐘編磬音律之鑑定/劉復.——出版地不詳:出版者不詳,1932

2 頁;25.6 厘米

國立北京大學國學季刊三卷二號抽印本

PKUL（館藏號缺）

附注:

題記:封面有作者題記:"適之先生教,弟復,廿二年三月一日。"

1972 天問/李曼瑰著.——出版地不詳:出版者不詳,1945

120 頁;18.3 厘米

PKUL（館藏號缺）

1973 天問"阻窮西征"新解/唐蘭著.——出版地不詳:出版者不詳,出版年不詳

55—60 頁；26.2 厘米

禹貢半月刊第七卷第一二三合期單行本

PKUL（館藏號缺）

附注：

 題記：封面有作者題記："適之先生教之，後學唐蘭。"

1974 天竺遊踪瑣記/李樹青著.——上海：商務印書館，1948

 [13]，208 頁；17.7 厘米

 PKUL（館藏號缺）

 附注：

  與胡適的關係：封面有胡適題籤。

1975 田賦附加稅調查/中央大學經濟資料室編.——上海：商務印書館，1935

 [8]，369 頁；22.8 厘米

 行政院農村復興委員會叢書

 PKUL（館藏號缺）

1976 條約論/吳昆吾著.——上海：商務印書館，1933

 [9]，206，10 頁；22.6 厘米

 大學叢書

 PKUL（館藏號缺）

1977 鐵煤及石油/吳半農著.——北平：社會調查所，1932

 VII，69 頁；23.1 厘米

 中國經濟發展問題

 PKUL（館藏號缺）

1978 鐵路工程論文索引/國立北平圖書館索引組編.——北平：北京書局，1937

 [21]，174 頁；21 厘米

 PKUL（館藏號缺）

1979 鐵路管理學/趙傳雲著. ——上海：商務印書館, 1934

[14], 311 頁; 22.8 厘米

大學叢書

PKUL（館藏號缺）

1980 鐵路貨運業務/沈奏廷著. ——上海：商務印書館, 1935

13, 292 頁; 22.6 厘米

大學叢書

PKUL（館藏號缺）

1981 鐵路選綫及計劃學第二冊鐵路動力與列車運動/王竹亭編著. ——南京：正中書局, 1948

2, 336 頁; 20.6 厘米

大學用書

PKUL（館藏號缺）

附註：

印章：題名頁鈐有"王竹亭印"朱文方印。

題記：題名頁有作者題記："適之先生賜正，著者敬贈，十一，七。"

1982 鐵路運價之理論與實際/沈奏廷著. ——上海：商務印書館, 1935

2, 178 頁; 22.7 厘米

大學叢書

PKUL（館藏號缺）

1983 鐵馬集/陳夢家著. ——上海：開明書店, 1934

[6], 98, 11 頁; 18.9 厘米

PKUL（館藏號缺）

附註：

題記：扉頁有作者題記："適之先生教正，夢家敬贈。"

1984 亭林詩文集亭林餘集/顧炎武著. ——上海：商務印書館, 1936

141，18 頁；22.8 厘米

四部叢刊初編縮本 339

PKUL（館藏號缺）

附注：

批注圈劃：書內 37 頁有胡適批注圈劃。

1985 通貨澎漲與歲計/陳岱孫著.——出版地不詳：出版者不詳，1936

26 頁；26 厘米

國立清華大學社會科學第一卷第三期單行本

PKUL（館藏號缺）

1986 通鑑胡注表微上/陳垣著.——出版地不詳：出版者不詳，1945

2，140 頁；26 厘米

輔仁學誌第十三卷第一二合期抽印本

PKUL（館藏號缺）

附注：

題記：封面有作者題記："適之先生正。"

1987 通鑑胡注表微下/陳垣著.——出版地不詳：出版者不詳，出版年不詳

141—288，2 頁；26.1 厘米

輔仁學誌第十四卷第一二合期抽印本

PKUL（館藏號缺）

附注：

題記：封面有作者題記："適之先生正。"

1988 通史新義/何炳松著.——上海：商務印書館，1933

[23]，226 頁；22.6 厘米

大學叢書

PKUL（館藏號缺）

附注：

夾紙：書內夾有處方 1 張。

1989 統計表中之上海/羅志如著.——南京：國立中央研究院，1932

XIV，143，VI 頁；26.6 厘米

國立中央研究院社會科學研究所集刊

PKUL（館藏號缺）

1990 投資數學/褚鳳儀著.——上海：商務印書館，1936

5，582 頁；22.8 厘米

大學叢書

PKUL（館藏號缺）

1991 投資心得/席鳴九著.——出版地不詳：出版者不詳，出版年不詳

2，18 頁；22.7 厘米

PKUL（館藏號缺）

1992 突厥文回紇英武威遠毗伽可汗碑譯釋/王靜如著.——北平：出版者不詳，1938

56 頁；26.4 厘米

輔仁學誌第七卷第一二合期抽印本

PKUL（館藏號缺）

附注：

題記：封面有胡適朱筆題記："和內前細瓦廠四號，電三、五九二，傅宅轉。"

夾紙：書內夾有"王靜如"名片 1 張，上書"和內前細瓦廠四號，電三、五九二，傅宅轉"。

1993 突厥文闕特勒勤碑譯註/韓儒林譯註.——北平：國立北平研究院總辦事處出版課，1935

26 頁；26.3 厘米

PKUL（館藏號缺）

1994 屠倭實記/著者不詳. ——出版地不詳：韓人愛國團，1932

[1], 33 頁；26.4 厘米

PKUL（館藏號缺）

1995 土地經濟論/河田嗣郎著；李達，陳家瓚譯. ——上海：商務印書館，1933

[5], 323 頁；22.8 厘米

大學叢書

PKUL（館藏號缺）

1996 土地問題/向乃祺著. ——北平：中華印字館，1931

[16], 410 頁；22.2 厘米

PKUL（館藏號缺）

附注：

內附文件：頁 144、145 間夾有作者致胡適書信 1 頁。

1997 土地問題與土地法/吳尚鷹著. ——上海：商務印書館，1935

[8], 187 頁；22.7 厘米

大學叢書

PKUL（館藏號缺）

1998 土壤調查標準/藍夢九著. ——南京：京華印書館，1937

[10], 162 頁；22.7 厘米

PKUL（館藏號缺）

1999 土壤工作十五年/熊毅著. ——出版地不詳：經濟部中央地質調查所，出版年不詳

143—162 頁；26.5 厘米

土壤季刊五卷三期抽印本

PKUL（館藏號缺）

2000 土壤學/劉和著. ——上海：商務印書館，1935

2 冊；22.8 厘米

大學叢書

PKUL（館藏號缺）

2001 推孟氏訂正比納西蒙智力測驗/ Lewis M. Terman 著；華超譯.——上海：商務印書館，1924

2 冊(4，16，484，11 頁)；19.1 厘米

世界叢書

PKUL（館藏號缺）

2002 托爾斯泰短篇軼事集/Leo Tolstoy 著；樊兆庚注釋.——上海：中華書局，1935

[4]，320 頁；19 厘米

英文文學叢書

PKUL（館藏號缺）

附注：

批注圈劃：目錄頁有鉛筆圈劃。

2003 外交政策論及其他/吳頌皋著.——上海：黎明書局，1934

[3]，136 頁；19.5 厘米

PKUL（館藏號缺）

2004 外人在華的新聞事業/趙敏恒著.——出版地不詳：中國太平洋國際學會，1932

80 頁；24.1 厘米

中國太平洋會議叢書

PKUL（館藏號缺）

2005 外人在華礦業之投資/謝家榮，朱敏章著；中國太平洋國際學會譯.——出版地不詳：中國太平洋國際學會，1932

48 頁；24.3 厘米

中國太平洋國際學會叢書

PKUL（館藏號缺）

2006 外人在華沿岸及內河航行權/鮑明鈐著；中國太平洋國際學會譯.——出版地不詳：中國太平洋國際學會，1932

26 頁；24.3 厘米

中國太平洋國際學會叢書

PKUL（館藏號缺）

2007 外套/果戈理著；韋漱園譯.——北平：未名社出版部，1929

73 頁；19.3 厘米

未名叢刊

PKUL（館藏號缺）

2008 晚唐五代文學批評史/羅根澤編著.——重慶：商務印書館，1945

3，69 頁；20 厘米

中央大學文學叢書

PKUL（館藏號缺）

2009 晚香堂小品/陳繼儒著；施蟄存校點.——上海：上海雜誌公司，1936

2 冊(34，464 頁)；18.4 厘米

中國文學珍本叢書

PKUL（館藏號缺）

2010 晚周諸子反古考/羅根澤著.——出版地不詳：出版者不詳，1935

39 頁；25.9 厘米

師大月刊第二十二期抽印本

PKUL（館藏號缺）

附注：

題記：封面有作者題記："適之先生教正，後學羅根澤敬贈。"

2011 皖西各縣之茶業/吳覺農編.——出版地不詳：出版者不詳，1934

32 頁；23.8 厘米

　　農村復興委員會委託調查 茶業調查

　　PKUL（館藏號缺）

　　附注：

　　　　印章：封面鈐有"農村復興委員會贈閱"藍文印。

2012 皖浙新安江流域之茶業/吳覺農編. ——出版地不詳：出版者不詳，1934

　　68 頁；23.8 厘米

　　農村復興委員會委託調查 茶業調查

　　PKUL（館藏號缺）

　　附注：

　　　　印章：封面鈐有"農村復興委員會贈閱"藍文印。

2013 皖中稻米產銷之調查/吳正著. ——上海：交通大學研究所，1936

　　10，136，2 頁；24.6 厘米

　　交通大學研究所社會經濟組專刊

　　PKUL（館藏號缺）

2014 萬有文庫第一集/王雲五主編. ——上海：商務印書館，1929—1933

　　787 種；17.5 厘米

　　PKUL（館藏號缺）

　　附注：

　　　　其他：本書全本 1000 種，胡適藏書存 787 種，所缺各種編號如下：0002、0007、0011、0012、0016、0017、0024、0030、0033、0038、0043、0046、0047、0049、0065、0066、0069、0075、0077、0081、0085、0090、0094、0097、0103、0112、0115、0120、0128、0130、0133、0135、0139、0151、0158、0161、0164、0166、0168、0171、0179、0182、0183、0185、0188、0191、0195、0197、0203、0221、0224、0226、0233、0234、0242、0248、0253、0258、0268、0270、0274、0278、0281、0286、0287、0296、0311、0312、0318、0319、0325、0326、0330、0333、0334、0336、0339、0344、0348、0355、0357、0368、0377、0378、0380、0387、0395、0396、0400、0405、0408、0413、0415、0417、0419、0420、0423、

0425、0430、0431、0438、0450、0452、0458、0459、0460、0463、0467、0469、0471、0473、0474、0475、0481、0490、0493、0500、0518、0519、0525、0529、0530、0532、0536、0538、0540、0545、0546、0548、0550、0561、0580、0584、0598、0601、0605、0606、0610、0617、0626、0628、0631、0635、0638、0642、0648、0653、0657、0658、0664、0673、0679、0680、0681、0687、0693、0695、0708、0715、0719、0724、0727、0729、0730、0732、0740、0748、0754、0756、0770、0771、0774、0783、0786、0799、0808、0809、0810、0819、0821、0825、0828、0830、0841、0843、0846、0850、0863、0867、0894、0905、0910、0911、0922、0926、0933、0943、0945、0949、0952、0953、0954、0956、0963、0966、0971、0974、0977、0988、0989、0995、0997、0998；另有《萬有文庫第一集一千種目錄》1冊；另，有附注項内容的各種單獨著録。

2015 汪日密約/汪大義編.——出版地不詳：嶺南出版社，出版年不詳

2, 150 頁；18.7 厘米

PKUL（館藏號缺）

2016 汪怡式國語速記記録選粹/汪怡編.——北平：集成印書局，1934

[8], 174 頁；18.4 厘米

PKUL（館藏號缺）

附注：

其他：本書有 3 册。

2017 王安石的改革政策/王毓銓著.——天津：南開大學經濟研究所，1937

168 頁；25.1 厘米

PKUL（館藏號缺）

附注：

題記：封面有作者題記："適之先生指正，著者，二，二七，一九三七。"

2018 王妃/謝頌羔著.——上海：文華藝術圖書公司，1929

178 頁；18.7 厘米

PKUL（館藏號缺）

附注：

　　題記:題名頁有作者題記:"To Dr. Hu Shih, friend of the people, from the author, Z. K. Z. Dec. 19, 1929, Shanghai。"

　　夾紙:書內夾有"王德培"名片 1 張。

2019　王季重十種/王思任著；阿英校點. ——上海：上海雜誌公司, 1936
　　　2 冊；18.6 厘米
　　　中國文學珍本叢書
　　　PKUL（館藏號缺）

2020　王濟遠個人繪畫展覽會出品圖目/著者不詳. ——出版地不詳：出版者不詳, 出版年不詳
　　　10, 13 頁；14.5 厘米
　　　PKUL（館藏號缺）

2021　王石渠先生年譜/劉盼遂著. ——出版地不詳：出版者不詳, 出版年不詳
　　　34 頁；25.8 厘米
　　　女師大學術季刊第一卷單行本
　　　PKUL（館藏號缺）

2022　王守仁與明理學/宋佩韋編. ——上海：商務印書館, 1931
　　　[7], 107 頁；19 厘米
　　　中國歷史叢書
　　　PKUL（館藏號缺）

2023　王同春開發河套記/顧頡剛著. ——出版地不詳：平綏鐵路管理局, 1935
　　　36 頁；19 厘米
　　　平綏鐵路旅行讀物
　　　PKUL（館藏號缺）

附注：

　　題記:封面有作者題記:"適之先生正,學生顧頡剛呈。"

2024 威尼斯商人/Shakespeare 著；梁實秋譯. ——上海：商務印書館，1936

[11]，80 頁；21.2 厘米

PKUL（館藏號缺）

附注：

與胡適的關係：封面有胡適題籤。

2025 微量元素,生長素與植物之生長/羅宗洛著. ——出版地不詳：中華學藝社，出版年不詳

24 頁；25.6 厘米

學藝雜誌抽印本

PKUL（館藏號缺）

2026 韋莊年譜/曲瀅生著. ——北平：我輩語叢刊社，1932

[6]，124 頁；18.9 厘米

我輩語叢刊

PKUL（館藏號缺）

附注：

題記：封內有作者題記："適之師長教正，曲瀅生謹上，廿一，六月。"

內附文件：書內夾有書信 1 頁。

與胡適的關係：封面有胡適題籤。

2027 唯生論上卷/陳立夫講. ——出版地不詳：出版者不詳，出版年不詳

[4]，206 頁；22.1 厘米

中央政治學校講演集之一

PKUL（館藏號缺）

附注：

題記：其中一冊題名頁有贈書者題記："送呈適之叔父，思敬"；另一冊題名頁有作者題記："胡適之先生，陳立夫贈。"

其他：本書有 2 冊。

2028　唯識講演錄/許丹等筆記. ——出版地不詳：出版者不詳，出版年不詳

28 頁；18.6 厘米

PKUL（館藏號缺）

2029　唯識述義第一冊/梁漱溟著. ——北京：北京大學出版部，1920

14，74 頁；25.6 厘米

PKUL（館藏號缺）

附註：

題記：封面有胡適毛筆題記："著者送我的。適"；另封內有胡適毛筆標注本書章目。

批注圈劃：書內 5 頁有胡適毛筆批注圈劃。

2030　唯物辯證法論戰/張東蓀編. ——北平：民友書局，1934

[8]，310，198，20 頁；23.7 厘米

PKUL（館藏號缺）

附註：

題記：一冊封面有胡思杜題記："思杜藏書。"

其他：本書有 2 冊。

2031　唯物主義精義/吳恩裕著. ——上海：觀察社，1948

[3]，71 頁；18.1 厘米

觀察叢書

PKUL（館藏號缺）

2032　偉大的十月社會主義革命三十週年/莫洛托夫演說. ——南京：蘇聯大使館新聞處，1947

32 頁；17.9 厘米

PKUL（館藏號缺）

2033　偽自由書/魯迅著. ——上海：魯迅全集出版社，1941

203 頁；18.2 厘米

魯迅三十年集

PKUL（館藏號缺）

2034 爲兒童造良好的環境/陳鶴琴著.——香港：九龍兒童書局，出版年不詳

12，8 頁；15.3 厘米

PKUL（館藏號缺）

2035 爲自修者請命並望造成讀書風氣/王南屏著.——出版地不詳：出版者不詳，出版年不詳

5 頁；26.2 厘米

PKUL（館藏號缺）

2036 爲人類求解放的八大偉人/艾迪著；青年協會書報部譯.——上海：青年協會書報部，1931

164 頁；18.5 厘米

艾迪叢書

PKUL（館藏號缺）

2037 衛生叢話第三集/俞鳳賓著.——上海：商務印書館，1927

[5]，124 頁；21 厘米

PKUL（館藏號缺）

2038 衛生學與衛生行政/陳方之編著.——上海：商務印書館，1934

[12]，276 頁；21.2 厘米

PKUL（館藏號缺）

附注：

印章：扉頁鈐有"陳方之"朱文方印。

題記：扉頁有作者題記："適之先生教正，著者呈。"

2039 衛生之道/陳果夫著.——出版地不詳：正中書局，1946

[10]，108 頁；18 厘米

PKUL（館藏號缺）

附注：

　　題記：封面有作者題記："適之先生教正,陳果夫贈。"

2040 魏晉的自然主義/容肇祖著.——上海：商務印書館,1935

3,172 頁；19.1 厘米

國學小叢書

PKUL（館藏號缺）

2041 魏晉風流與私家園林/吳世昌著.——出版地不詳：出版者不詳,1934

36 頁；25 厘米

學文月刊第一卷第二期單行本

PKUL（館藏號缺）

附注：

　　題記：封面有作者題記："敬贈適之先生,吳世昌呈正。"

2042 魏晉六朝文學批評史/羅根澤編著.——重慶：商務印書館,1944

6,142 頁；20.8 厘米

中央大學文學叢書

PKUL（館藏號缺）

2043 魏晉思想論/劉大杰著.——上海：中華書局,1939

[6],220 頁；22.2 厘米

PKUL（館藏號缺）

附注：

　　題記：封面有作者題記："適之先生教正,大杰敬贈,一九四六,七月。"

2044 魏蘭之介紹/中德文化協會編.——上海：商務印書館,1934

[6],77 頁；19 厘米

中德文化叢書

PKUL（館藏號缺）

附注：
 與胡適的關係：封面有胡適題籤。

2045 温國文正司馬公文／司馬光著．——上海：商務印書館，1936
  3 冊（580 頁）；22.7 厘米
  四部叢刊初編縮本 180—182
  PKUL（館藏號缺）
  附注：
   批注圈劃：第 3 冊書內 9 頁有胡適批注圈劃。
   夾紙：第 3 冊頁 518、519 間夾有紙條 1 張。

2046 文筆再辨／郭紹虞著．——北平：燕京大學國文學會，1937
  31—44 頁；26.3 厘米
  文學年報第三期單行本
  PKUL（館藏號缺）
  附注：
   題記：封面有作者題記："適之先生教正，生紹虞敬贈。"

2047 文二十八種病／遍照金剛著．——上海：中國述學社，1930
  2，122，2 頁；18.4 厘米
  PKUL（館藏號缺）
  附注：
   與胡適的關係：封面為胡適題籤。
   其他：本書有 2 冊。

2048 文化的研究／謝頌羔編．——上海：上海廣學會，1929
  398 頁；18.5 厘米
  PKUL（館藏號缺）
  附注：
   題記：題名頁有作者題記："敬呈胡適先生教正，頌羔，一九二九年十一月卅日。"

2049 文化人類學/林惠祥著.——上海：商務印書館，1934

[9]，462頁；22.6厘米

大學叢書

PKUL（館藏號缺）

2050 文化學的建立/黃文山著.——出版地不詳：出版者不詳，1948

48頁；26.1厘米

國立中山大學法學院社會科學論叢抽印本

PKUL（館藏號缺）

附注：

題記：封面有作者題記："適之吾師教正，生黃文山上。"

2051 文化與人生/賀麟著.——上海：商務印書館，1947

[5]，261頁；20.7厘米

PKUL（館藏號缺）

附注：

題記：題名頁前頁有作者題記："適之先生教正，晚賀麟敬贈。"

2052 文化與文明/葉法無著.——上海：黎明書局，1930

1冊(4，42，12，34頁)；22厘米

PKUL（館藏號缺）

附注：

批注圈劃：書内數頁有胡適朱筆圈劃。

夾紙：書内夾有美國明星照片9張。

2053 文化與政治/許仕廉著.——北平：樸社，1929

[10]，230頁；23.9厘米

中國社會建設汎論

PKUL（館藏號缺）

附注：

题记:一册扉页有作者题记:"适之先生指正,仕廉谨赠。"(此处钤有朱文方印,模糊不清。)

其他:本书有 2 册。

2054 文化治本策/著者不详.——出版地不详:出版者不详,出版年不详

48 页;17.9 厘米

PKUL(馆藏号缺)

2055 文山先生全集/文天祥著.——上海:商务印书馆,1936

2 册(424 页);22.8 厘米

四部丛刊初编缩本 281,282

PKUL(馆藏号缺)

附注:

批注圈划:第 1 册序有胡适圈划;另 2 页有胡适批注。第 2 册书内 2 页有胡适批注。

2056 文史通义/章实斋著;陶乐勤点校.——出版地不详:中国印刷厂,1929

1 册(13,1,2,6,238,6,192,4 页);18.7 厘米

PKUL(馆藏号缺)

2057 文献论丛:国立北平故宫博物院十一周年纪念/国立北平故宫博物院文献馆编辑委员会编.——北平:国立北平故宫博物院,1936

4,214,70 页;26 厘米

PKUL(馆藏号缺)

附注:

其他:本书有 2 册。

2058 文献特刊/国立故宫博物院文献馆编辑会编.——北平:国立故宫博物院文献馆,1935

4,52,96 页;26.4 厘米

PKUL(馆藏号缺)

2059 文心雕龍講疏/范文瀾著.——天津:新懋印書局,1925
　　1冊(28,58,102,48,66,54,34,70,30,42,34頁);24.7厘米
　　PKUL(館藏號缺)
　　附注:
　　　題記:封內有作者題記:"適之先生教正,范文瀾謹上。"

2060 文心雕龍注/范文瀾著.——北平:文化學社,1929—1931
　　3冊;21.3厘米
　　PKUL(館藏號缺)
　　附注:
　　　題記:上冊扉頁有作者題記:"適之先生教正,范文瀾謹上。"

2061 文選注引書引得/引得編纂處編.——北平:哈佛燕京學社,1935
　　XVI,24,121頁;26.3厘米
　　PKUL(館藏號缺)

2062 文學大綱/鄭振鐸著.——上海:商務印書館,1933
　　4冊;22.6厘米
　　大學叢書
　　PKUL(館藏號缺)

2063 文學家的新生活/王平陵著.——南京:正中書局,1934
　　2,98頁;15厘米
　　新生活叢書
　　PKUL(館藏號缺)
　　附注:
　　　題記:扉頁有作者題記:"敬請適之先生教政,晚王平陵贈,六,十八。"

2064 文學之社會學的研究/平林初之輔著;方光燾譯.——上海:大江書鋪,1928
　　60頁;16.2厘米

PKUL（館藏號缺）

2065 文藝辭典/孫俍工編纂. ——上海：民智書局，1928

1 冊（2, 980, 56, 94 頁）；20.7 厘米

PKUL（館藏號缺）

附注：

題記：扉頁有作者題記："適之先生賜正，俍工寄贈於西湖廣化寺。一九二八，十，廿六。"

2066 文藝辭典續編/孫俍工編. ——上海：民智書局，1931

1 冊（3, 978, 62, 74 頁）；20.9 厘米

PKUL（館藏號缺）

附注：

題記：題名頁有作者題記："適之先生賜正，著者，一九三一四月在江灣。"

2067 文藝賞鑑論/孫俍工譯. ——上海：中華書局，1930

[8]，93 頁；18.8 厘米

PKUL（館藏號缺）

附注：

題記：封面有譯者題記："適之先生賜正，譯者。"

2068 文藝講座第一冊/馮乃超等主講. ——上海：神州國光社，1930

318 頁；22.2 厘米

PKUL（館藏號缺）

2069 文藝批評集/錢杏邨著. ——[上海？]：神州國光社，1930

[4]，293 頁；18.9 厘米

PKUL（館藏號缺）

附注：

印章：扉頁鈐有"思獸"朱文方印。

2070 文藝説/羅雄飛著.——出版地不詳：出版者不詳，出版年不詳

[24]頁；29.5厘米

PKUL（館藏號缺）

附注：

內附文件：封面貼有作者致胡適書信3頁。

其他：本書爲手稿本。

2071 文藝心理學/朱光潛著.——上海：開明書店，1936

[12]，339頁；22.2厘米

PKUL（館藏號缺）

附注：

題記：扉頁有作者題記："適之先生賜正，光潛。"

2072 文中子考信錄/汪吟龍著.——上海：商務印書館，1934

[12]，119，6頁；19厘米

國學小叢書

PKUL（館藏號缺）

2073 文中子真僞彙考/王立中編.——上海：商務印書館，1938

[2]，35頁；19厘米

國學小叢書

PKUL（館藏號缺）

2074 文字歷史觀與革命論/著者不詳.——北平：文化學社，出版年不詳

4，620頁；19厘米

PKUL（館藏號缺）

附注：

與胡適的關係：書內有胡適題寫書名。

2075 倭政攷/王輯五著.——北平：國立北平師範大學出版課，1934

9頁；25.7厘米

师大月刊三十二週年紀念專號單行本

PKUL（館藏號缺）

2076 我的父親/顧一樵著. ——上海：新月書店，1933

10，72 頁；20 厘米

PKUL（館藏號缺）

附注：

與胡適的關係：書內有胡適題寫書名。

2077 我的母親/盛成著. ——上海：中華書局，1935

[24]，248 頁；19 厘米

PKUL（館藏號缺）

附注：

印章：題名頁鈐有"盛成"朱文方印。

題記：題名頁有作者題記："適之先生及夫人教正，並乞批評。盛成敬贈，二十四年十月十八日，上海。"

2078 我的生平/李季著. ——上海：亞東圖書館，1932

3 冊（16，828 頁）；18.5 厘米

PKUL（館藏號缺）

附注：

印章：第 1 冊封面有胡適鋼筆簽名"適"。

2079 我的探險生涯/斯文赫定著；孫仲寬譯. ——出版地不詳：出版者不詳，1933

2 冊（6，10，2，508 頁）；26.7 厘米

西北科學考察團叢刊

PKUL（館藏號缺）

2080 我的縣政經驗報告/楊適生著. ——武昌：湖北省立武昌職業學校，1935

2，22 頁；26 厘米

PKUL（館藏號缺）

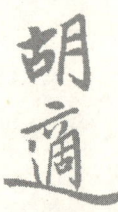

2081 **我對於癌病的見解**/陳果夫著. ——出版地不詳：出版者不詳，出版年不詳

　　5 頁；19.3 厘米

　　PKUL（館藏號缺）

2082 **我國民族傾向之一瞥**/羅幹青編. ——出版地不詳：天成印字館，1929

　　[8]，220 頁；18.9 厘米

　　PKUL（館藏號缺）

　　附註：

　　　　題記：一冊封面有蔡元培題記："受編者之托爲代呈胡適之先生，有認爲誤謬處，請批示書眉，寄還編者。元培附誌。"

　　　　其他：本書有 2 冊。

2083 **我國人口之研究**/陳正謨著. ——出版地不詳：出版者不詳，1933

　　44 頁；26.2 厘米

　　國民政府主計處統計局統計月報第十四號抽印本

　　PKUL（館藏號缺）

　　附註：

　　　　題記：封面有作者題記："適之先生教正，學生陳正謨敬贈，廿三，三，五。"

2084 **我國之教育電影運動**/郭有守著. ——出版地不詳：中國教育電影協會，1935

　　16 頁；18.5 厘米

　　PKUL（館藏號缺）

　　附註：

　　　　內附文件：書內夾有中國教育電影協會油印書信 1 頁。

2085 **我們的六月**/O. M. 編. ——上海：亞東圖書館，1928

　　4，258 頁；18.3 厘米

　　PKUL（館藏號缺）

2086 **我們是怎樣成長的：奮鬥日報九週年紀念冊**/奮鬥日報編. ——出版地不詳：

奮鬥日報，1947

81 頁；18.3 厘米

PKUL（館藏號缺）

附注：

内附文件:頁 36、37 間夾有奮鬥日報社致胡適書信 3 頁，信封 1 個。

2087 我擇取自由/蘊雯，昌德，安納譯. ——南京：獨立出版社，1947

3 冊(912 頁)；17.7 厘米

PKUL（館藏號缺）

附注：

夾紙:上冊書内夾有"The Ambassador of Mexico"名片 1 張。

其他:本書上、中、下三冊譯者分別爲蘊雯、昌德、安納。

2088 吴歌乙集/王翼之編. ——廣州：國立中山大學語言歷史學研究所，1928

[21]，149 頁；18.6 厘米

PKUL（館藏號缺）

附注：

其他:本書有 2 冊。

2089 吴宓詩集/吴宓著. ——上海：中華書局，1935

[22]，224 頁；25.8 厘米

PKUL（館藏號缺）

2090 吴淞江/吴静山著. ——上海：上海市通志館，1935

2，49 頁；25.9 厘米

上海市通志館期刊抽印本

PKUL（館藏號缺）

2091 吴淞中國公學大學部學則/中國公學編. ——上海：中國公學

60 頁；18.6 厘米

PKUL（館藏號缺）

附注：

  與胡適的關係：封面有胡適題籤。

2092 **吳虞文續錄別錄**/吳虞著.——成都：美信印書局，1933

  6，296 頁；19.4 厘米

  PKUL（館藏號缺）

  附注：

    題記：封面有作者題記："適之先生教，吳虞寄。"

    內附文件：書內夾有作者致胡適書信 1 頁。

2093 **吳漁山晉鐸二百五十年紀念**/陳垣著.——出版地不詳：出版者不詳，出版年不詳

  24 頁；25.7 厘米

  輔仁學誌第五卷第一第二合期抽印本

  PKUL（館藏號缺）

  附注：

    題記：封面有作者題記："適之先生教。"

2094 **吳漁山先生年譜**/陳垣著.——出版地不詳：出版者不詳，出版年不詳

  34 頁；26.2 厘米

  輔仁學誌第六卷第一第二合期抽印本

  PKUL（館藏號缺）

  附注：

    題記：封面有作者題記："適之先生正。"

2095 **吳稚暉論政及其他第二集**/吳稚暉著.——出版地不詳：出版合作社，1928

  217 頁；18.8 厘米

  PKUL（館藏號缺）

2096 **吳稚暉先生文存上**/吳稚暉著；周雲青編.——上海：醫學書局，出版年不詳

  [6]，340 頁；21.8 厘米

PKUL（館藏號缺）

附注：

題記：封面有胡適題記："卅二年五月十五日在紐約唐人街買得此書。胡適"；封面另有題記："胡適的書。"

批注圈劃：書內 24 頁有胡適批注圈劃。

夾紙：頁 208、209，270、271 間夾有紙條。

2097 吳稚暉學術論著/吳稚暉著；梁冰弦編. —— 上海：出版合作社，1927

[12]，430 頁；22.6 厘米

PKUL（館藏號缺）

2098 吳稚暉學術論著第三編/吳稚暉著. —— 上海：出版合作社，1927

2，163 頁；22.5 厘米

PKUL（館藏號缺）

2099 吳稚暉學術論著續編/吳稚暉著. —— 上海：出版合作社，1927

[3]，151 頁；22.3 厘米

PKUL（館藏號缺）

2100 吾愛吾師吾尤愛真理/著者不詳. —— 昆明：學生出版社，1946

[10]，70 頁；18.5 厘米

PKUL（館藏號缺）

2101 無機化學工業/程瀛章，李續祖著. —— 上海：商務印書館，1933

XVIII，640 頁；22.6 厘米

大學叢書

PKUL（館藏號缺）

附注：

內附文件：書內夾有商務印書館致胡適書信 1 封。

2102 無機化學實習/里盛翻而特著；孟心如譯. —— 上海：商務印書館，1936

[12], 550 頁; 22.8 厘米

大學叢書

PKUL（館藏號缺）

2103 無機化學通論/李喬苹著. ——上海：商務印書館，1936

[7], 973, [48] 頁; 22.8 厘米

大學叢書

PKUL（館藏號缺）

附注：

題記： 封內有鋼筆題記："這是胡適之先生的書。"

2104 無元哲學/朱謙之著. ——上海：泰東圖書局，1922

[4], 161 頁; 18.6 厘米

PKUL（館藏號缺）

附注：

題記： 封面有作者題記："適之先生教。"

2105 蕪湖一百零二農家之社會的及經濟的調查/著者不詳. ——出版地不詳：出版者不詳，1925

2, 74 頁; 22.4 厘米

金陵大學農林科農業叢刊

PKUL（館藏號缺）

2106 五德終始說下的政治和歷史（第一冊）/顧頡剛著. ——出版地不詳：出版者不詳，1930

2, 71—268 頁; 26.4 厘米

清華學報第六卷第一期單行本

PKUL（館藏號缺）

附注：

題記： 書末有胡適題記："十九，十，廿八，定生船上，胡適之。十九，十，廿九，胡適之。"

批注圈劃:書內 41 頁有胡適批注圈劃。

2107 五胡東晉時代華夷勢力之檢討/李旭著.——北平:國立北平師範大學出版課, 1935

　　41 頁; 25.7 厘米

　　師大月刊第十八期抽印本

　　PKUL(館藏號缺)

　　附注:

　　　題記:封面有作者題記:"適之先生教正,後學李旭敬贈,二四年八月二十日。"

2108 五十年來百部佳作特輯/人間世社編.——上海:良友圖書印刷公司,出版年不詳

　　40—52 頁; 25.9 厘米

　　PKUL(館藏號缺)

　　附注:

　　　內附文件:書內夾有人間世社致胡適書信 1 頁。

2109 五十年來之世界哲學/胡適著.——上海:申報館, 1924

　　66 頁; 18.8 厘米

　　申報五十周年紀念刊

　　PKUL(館藏號缺)

　　附注:

　　　題記:一冊封面有胡適題記:"送給子水兄,適,十三,七,十六。"

　　　其他:本書有 3 冊。

2110 五十年來之中國文學/胡適著.——上海:申報館, 1924

　　94 頁; 18.8 厘米

　　申報五十周年紀念刊

　　PKUL(館藏號缺)

　　附注:

题记：封面有胡适题记："子馀兄，适，十三，七，十六。"

2111 五五宪草之评议/孔繁霖编. ——南京：时代出版社，1946

[6]，332页；18厘米

时事论丛

PKUL（馆藏号缺）

2112 五行干支说和颛顼历/新城新藏著. ——出版地不详：出版者不详，出版年不详

19页；26厘米

PKUL（馆藏号缺）

附注：

题记：封面有胡适钢笔题记："From Prof. Shinjo, Hu Shih。"

2113 五言俗体三十言志诗/陈光垚著. ——上海：作者书店，1936

[4]，94页；18.4厘米

PKUL（馆藏号缺）

附注：

题记：封面有作者题记："适之先生教正，陈光垚敬赠，65页后之简字敬请批评。"

2114 五指山问黎记/黄强著. ——香港：香港商务印书馆，1928

2，75页；21厘米

PKUL（馆藏号缺）

附注：

题记：封内有赠书者题记："适之先生惠存，学生达节敬赠。"

2115 伍廷芳证道学说/伍廷芳著. ——上海：上海证道学会，出版年不详

1册（41，25，2，44，2，33页）；18.4厘米

PKUL（馆藏号缺）

2116 武訓先生事畧/楊吟秋著.——出版地不詳：任瑞軒印，出版年不詳

19 頁；26.4 厘米

PKUL（館藏號缺）

附注：

印章：封面鈐有"瑞軒章"朱文方印。

題記：封面有贈書者題記："適之先生惠存。"

夾紙：書內夾有作者寄贈地址紙條 1 張。

2117 物產證券與能力本位制之研究/劉子任等著.——太原：太原物產證券研究會，1935

64 頁；22.5 厘米

PKUL（館藏號缺）

2118 物工化幣論/劉子亞著.——衡陽：湘溢印書局，1941

［16］，426，22 頁；16.9 厘米

PKUL（館藏號缺）

附注：

夾紙：書內夾有某人書寫地址 1 頁。

2119 物理學/周頌久編著.——上海：商務印書館，1935

2 冊(211 頁)；18.8 厘米

復興教科書

PKUL（館藏號缺）

附注：

印章：上、下 2 冊題名頁有胡思杜簽名。

2120 物權的準據法/李浩培著.——出版地不詳：出版者不詳，出版年不詳

14 頁；26 厘米

浙江學報第一卷第二期抽印本

PKUL（館藏號缺）

附注：

題記：封面有作者題記："適之先生教正，後學李浩培，三七，三，一六。"

2121 悟善總社救世新教畧歷/著者不詳. ——出版地不詳：出版者不詳，出版年不詳

    18 頁；23.9 厘米

    PKUL（館藏號缺）

2122 霧/巴金著. ——上海：良友圖書印刷公司，1936

    333 頁；17.7 厘米

    良友文學叢書

    PKUL（館藏號缺）

2123 西北實業公司概況/西北實業公司總管理處編. ——出版地不詳：出版者不詳，1935

    38 頁；23.9 厘米

    PKUL（館藏號缺）

2124 西北隨軺記/高良佐編著. ——南京：建國月刊社，1936

    [16]，344，4 頁；22.2 厘米

    建國叢書

    PKUL（館藏號缺）

2125 西漢的階級制度/吳景超著. ——出版地不詳：出版者不詳，1935

    44 頁；25.7 厘米

    清華學報單行本

    PKUL（館藏號缺）

2126 西漢時代的日晷/劉復著. ——出版地不詳：出版者不詳，出版年不詳

    38 頁；25.6 厘米

    國立北京大學國學季刊三卷四號抽印本

    PKUL（館藏號缺）

附注：

  印章:封面鈐有"劉復敬詒"朱文方印。

  題記:封面有作者題記:"適之兄教。"

2127 西湖博覽會參觀必攜/著者不詳.——上海:商務印書館,出版年不詳

  97 頁;17.5 厘米

  PKUL（館藏號缺）

2128 西湖夢尋/張宗子著;阿英校點.——上海:上海雜誌公司,1936

  [13],118 頁;18.6 厘米

  中國文學珍本叢書

  PKUL（館藏號缺）

2129 西湖遊覽指南/商務印書館編譯所編.——上海:商務印書館,1914

  7,131 頁;19.1 厘米

  PKUL（館藏號缺）

  附注：

    題記:封面有原書主題記:"甲寅夏購於之江,玉墀主有。"

2130 西來初地華林寺考訪記/葛定華著.——出版地不詳:出版者不詳,1931

  1,63 頁;20.6 厘米

  PKUL（館藏號缺）

  附注：

    夾紙:書內夾有作者寄贈地址 1 張。

2131 西泠橋畔/胡雲翼著.——上海:北新書局,1927

  [4],146 頁;20 厘米

  PKUL（館藏號缺）

  附注：

    題記:封面有作者題記:"適之先生指正,胡雲翼,十一月十五。"

2132 西力東漸與日本開國經過/蕭正誼著.——出版地不詳：出版者不詳，出版年不詳

    305—319 頁；26.3 厘米

    史學年報第二卷第五期抽印本

    PKUL（館藏號缺）

    附注：

        印章：封面鈐有"蕭正誼"朱文方印。

        題記：封面有作者題記："適之先生哂正，後學蕭正誼謹呈。"

2133 西青散記/史震林著；張靜廬校點.——上海：上海雜誌公司，1935

    [6]，212 頁；18.7 厘米

    中國文學珍本叢書

    PKUL（館藏號缺）

2134 西施及其他/顧一樵，顧青海著.——上海：商務印書館，1936

    142 頁；17.1 厘米

    PKUL（館藏號缺）

    附注：

        題記：扉頁有作者題記："適之先生賜正，一樵，青海敬呈。"

2135 西史紀要第二編/伍光建著.——上海：商務印書館，1919

    [16]，370，23 頁；21.8 厘米

    PKUL（館藏號缺）

2136 西書目錄/上海廉美書社編.——上海：上海廉美書社，出版年不詳

    14 頁；18.7 厘米

    PKUL（館藏號缺）

2137 西突厥史料/沙畹著；馮承鈞譯.——上海：商務印書館，1934

    [11]，373 頁；21.3 厘米

    PKUL（館藏號缺）

2138 西夏研究第二輯/王静如著.——北平：國立中央研究院歷史語言研究所，1933

XXXIII, 308 頁；26.2 厘米

國立中央研究院歷史語言研究所單刊甲種

PKUL（館藏號缺）

附注：

題記：其中一冊封面有作者題記："敬求適之先生教正。"

其他：本書有3冊。

2139 西廂記釋詞/黎錦熙著.——出版地不詳：出版者不詳，出版年不詳

[105]頁；27.1 厘米

PKUL（館藏號缺）

附注：

題記：扉頁有作者題記："適之先生，錦熙，三月，廿引。"

2140 西行日記/陳萬里著.——北京：景山書社，1926

[14], 224 頁；22.6 厘米

PKUL（館藏號缺）

附注：

題記：封面有作者題記："適之先生評正，陳萬里敬贈，二十一，七，三一。"

與胡適的關係：封面有胡適題籤。

2141 西洋教育通史/雷通羣著.——上海：商務印書館，1934

[17], 454 頁；22.9 厘米

大學叢書

PKUL（館藏號缺）

2142 西洋文明與唯物主義/荒村曉月編.——上海：北新書局，1927

4, 26, 3 頁；18.2 厘米

PKUL（館藏號缺）

413

2143 西洋文學鑑賞/孫寒冰，伍蠡甫選註.——上海：黎明書局，1931

XXII，354 頁；20.9 厘米

PKUL（館藏號缺）

2144 西洋哲學史綱要/F. Ueberweg 著；張秉潔，陶德怡譯.——北京：哲學社，1922

[6]，234，72 頁；22.4 厘米

哲學社叢書

PKUL（館藏號缺）

附注：

題記：封面有贈書者題記："適之先生。"

批注圈劃：書內 96 頁有胡適批注圈劃。

2145 西域地名/馮承鈞編.——出版地不詳：出版者不詳，出版年不詳

[8]，64 頁；25.9 厘米

西北科學考察團叢刊

PKUL（館藏號缺）

2146 西域南海史地考證譯叢/馮承鈞譯.——上海：商務印書館，1934

[3]，188 頁；21.3 厘米

PKUL（館藏號缺）

2147 西域南海史地考證譯叢續編/馮承鈞譯.——上海：商務印書館，1934

2，172 頁；21.3 厘米

PKUL（館藏號缺）

2148 西域史族新考/張西曼著.——南京：中國邊疆學術研究會，1947

2，47 頁；17.7 厘米

PKUL（館藏號缺）

附注：

印章：封面鈐有"張西曼"朱文方印。

題記：封面有作者題記："適之先生教正。"

2149 西域之佛教/羽溪了諦著；賀昌群譯. —— 上海：商務印書館，1933

[17]，370 頁；18.9 厘米

佛學叢書

PKUL（館藏號缺）

2150 西藏佛教略記/釋恒演記述. —— 上海：上海佛學書店，1931

4，78，18，4 頁；22 厘米

PKUL（館藏號缺）

2151 西藏佛教學原論/呂澂著. —— 上海：商務印書館，1933

1，1，136 頁；19.1 厘米

百科小叢書

PKUL（館藏號缺）

2152 西周地理考/齊思和著. —— 出版地不詳：出版者不詳，1946

44 頁；26.1 厘米

燕京學報第三十期抽印本

PKUL（館藏號缺）

附注：

題記：封面有作者題記："適之先生教正，作者敬呈。"

2153 希臘的生活觀/G. Lowes Dickinson 著；彭基相譯. —— 上海：商務印書館，1934

[11]，265 頁；18.8 厘米

漢譯世界名著

PKUL（館藏號缺）

附注：

題記：封面有作者題記："適之師賜正，基相敬贈，三月十七日。"

2154 熙德/P. Corneille 著；陳綿譯. ——上海：商務印書館，1936

2，90 頁；21.3 厘米

PKUL（館藏號缺）

附注：

題記：封內有作者題記："適之先生：這本多虧你的鼓勵與幫助才得出世的《熙德》我獻給你！陳綿，廿五年四月廿五日。"

2155 系全易簡明字/賀生樂著. ——臨汾：新字研究總社，1934

70 頁；24.8 厘米

PKUL（館藏號缺）

2156 戲劇論集/余上沅著. ——北京：北新書局，1927

IV，251 頁；20 厘米

PKUL（館藏號缺）

2157 俠女兒卷中/著者不詳. ——出版地不詳：出版者不詳，出版年不詳

128 頁；18.5 厘米

PKUL（館藏號缺）

2158 夏代諸帝考/何天行著. ——出版地不詳：出版者不詳，出版年不詳

113—151 頁；25.3 厘米

學林第五輯抽印本

PKUL（館藏號缺）

附注：

印章：封面鈐有"何天行印"朱文方印。

題記：封面有作者題記："適之先生賜教，門人何天行謹贈。卅年前舊作。"

2159 廈門大學文學院文化陳列所所藏中國明器圖譜/郭德坤編著. ——廈門：廈門大學文學院出版，1935

35 頁；26.6 厘米

廈門大學文學院專刊

PKUL（館藏號缺）

2160 廈門音系/羅常培著.——北平：國立中央研究院歷史語言研究所，1930

XIV，278 頁；26.2 厘米

PKUL（館藏號缺）

2161 先秦貨幣史/王名元著.——廣州：國立中山大學出版組，1947

[6]，109 頁；22.1 厘米

國立中山大學叢書

PKUL（館藏號缺）

2162 先秦經籍考/江俠菴編譯.——上海：商務印書館，1931

3 冊；19.1 厘米

PKUL（館藏號缺）

附注：

其他：本書分上、中、下 3 冊。

2163 先秦史/黎東方著.——重慶：商務印書館，1944

2，154 頁；17.7 厘米

復興叢書

PKUL（館藏號缺）

附注：

夾紙：書內夾有"黎東方"名片 1 張。

2164 先秦天道觀之進展/郭鼎堂著.——上海：商務印書館，1936

1，78 頁；22.6 厘米

PKUL（館藏號缺）

2165 先秦文化史/孟世傑著.——北京：文化學社，1929

[8]，414 頁；21 厘米

PKUL（館藏號缺）

2166 先秦政治思想史/梁啓超講演. ——上海：商務印書館，1928

[6]，317 頁；22.4 厘米

PKUL（館藏號缺）

2167 先秦諸子繫年/錢穆著. ——上海：商務印書館，1937

2 冊；21.3 厘米

大學叢書

PKUL（館藏號缺）

附注：

其他：本書分上、下 2 冊。

2168 先秦諸子繫年考辨/錢穆著. ——上海：商務印書館，1935

1 冊(15，471，104，4，24 頁)；22.6 厘米

大學叢書

PKUL（館藏號缺）

附注：

題記：其中一冊扉頁有作者題記："適之先生教正。"

其他：本書有 2 冊。

2169 先秦諸子哲學/李相顯著. ——北平：世界科學社，1946

[16]，277 頁；17.9 厘米

世界科學社叢書

PKUL（館藏號缺）

附注：

印章：扉頁鈐有"李相顯印"朱文方印。

題記：扉頁有作者題記："適之吾師教正，生相顯敬贈。三十六年一月三日。"

2170 暹羅政府摧殘華僑慘狀/著者不詳. ——出版地不詳：出版者不詳，1935

32 頁；18.9 厘米

PKUL（館藏號缺）

2171 纖維工業/東北物資調節委員會研究組. ——出版地不詳：東北物資調節委員會，1948

4，248 頁；19 厘米

東北經濟小叢書

PKUL（館藏號缺）

2172 閑情偶寄/李漁著；張靜廬校點. ——上海：上海雜誌公司，1936

[10]，367 頁；18.3 厘米

中國文學珍本叢書

PKUL（館藏號缺）

2173 現存生物自然發生說之批評文錄/著者不詳. ——廣州：中山大學理工學院生物系，1933

[12]，397 頁；18.6 厘米

PKUL（館藏號缺）

2174 現代的新信仰/Sherwood Eddy 著；青年協會書報部譯. ——上海：青年協會書報部，1931

4，188，11 頁；18.8 厘米

艾迪叢書

PKUL（館藏號缺）

2175 現代非常問題/唐鴻烈著. ——上海：北新書局，1936

[14]，142 頁；18.8 厘米

PKUL（館藏號缺）

附注：

題記：題名頁有作者題記："適之老師賜正，學生唐鴻烈敬贈，一九三六年冬歐行前。"

2176 現代貨幣學/樊弘著. ——上海：商務印書館, 1947

[5], 127 頁；20.5 厘米

國立復旦大學叢書

PKUL（館藏號缺）

附注：

題記：封面有作者題記："適師哂正,受業弘謹贈。三六,九,十八。"

內附文件：書內夾有作者文章剪報 1 張。

2177 現代邏輯/汪奠基著. ——上海：商務印書館, 1937

[19], 153, 3 頁；22.6 厘米

大學叢書

PKUL（館藏號缺）

附注：

題記：扉頁有作者題記："呈適之先生賜教,汪奠基敬贈。"

2178 現代民主政治/蒲徠士著；楊永泰譯. ——出版地不詳：參議院公報科鉛印股, 1923

1 冊（4, 2, 2, 8, 132, 214, 136 頁）；24.4 厘米

PKUL（館藏號缺）

2179 現代社會講話/山川均著；楊沖嶼譯. ——出版地不詳：新新書店, 1930

3, 153 頁；19.5 厘米

PKUL（館藏號缺）

附注：

印章：扉頁鈐有"思猷"朱文方印。

2180 現代思潮批評/朱謙之著. ——北京：新中國雜誌社, 1920

198 頁；18.8 厘米

PKUL（館藏號缺）

附注：

題記:封面有作者題記:"胡適之先生教。"

2181 現代文學評論/郭沫若著.——上海:愛麗書店,1931

　　350 頁;18.4 厘米

　　PKUL(館藏號缺)

　　附注:

　　　印章:扉頁鈐有"思獸"朱文方印。

2182 現代吳語的研究/趙元任著.——北京:清華學校研究院,1928

　　XV,135 頁;26.6 厘米

　　清華學校研究院叢書

　　PKUL(館藏號缺)

　　附注:

　　　題記:題名頁有作者題記:"For Shy hjy, with compliments, IN 'proof'(See p. V)。"

2183 現代西洋教育史/姜琦著.——上海:商務印書館,1935

　　[13],512 頁;22.8 厘米

　　大學叢書

　　PKUL(館藏號缺)

2184 現代學術文化概論/竺可楨,梁方仲等著.——上海:華夏圖書出版公司,1948

　　2 冊;19.2 厘米

　　PKUL(館藏號缺)

　　附注:

　　　印章:第 2 冊題名頁鈐有"華夏圖書出版公司敬贈"藍文印。

　　　題記:第 1 冊題名頁有作者題記:"適之先生惠存,華夏圖書出版公司敬贈。"

　　　其他:本書分爲 2 冊。具體內容及編者:第 1 冊,人文學,竺可楨等著;第 2 冊,社會科學,梁方仲等著。

2185 現代英吉利謠俗及謠俗學/江紹原編譯. —— 上海：中華書局，1932

[18]，344 頁；18.5 厘米

PKUL（館藏號缺）

附注：

題記：扉頁有作者題記："適之先生教正，最近才曉得'謠俗'有作'繇俗'者，實即'由俗'。我另有考，惜不及印入矣。廿一，八，廿三。北平。"

2186 現代戰爭術/福爾區著；汪德餘譯. —— 上海：中國圖書雜誌公司，出版年不詳

[5]，111 頁；20.7 厘米

PKUL（館藏號缺）

2187 現代政治概論/楊玉清著. —— 上海：商務印書館，1934

[16]，210，3 頁；22.9 厘米

PKUL（館藏號缺）

2188 現代政治思想概論/熊之孚譯. —— 上海：大東書局，1930

[10]，148，2 頁；18.7 厘米

PKUL（館藏號缺）

2189 現代中國社會問題/孫本文著. —— 上海：商務印書館，1946

4 冊；20.9 厘米

大學叢書

PKUL（館藏號缺）

附注：

其他：本書分爲4冊。具體內容：第1冊，家族問題；第2冊，人口問題；第3冊，農村問題；第4冊，勞資問題。

2190 憲法蓓蕾/姜文佐編著. —— 北平：北平印刷局，1931

1 冊(6,4,6,18,24,102 頁)；18.5 厘米

PKUL（館藏號缺）

2191 憲法草案初稿/大公報社編. ——天津：大公報社，1934

　　108 頁；18.9 厘米

　　PKUL（館藏號缺）

　　附注：

　　　　題記：一冊封面有"胡適之"三字。

　　　　批注圈劃：一冊書內有胡適朱筆批注圈劃。

　　　　其他：本書有 2 冊。

2192 憲法草案初稿意見書摘要彙編/立法院憲法初稿審查委員會編. ——出版地不詳：立法院憲法初稿審查委員會，出版年不詳

　　[48]，620，55 頁；25.9 厘米

　　PKUL（館藏號缺）

2193 憲法會議各種規則/著者不詳. ——出版地不詳：出版者不詳，出版年不詳

　　16 頁；24.4 厘米

　　PKUL（館藏號缺）

2194 憲法文選/俞仲久編. ——上海：會文堂新記書局，1936

　　[32]，1194 頁；21.6 厘米

　　PKUL（館藏號缺）

　　附注：

　　　　題記：題名頁有校者題記："經熊所有，十月三日。敬贈適之先生，經熊，廿六年五月五日。"

　　　　批注圈劃：目錄頁有胡適朱筆圈劃。

　　　　夾紙：頁 742、743 間夾有紙條。

2195 縣自治法草案縣自治法施行法草案市自治法草案市自治法施行法草案/著者不詳. ——出版地不詳：出版者不詳，出版年不詳

　　1 冊(20，4，16，3 頁)；26.2 厘米

　　PKUL（館藏號缺）

附注：
　　内附文件：書内夾有油印書信1頁。

2196 相對的道德觀念/冼榮熙著. ——南京：唯理書屋，1932
　　22頁；21.7厘米
　　PKUL（館藏號缺）
　　附注：
　　　　印章：封面鈐有"冼榮熙章"朱文方印。
　　　　題記：封面有作者題記："適之先生指正，晚冼榮熙敬贈，十一，廿八。"

2197 相對的平等觀/郭希仁講演；張文穆筆記. ——出版地不詳：出版者不詳，出版年不詳
　　[6]，52頁；25.4厘米
　　PKUL（館藏號缺）

2198 相對論原理上冊/高魯編. ——北京：中國天文學會，出版年不詳
　　VIII，128頁；24.5厘米
　　PKUL（館藏號缺）
　　附注：
　　　　其他：本書具體卷、冊數不詳，胡適藏書僅存上冊。

2199 香港市政考察記/譚炳訓著. ——上海：中國科學公司，1937
　　[4]，85頁；22厘米
　　PKUL（館藏號缺）

2200 鄉村建設理論/梁漱溟著. ——鄒平：鄉村書店，1937
　　[10]，485，14頁；22.2厘米
　　PKUL（館藏號缺）
　　附注：
　　　　題記：封面有贈書者題記："適之先生惠存，後學蕭克木敬贈。"

2201 湘軍新志/羅爾綱著.——上海：商務印書館，1939

[5]，245 頁；22.3 厘米

國立中央研究院社會科學研究所叢刊

PKUL（館藏號缺）

附注：

題記：題名頁有作者題記："吾師賜閱，學生羅爾綱敬呈，廿八，六，九日於昆明。"

2202 湘行散記/沈從文著.——上海：商務印書館，1936

2，144 頁；17 厘米

文學研究會創作叢書

PKUL（館藏號缺）

2203 小哥兒倆/凌叔華著.——上海：良友圖書印刷公司，1935

262 頁；17.7 厘米

良友文學叢書

PKUL（館藏號缺）

2204 小姑娘/葛又華著.——上海：黑貓社，1931

[8]，130 頁；18.4 厘米

PKUL（館藏號缺）

附注：

題記：扉頁有作者題記："適之先生正之，葛又華敬贈，六，一，通信處：績溪揚溪尚志小學轉。"

2205 小麥及麵粉/陳伯莊著.——上海：中華書局，1936

[4]，56 頁；24.6 厘米

交通大學研究所社會經濟組專刊

PKUL（館藏號缺）

2206 小青之分析/潘光旦著.——上海：新月書店，1927

136 頁；19.1 厘米

PKUL（館藏號缺）

附注：

題記：扉頁有作者題記："適之先生指正，潘光旦。"

2207 小説叢考/錢静方編；惲樹玨校訂. —— 上海：商務印書館，1916

2 冊；19.1 厘米

文藝叢刻甲集

PKUL（館藏號缺）

附注：

其他：本書分上、下 2 冊，胡適藏書有 2 套。

2208 小説閒話/趙景深著. —— 上海：北新書局，1937

[4]，285 頁；18.6 厘米

PKUL（館藏號缺）

附注：

題記：扉頁有作者題記："適之先生教正，並賜評。趙景深謹呈。一月廿二日。"

2209 小説舊聞鈔/魯迅著. —— 上海：魯迅全集出版社，1941

180 頁；18.2 厘米

魯迅三十年集

PKUL（館藏號缺）

2210 小説舊聞鈔/魯迅著. —— 上海：北新書局，1926

6，156 頁；20 厘米

PKUL（館藏號缺）

附注：

題記：封底有胡適雜記"文藝復興"等。

2211 小説考證上冊/蔣瑞藻編纂. —— 上海：商務印書館，1921

11，164頁；19厘米

文藝叢刻乙集

PKUL（館藏號缺）

附註：

　　摺頁：頁11、65有摺頁。

2212　小說考證/蔣瑞藻編.——上海：商務印書館，1921

3冊；19厘米

文藝叢刻乙集

PKUL（館藏號缺）

附註：

　　印章：上、中、下冊各有一冊封面鈐有"胡適之印"朱文方印。

　　批注圈劃：上冊中另一冊目錄部分有胡適朱筆圈劃。

　　摺頁：上冊中另一冊頁85有摺頁。

　　其他：本書分上、中、下3冊，胡適藏書有上冊2冊，中冊、下冊各3冊。

2213　小說考證拾遺/蔣瑞藻編著.——上海：商務印書館，1922

3，113頁；19厘米

文藝叢刻乙集

PKUL（館藏號缺）

附註：

　　摺頁：頁35有摺頁。

2214　小說四篇/張永善著.——南京：南京中文仿宋印書館，1945

64頁；18.7厘米

杏園文集

PKUL（館藏號缺）

附註：

　　印章：封內鈐有"張永善印"、"張杏園章"朱文方印。

　　題記：封內有作者題記："適之先生教正！著者，一九四六，七月。"

427

2215 小説專名考釋/孫楷第著. ——出版地不詳：出版者不詳，出版年不詳

12 頁；25.7 厘米

PKUL（館藏號缺）

附注：

題記：封面有作者題記："敬求鈞誨，後學孫楷第，二三，七，廿五日。詞話考，説話考。"

其他：本書有 3 冊。

2216 小學各科新教學法/王鴻霖編. ——北平：中華印書局，1937

[18]，300 頁；20.5 厘米

PKUL（館藏號缺）

2217 小學各科新教學法之研究/鍾魯齋著. ——上海：商務印書館，1934

[11]，380 頁；22.7 厘米

大學叢書

PKUL（館藏號缺）

2218 小學校國語文學之研究新小學教科書國語文學讀本説明書/李步青編. ——上海：中華書局，1925

2，28 頁；19.6 厘米

PKUL（館藏號缺）

附注：

題記：封面有作者題記："適之先生惠鑒，敬求教正，弟李步青謹贈。通訊處：武昌長湖西街三十號。"

2219 小意思集/陳果夫編著. ——出版地不詳：正中書局，1947

[7]，378 頁；18.9 厘米

PKUL（館藏號缺）

附注：

題記：扉頁有作者題記："適之先生指正，陳果夫贈。"

2220 **孝經論語**/著者不詳. ——上海：商務印書館，1936

    8，93 頁；22.7 厘米

    四部叢刊初編縮本 009

    PKUL（館藏號缺）

    附注：

        批注圈劃：書內一頁有胡適批注。

2221 **孝經與論語之牴觸**/傅佩青著. ——出版地不詳：出版者不詳，出版年不詳

    22 頁；24.8 厘米

    PKUL（館藏號缺）

    附注：

        題記：封面有作者題記："適之先生教正，弟銅謹呈。"

2222 **歇後語選錄**/陳光垚編. ——上海：啓明學社，1933

    4，128 頁；18.6 厘米

    簡字叢書

    PKUL（館藏號缺）

2223 **心理學之回顧**/周先庚著. ——出版地不詳：出版者不詳，1931

    14 頁；26.4 厘米

    清華週刊 1931 年 35 卷 8、9 期抽印本

    PKUL（館藏號缺）

    附注：

        印章：封面鈐有"周先庚"朱文方印。

        其他：本書有 2 冊。

2224 **心理學之科學觀**/衛爾德著；張繩祖，朱定鈞譯. ——上海：商務印書館，1934

    10，196，11 頁；22.8 厘米

    大學叢書

    PKUL（館藏號缺）

    附注：

内附文件:書內夾有商務印書館致胡適書信1封。

2225 心理與教育測量/王書林著.——上海:商務印書館,1935

[41],890,16 頁;22.7 厘米

大學叢書

PKUL(館藏號缺)

2226 心理與教育之統計法/葛雷德著;朱君毅譯.——上海:商務印書館,1934

XIII,351 頁;22.6 厘米

大學叢書

PKUL(館藏號缺)

2227 心浴/萬異著.——出版地不詳:國防科學研究社,1947

[5],118 頁;18.1 厘米

PKUL(館藏號缺)

附注:

題記:封面有作者題記:"適之先生校長教正,著者敬贈。"

2228 辛丑日記/華學潤著.——上海:商務印書館,1936

13,251 頁;22.8 厘米

PKUL(館藏號缺)

附注:

印章:扉頁鈐有"HU SHIH"藍文印。

題記:扉頁有作者題記:"送給適之,和,廿六,四,十六。"

2229 辛亥革命回憶錄/張奚若,丕強著.——上海:生活書店,1947

3,79 頁;16.8 厘米

PKUL(館藏號缺)

附注:

題記:扉頁有作者題記:"送給適之兄,奚若。"

2230 辛稼軒先生年譜/鄧廣銘編撰.——上海：商務印書館，1947

110 頁；20.3 厘米

PKUL（館藏號缺）

附注：

題記：題名頁有作者題記："適之吾師誨正，學生鄧廣銘敬贈，卅七，二，廿三。"

2231 辛巳文錄初集/著者不詳.——北平：文奎堂書莊，1941

2,350 頁；25.9 厘米

PKUL（館藏號缺）

2232 新創中國公年/張國維著.——出版地不詳：出版者不詳，1933

34 頁；22 厘米

歷史社會學叢書

PKUL（館藏號缺）

附注：

題記：封面有作者題記："國學大家適之先生惠閱教正，著者敬贈，請賜批評。"

內附文件：書內夾有作者張國維致胡適書信 1 頁。

2233 新的文評/林語堂輯譯.——上海：北新書局，1930

4，182 頁；20 厘米

PKUL（館藏號缺）

2234 新工具/倍根著；關琪桐譯.——上海：商務印書館，1936

[43]，334 頁；21.2 厘米

PKUL（館藏號缺）

2235 新國語課本/著者不詳.——出版地不詳：全國國語教育促進會，1928

4，108 頁；19.5 厘米

PKUL（館藏號缺）

2236 新國語留聲片課本/趙元任編著.——上海：商務印書館，1935

　　2 冊；21.3 厘米

　　PKUL（館藏號缺）

　　附注：

　　　　其他：本書分甲種、乙種 2 冊，二冊扉頁各貼有作者贈書條，印有"敬請指正，趙元任贈"字樣。二冊內容：甲種，注音符號本；乙種，國語羅馬字本。

2237 新獲卜辭寫本後記跋/傅斯年著.——北平：國立中央研究院歷史語言研究所，1930

　　349—386 頁；26.5 厘米

　　安陽發掘報告第二期抽印本

　　PKUL（館藏號缺）

　　附注：

　　　　批注圈劃：書內 25 頁有胡適批注圈劃。

2238 新嘉量之校量及推算/劉復著.——北平：輔仁大學輔仁學誌編輯會，1928

　　29 頁；26.2 厘米

　　PKUL（館藏號缺）

　　附注：

　　　　印章：封面鈐有"劉復敬詒"朱文方印。

　　　　題記：封面有作者題記："適之兄教"。

　　　　內附文件：書內夾有劉半農致胡適書信 1 頁。

2239 新疆紀遊/吳藹宸著.——上海：商務印書館，1935

　　14,342 頁；22.9 厘米

　　PKUL（館藏號缺）

　　附注：

　　　　題記：扉頁有作者題記："適之先生惠存，吳藹宸敬贈，廿五，四，十九。"

　　　　夾紙：書內夾有作者吳藹宸名片 1 張。

2240 新校正墨經注上篇/徐廷榮註.——出版地不詳:出版者不詳,出版年不詳

　　2,4,93 頁;23.9 厘米

　　PKUL(館藏號缺)

　　附注:

　　　　其他:本書僅出版上篇。

2241 新經濟學/羅撒盧森堡著;陳壽僧譯.——上海:中國新文社,1928

　　26,314 頁;21.7 厘米

　　PKUL(館藏號缺)

2242 新經全集上/著者不詳.——獻縣:河北獻縣耶穌會,1938

　　7,624 頁;18.6 厘米

　　PKUL(館藏號缺)

2243 新經全集上集/著者不詳.——獻縣:河北獻縣耶穌會,1936

　　5,453 頁;24.4 厘米

　　PKUL(館藏號缺)

　　附注:

　　　　題記:扉頁有題記:"購自紐約舊書店。四,三,一九四六。"

2244 新經全集下/著者不詳.——獻縣:直隸南耶穌會,1922

　　5,791 頁;18.6 厘米

　　PKUL(館藏號缺)

2245 新舊約全書/著者不詳.——上海:美華聖經會,出版年不詳

　　4,1056,352 頁;19.4 厘米

　　PKUL(館藏號缺)

　　附注:

　　　　題記:封面印有贈書者燙金題記:"胡適之先生惠存,美華聖經會敬贈。"

2246 新舊約全書/著者不詳.——上海:大美國聖經會,出版年不詳

433

838，258 頁；22.1 厘米

PKUL（館藏號缺）

2247 **新舊約全書**/著者不詳.——上海：大英聖書公會，出版年不詳

908，2282 頁；18.8 厘米

PKUL（館藏號缺）

2248 **新舊約全書**/著者不詳.——上海：美國聖經會，1926

1056，352 頁；19.5 厘米

PKUL（館藏號缺）

2249 **新理學**/馮友蘭著.——長沙：商務印書館，1940

［2］，312 頁；21 厘米

大學叢書

PKUL（館藏號缺）

2250 **新論理學**/著者不詳.——上海：商務印書館，出版年不詳

［18］，201 頁；20.7 厘米

PKUL（館藏號缺）

2251 **新莽革政與失敗之原理**/王斐烈著.——出版地不詳：出版者不詳，1944

151—226 頁；26 厘米

中德學誌第六卷第一二期抽印單行本

PKUL（館藏號缺）

附注：

題記：封面有作者在名字後的題記："静如。"

2252 **新青年自述**/著者不詳.——出版地不詳：世界書局，出版年不詳

8，158 頁；18.9 厘米

中學世界百科全書

PKUL（館藏號缺）

附注：

  印章：封面、扉頁鈐有"程法榮"朱文方印；扉頁有"Cheng Fa-cheng"簽名。

2253 新生活與婦女解放/陳衡哲著.——南京：正中書局，1934

  [4]，84頁；15厘米

  新生活叢書

  PKUL（館藏號缺）

  附注：

  題記：題名頁有作者題記："送給適之，衡哲，廿三，十，廿九。"

2254 新詩歌集/趙元任編.——上海：商務印書館，1933

  66頁；30.6厘米

  PKUL（館藏號缺）

  附注：

  題記：一册題名頁有朱筆題記："這本本來是適之的書，但是元任又拿它給他①。北平，十七，九，廿。①看《阿麗斯漫遊奇境記》三十五—三十六頁。"

  其他：本書有2册。

2255 新詩年選/北社編.——上海：亞東圖書館，1932

  [12]，248，[6]頁；18.5厘米

  PKUL（館藏號缺）

2256 新史學/J. H. Robinson著；何炳松譯.——上海：商務印書館，1924

  1册（5，22，2，1，271頁）；22.7厘米

  北京大學叢書

  PKUL（館藏號缺）

  附注：

  題記：題名頁有作者題記："適之先生：我寄給你這本書有三個意思：一個是請你再加指正；一個是表示我對於你感激的意思；一個是'希望你的序

文能够遲早之間發現在這本書的前面'（見譯者再誌）。何炳松敬贈，十三年二月九日自上海寄。"

2257 新史學與社會科學/班茲著；董之學譯．——上海：商務印書館，1933

8，588 頁；22.7 厘米

大學叢書

PKUL（館藏號缺）

2258 新體中國歷史/呂瑞廷，趙澂璧著．——上海：商務印書館，1910

1 冊(6，8，60，51，53，63，72，72 頁)；22.6 厘米

PKUL（館藏號缺）

附注：

印章：題名頁鈐有"自強"朱文印；另有"P. Y. Chien"鉛筆簽名。

2259 新文化辭書/唐敬杲編．——上海：商務印書館，1923

6，1107，[157]頁；19.2 厘米

PKUL（館藏號缺）

2260 新文學評論上冊/王世棟選．——出版地不詳：新文化書社，出版年不詳

2，176 頁；18.8 厘米

PKUL（館藏號缺）

2261 新聞學概觀/燕京大學新聞學系編．——出版地不詳：出版者不詳，出版年不詳

2，49 頁；22.6 厘米

PKUL（館藏號缺）

附注：

印章：扉頁鈐有"燕京大學新聞學系章"朱文方印。

題記：扉頁有編者題記："胡適之先生，燕京大學新聞學系敬贈。"

2262 新聞大王哈斯特/袁殊著．——上海：良友圖書印刷公司，1932

60 頁；12.8 厘米

一角叢書

PKUL（館藏號缺）

2263 新五更勸夫/著者不詳.——出版地不詳：建國出版社，出版年不詳

16 頁；12.7 厘米

PKUL（館藏號缺）

2264 新新外史甲集/濯纓著.——天津：天津益世報，出版年不詳

3 冊；21.4 厘米

PKUL（館藏號缺）

附注：

其他：本書分爲卷 1—4，共 4 卷，胡適藏書缺卷 3。

2265 新新外史乙集/濯纓著.——天津：天津益世報，出版年不詳

4 冊；21.5 厘米

PKUL（館藏號缺）

附注：

其他：本書分爲卷 1—4，共 4 卷。

2266 新學究/李健吾著.——上海：文化生活出版社，1937

136 頁；17.2 厘米

PKUL（館藏號缺）

附注：

題記：題名頁有作者題記："適之先生指教，健吾，五月十日。"

2267 新學制國語教科書第五冊初級中學用/顧頡剛，葉紹鈞編.——上海：商務印書館，1923

[4]，192 頁；19.1 厘米

PKUL（館藏號缺）

2268 新藥本草/謝恩增編. ——北平：華安藥房，1943

    2 冊(380, 31, 68 頁)；26.9 厘米

    PKUL（館藏號缺）

    附注：

      題記：上冊扉頁有編者題記："Dr. Hu Shih Chi, From E. T. Hsieh, 35/8/25/."

      其他：本書分爲上、下 2 冊。

2269 新約全書/王宣忱譯. ——青島：青島中華基督教會，出版年不詳

    [3], 612 頁；22 厘米

    PKUL（館藏號缺）

    附注：

      題記：書脊有胡適題記："新約, 王宣忱譯。"

2270 新約全書/著者不詳. ——出版地不詳：出版者不詳，出版年不詳

    586 頁；19.5 厘米

    PKUL（館藏號缺）

2271 新約全書中西字/著者不詳. ——Shanghai：British & Foreign Bible Society，1922

    908 頁；18.9 厘米

    PKUL（館藏號缺）

    附注：

      題記：封面印有贈書者題記："適之老哥歐行，一九二六夏，廷芳敬贈。"

2272 新月詩選/陳夢家編. ——上海：新月書店，1931

    32, 12, 264 頁；18.3 厘米

    PKUL（館藏號缺）

    附注：

      其他：本書有 4 冊。

2273 新哲學論叢/張東蓀著. ——上海：商務印書館, 1929

[4], 467 頁; 22.8 厘米

PKUL（館藏號缺）

附注：

題記：題名頁有作者題記："適之兄存正, 著者贈, 民國十八年十月廿六日。"

2274 新哲學書/張申府著. ——出版地不詳：出版者不詳, 1932

53 頁; 26.3 厘米

清華周刊第三七卷增訂單行本

PKUL（館藏號缺）

2275 新政治學/陳豹隱編. ——上海：樂群書店, 1929

9, 212 頁; 18.7 厘米

PKUL（館藏號缺）

附注：

印章：扉頁鈐有"思猷"朱文方印。

2276 新中華算術課本第一冊/顧柟等編. ——上海：中華書局, 1930

48 頁; 19.5 厘米

PKUL（館藏號缺）

2277 新著國語文法/黎錦熙編著. ——上海：商務印書館, 1924

[42], 396 頁; 19 厘米

PKUL（館藏號缺）

2278 星槎勝覽校注/馮承鈞著. ——長沙：商務印書館, 1938

1 冊(5, 12, 3, 43, 3, 27, 1, 1, 3 頁); 19 厘米

史地小叢書

PKUL（館藏號缺）

2279 猩紅熱預防治療通俗論/葉古紅，葉季紅編. ——北平：葉古紅診所，1932

2, 18 頁；18.2 厘米

洴澼洸廬通俗醫學叢書

PKUL（館藏號缺）

2280 興士團約法/興士團編. ——出版地不詳：出版者不詳，出版年不詳

14 頁；17 厘米

PKUL（館藏號缺）

附注：

內附文件：書內夾有興士團致胡適書信 1 頁。

2281 刑事訴訟法通義/陳瑾崑著. ——北平：朝陽大學，1930

［24］，490，24 頁；23.1 厘米

PKUL（館藏號缺）

2282 刑事訴訟實務/陳瑾崑，李良著. ——北平：朝陽大學出版部，1930

［12］，［596］頁；24.9 厘米

PKUL（館藏號缺）

2283 行動哲學/惠迪人著. ——出版地不詳：商務印書館，1943

［6］，119 頁；17.4 厘米

PKUL（館藏號缺）

附注：

印章：封面鈐有"惠迪人印"朱文方印。

題記：封面有作者題記："適之先生指教，惠迪人敬贈，卅五年七月於南京。"

2284 行己有恥與悔過自新/張文穆講. ——北平：京城印書局，1936

16, 68 頁；23.7 厘米

PKUL（館藏號缺）

附注：

與胡適的關係:本書有胡適序言。

2285 行爲心理學大意/J. B. Watson 著;謝循初譯.——上海:勞大印刷所,1928

[10],149 頁;18.4 厘米

PKUL(館藏號缺)

附注:

題記:封內有譯者題記:"適之先生,請批評介紹,弟謝循初贈。"

2286 行爲之生理的分析/汪敬熙著.——重慶:獨立出版社,1944

[4],140,34 頁;18.1 厘米

PKUL(館藏號缺)

附注:

其他:本書有 3 冊。

2287 行爲知識論/惠迪人著.——出版地不詳:商務印書館,1941

[6],144 頁;17.4 厘米

PKUL(館藏號缺)

附注:

印章:封面鈐有"惠迪人印"朱文方印。

題記:封面有作者題記:"適之先生指教,惠迪人敬贈,卅五年七月於南京。"

2288 行爲主義/陳德榮著.——上海:商務印書館,1933

[8],190 頁;22.8 厘米

大學叢書

PKUL(館藏號缺)

附注:

內附文件:書內夾有商務印書館致胡適書信 2 封。

2289 行爲主義的心理學/John B. Watson 著;臧玉洤譯.——上海:商務印書館,1925

16,395,3 頁；22.8 厘米

PKUL（館藏號缺）

附注：

題記：扉頁有譯者題記："適之先生惠存，學生臧玉詮謹贈。"

2290 行爲主義的心理學/華德生著；臧玉詮譯．——上海：商務印書館，1928

[22]，395，3 頁；22.8 厘米

心理學叢書

PKUL（館藏號缺）

2291 行政法汎論/張映南著．——北平：中華印書局，1935

[18]，308，144 頁；25.3 厘米

PKUL（館藏號缺）

附注：

印章：封面鈐有"張映南"朱文方印。

題記：封面有作者題記："適之先生指正，張映南謹贈。"

2292 行政法總論/范揚著．——上海：商務印書館，1935

14，376 頁；22.5 厘米

大學叢書

PKUL（館藏號缺）

2293 行政學之理論與實際/張金鑑著．——上海：商務印書館，1935

16，530 頁；22.7 厘米

大學叢書

PKUL（館藏號缺）

2294 形聲字聲中有義略證/楊樹達著．——出版地不詳：出版者不詳，1934

20 頁；25.7 厘米

清華學報單行本

PKUL（館藏號缺）

附注：

  題記：封面有作者題記："適之先生正，樹達。此小文中，却含有一訓詁學上之通則。不知先生肯犧牲最寶貴之時間，賜以一讀，加以教誨否？二十三年四月頭髮胡同七號康廬。"

2295 醒獅初吼/許錫五著．──出版地不詳：出版者不詳，出版年不詳

  78 頁；24.7 厘米

  PKUL（館藏號缺）

  附注：

  印章：封面鈐有"許錫五印"朱文方印；封內鈐有"許錫五"朱文橢圓印。

  題記：封面有作者題記："此稿已改名爲《GANN 幹》"；另封內、封三有作者題記，字多不錄。

2296 幸福的哀歌/何德明著．──上海：北新書局，1933

  2，21 頁；19 厘米

  PKUL（館藏號缺）

  附注：

  題記：扉頁有作者題記："適之先生指教，著者，一九三三，上海。"

2297 性理學/楊靜著．──出版地不詳：出版者不詳，出版年不詳

  4，74 頁；20.3 厘米

  PKUL（館藏號缺）

  附注：

  題記：封面有作者題記："胡先生惠存"；扉頁有作者題記1頁。

  其他：書名頁爲作者自題。

2298 性書與淫書/張競生著．──上海：美的書店，1927

  82 頁；14.9 厘米

  性育小叢書

  PKUL（館藏號缺）

2299 修辭格/唐鉞.——上海：商務印書館，1923

[6]，89 頁；17.4 厘米

百科小叢書

PKUL（館藏號缺）

附注：

題記：扉頁有作者題記："送給適之，唐鉞，十二，四，二。"

2300 修訂×〇測驗之初步/蕭孝嶸著.——南京：中國測驗學會，出版年不詳

40 頁；26 厘米

中國測驗學會研究報告

PKUL（館藏號缺）

2301 修建站廠房屋工程/平綏鐵路管理局編.——出版地不詳：平綏鐵路管理局，1935

8 頁；18.6 厘米

PKUL（館藏號缺）

2302 徐福與海流/王輯五著.——北平：國立北平師範大學出版課，1934

11 頁；25.7 厘米

師大月刊第十一期抽印本

PKUL（館藏號缺）

2303 徐慶譽先生學術講演集第一集/楊大膺編.——長沙：世界學會長沙分會，1932

[6]，250 頁；22.3 厘米

世界學會叢書

PKUL（館藏號缺）

2304 徐霞客遊記上/丁文江編.——上海：商務印書館，1928

1 冊（2，4，2，70，6，32，44，36，42，40，34，52，50 頁）；26.5 厘米

PKUL（館藏號缺）

附注：

　　題記：扉頁有編者題記："適之惠存，弟文江持贈，十七，十一，七。"

2305 徐霞客遊記下/丁文江編．——上海：商務印書館，1928

　　1冊(32，40，42，28，34，32，40，38，30，28，45，134頁)；26.5厘米

　　PKUL（館藏號缺）

2306 徐霞客遊記附圖/聞齊，趙志新編．——出版地不詳：出版者不詳，出版年不詳

　　3，34頁；27厘米

　　PKUL（館藏號缺）

2307 徐旭生西遊日記/徐炳昶著．——北平：中國學術團體協會西北科學考查團理事會，1930

　　1冊(6，14，126，124，168，28頁)；25.7厘米

　　西北科學考察團叢刊

　　PKUL（館藏號缺）

　　附注：

　　印章：題名頁鈐有"適之"朱文橢圓印。

　　題記：題名頁有胡適題記："著者贈，胡適。"

2308 學海堂考/容肇祖著．——出版地不詳：出版者不詳，1934

　　147頁；26.3厘米

　　嶺南學報三卷四期抽印本

　　PKUL（館藏號缺）

　　附注：

　　題記：封面有作者題記："適之先生教正，學生肇祖寄呈。"

2309 學林小辯續理氣辯/薛元植著．——大同：株式會社大同出版社，1939

　　102，2，62頁；22.5厘米

　　反求室叢書

PKUL（館藏號缺）

附注：

夾紙：書內夾有贈書卡1張。

其他：本書有2冊。

2310 學術講座廣播文集第一集/昆明廣播電臺編.——昆明：昆明廣播電臺，1945

134 頁；18.5 厘米

PKUL（館藏號缺）

2311 學術論叢/徐慶譽著.——出版地不詳：力行社，1948

268 頁；17.4 厘米

力行叢書

PKUL（館藏號缺）

附注：

其他：本書有2冊，一冊封內貼有紙條，上有"濟南安子信箱四號惠贈"字樣。

2312 學習定律分析/蕭孝嶸著.——南京：鍾山書局，1933

136 頁；22.1 厘米

PKUL（館藏號缺）

附注：

題記：封面有作者題記："適之先生指正，著者敬贈。"

2313 雪萊的情詩/劉大杰編.——上海：光華書局，1927

IV，62，12 頁；17.1 厘米

PKUL（館藏號缺）

附注：

印章：封面、題名頁有簽名"Waltsworth"；扉頁有簽名"Waltsworth，1930"。

2314 荀注訂補/鍾泰著.——上海：商務印書館，1936

[6]，207 頁；19 厘米

國學小叢書

PKUL（館藏號缺）

2315 荀子柬釋/梁啟雄著.——上海：商務印書館，1936

[16]，434頁；22.7厘米

PKUL（館藏號缺）

附注：

題記：一冊扉頁有作者題記："適之前輩先生教正，晚梁啟雄拜詒。"

批注圈劃：另一冊頁60有胡適批注。

夾紙：另一冊頁308、309，312、313，320、321間夾有紙條。

其他：本書有2冊。

2316 循環日報六十週年紀念特刊/循環日報社編.——[香港？]：循環日報社，1932

140頁；38.4厘米

PKUL（館藏號缺）

附注：

題記：封面有贈書者題記："胡適之先生惠存，香港循環日報敬贈。"

其他：本書有2冊。

2317 訓育論/李相勛著.——上海：商務印書館，1935

2，6，314頁；22.7厘米

大學叢書

PKUL（館藏號缺）

2318 訓政實施之商榷/單寵乾著.——出版地不詳：出版者不詳，1932

37頁；20.4厘米

PKUL（館藏號缺）

2319 鴉片戰爭粵東義民抗英史料敍錄/羅香林著.——出版地不詳：出版者不詳，出版年不詳

145—164 頁；26.3 厘米

PKUL（館藏號缺）

附注：

 題記：封面有作者題記："適之先生教正，後學羅香林敬呈。"

2320 亞洲棉與美洲棉雜種之遺傳學及細胞學的研究/馮澤芳著；曹誠英譯.——出版地不詳：出版者不詳，出版年不詳

 77—107 頁；26.4 厘米

 農學叢刊抽印本

 PKUL（館藏號缺）

附注：

 題記：封面有作者題記："適之先生：這是曹誠英女士出國前的譯文，特寄贈一本，以爲紀念。馮澤芳上，廿四，五，一。"

2321 煙幕發火劑及爆炸實驗/韓組康著.——上海：商務印書館，1934

 X，49 頁；22.9 厘米

 PKUL（館藏號缺）

2322 言語學概論/沈步洲著.——上海：商務印書館，1931

 3，2，193 頁；18.8 厘米

 PKUL（館藏號缺）

附注：

 題記：題名頁有作者題記："適之吾師惠存，步洲，二十年四月九日。"

2323 研究行政督察專員制度報告/陳之邁著.——出版地不詳：出版者不詳，1936

 35 頁；25.7 厘米

 PKUL（館藏號缺）

2324 顏李學派的程廷祚/胡適著.——出版地不詳：出版者不詳，出版年不詳

 43 頁；25.5 厘米

 國立北京大學國學季刊五卷三號抽印本

PKUL（館藏號缺）

附注：

題記：封面有胡適題記："此篇大體不錯。其中論綿莊中年以後態度轉變處，似太偏重他的表面變節，可以改正。材料大致不錯，編制可以改定。大概傳記部分可以改簡單些，把幾件重要文件（如與魚門書等）抽出留在下半篇。陳援菴藏有綿莊《與袁隨園札》，可以採入。適之，卅一，十，十二夜。"

其他：本書有23冊。

2325 **顏氏家訓校箋**/劉盼遂著.——出版地不詳：出版者不詳，出版年不詳

22頁；25.6厘米

女師大學術季刊第二期抽印本

PKUL（館藏號缺）

附注：

題記：封面有鉛筆題記："顏氏家訓校箋。"

2326 **顏氏家訓音辭篇注補**/周祖謨著.——出版地不詳：出版者不詳，出版年不詳

201—220頁；26.3厘米

輔仁學誌第十二卷第一第二合期抽印本

PKUL（館藏號缺）

2327 **鹽務革命史**/韜園編.——南京：京華印書局，1929

2，206頁；22.7厘米

PKUL（館藏號缺）

2328 **鹽政叢刊**/景學鈐編.——北京：北京鹽政雜誌社，1921

[20]，632，8頁；23.3厘米

PKUL（館藏號缺）

2329 **鹽政雜誌第五十二期新鹽法專刊**/景學鈐編.——北平：鹽政雜誌社，1931

[330]頁；22.3厘米

PKUL（館藏號缺）

2330 燕都叢考/陳宗蕃編著.——北平：中華印字館，1930

3 冊；25.1 厘米

PKUL（館藏號缺）

附注：

夾紙：第 2 編內夾有作者名片 1 張。

摺頁：第 3 編頁 65 有摺頁。

其他：本書分爲第 1—3 編，共 3 冊。第 2 編書脊有胡適題寫書名作者"陳宗蕃燕都叢考（二）"；第 3 編書脊有胡適題寫書名作者"陳宗蕃燕都叢考（三）"。

2331 燕京大學國學研究所第一次考古旅行團照片展覽會/著者不詳.——出版地不詳：出版者不詳，1931

10 頁；25.7 厘米

PKUL（館藏號缺）

2332 揚子法言/支偉成編.——上海：泰東圖書局，1923

［6］，83 頁；18.5 厘米

PKUL（館藏號缺）

2333 楊家將故事考信錄/余嘉錫著.——出版地不詳：出版者不詳，出版年不詳

60 頁；26.1 厘米

輔仁學誌第十三卷第一第二合期抽印本

PKUL（館藏號缺）

附注：

題記：封面有作者題記："適之先生指正。"

2334 楊杏佛講演集/楊杏佛講演.——上海：商務印書館，1927

［4］，238，［75］頁；22.6 厘米

PKUL（館藏號缺）

附注：

　　題記：封面有作者題記："送給適之兄嫂，銓，一九二七年九月廿一日。"

2335 楊仲明阿衡譯解古蘭經集註樣冊/楊仲明譯.——北平：伊斯蘭譯經同志會，1931

　　4，2 頁；25.9 厘米

　　PKUL（館藏號缺）

2336 楊朱的著作及其學派考/孫道昇著.——出版地不詳：出版者不詳，出版年不詳

　　85 頁；25.8 厘米

　　PKUL（館藏號缺）

2337 養路工程學/夏堅白，陳永齡著.——上海：商務印書館，1935

　　[14]，483，[10]頁；22.6 厘米

　　大學叢書

　　PKUL（館藏號缺）

　　附注：

　　　　內附文件：書內夾有商務印書館致胡適書信 2 封。

2338 藥堂語錄/周作人著.——天津：庸報社，1941

　　[5]，110 頁；18.7 厘米

　　PKUL（館藏號缺）

2339 藥理研究報告第一集/全國經濟委員會衛生實驗處藥物研究室編.——出版地不詳：全國經濟委員會衛生實驗處藥物研究室，1935

　　108 頁；26 厘米

　　全國經濟委員會衛生實驗處專刊

　　PKUL（館藏號缺）

2340 藥學名詞/國立編譯館編訂.——南京：國立編譯館，1933

VII, 218 頁; 26.5 厘米

PKUL（館藏號缺）

附注：

印章:封面鈐有"贈閱"藍文印。

2341 耶馬臺國方位考/王輯五著.——北平：國立北平師範大學出版課, 1935

12 頁; 25.8 厘米

師大月刊第十八期抽印本

PKUL（館藏號缺）

2342 耶穌傳/趙紫宸著.——上海：青年協會書局, 1936

4, 294 頁; 21.6 厘米

PKUL（館藏號缺）

2343 耶穌引領之中國——現在與將來/費爾樸著.——上海：上海節育指導所, 出版年不詳

13 頁; 25.8 厘米

PKUL（館藏號缺）

附注：

題記:封面有作者題記:"請看第六頁講到之人口與食物的關係,惟節制生育能救中國。"

2344 也談談大學普通國文/閻簡弼著.——出版地不詳：出版者不詳, 出版年不詳

7 頁; 26.3 厘米

大中第一卷第七期抽印本

PKUL（館藏號缺）

附注：

題記:封面有作者題記:"適之校長先生誨政,撰者呈稿";另封面有作者題寫篇名。

2345 野草/魯迅著.——上海：魯迅全集出版社, 1941

80 頁；18.2 厘米

魯迅三十年集

PKUL（館藏號缺）

2346 夜讀抄/周作人著.——上海：北新書局，1934

4，313 頁；18.6 厘米

PKUL（館藏號缺）

附注：

題記：題名頁有作者題記："適之兄教正，作人，十一月廿四日。"

2347 夜鶯/歐陽蘭著.——北平：薔薇社，1935

［23］，4，52 頁；18.4 厘米

薔薇社叢書

PKUL（館藏號缺）

附注：

題記：封面有作者題記："適之先生：請批評。歐陽蘭敬贈。"

2348 一二八的一些紀念品/淞滬警備司令部編.——上海：商務印書館，1933

17 頁；23.6 厘米

PKUL（館藏號缺）

附注：

題記：扉頁有贈書者題記："適之先生惠存，戴戟敬贈，一二八周年紀念日於上海龍華。"

2349 一個人的談話/邵洵美著.——上海：第一出版社，1935

3，66 頁；17 厘米

PKUL（館藏號缺）

附注：

題記：扉頁有作者題記："適之先生指正，洵美，二四，六，一九。"

2350 一九二八年全國教育會議案及報告書等/著者不詳.——出版地不詳：出版者

不詳,出版年不詳

20 頁;25.9 厘米

PKUL(館藏號缺)

附注:

內附文件:書內夾有高夢旦致胡適書信 1 頁。

其他:本書無題名,此題名爲編者所擬。

2351 一九一八至一九三五年國際聯盟與法治/齊門著;郭子雄譯. —— 上海:商務印書館,1937

[13],428 頁;22.7 厘米

PKUL(館藏號缺)

附注:

題記:題名頁有作者題記:"適之先生教正,郭子雄。"

2352 一凌:夜行集/高亞偉著. ——出版地不詳:出版者不詳,出版年不詳

78 頁;23 厘米

PKUL(館藏號缺)

附注:

題記:扉頁有作者題記:"適之我師教正,生高亞偉敬贈。"

2353 一年鴻爪第一集/雷香庭著. ——廣州:大學文化事業公司,1948

2,104 頁;18.6 厘米

PKUL(館藏號缺)

附注:

印章:封內鈐有"香庭"朱文圓印。

題記:封內有作者題記:"胡校長適之教正,雷香庭敬贈。"

2354 一年來關於民治與獨裁的討論/胡適著. ——出版地不詳:出版者不詳,1934

15—23 頁;26.5 厘米

東方雜誌第三十二卷第一號抽印本

PKUL(館藏號缺)

2355 一年來黔省之工作事業專刊/中國工程學會貴陽分會編.——貴陽：中國工程
學會貴陽分會, 1947
　　102 頁；26 厘米
　　PKUL（館藏號缺）

2356 一隻馬蜂及其他獨幕劇/西林著.——北京：現代評論社, 1925
　　2, 90 頁；17.5 厘米
　　現代社文藝叢書
　　PKUL（館藏號缺）
　　附注：
　　　題記：一冊封內及題名頁有毛筆題記，作者不詳。
　　　其他：本書有 2 冊。

2357 伊犁煙雲錄/陳澄之著.——上海：中華建國出版社, 1948
　　4,100 頁；18.2 厘米
　　PKUL（館藏號缺）
　　附注：
　　　題記：題名頁有作者題記："敬請胡適先生指教，陳澄之，卅七，五，八。"

2358 伊斯蘭教入新疆考/王日蔚著.——出版地不詳：出版者不詳，出版年不詳
　　12 頁；26.4 厘米
　　禹貢半月刊第四卷第二期單行本
　　PKUL（館藏號缺）
　　附注：
　　　題記：封面有作者題記："適之先生指正。"

2359 醫學革命論集/余雲岫著.——上海：社會醫報館, 1932
　　[16], 404, 12 頁；18.2 厘米
　　PKUL（館藏號缺）
　　附注：

印章：封面鈐有"雲岫"朱文方印。

題記：封面有作者題記："適之先生惠存，雲岫謹贈。"

2360 醫學革命論集/余雲岫著.——上海：大東書局，1932

[16]，404，11 頁；18.8 厘米

PKUL（館藏號缺）

2361 醫學革命論二集/余雲岫著.——上海：社會醫報館，1933

[16]，440，12 頁；18.5 厘米

PKUL（館藏號缺）

附注：

其他：本書有 2 冊。

2362 醫學各科全書樣本/著者不詳.——上海：亞東醫學書局，1935

[4]，[96]頁；21.5 厘米

PKUL（館藏號缺）

2363 醫政漫談/陳果夫著.——南京：天地出版社，1944

139 頁；17.7 厘米

PKUL（館藏號缺）

附注：

題記：封面有作者題記："適之先生教正，陳果夫敬贈。"

2364 夷夏東西說/傅斯年著.——北平：出版者不詳，1934

1093—1134 頁；26.3 厘米

國立中央研究院歷史語言研究所集刊外編 蔡元培先生六十五歲慶祝論文集抽印本

PKUL（館藏號缺）

附注：

其他：本書有 4 冊。

2365 移行/張天翼著.——上海：良友圖書印刷公司，1934

　　310 頁；17.7 厘米

　　PKUL（館藏號缺）

2366 遺山先生文集/元好問著.——上海：商務印書館，1936

　　2 冊（431 頁）；22.8 厘米

　　四部叢刊初編縮本 285，286

　　PKUL（館藏號缺）

　　附註：

　　　批注圈劃：第 1 冊書內 1 頁有胡適批注。

2367 儀禮/著者不詳.——上海：商務印書館，1936

　　64，88 頁；22.8 厘米

　　四部叢刊初編縮本 004

　　PKUL（館藏號缺）

　　附註：

　　　題記：扉頁有胡適題寫本書各章名。

2368 儀禮經傳通解考證/白壽彝著.——北平：國立北平研究院總辦事處出版課，1936

　　30 頁；26.5 厘米

　　國立北平研究院院務彙報第七卷第四期單行本

　　PKUL（館藏號缺）

2369 儀禮與禮記之社會學的研究/李安宅著.——上海：商務印書館，1931

　　8，107 頁；18.9 厘米

　　國學小叢書

　　PKUL（館藏號缺）

　　附註：

　　　題記：題名頁有作者題記："敬呈適之先生教正，宅，一九三二，五，一一。"

2370 弋射與弩之溯原及關於此類名物之考釋皇王士三字之探原/徐中舒著. ——出版地不詳：出版者不詳，1934

　　417—446 頁；26.7 厘米

　　國立中央研究院歷史語言研究所集刊第四本第四分抽印本

　　PKUL（館藏號缺）

　　附注：

　　　題記：封面有作者題記："適之先生教正，徐中舒，二四，二，十三。"

2371 易卜生集/易卜生著；潘家洵譯. ——上海：商務印書館，1931

　　5 冊；17.5 厘米

　　萬有文庫第一集 0866

　　PKUL（館藏號缺）

　　附注：

　　　與胡適的關係：本書第 5 冊收有胡適《易卜生主義》一文。

2372 易林斷歸崔篆的判決書/胡適著. ——出版地不詳：出版者不詳，出版年不詳

　　25—48 頁；25.5 厘米

　　國立中央研究院歷史語言研究所集刊第二十本抽印本

　　PKUL（館藏號缺）

　　附注：

　　　題記：封面有作者題記："北京大學圖書館，胡適，卅七，七，十。"

2373 異行傳/張默生著. ——上海：東方書社，1946

　　162 頁；17.8 厘米

　　PKUL（館藏號缺）

2374 異哉所謂全國電政總局/王之鈞著. ——出版地不詳：出版者不詳，1927

　　30，10 頁；22.7 厘米

　　PKUL（館藏號缺）

　　附注：

　　　題記：封面有胡適朱筆題記："振華、王紫君。"

2375 意大利的戀愛故事/黎錦明，趙景深譯. —— 上海：亞細亞書局，1928

　　Ⅳ，128 頁；12.8 厘米

　　名家合輯文學小叢書

　　PKUL（館藏號缺）

2376 意大利國立教育電影館概況/薩爾地著；彭百川，張培瀠譯. —— 出版地不詳：國民印務局，1933

　　16 頁；18.8 厘米

　　PKUL（館藏號缺）

2377 意義學/李安宅著. —— 上海：商務印書館，1934

　　[17]，113 頁；21.3 厘米

　　PKUL（館藏號缺）

　　附注：

　　　　題記：題名頁有作者題記："敬呈適之先生教正，安宅，一九三四，五，廿八。"

2378 義和團運動與辛丑和約/陳功甫編著. —— 上海：商務印書館，1930

　　[6]，84 頁；19.1 厘米

　　中國歷史叢書

　　PKUL（館藏號缺）

2379 議會制度/邱昌渭著. —— 上海：世界書局，1933

　　1，7，410 頁；21.3 厘米

　　世界政治學叢書

　　PKUL（館藏號缺）

　　附注：

　　　　題記：一冊扉頁有作者題記："適之先生指正，邱昌渭敬贈，廿三年一月"；另一冊扉頁有作者題記："廷黻兄指正，邱昌渭敬贈，廿三年一月。"

　　　　其他：本書有 2 冊。

2380 因明大疏蠡測/陳大齊著．——出版地不詳：出版者不詳，出版年不詳

[8]，376 頁；24.6 厘米

PKUL（館藏號缺）

附注：

題記：一冊封面有作者題記："適之先生指正，大齊敬贈"；另一冊扉頁有贈書者題記："適之先生惠存，兼士，三五，九，十五。"

其他：本書有 2 冊。

2381 因明入正理論摸象/王季同著．——長沙：商務印書館，1940

69 頁；17.6 厘米

PKUL（館藏號缺）

附注：

題記：封面有作者題記："適之先生正之，王季同謹贈"；另有胡適題記："王守競兄帶來的（卅三，五，廿二）。"

內附文件：書內夾有作者致胡適書信 3 頁。

2382 茵夢湖/張友松譯註．——上海：北新書局，1930

2，137 頁；18.8 厘米

世界文學名著

PKUL（館藏號缺）

2383 殷人祀歲星考/章鴻釗著．——出版地不詳：出版者不詳，出版年不詳

12—23 頁；25.7 厘米

學藝雜誌第十七卷第九號抽印本

PKUL（館藏號缺）

附注：

題記：封面有作者題記："適之先生大教，著者敬贈。"

2384 殷虛書契解詁/吳其昌著．——出版地不詳：出版者不詳，出版年不詳

1 冊（221—268，425—452，635—690，211—258 頁）；26.3 厘米

PKUL（館藏號缺）

附注：

題記：封面有作者題記："適之先生教正，後學其昌學，第一卷。"

2385 殷墟之石刀/安志敏著.——出版地不詳：出版者不詳，1947

77—94 頁；26.2 厘米

燕京學報第三十三期抽印本

PKUL（館藏號缺）

附注：

題記：封面有作者題記："適之先生教正，後學安志敏謹呈。"

2386 陰謀與愛情/Friedrich von Schiller 著；張富歲譯.——上海：商務印書館，1934

2，1，195 頁；19.1 厘米

中德文化叢書

PKUL（館藏號缺）

附注：

夾紙：書內夾有中德學會贈書卡 1 張。

與胡適的關係：封面有胡適題籤。

2387 陰陽入三聲考/魏建功著.——出版地不詳：出版者不詳，出版年不詳

52 頁；25.9 厘米

PKUL（館藏號缺）

附注：

題記：封面有作者題記："呈適之先生，'五四'十二週年。"

2388 銀價變遷與中國/谷春帆著.——上海：商務印書館，1935

5，156 頁；22.8 厘米

經濟叢書

PKUL（館藏號缺）

附注：

印章：扉頁鈐有"谷春帆"朱文方印。

題記：扉頁有作者題記："謹獻適之先生，谷春帆，廿四，十二，二十二。"

2389 銀價問題與遠東/W. F. Spalding 著.——出版地不詳：出版者不詳，出版年不詳

8 頁；24.4 厘米

中國太平洋國際學會叢書

PKUL（館藏號缺）

2390 銀價之研究/孫拯著.——出版地不詳：立法院統計處，出版年不詳

85—132 頁；26.3 厘米

統計月報抽印本

PKUL（館藏號缺）

附注：

題記：封面有作者題記："適之先生指正，孫拯謹寄，十九，三，二。"

內附文件：書內夾有顧頡剛致胡適書信 2 頁。

2391 銀之發炎——動態的研究/谷春帆著.——上海：天津大公報上海分館，1932

[10]，136 頁；18.7 厘米

PKUL（館藏號缺）

附注：

印章：題名頁鈐有"谷春帆"朱文方印。

題記：題名頁有作者題記："敬獻適之先生，谷春帆。"

2392 引得說/洪業著.——北平：哈佛燕京學社，1932

68 頁；26.3 厘米

PKUL（館藏號缺）

2393 引量分析/愛停頓著；夏元瑮譯解.——出版地不詳：出版者不詳，出版年不詳

43 頁；25.2 厘米

PKUL（館藏號缺）

附注：

  題記：封面有譯者題記："胡適之先生，元琭。"

2394 飲冰室文集類編/梁啓超著.——出版地不詳：出版者不詳，出版年不詳

  2 冊；22.5 厘米

  PKUL（館藏號缺）

  附注：

    其他：本書分上、下 2 冊。

2395 飲水衛生及其他/陳果夫編著.——出版地不詳：正中書局，1947

  [5]，183 頁；18.1 厘米

  PKUL（館藏號缺）

  附注：

    題記：封面有作者題記："適之先生教正，陳果夫贈。"

2396 印度古宗教史/鋼和泰編著.——北平：北京大學，出版年不詳

  1，206 頁；24.7 厘米

  PKUL（館藏號缺）

  附注：

    題記：封面有胡適朱筆題記："鋼和太，《印度古宗教史》，適之。"

    批注圈劃：書內 21 頁有胡適圈劃。

    摺頁：頁 32、41、43、46、47、49、50、51、60、64、67、91、96、112、130、159 有摺頁。

    夾紙：頁 149 有夾紙。

2397 印度家庭財產共有制度及婦女在法律上的地位/莊景琦著.——出版地不詳：出版者不詳，出版年不詳

  60 頁；18.8 厘米

  PKUL（館藏號缺）

2398 印度女子詩選/Margaret Macnicol 著；辜懷譯.——[上海？]：女子書店，1934

[9]，160 頁；17.2 厘米

女子文學叢書

PKUL（館藏號缺）

2399 印度文學/許地山著.——上海：商務印書館，1931

[8]，141 頁；18.9 厘米

百科小叢書

PKUL（館藏號缺）

附注：

　印章：封面有胡適朱筆簽名"適之"。

2400 印度哲學概論/梁漱溟著.——上海：商務印書館，1919

[8]，317 頁；22.5 厘米

北京大學叢書

PKUL（館藏號缺）

附注：

　印章：封面有胡適毛筆簽名"適"。

　批注圈劃：書內 75 頁有胡適批注圈劃。

　摺頁：頁 170 有摺頁。

　其他：本書爲初版。

2401 印度哲學概論/梁漱溟著.——上海：商務印書館，1926

[12]，313 頁；22.6 厘米

北京大學叢書

PKUL（館藏號缺）

附注：

　其他：本書爲 5 版。

2402 印度哲學史略/湯用彤編著.——出版地不詳：獨立出版社，1945

[10]，186 頁；23 厘米

現代學術叢書

PKUL（館藏號缺）

2403 印歐民間故事型式表/楊成志，鍾敬文譯．——廣州：國立中山大學語言歷史學研究所，1928

60 頁；20.5 厘米

民俗學會小叢書

PKUL（館藏號缺）

2404 英國當代四小說家/Wilbur L. Cross 著；李未農，章紹烈，蔣石洲譯．——上海：國立編譯館，1934

1，202 頁；22.9 厘米

PKUL（館藏號缺）

2405 英國工會運動史/衛布夫婦著；陳建民譯．——上海：商務印書館，1935

[11]，660 頁；22.6 厘米

大學叢書

PKUL（館藏號缺）

2406 英國史/屈勒味林著；錢端升譯．——上海：商務印書館，1933

[26]，950 頁；22.7 厘米

大學叢書

PKUL（館藏號缺）

附注：

題記：扉頁有作者題記："敬贈適之兄，端升。"

2407 英國所得稅論/金國寶著．——上海：商務印書館，1924

4，104 頁；17.6 厘米

百科小叢書

PKUL（館藏號缺）

附注：

題記：封面有作者題記："適之先生指正"；另有胡適朱筆記作者地址："海

防路 605 金侶栞。"

2408 英國小說發展史/Wilbur L. Cross 著；李未農，周其勛，周駿章譯.——上海：商務印書館，1936

[8], 528, 36 頁；22.8 厘米

PKUL（館藏號缺）

2409 英國政府及政治/阿格著；張雲伏譯.——上海：神州國光社，1931

[21], 516 頁；21.6 厘米

PKUL（館藏號缺）

2410 英漢對照國外名人短篇小說/Kinchen Johnson 著.——北平：立達書局，1932

[11], 581 頁；21 厘米

PKUL（館藏號缺）

附注：

印章：扉頁鈐有"拙之"朱文圓印。

題記：扉頁貼有譯者贈書題記："適之先生指教，張則之敬贈。"

2411 英漢汽車用語字彙/張長昌編訂.——美國印第那不列斯：馬門哈霧頓公司，出版年不詳

236 頁；20.8 厘米

PKUL（館藏號缺）

附注：

題記：封內有作者題記："胡大使誨正，晚張長昌謹奉，三十二年五月。"

2412 英美之惡行敗績/華北政務委員會總務廳情報局編.——出版地不詳：出版者不詳，出版年不詳

18 頁；18.1 厘米

時局叢書

PKUL（館藏號缺）

附注：

其他：本書有 2 冊。

2413 英文萃珍/L. Newton Hayes 編. ——上海：商務印書館，1910

32 頁；19.3 厘米

PKUL（館藏號缺）

2414 英文生物學初桄 Introduction to Biology/N. Gist Gee 著. ——Shanghai：Commercial Press, Ltd. , 1914

II，335，7 頁；19.1 厘米

PKUL（館藏號缺）

附注：

印章：扉頁有鉛筆簽名"Shi Yuan Gao"。

2415 英文學拾穗/全增嘏選註. ——上海：文摘出版社，1947

[10]，225 頁；18 厘米

PKUL（館藏號缺）

2416 英憲精義/戴雪著；雷賓南譯. ——上海：商務印書館，1935

9，33，714 頁；22.8 厘米

大學叢書

PKUL（館藏號缺）

2417 應用天文學/夏堅白著. ——上海：商務印書館，1933

8，288，6 頁；22.7 厘米

大學叢書

PKUL（館藏號缺）

2418 應用心理學/何林華，蒲分白著；莊澤宣譯. ——上海：商務印書館，1933

[7]，274，4 頁；22.8 厘米

大學叢書

PKUL（館藏號缺）

2419 應用新聞學/任白濤編著.——上海：商務印書館，1922

[10]，208 頁；19.7 厘米

PKUL（館藏號缺）

附注：

其他：本書有 2 冊。

2420 營造算例/梁思成著.——北平：京城印書局，1934

[10]，79 頁；28.1 厘米

PKUL（館藏號缺）

2421 瀛涯勝覽校註/馮承鈞校註.——出版地不詳：出版者不詳，出版年不詳

[27]，72，2 頁；19 厘米

史地小叢書

PKUL（館藏號缺）

2422 雍乾間奉天主教之宗室/陳垣著.——出版地不詳：出版者不詳，1939

36 頁；25.8 厘米

輔仁學誌第三卷第二期抽印本

PKUL（館藏號缺）

2423 擁護革命的情人制/金滿成著.——上海：美的書店，1928

[10]，114 頁；18.6 厘米

愛術叢書

PKUL（館藏號缺）

2424 永樂大典考/郭伯恭著.——長沙：商務印書館，1938

[6]，235 頁；19 厘米

國學小叢書

PKUL（館藏號缺）

附注：

印章:封面、題名頁鈐有"HU SHIH"藍文印。

2425 永日集/周作人著.——上海:北新書局,1929

[8],344 頁;20 厘米

苦雨齋小書

PKUL（館藏號缺）

附注:

印章:題名頁鈐有"且以永日"朱文方印。

題記:封面有作者題記:"贈適之兄,作人,十九年二月一日。"

2426 勇士們/Ernie Pyle 著;林疑今譯.—— 出版地不詳:南方印書館,1945

2,156 頁;18.5 厘米

PKUL（館藏號缺）

2427 優生學與婚姻/William J. Robinson 著;高方譯.——上海:亞東圖書館,1928

[14],156 頁;18.8 厘米

PKUL（館藏號缺）

2428 由陳侯因資鐸銘黃帝論五帝/丁山著.——出版地不詳:出版者不詳,1933

517—536 頁;26.3 厘米

國立中央研究院歷史語言研究所集刊第三本第四分抽印本

PKUL（館藏號缺）

附注:

題記:一冊封面有作者題記:"呈政適之先生";另一冊封面有作者題記:"適之先生教正,丁山,二三,十,十五。"

其他:本書有 2 冊。

2429 遊日紀要/許公武著.——南京:考試院印刷所,1933

4,528 頁;18.6 厘米

PKUL（館藏號缺）

2430 遊山專號/傅沅叔等著.—— 出版地不詳：藝林旬刊，1929

40 頁；26.1 厘米

PKUL（館藏號缺）

附注：

題記：封內有胡適鉛筆題記："江叔海翼雲，小方家〇〇四號。"

2431 遊仙窟/張文成著；川島校點.—— 上海：北新書局，1929

89 頁；19.8 厘米

PKUL（館藏號缺）

附注：

印章：一冊扉頁鈐有"川島"朱文長方印。

題記：一冊扉頁有作者題記："適之先生教正，生廷謙呈。一九三五，四，十三。"

內附文件：一冊書內夾有作者致胡適書信 2 頁。

夾紙：一冊頁 30、31 間夾有紙條。

其他：本書有 2 冊。

2432 遊子吟/鍾天心著.—— 上海：中國文藝社，1932

3，97 頁；18.9 厘米

中國文藝社叢書

PKUL（館藏號缺）

附注：

題記：題名頁有作者題記："適之先生惠讀，天心敬贈。阿爾培路阿爾培坊 23。"

2433 酉陽雜俎/段成式著.—— 上海：商務印書館，1936

165 頁；22.7 厘米

四部叢刊初編縮本 108

PKUL（館藏號缺）

附注：

夾紙：頁 68、69 間夾有紙條。

2434 有機化學/拍琴，啓平著；譚勤餘，孫豫壽，徐炳堃譯.——上海：商務印書館，1935

　　21，741 頁；22.7 厘米

　　大學叢書

　　PKUL（館藏號缺）

　　附注：

　　　　内附文件：書内夾有商務印書館致胡適書信 3 封。

2435 有機化學工業/李喬苹著.——上海：商務印書館，1935

　　2 冊(881 頁)；22.7 厘米

　　大學叢書

　　PKUL（館藏號缺）

2436 右文説在訓詁學上之沿革及其推闡/沈兼士著.——出版地不詳：出版者不詳，1933

　　777—854 頁；26.6 厘米

　　國立中央研究院歷史語言研究所集刊外編 蔡元培先生六十五歲祝論文集

　　PKUL（館藏號缺）

　　附注：

　　　　題記：封面有作者題記："適之先生教正，兼士。"

2437 幼兒之教育/羅素著；錢星海譯.——北平：京華印書局，1932

　　[6]，340 頁；19.1 厘米

　　PKUL（館藏號缺）

2438 幼兒之教育/羅素著；錢星海譯.——北平：商務印書館北平分廠，1932

　　[6]，340 頁；21.2 厘米

　　PKUL（館藏號缺）

　　附注：

　　　　印章：扉頁鈐有"星海"朱文方印。

題記:扉頁有作者題記:"敬請適之先生教正,錢星海。"

2439 幼兒之養護法及其心理/田中修編譯. ——太原:中外語文學會,1935

[12],100 頁;18.5 厘米

PKUL(館藏號缺)

2440 幼稚恩物教授法/陳鴻璧編譯. ——上海:國光書局,1916—1917

2 冊;19 厘米

PKUL(館藏號缺)

附注:

其他:本書分卷 1、卷 2。

2441 幼稚園學理與實施/Nora Atwood 著;張雪門譯. ——北平:香山慈幼院,1929

[6],140,12 頁;23.5 厘米

PKUL(館藏號缺)

2442 幼稚園研究集/張雪門著. ——北平:香山慈幼院,1930

4,160 頁;18.9 厘米

PKUL(館藏號缺)

2443 幼稚園與初小學一年級課程指導書/甘師禹譯. ——北平:香山慈幼院,1930

[4],176 頁;22.5 厘米

PKUL(館藏號缺)

2444 雨/巴金著. ——上海:良友圖書印刷公司,1933

285 頁;17.6 厘米

良友文學叢書

PKUL(館藏號缺)

附注:

題記:書末有胡適題記:"Nov. 9,1934,適之。"

批注圈劃:書內 2 頁有胡適鉛筆批注。

2445 語録與順治宮廷/陳垣著.——出版地不詳:出版者不詳,1939

14 頁;25.7 厘米

輔仁學誌第八卷第一期抽印本

PKUL(館藏號缺)

2446 語言底魔力/李安宅著.——北平:友聯社,1931

39 頁;18.2 厘米

友聯叢書

PKUL(館藏號缺)

2447 語言學論叢/林語堂著.——上海:開明書店,1933

[4],376 頁;21.3 厘米

PKUL(館藏號缺)

附注:

印章:扉頁鈐有"林語堂印"朱文方印。

題記:扉頁有作者題記:"適之兄,語堂敬贈,廿二,十,廿七。"

2448 玉樹土司調查記/周希武著.——上海:商務印書館,1920

1 冊(2,2,2,6,2,54,58,2,2,70 頁);22.5 厘米

PKUL(館藏號缺)

附注:

題記:封面有作者題記:"胡適之先生是正,周希武。"

2449 域外小説集/周樹人,周作人譯.——東京:神田印刷所,1909

2 冊;19 厘米

PKUL(館藏號缺)

附注:

題記:第 1 冊扉頁有胡適毛筆題記:"民國七年,周啓明先生贈。適";第 2 冊扉頁有胡適毛筆題記:"民國七年,周啓明先生贈。適。"

其他:本書分爲第 1 冊、第 2 冊。

2450 獄中記/A. A. Sofio 著；微明學社編. ——上海：微明學社，1927

257 頁；15.6 厘米

微明叢書

PKUL（館藏號缺）

附注：

其他：本書有 2 冊。

2451 獄中雜記——一個社會學的解釋/趙承信著. ——出版地不詳：出版者不詳，出版年不詳

116 頁；26 厘米

大中第一卷第四期至第八九合期抽印本

PKUL（館藏號缺）

附注：

題記：封面有作者題記："適之先生教正，著者敬贈。"

內附文件：書內夾有作者致胡適書信 1 頁。

2452 元代白話碑/馮承鈞編. ——上海：商務印書館，1931

63 頁；19 厘米

PKUL（館藏號缺）

附注：

印章：封面有胡適朱筆簽名"胡適"。

批注圈劃：書內 2 頁有胡適朱筆圈劃。

2453 元代客卿馬哥博羅遊記/魏易譯. ——北京：正蒙書局，1913

2 冊；22.5 厘米

PKUL（館藏號缺）

附注：

題記：下冊封面有贈書者題記："適之吾師惠存，學生陳彬龢謹贈。"

其他：本書分爲上、下 2 冊。

2454 元代之社會/吳晗著.——出版地不詳：出版者不詳，1936

　　93 頁；26 厘米

　　國立清華大學社會科學第一卷第三期單行本

　　PKUL（館藏號缺）

　　附注：

　　　題記:封面有作者題記："適之師教正,生吳晗於万壽寺療養院。"

2455 元帝國之崩潰與明之建國/吳晗著.——出版地不詳：出版者不詳，1936

　　66 頁；26 厘米

　　清華學報單行本

　　PKUL（館藏號缺）

　　附注：

　　　題記:封面有作者題記："適之師教正。"

2456 元典章校補釋例六卷/陳垣.——北平：出版地不詳，1932

　　189—278 頁；26.7 厘米

　　國立中央研究院歷史語言研究所集刊外編 蔡元培先生六十五歲慶祝論文集抽印本

　　PKUL（館藏號缺）

　　附注：

　　　題記:封面有作者題記："適之先生。"

2457 元人小令集/陳乃乾編.——上海：開明書店，1935

　　[37]，601 頁；19 厘米

　　PKUL（館藏號缺）

　　附注：

　　　批注圈劃:書內多處有胡適批注圈劃。

2458 元人雜劇輯逸/趙景深輯.——上海：北新書局，1935

　　[26]，131 頁；18.7 厘米

　　PKUL（館藏號缺）

附注:
> 題記:扉頁有作者題記:"適之先生教正,趙景深,廿五年三月。"

2459 元人雜劇全集/盧冀野編.——上海:上海雜誌公司,1936
4 冊;18.7 厘米
中國文學珍本叢書
PKUL(館藏號缺)
附注:
> 其他:本書分爲1—4集。

2460 元詩紀事著者引得/引得編纂處編.——北平:哈佛燕京學社,1934
XII,16 頁;26.5 厘米
PKUL(館藏號缺)

2461 元西域人華化考上/陳垣著.——北平:北京大學國學季刊編輯會,出版年不詳
81 頁;26.2 厘米
PKUL(館藏號缺)

2462 原刻初印本亭林文集跋/葉德禄著.——出版地不詳:出版者不詳,出版年不詳
295—296 頁;26.4 厘米
輔仁學誌第十二卷第一第二合期抽印本
PKUL(館藏號缺)
附注:
> 印章:封面鈐有"葉德禄"朱文方印。
> 題記:封面有作者題記:"適之先生教正,後學葉德禄呈。"

2463 原名法陰陽道德/馮友蘭著.——出版地不詳:出版者不詳,1936
14 頁;26 厘米
清華學報單行本

PKUL（館藏號缺）

2464 原儒墨/馮友蘭著.——出版地不詳：出版者不詳，1935

32 頁；25.8 厘米

清華學報單行本

PKUL（館藏號缺）

附注：

題記：封面有作者題記："適之先生指正，著者謹上。"

2465 原儒墨補/馮友蘭著.——北平：清華大學，1935

10 頁；25.8 厘米

清華學報單行本

PKUL（館藏號缺）

2466 原子彈/原子彈防禦問題研究學會編.——出版地不詳：原子彈防禦問題研究學會，1947

38 頁；18.4 厘米

原子時代叢刊

PKUL（館藏號缺）

附注：

題記：目錄頁有作者題記："適之先生教正，徐愈敬贈，雙十前，三十六年，北平。"

2467 袁樞年譜/鄭鶴聲編.——上海：商務印書館，1930

156 頁；19 厘米

中國史學叢書

PKUL（館藏號缺）

2468 袁小修日記/袁中道著；阿英校點.——上海：上海雜誌公司，1935

374 頁；18.6 厘米

中國文學珍本叢書

PKUL（館藏號缺）

2469 袁中郎全集/袁宏道著.——上海：中央書店，1935

3 冊；18.6 厘米

PKUL（館藏號缺）

附注：

其他：本書全套 4 冊，缺第 2 冊。

2470 袁中郎詩集上冊/袁宏道著.——上海：中央書店，1935

1 冊(18，18，60，38，78 頁)；18.3 厘米

PKUL（館藏號缺）

附注：

其他：本書分上、下 2 冊，僅存上冊。

2471 援世寶鑑/儲仁著.——出版地不詳：出版者不詳，出版年不詳

128 頁；18.5 厘米

PKUL（館藏號缺）

附注：

內附文件：一冊書內夾有作者贈書書信、信封各一。

其他：本書有 2 冊。

2472 圓明園遺物與文獻/向達著.——出版地不詳：營造學社，出版年不詳

20 頁；25.7 厘米

PKUL（館藏號缺）

2473 約翰孫/梁實秋編著.——上海：商務印書館，1934

[4]，88 頁；22.9 厘米

PKUL（館藏號缺）

2474 月令的來源考/容肇祖著.——出版地不詳：出版者不詳，1935

97—105 頁；26.4 厘米

燕京學報第十八期抽印本

PKUL（館藏號缺）

附注：

題記：封面有作者題記："適之師教正,學生容肇祖呈。"

2475 岳飛／顧一樵著.——南京：時代公論社, 1932

26 頁；18.2 厘米

PKUL（館藏號缺）

附注：

題記：封面有作者題記："胡適先生誨正,著者謹呈。"

2476 岳飛／鄧廣銘編著.——上海：勝利出版社, 1946

[17], 288 頁；18.2 厘米

中國歷代名賢故事集第二輯歷代賢豪

PKUL（館藏號缺）

附注：

題記：封面有作者題記："適之吾師誨正,學生鄧廣銘敬贈,卅六,二,一八。"

摺頁：頁 245 有摺頁。

2477 岳飛及其他／顧一樵著.——上海：新月書店, 1932

[4], 210 頁；18.8 厘米

PKUL（館藏號缺）

附注：

題記：扉頁有作者題記："適之先生賜正,顧一樵。"

2478 樂府古辭考／陸侃如編.——上海：商務印書館, 1933

[4], 158 頁；19 厘米

國學小叢書

PKUL（館藏號缺）

附注：

其他：本書爲第1版。

2479 樂府古辭考/陸侃如著.——上海：商務印書館，1926

[4]，158頁；19厘米

國學小叢書

PKUL（館藏號缺）

附注：

題記：封面有作者題記："適之先生。"

其他：本書爲初版。

2480 越縵堂筆記/李慈銘著.——出版地不詳：出版者不詳，出版年不詳

[128]頁；22.3厘米

中國學報叢錄

PKUL（館藏號缺）

2481 越南篇——人境廬詩草未刊稿/黃遵憲著.——出版地不詳：出版者不詳，出版年不詳

153—156頁；25.6厘米

嶺南學報四卷二期抽印本

PKUL（館藏號缺）

附注：

題記：封面有贈書者題記："適之先生惠存，黃延武敬贈。"

2482 閱微草堂筆記/紀曉嵐著；群衆編輯部校點.——上海：群衆圖書公司，1928

3冊；18.6厘米

PKUL（館藏號缺）

附注：

題記：上冊書內目錄前後兩頁有胡適題記；下冊書內兩部筆記篇名處有胡適題記。

批注圈劃：中冊書內26頁有胡適批注圈劃。

夾紙：中冊《槐西雜志》頁10、11、88、89、142、143間夾有紙條各1張；下冊

《姑妄聽之》頁102、103間夾有帶有胡適字紙條1張。

摺頁：上冊頁51、54有摺頁；中冊《槐西雜志》頁72、85、104、118有摺頁；下冊《灤陽續錄》頁40、48、68有摺頁。

其他：本書分上、中、下3冊。

2483 芸生文存第一集/王芸生著. ——出版地不詳：生活書店，1937

[18]，351頁；19.2厘米

PKUL（館藏號缺）

附注：

題記：扉頁有作者題記："適之先生教正，後學王芸生謹贈。"

2484 雲南蒼洱境考古報告/吳金鼎，曾昭燏，王介忱合著；曾昭燏縮寫. ——南溪：國立中央博物院籌備處，1942

VI，109頁；25厘米

國立中央博物院專刊

PKUL（館藏號缺）

2485 雲南古生代地層問題/孫雲鑄著. ——出版地不詳：出版者不詳，出版年不詳

73—84頁；20.2厘米

地質論評第十二卷一至二合期抽印本

PKUL（館藏號缺）

附注：

題記：封面有贈書者題記："適之先生教正，王伢呈。"

2486 雲南羅羅族的巫師及其經典/楊成志著. ——廣州：國立中山大學文史研究所，1931

40頁；25.5厘米

PKUL（館藏號缺）

附注：

題記：題名頁有作者題記："適之先生賜正，楊成志敬贈。"

481

2487 雲南農村戲曲史/徐夢麟著.——昆明:國立雲南大學西南文化研究室,1943

[4],[166],[23]頁;18.4厘米

西南研究叢書

PKUL(館藏號缺)

附注:

印章:封面鈐有"徐嘉瑞印"朱文方印。

題記:封面有作者題記:"適之師指政,徐嘉瑞呈。"

2488 雲南省農村調查/行政院農村復興委員會編.——上海:商務印書館,1935

[6],291頁;22.7厘米

行政院農村復興委員會叢書

PKUL(館藏號缺)

附注:

印章:題名頁鈐有"農村復興委員會贈閱"朱文章。

內附文件:書內夾有行政院農村復興委員會致胡適書信1頁。

2489 雲南水利問題附圖/丘勤寶著.——昆明:新雲南叢書社,1947

圖;17.8厘米

新雲南叢書

PKUL(館藏號缺)

2490 雲莊小學五週年紀念刊/胡惠天,馮百川編.——績溪:雲莊小學,1934

55頁;19厘米

PKUL(館藏號缺)

附注:

題記:扉頁有贈書者題記:"胡適之先生存。"

2491 運價與生產/平綏鐵路管理局編.——出版地不詳:平綏鐵路管理局,1935

19頁;18.7厘米

PKUL(館藏號缺)

2492 雜體詩叢攷/曲瀅生編.——北平:我輩語社,1935

　　[5],110,12 頁;19 厘米

　　PKUL(館藏號缺)

　　附注:

　　　　題記:題名頁後頁有作者題記:"適之先生教正,後學曲瀅生謹贈。"

2493 雜文一束/鄭啓愚著.——出版地不詳:出版者不詳,出版年不詳

　　93 頁;24.5 厘米

　　PKUL(館藏號缺)

　　附注:

　　　　印章:書末鈐有"鄭啓愚"朱文方印。

　　　　題記:書末有作者題記:"啓愚版□。"

2494 再和我接個吻/菊池寬著;鷦鷯子譯.——上海:國光印書局,1928

　　[10],285 頁;19.4 厘米

　　PKUL(館藏號缺)

　　附注:

　　　　題記:封面有作者題記:"適之學長,當歸,17,8,31。"

　　　　與胡適的關係:題名頁爲胡適題寫。

2495 再論楚辭地名答方君/錢穆著.——出版地不詳:出版者不詳,出版年不詳

　　157—164 頁;26.3 厘米

　　禹貢半月刊第七卷第一二三合期單行本

　　PKUL(館藏號缺)

　　附注:

　　　　題記:封面有作者題記:"適之先生教正。"

2496 再述内閣大庫檔案之由來及其整理/徐中舒著.——出版地不詳:出版者不詳,1933

　　537—576 頁;26.4 厘米

　　國立中央研究院歷史語言研究所集刊第三本第四分抽印本

PKUL（館藏號缺）

附注：

　　題記：封面有作者題記："適之先生教正,徐中舒敬贈,廿三,八,二一。"

2497 在華外僑之地位/鮑明鈐著；中國太平洋國際學會編譯.——出版地不詳：中國太平洋國際學會,1932

　　22 頁；24.2 厘米

　　中國太平洋國際學會叢書

　　PKUL（館藏號缺）

2498 讚美詩歌/天津新學書院書館編.——上海：美華書館,1922

　　[15],258,[15]頁；22.7 厘米

　　PKUL（館藏號缺）

2499 臧琳經義雜記目錄/山口察常編.——北京：支那風物研究會,1926

　　24 頁；18.7 厘米

　　PKUL（館藏號缺）

　　附注：

　　　　夾紙：書內夾有贈書條 1 張,印刷品。

2500 造園學概論/陳植著.——上海：商務印書館,1935

　　[9],256 頁；22.8 厘米

　　大學叢書

　　PKUL（館藏號缺）

2501 怎樣使大多數平民容易認識漢字與建立簡明的拼音文字/廖碧虛著.——出版地不詳：出版者不詳,出版年不詳

　　22 頁；26.3 厘米

　　PKUL（館藏號缺）

　　附注：

　　　　印章：封面鈐有"碧虛"、"廖雲基印"朱文方印；另首頁鈐有"廖雲基印"朱

文方印。

题记:封面有作者题记:"北平大学校长胡适先生指正,廖碧虚敬赠,卅五,十二,十八。"

2502 曾國藩與海軍/陳恭禄著. ——出版地不詳:出版者不詳,出版年不詳

691—728 頁;25.5 厘米

PKUL(館藏號缺)

附注:

其他:封面有鉛筆書題名"曾國藩與海軍"。

2503 曾樸所敍:魯男子第一部:戀/曾樸著. ——上海:真美善書店,1931

2,457 頁;19.4 厘米

PKUL(館藏號缺)

2504 曾文正公家書下/曾國藩著;珊山散人標點. ——上海:新文化書局,1933

147 頁;18.3 厘米

PKUL(館藏號缺)

附注:

其他:本書分上、下 2 冊,僅存下冊。

2505 增訂國民政府現行法規/國民政府法制局編. ——上海:商務印書館,1929

[18],[880],48 頁;22.6 厘米

PKUL(館藏號缺)

附注:

题记:扉頁有贈書者題記:"適之兄惠存,杰贈,十八,九,三。"

2506 增訂考試院法規彙刊/考試院秘書處文書科編. ——南京:考試院秘書處文書科,1934

6,282 頁;26.3 厘米

PKUL(館藏號缺)

2507 增訂徐文定公集/徐光啓著；李杕原編；徐宗澤增編. —— 上海：徐家匯天主堂藏書樓，出版年不詳

[18]，[416]頁；18.5厘米

PKUL（館藏號缺）

附注：

夾紙：書內夾有"徐宗澤"名片1張。

其他：本書有2冊。

2508 增批古文觀止/吳楚材，吳調侯選編. —— 上海：大文書局，出版年不詳

2冊；18.7厘米

PKUL（館藏號缺）

附注：

其他：原書全套6冊，現僅存第3、4冊。

2509 增評足本金玉緣/著者不詳. —— 出版地不詳：出版者不詳，出版年不詳

2冊；20.5厘米

PKUL（館藏號缺）

附注：

題記：上冊扉頁有胡適題記："民國七年八月十日買此書贈冬秀，適。"

其他：本書分上、下2冊。

2510 炸藥製備實驗法/曾昭掄著. —— 上海：國立編譯館，1934

Ⅶ，64頁；22.9厘米

PKUL（館藏號缺）

2511 債款合同彙編/財政部公債司編. —— 出版地不詳：出版者不詳，出版年不詳

1冊(6,6,4,5,10,18,11,14,6,8,7,8,11,12,18,13,14,14,18,4,6,7,8,10,11,14,17頁)；22.9厘米

PKUL（館藏號缺）

附注：

印章：封面有"T. Wei"、"Wenpol Wang □"簽名。

2512 占卜的源流/容肇祖著. ——北平：國立中央研究院歷史語言研究所，1929

　　42 頁；26.8 厘米

　　PKUL（館藏號缺）

　　附注：

　　　　題記：封面有作者題記："適之師教正，學生容肇祖。"

2513 戰塵集/陳樹人著. ——上海：商務印書館，1946

　　[9]，136 頁；20.3 厘米

　　PKUL（館藏號缺）

　　附注：

　　　　題記：封面有作者題記："適之先生教，樹人。"

2514 戰鬥的唯物論/普列寒諾夫著；杜長之譯. ——上海：神州光學社，1930

　　[19]，194 頁；18.8 厘米

　　PKUL（館藏號缺）

　　附注：

　　　　批注圈劃：書內有鋼筆批注圈劃，非胡適所作。

2515 戰國策校注/鮑彪校注. ——上海：商務印書館，1936

　　2 冊(265 頁)；22.7 厘米

　　四部叢刊初編縮本 058，059

　　PKUL（館藏號缺）

　　附注：

　　　　夾紙：第 1 冊頁 54、55 間夾有紙條。

2516 戰國地理雜考/鍾鳳年著. ——出版地不詳：出版者不詳，出版年不詳

　　53—62 頁；25.4 厘米

　　齊魯學報第二期抽印本

　　PKUL（館藏號缺）

2517 戰國秦漢間方士考論/陳槃著.——出版地不詳：出版者不詳，出版年不詳

　　7—57 頁；25.7 厘米

　　國立中央研究院歷史語言研究所集刊第十七本抽印本

　　PKUL（館藏號缺）

　　附注：

　　　題記：封面有作者題記："適之先生諟正。"

2518 戰國秦漢間人的造偽與辨偽/顧頡剛著.——北平：燕京大學歷史學會，出版年不詳

　　209—248 頁；26.1 厘米

　　史學年報第二卷第二期單行本

　　PKUL（館藏號缺）

　　附注：

　　　題記：封面有作者題記："適之先生正，學生顧頡剛呈，廿四，十，十五。"

2519 戰國子家敍論/著者不詳.——出版地不詳：出版者不詳，出版年不詳

　　[68]頁；43.5 厘米

　　PKUL（館藏號缺）

　　附注：

　　　其他：本書爲油印件。

2520 戰後糧政/尹静夫著.——上海：上海自由西報社，出版年不詳

　　31 頁；26.6 厘米

　　PKUL（館藏號缺）

　　附注：

　　　其他：封面貼有標籤，上印"雞鳴寺路一號語言研究所，胡代表適，（1206）第 867 席"。

2521 戰後新中國/教育部編.——上海：中華書局，1946

　　214 頁；22.4 厘米

　　PKUL（館藏號缺）

2522 戰後之世界/黃郛著.——北京：和濟印刷局，1920

　　1冊(2，16，384，68，10頁)；22.2厘米

　　PKUL（館藏號缺）

2523 戰後中美文化關係論叢/李絜非，陳錫康等著.——重慶：中美文化協會，1943

　　[9]，79，38頁；18.6厘米

　　中美文化協會叢書

　　PKUL（館藏號缺）

2524 戰時財政與中國/崔敬伯著.——北平：國立北平研究院經濟研究會，出版年不詳

　　17頁；26.4厘米

　　PKUL（館藏號缺）

2525 戰時司法紀要/司法行政部編.——出版地不詳：司法行政部，出版年不詳

　　[4]，[515]頁；24.6厘米

　　PKUL（館藏號缺）

2526 張莼鷗先生市政演講集/張莼鷗演講.——昆明：昆明市政府，1929

　　[4]，110頁；19厘米

　　PKUL（館藏號缺）

2527 張鳳形數檢字法/張鳳編.——上海：希美印刷所，1927

　　20頁；25.2厘米

　　PKUL（館藏號缺）

2528 張居正評傳/陳翊林著.——上海：中華書局，1934

　　[4]，192頁；22.3厘米

　　PKUL（館藏號缺）

附注：
  題記：題名頁有胡適題記,注明作者又名"啓天"。

2529 張菊生先生七十生日紀念論文集/胡適,蔡元培,王雲五編.——上海：商務印書館,1937
  [4],650頁；26.5厘米
  PKUL（館藏號缺）
  附注：
    與胡適的關係：胡適參與主編,其中收錄胡適《述陸賈的思想》一文。
    其他：本書有2冊。

2530 張溥年譜/蔣逸雪編著.——上海：商務印書館,1946
  [5],56頁；18厘米
  中國史學叢書
  PKUL（館藏號缺）

2531 張文襄公年譜/許同莘編.——上海：商務印書館,1946
  [5],229頁；20.9厘米
  PKUL（館藏號缺）

2532 章實齋方志論文集/張樹棻編.——瑞安：温處仿古印書局,1934
  2冊(30,13,318,35,20頁)；24.2厘米
  PKUL（館藏號缺）
  附注：
    其他：本書分上、下2冊。

2533 章實齋先生年譜/胡適著.——上海：商務印書館,1922
  [11],116頁；19厘米
  PKUL（館藏號缺）
  附注：
    印章：封面鈐有"胡適之印章"朱文方印；書末鈐有"胡適"朱文方印。

題記：封面有胡適題記："此是初版,承王重民先生買得贈我。胡適,卅七,二,廿六"；書末有胡適題記："卅七年五月卅一日夜,重讀一遍。胡適。"

批注圈劃：書內有胡適朱筆圈劃。

2534 章實齋年譜/胡適著；姚名達訂補. ——上海：商務印書館,1931

1 冊（26,10,5,3,149,2 頁）；18.8 厘米

中國史學叢書

PKUL（館藏號缺）

附注：

題記：一冊封面有作者題記："校本,適之。"

內附文件：一冊書內夾有范振聲致胡適書信 2 頁。

其他：本書有 3 冊。

2535 招商局三大案/李孤帆著. ——上海：現代書局,1933

[11],211,3 頁；20.7 厘米

PKUL（館藏號缺）

附注：

印章：封面鈐有"李孤帆印"朱文方印。

題記：封面有作者題記："適之先生惠存,李孤帆敬贈。"

2536 朝花夕拾/魯迅著. ——上海：魯迅全集出版社,1941

112 頁；18.2 厘米

魯迅三十年集

PKUL（館藏號缺）

2537 哲學的改造/John Dewey 著；胡適,唐擘黃譯. ——上海：商務印書館,1934

[5],201 頁；21.3 厘米

PKUL（館藏號缺）

2538 哲學概論/陳大齊著. ——北京：北京大學出版部,1918

178 頁；21.6 厘米

PKUL（館藏號缺）

附注：

　　印章:題名頁有胡適毛筆簽名"胡適"。

　　批注圈劃:書內3頁有胡適毛筆批注圈劃。

2539 哲學概論/范錡著.——上海：商務印書館，1933

［6］，220 頁；22.7 厘米

大學叢書

PKUL（館藏號缺）

2540 哲學概論/李相顯著.——北平：世界科學社，1947

［18］，208 頁；18.1 厘米

世界科學社叢書

PKUL（館藏號缺）

附注：

　　印章:扉頁鈐有"李相顯印"朱文方印。

　　題記:扉頁有作者題記："適之吾師教正，生相顯敬贈，三十六年一月三日。"

2541 哲學概論/温公頤編譯.——上海：商務印書館，1937

10，381 頁；21.2 厘米

大學叢書

PKUL（館藏號缺）

附注：

　　題記:扉頁有作者題記："適之吾師賜正，受業温壽鏈謹呈。二十六年五月二十九日。"

2542 哲學論叢第一集/北京大學哲學會編.——北平：著者書店，1933

2，278 頁；19.1 厘米

PKUL（館藏號缺）

附注：

　　與胡適的關係:封面爲胡適題籤。

2543 哲學原理/René Descartes 著；關琪桐譯.——上海：商務印書館,1935
　　90 頁；21.3 厘米
　　PKUL（館藏號缺）

2544 哲學之改造/John Dewey 著；許崇清譯.——上海：商務印書館,1933
　　[11],174 頁；18.7 厘米
　　PKUL（館藏號缺）

2545 柘榴花/張資平著.——上海：光明書局,1931
　　159 頁；18.3 厘米
　　PKUL（館藏號缺）

2546 浙東學派溯源/何炳松著.——上海：商務印書館,1933
　　[12],205 頁；18.9 厘米
　　國學小叢書
　　PKUL（館藏號缺）

2547 浙江省立西湖博物館概況/浙江省立西湖博物館出版股編.——杭州：林昶鉛石印刷所,1948
　　24 頁；18.2 厘米
　　PKUL（館藏號缺）

2548 浙江省農村調查/行政院農村復興委員會編.——上海：商務印書館,1934
　　[10],451 頁；22.8 厘米
　　行政院農村復興委員會叢書
　　PKUL（館藏號缺）
　　附注：
　　　　印章:扉頁鈐有"行政院農村復興委員會圖書室"朱文橢圓印。

题记：扉页有赠书者题记："胡委员适之惠存。"

2549 浙江之温州茶业／吴觉农编.——出版地不详：农村复兴委员会，1934

1，16 页；25.2 厘米

农村复兴委员会委托调查 茶业调查

PKUL（馆藏号缺）

附注：

印章：封面钤有"农村复兴委员会赠阅"蓝文印。

2550 珍珠小姐／莫泊桑著；李青崖译.——上海：北新书局，1930

226 页；18.8 厘米

PKUL（馆藏号缺）

附注：

印章：题名页钤有"青崖"朱文方印。

题记：题名页有作者题记："适之先生：此集在目前，为出版之最后者，译者固愆期，印者则更慢，日后未印成的印成了的时候，再当奉寄求教罢。青崖，十九年十一月，上海。"

2551 箴党罪言／林籁馀著.——出版地不详：出版者不详，出版年不详

225 页；14.7 厘米

PKUL（馆藏号缺）

附注：

题记：封面有作者题记："适之先生。"

2552 账务纪略／著者不详.——出版地不详：出版者不详，出版年不详

2，60 页；26.5 厘米

PKUL（馆藏号缺）

2553 整理财政计画／叶景莘著.——北平：京华印书局，1923

[4]，[210]页；21.3 厘米

PKUL（馆藏号缺）

附注：

  題記：一冊封面有胡適題記："著者贈的。適之。"

  其他：本書有 3 冊。

2554 整理河北省地方財政方案/丁春膏，曾仰豐，翁之鏞編.——出版地不詳：出版者不詳，1934

  20 頁；26.3 厘米

  PKUL（館藏號缺）

2555 整理説文之計畫書/何士驥著.——出版地不詳：出版者不詳，1931

  8 頁；23.2 厘米

  PKUL（館藏號缺）

  附注：

    題記：封面有作者題記："請胡先生教正。"

2556 整理田賦問題/蕭純錦著.——出版地不詳：江西省政府經濟委員會，出版年不詳

  16 頁；22.2 厘米

  PKUL（館藏號缺）

2557 整數論/胡濬濟著.——上海：商務印書館，1930

  4，178 頁；20.9 厘米

  PKUL（館藏號缺）

2558 政治科學與政府/迦納著；孫寒冰譯.——上海：商務印書館，1934

  2 冊(1176 頁)；22.6 厘米

  大學叢書

  PKUL（館藏號缺）

  附注：

    其他：本書分上、下 2 冊。

2559 政治人才論叢/陳占甲著.——天津：天津人文書畫社，1934

[28]，279 頁；20 厘米

PKUL（館藏號缺）

附注：

題記：封面有作者題記："適翁老師教正，受業陳占甲謹贈。"

2560 政治思想與邏輯/吳恩裕著.——出版地不詳：中國文化社，1944

[8]，112 頁；18.3 厘米

中國人文科學社叢刊

PKUL（館藏號缺）

2561 政治協商會議協議事項/著者不詳.——出版地不詳：出版者不詳，出版年不詳

16 頁；17.4 厘米

PKUL（館藏號缺）

附注：

內附文件：書內夾有"憲草修改原則第六條之修正"。

2562 政治協商會議之檢討/李旭編.——南京：青年出版社，1946

6，232 頁；18.1 厘米

時事論叢

PKUL（館藏號缺）

2563 政治學綱要/高一涵編.——上海：神州國光社，1930

[10]，368；22.5 厘米

PKUL（館藏號缺）

附注：

印章：封面鈐有"一涵"朱文長方印。

題記：封面有作者題記："適之兄教正，一涵。"

批注圈劃：書內 3 頁有胡適朱筆批注圈劃。

2564 政治學説史/William Archibald Dunning 著；謝義偉譯.——上海：神州國光社，1931

    2 冊；21.8 厘米

    中央政治學校編譯部叢書

    PKUL（館藏號缺）

    附註：

        題記：扉頁有譯者題記："適之老伯指正，世侄義偉敬呈，住址南京紅紙廊中央政治學校，遼寧東北大學理工院，天津英租界42號路永康里2號。"

        其他：本書似僅出版上、中2冊。

2565 政治之改造/胡先驌著.——出版地不詳：中國興業出版公司，1946

    1，43 頁；20.9 厘米

    PKUL（館藏號缺）

    附註：

        題記：封面有作者題記："適之吾兄指政，胡先驌敬贈。"

2566 鄭板橋評傳/陳東原編.——上海：商務印書館，1928

    2，115 頁；19.1 厘米

    PKUL（館藏號缺）

    附註：

        題記：扉頁有作者題記："適之先生校正，學生陳世棻敬獻。"

2567 鄭和出使南洋年表/國立南洋大學南洋文化事業部編.——出版地不詳：出版者不詳，出版年不詳

    2 頁；26.4 厘米

    PKUL（館藏號缺）

2568 鄭和下西洋考/伯希和著；馮承鈞譯.——上海：商務印書館，1935

    5，157 頁；21.3 厘米

    PKUL（館藏號缺）

2569 支那女兒/劉大杰著.——上海：北新書局，1928

　　2，221 頁；19.5 厘米

　　PKUL（館藏號缺）

2570 知徹澄娘音值考——高本漢切韵讀音商榷之二/羅常培著.——北平：國立中央研究院歷史語言研究所，1931

　　121—157 頁；25.8 厘米

　　國立中央研究院歷史語言研究所集刊第三本第一分抽印本

　　PKUL（館藏號缺）

　　附注：

　　　　題記：封面有作者題記："適之先生教正，受業羅常培，二十，五，一九三二。"

2571 知新雜錄/彬敬齋著.——出版地不詳：出版者不詳，出版年不詳

　　2，10 頁；26.3 厘米

　　PKUL（館藏號缺）

2572 殖邊問題之研究/余天休著.——西安：西安中山大學出版部，出版年不詳

　　[6]，164 頁；12.8 厘米

　　PKUL（館藏號缺）

2573 殖民南洋十五偉人事略/著者不詳.——出版地不詳：出版者不詳，出版年不詳

　　2 頁；26.4 厘米

　　PKUL（館藏號缺）

2574 指數公式總論/楊西孟編.——北平：社會調查所，出版年不詳

　　X，140 頁；25.3 厘米

　　社會研究叢刊

　　PKUL（館藏號缺）

2575 紙及紙漿/東北物資調節委員會研究組編.——出版地不詳：東北物資調節委員會,1947

　　4,140頁；18.8厘米

　　東北經濟小叢書

　　PKUL（館藏號缺）

2576 治外法權/吳頌皋著.——上海：商務印書館,1929

　　[7],316頁；22.5厘米

　　PKUL（館藏號缺）

　　附注：

　　　題記：扉頁有作者題記："適之先生教正,作者,十八年十一月。"

2577 治縣小言/孫榮彬著.——出版地不詳：出版者不詳,出版年不詳

　　[10],78頁；18.6厘米

　　PKUL（館藏號缺）

2578 治學的方法與材料及其它/定生編.——北平：北京書局,1929

　　196頁；15.6厘米

　　PKUL（館藏號缺）

2579 智慧書/北平方濟堂聖經學會編譯.——北平：方濟堂,1947

　　XIV,591頁；19.2厘米

　　PKUL（館藏號缺）

　　附注：

　　　夾紙：書內夾有"聖經學會"名片1張,上書"適之先生教正,聖經學會謹贈"。

2580 中等國文法/汪震編.——北平：文化學社,1928

　　[6],148頁；18.9厘米

　　PKUL（館藏號缺）

　　附注：

題記：題名頁有作者題記："呈適之先生。"

2581 中等商業算術上編/余崑編譯.——上海：務商中學校，1915

［16］，216 頁；19.9 厘米

PKUL（館藏號缺）

附注：

其他：本書共分幾編不詳。

2582 中等算學第一卷第一期/中等算學社編.——北平：中等算學社，1947

54 頁；18.7 厘米

PKUL（館藏號缺）

附注：

與胡適的關係：封面有胡適題籤。

2583 中東各戰役之記載與教訓/王鎮編譯.——出版地不詳：國防部史政局，1947

［2］，26 頁；26.5 厘米

戰史叢刊

PKUL（館藏號缺）

附注：

其他：本書有 2 冊。

2584 中東鐵路問題的檢討/李榮達著.——北平：外交月報印刷所，1934

［6］，185 頁；21.6 厘米

PKUL（館藏號缺）

附注：

題記：封面有作者題記："獨立評論社惠存（敬希介紹與批評），李榮達贈，二三，十，十五。"

2585 中法大學新式中學法文教本/陳聘之著.——北平：中法大學出版社，1936

3 冊；19.2 厘米

PKUL（館藏號缺）

附注:

  題記:第 1 冊、第 3 冊扉頁有作者題記:"適之吾師指正,學生陳聘之敬贈";第 2 冊題名頁有作者題記:"適之先生指正,學生陳聘之敬贈。"

  其他:本書分爲 3 冊。

2586 中共問題商談之經過/王世杰講. ——出版地不詳:出版者不詳,1945

  23 頁;17.4 厘米

  PKUL(館藏號缺)

2587 中古文學概論上/徐嘉瑞編. ——上海:亞東圖書館,1924

  [18],178 頁;18.1 厘米

  PKUL(館藏號缺)

  附注:

    其他:本書出版卷冊情況不詳。

2588 中古哲學與文明/Maurice De Wulf 著;慶澤彭譯. ——上海:商務印書館,1934

  [9],170 頁;22.8 厘米

  哲學叢書

  PKUL(館藏號缺)

  附注:

    題記:扉頁有作者題記:"胡適先生正之,慶澤彭敬贈,廿三年五月七日于粵。"

2589 中古自然經濟/全漢昇著. ——出版地不詳:出版者不詳,出版年不詳

  75—176 頁;27.7 厘米

  PKUL(館藏號缺)

  附注:

    題記:封面有作者題記:"適之師賜正,生漢昇敬贈,一九四五,二,三,劍橋。"

    夾紙:頁 87、121、132 夾有記有資料的紙條。

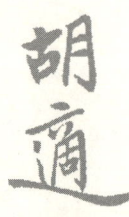

2590 **中國報學史**/戈公振著. ——上海：商務印書館，1935

[8]，385 頁；22.8 厘米

PKUL（館藏號缺）

2591 **中國北部下奧陶紀之筆石**/孫雲鑄著. ——出版地不詳：實業部地質調查所，國立北平研究院地質學研究所，1935

2，20 頁；29 厘米

PKUL（館藏號缺）

2592 **中國幣制改造問題與有限銀本位制**/劉振東著. ——出版地不詳：中央政治學校，1930

2，230 頁；18.6 厘米

PKUL（館藏號缺）

2593 **中國病根在文化辯**/杭立武著. ——上海：平凡書局，1930

2，46 頁；18.7 厘米

PKUL（館藏號缺）

附注：

題記：題名頁有胡適題記："此文筆墨頗似章秋桐。然思想似非行嚴所能及。適之。"

批注圈劃：書內 7 頁有胡適批注圈劃。

2594 **中國財政的經濟基礎**/崔敬伯著. ——北平：國立北平研究院經濟研究會，出版年不詳

16 頁；26.5 厘米

PKUL（館藏號缺）

2595 **中國財政的新階段**/崔敬伯著. ——北平：國立北平研究院經濟研究會，出版年不詳

20 頁；26.4 厘米

PKUL（館藏號缺）

2596 中國參加之國際公約彙編/薛典曾，郭子雄編.——上海：商務印書館，1937

[7]，978 頁；22.7 厘米

PKUL（館藏號缺）

附注：

題記：扉頁有作者題記："適之先生教正，郭子雄。"

2597 中國茶業復興計畫/吳覺農，胡浩川著.——上海：商務印書館，1935

4，186 頁；22.8 厘米

行政院農村復興委員會叢書

PKUL（館藏號缺）

附注：

印章：扉頁、題名頁鈐有"農村復興委員會贈閱"朱文長方印。

2598 中國純文學史綱/劉經菴編著.——北平：北平著者書店，1935

[16]，484 頁；19.8 厘米

PKUL（館藏號缺）

2599 中國代表團參加聯教組織第一屆大會報告/教育部國際文化教育事業處編.——出版地不詳：出版者不詳，出版年不詳

20 頁；25.9 厘米

教育部國際文教叢刊

PKUL（館藏號缺）

附注：

批注圈劃：書內一頁有鉛筆圈劃。

2600 中國的財政改良與公債整理問題/木村增太郎著.——出版地不詳：出版者不詳，出版年不詳

22 頁；24.5 厘米

中國太平洋國際學會叢書

PKUL（館藏號缺）

2601 中國的出路/屠景山著.——出版地不詳：憶伊閣，出版年不詳

[6]，266 頁；18.3 厘米

世界叢書

PKUL（館藏號缺）

附注：

夾紙：書內夾有作者郵寄地址 1 張。

2602 中國的內債/千家駒著.——北平：社會調查所，1933

VI，92，18 頁；22.7 厘米

中國經濟問題叢書

PKUL（館藏號缺）

2603 中國的水災傳說及其它/鍾敬文著.——出版地不詳：出版者不詳，出版年不詳

35 頁；20.2 厘米

孤陋寡聞室小叢刊

PKUL（館藏號缺）

附注：

題記：封面有作者題記："適之先生賜正，敬文謹贈，二〇，三，七于西湖。"

2604 中國的銀行/吳承禧著.——上海：商務印書館，1934

[4]，144，5 頁；22.8 厘米

國立中央研究院社會科學研究所叢刊

PKUL（館藏號缺）

附注：

其他：本書有 3 冊。

2605 中國地名大辭典/朱方，劉鈞仁編.——北平：國立北平研究院出版部，1930

[22]，[1117]，232 頁；26.1 厘米

PKUL（館藏號缺）

2606 中國地學論文索引/王庸,茅乃文編.——北平：國立北平師範大學,國立北平圖書館,1934

2 冊(454 頁)；20.7 厘米

PKUL（館藏號缺）

附注：

其他：本書分上、下 2 冊。

2607 中國地學論文索引續編/王庸,茅乃文編.——北平：國立北平師範大學,國立北平圖書館,1936

2 冊(394 頁)；20.8 厘米

PKUL（館藏號缺）

附注：

其他：本書分上、下 2 冊。

2608 中國地質學會誌第十六卷丁文江先生紀念冊/著者不詳.——出版地不詳：中國地質學會,1937

XI, 484, X 頁；25.8 厘米

PKUL（館藏號缺）

2609 中國第一水工試驗所籌備經過/華北水利委員工會編.——出版地不詳：華北水利委員會,1934

8 頁；25.7 厘米

PKUL（館藏號缺）

2610 中國雕板源流考/留菴編著.——上海：商務印書館,1921

68 頁；19 厘米

文藝叢刻甲集

PKUL（館藏號缺）

附注：

題記：封面有胡適鉛筆題記："適，十一，十一，廿二。"

2611 中國發現人的歷史/羅根澤著.——出版地不詳：出版者不詳，1934
143—158 頁；25.8 厘米
清華學報九卷一期單行本
PKUL（館藏號缺）

2612 中國發展東北之努力/東北問題研究會編.——出版地不詳：東北問題研究會，出版年不詳
74 頁；24.1 厘米
PKUL（館藏號缺）

2613 中國法理自覺的發展/蔡樞衡著.——出版地不詳：河北第一監獄印刷，1947
[6]，270 頁；23 厘米
PKUL（館藏號缺）
附注：
印章：封面鈐有"蔡樞衡"朱文方印。
題記：封面有作者題記："適之校長教正，著者敬贈。"
摺頁：頁 40 有摺頁。

2614 中國法律發達史/楊鴻烈著.——上海：商務印書館，1930
2 冊；22.8 厘米
PKUL（館藏號缺）
附注：
題記：其中一冊封內有作者題記："適之先生惠存，後學楊鴻烈謹贈，二十年一月三十日。"
其他：本書分上、下 2 冊，藏書中有 2 套。

2615 中國法律在東亞諸國之影響/楊鴻烈著.——上海：商務印書館，1937
4，650 頁；22.7 厘米
PKUL（館藏號缺）

附注：

    印章：題名頁鈐有"楊鴻烈"朱文方印。

    題記：題名頁有作者題記："適之先生指正，後學楊鴻烈謹呈。"

2616 中國法制史/陳顧遠著. ——上海：商務印書館，1934

[13]，379 頁；22.7 厘米

大學叢書

PKUL（館藏號缺）

附注：

    內附文件：書內夾有商務印書館致胡適書信 1 封。

2617 中國紡織建設公司上海第一紡織廠概況/著者不詳. ——上海：出版者不詳，1947

128 頁；20.9 厘米

中國文學珍本叢書

PKUL（館藏號缺）

2618 中國分省新地圖/中國史地圖表編纂社，金擎宇編纂. ——上海：亞光輿地學社，1947

46，78 頁；25.6 厘米

PKUL（館藏號缺）

附注：

    題記：扉頁有贈書者題記："適之先生正，頡剛敬贈。卅六，十一，廿七。"

2619 中國婦女生活史/陳東原著. ——上海：商務印書館，1928

[17]，440，3 頁；18.2 厘米

PKUL（館藏號缺）

附注：

    印章：扉頁鈐有"陳東原"朱文方印。

    題記：扉頁有作者題記："適之吾師校正。陳世棻。"

2620 中國婦女在法律上之地位/趙鳳喈著.——上海：商務印書館，1928

[14]，152 頁；22.6 厘米

社會研究叢刊

PKUL（館藏號缺）

附注：

題記：題名頁有胡適題記："著者送我的，適。十七，五，十八。"

批注圈劃：書內 29 頁有胡適、作者批注圈劃。

內附文件：書內夾有作者致胡適書信 1 頁。

2621 中國賦稅問題與二年來減廢之概況/著者不詳.——出版地不詳：出版者不詳，出版年不詳

11 頁；21.5 厘米

PKUL（館藏號缺）

2622 中國革命問題（二）/托洛斯基著；楊笑湛譯.——出版地不詳：無產者社，1930

222 頁；18.5 厘米

PKUL（館藏號缺）

附注：

印章：扉頁鈐有"思獸"朱文方印。

其他：本書卷冊數不詳，僅存第 2 冊。

2623 中國各地短波無綫電應用調率之預測民國三十六年九、十月適用/中央廣播事業管理處中央電波研究所編.——重慶：中央廣播事業管理處中央電波研究所，1947

22 頁；26.3 厘米

PKUL（館藏號缺）

2624 中國耕牛問題/劉行驥著.——句容：實業部中央種畜場，1935

[10]，82 頁；25.1 厘米

PKUL（館藏號缺）

附注：

　　題記：封面有作者題記："適之先生教正，劉行驥敬贈。"

2625 中國工業化之程度及其影響/工商部工商訪問局編.——上海：工商部工商訪問局，1930

　　2，91頁；18.5厘米

　　工商叢刊

　　PKUL（館藏號缺）

2626 中國公共衛生之建設/胡宣明著.——上海：亞東圖書館，1928

　　[10]，130頁；18.7厘米

　　PKUL（館藏號缺）

　　附注：

　　　　題記：扉頁有作者題記："適之仁兄教正，宣明持贈。"

　　　　與胡適的關係：封面有胡適題籤。

2627 中國公學大學部民國廿二年畢業紀念刊/中國公學大學部民國廿二年畢業同學會編.——出版地不詳：出版者不詳，1933

　　174，52頁；26.1厘米

　　PKUL（館藏號缺）

　　附注：

　　　　印章：首頁鈐有"中國公學大學部民國二十二年畢業同學會鈐記"朱文方印。

　　　　題記：扉頁有作者題記："適之先生惠存，中國公學大學部民國二十二年畢業同學會敬贈。"

2628 中國公學己巳級紀念冊/中國公學大學部己巳級畢業紀念刊編輯委員會編.——出版地不詳：出版者不詳，出版年不詳

　　[25]頁；圖；17.7厘米

　　PKUL（館藏號缺）

　　附注：

印章：題名頁鈐有"中國公學大學部己巳級畢業紀念刊編輯委員會"朱文方印。

題記：題名頁有贈書者題記："胡校長,中國公學大學部己巳級畢業紀念刊編輯委員會敬贈,十八,八,一〇。"

夾紙：書內夾有吳敬寰、初若瑶自制賀年片1張。

2629 中國古代社會經濟論叢第一輯／孫毓棠著.──出版地不詳：出版者不詳,1943

[4],128頁;18.8厘米

PKUL（館藏號缺）

附注：

題記：題名頁後頁有作者題記："適之先生教正,毓棠,三十四年十一月,牛津。Y. T. Sun, Queen's College, Oxford。"

其他：本書具體輯數不詳,藏書僅存第1輯。

2630 中國古代史／夏曾佑著.──上海：商務印書館,1933

[17],550頁;22.7厘米

大學叢書

PKUL（館藏號缺）

2631 中國古代文藝思潮論／青木正兒著；王俊瑜譯.──北平：人文書店,1933

[7],160頁;18.4厘米

PKUL（館藏號缺）

附注：

印章：題名頁鈐有"王俊瑜章"朱文方印。

題記：題名頁有作者題記："敬呈胡先生指正,生王俊瑜,二十三年七月。"

2632 中國古代學術流變研究十篇／梁啓超著.──上海：中華書局,1936

1冊(23,9,2,2,2,4,15,46,11頁);19.5厘米

PKUL（館藏號缺）

2633 中國古代哲學史/陳元德著. ——上海：中華書局，1937

[18]，409 頁；23 厘米

PKUL（館藏號缺）

附注：

題記：題名頁有作者題記："適之先生指正，陳元德敬贈。"

2634 中國古今地名大辭典/臧勵龢等編. ——上海：商務印書館，1930

1 冊（2，4，20，1410，11，59，17，24，2，6，14，12，15，52，37，35，33，17 頁）；22.6 厘米

萬有文庫

PKUL（館藏號缺）

2635 中國古音研究上些個先決問題/魏建功著. ——出版地不詳：出版者不詳，出版年不詳

80 頁；25.5 厘米

國立北京大學國學季刊三卷四號抽印本

PKUL（館藏號缺）

附注：

題記：封面有作者題記："適之先生。"

2636 中國國際私法論/唐紀翔著. ——上海：商務印書館，1934

10，289 頁；22.7 厘米

大學叢書

PKUL（館藏號缺）

2637 中國國際條約義務論/刁敏謙編. ——上海：商務印書館，1920

[24]，[228]，71 頁；21.8 厘米

PKUL（館藏號缺）

2638 中國國民經濟在條約上所受之束縛/黃蔭萊著. ——上海：交通大學研究所，1936

[6], 112 頁; 24.7 厘米

交通大學研究所社會經濟組專刊

PKUL（館藏號缺）

2639 中國國文法/吳瀛編. —— 上海: 商務印書館, 1930

1 冊(6, 26, 182, 80, 90, 72 頁); 18.8 厘米

PKUL（館藏號缺）

附注:

題記:扉頁有作者題記:"適之先生教,吳瀛敬贈,二十年一月二十四日。"

2640 中國航空建設協會章程/著者不詳. —— 出版地不詳: 出版者不詳, 1932

16 頁; 18.4 厘米

PKUL（館藏號缺）

2641 中國合會之研究/楊西孟著. —— 上海: 商務印書館, 1935

198 頁; 22.9 厘米

國立中央研究院社會科學研究所叢刊

PKUL（館藏號缺）

附注:

印章:封面鈐有"贈閱"藍文長方印。

2642 中國回教史/傅統先著. —— 長沙: 商務印書館, 1940

[11], 240 頁; 17.3 厘米

PKUL（館藏號缺）

2643 中國回民問題論叢/穆文富著. —— 北平: 回民特刊社, 1935

[4], 43 頁; 18.8 厘米

回民特刊社叢書

PKUL（館藏號缺）

2644 中國家族哲學/范祥雲著. —— 濟南: 藝華書局, 1947

[4], 36 頁; 18.1 厘米

PKUL（館藏號缺）

附注：

    題記：扉頁有作者題記："適之先生指正, 著者敬贈, 卅六年十月。"

2645 **中國教育電影協會會務報告二十一年度**/中國教育電影協會總務組編. ——出版地不詳: 中國教育電影協會總務組, 1932

    48 頁; 26.1 厘米

    PKUL（館藏號缺）

2646 **中國教育電影協會會務報告二十二年度**/中國教育電影協會總務組編. ——出版地不詳: 中國教育電影協會總務組, 1933

    2, 86 頁; 26 厘米

    PKUL（館藏號缺）

2647 **中國教育電影協會會務報告二十三年度**/中國教育電影協會總務組編. ——出版地不詳: 中國教育電影協會總務組, 1934

    2, 102 頁; 25.7 厘米

    PKUL（館藏號缺）

2648 **中國教育改革問題第一輯**/陳果夫著. ——出版地不詳: 出版者不詳, 出版年不詳

    [8], 152 頁; 18.6 厘米

    PKUL（館藏號缺）

    附注：

        題記：封面有作者題記："適之先生教正, 陳果夫贈。"

        其他：本書包括輯數不詳, 藏書僅存第 1 輯。

2649 **中國教育改革之途徑**/陳果夫著. ——南京: 正中書局, 1944

    [8], 218, 2 頁; 20.8 厘米

    PKUL（館藏號缺）

附注：

    題記：封面有作者題記："適之先生指正，陳果夫贈。"

    摺頁：頁 57、59、75、88、100、190、200、202 有摺頁。

2650 中國教育建設方針/舒新城著. ──上海：中華書局，1931

    2，144 頁；20.3 厘米

    PKUL（館藏號缺）

    附注：

        印章：封面印有"敬乞指正，著者謹贈"藍文印。

2651 中國教育史/陳青之著. ──上海：商務印書館，1936

    33，810 頁；22.8 厘米

    大學叢書

    PKUL（館藏號缺）

2652 中國教育史/陳東原著. ──上海：商務印書館，1936

    [17]，503 頁；22.7 厘米

    PKUL（館藏號缺）

    附注：

        題記：其中一冊扉頁有作者題記："適之吾師賜正，東原敬獻，一九三六年九月於紐約。"

        其他：本書有 2 冊。

2653 中國今後應採之經濟統制政策/劉大鈞著. ──出版地不詳：出版者不詳，出版年不詳

    17 頁；26.4 厘米

    中國經濟學社第十二屆年會論文

    PKUL（館藏號缺）

2654 中國金石學緒言/劉節著. ──出版地不詳：出版者不詳，1934

    59—74 頁；26.5 厘米

圖書季刊第一卷第二期抽印本

PKUL（館藏號缺）

附注：

　　題記：封面有作者題記："適之先生教正，後學劉節上。"

2655　中國近百年史/孟世傑編著.——出版地不詳：百城書局，1931

　　2 冊；18.8 厘米

　　PKUL（館藏號缺）

　　附注：

　　　　其他：本書分上、下 2 冊。

2656　中國近百年史資料初編/左舜生選輯.——香港：中華書局，1938

　　2 冊(649 頁)；22 厘米

　　PKUL（館藏號缺）

　　附注：

　　　　批注圈劃：上冊內 2 頁有胡適朱筆批注圈劃。

　　　　其他：本書分上、下 2 冊。

2657　中國近百年史資料續編/左舜生選輯.——香港：中華書局，1938

　　2 冊(564 頁)；22 厘米

　　PKUL（館藏號缺）

　　附注：

　　　　其他：本書分上、下 2 冊。

2658　中國近代經濟史研究集刊第二卷第一期/陶孟和，湯象龍主編.——北平：社會調查所，1933

　　165 頁；26.4 厘米

　　PKUL（館藏號缺）

2659　中國近代青年運動史/包遵彭著.——南京：時代出版社，1948

　　6，146 頁；17.9 厘米

PKUL（館藏號缺）

2660 中國近代史/陳恭禄著. ——上海：商務印書館，1935

[13]，860，4 頁；22.6 厘米

大學叢書

PKUL（館藏號缺）

2661 中國近代文學之變遷/陳子展著. ——上海：中華書局，1929

[6]，194 頁；18.7 厘米

PKUL（館藏號缺）

2662 中國近代戲曲史/青木正兒著；王古魯譯. ——上海：商務印書館，1936

15，737，23 頁；22.8 厘米

PKUL（館藏號缺）

附注：

題記：扉頁有胡適毛筆題記："廿六年四月七夜買的。胡適之。"

2663 中國近三百年學術史/錢穆著. ——長沙：商務印書館，1938

2 冊（709，118 頁）；21.3 厘米

大學叢書

PKUL（館藏號缺）

附注：

批注圈劃：上冊 64 頁有胡適批注圈劃；下冊 87 頁有胡適批注圈劃。

其他：本書分上、下 2 冊。

2664 中國經濟改造/馬寅初著. ——上海：商務印書館，1935

2，19，706 頁；22.6 厘米

大學叢書

PKUL（館藏號缺）

2665 中國經濟建設之路/吳景超著. ——重慶：商務印書館，1943

[4]，205 頁；17.7 厘米

PKUL（館藏號缺）

附注：

　　題記：扉頁有作者題記："適之先生正之。景超。三十三年，四月。"

2666 中國經濟建設中之財政/著者不詳.——出版地不詳：出版者不詳，出版年不詳

104 頁；24.5 厘米

中國太平洋國際學會叢書

PKUL（館藏號缺）

2667 中國經濟史稿上/李劍農編著.——出版地不詳：出版者不詳，出版年不詳

6，328 頁；21.7 厘米

PKUL（館藏號缺）

附注：

　　題記：封面有作者題記："胡適之先生惠存，敬請教正，劍農敬贈，卅六，十二，十二。"

2668 中國經濟思想史上/唐慶增著.——上海：商務印書館，1936

[21]，411 頁；22.6 厘米

大學叢書

PKUL（館藏號缺）

2669 中國經濟學社第十屆季會指南/著者不詳.——出版地不詳：出版者不詳，出版年不詳

4，28，30 頁；18.8 厘米

PKUL（館藏號缺）

附注：

　　夾紙：書內夾有"徐錫藩"名片 1 張。

2670 中國經濟學社社章/中國經濟學社編.——出版地不詳：中國經濟學社，1935

10 頁;22.6 厘米

PKUL（館藏號缺）

2671 **中國經學史**/馬宗霍著. ——上海：商務印書館，1936

［4］，158 頁；19 厘米

中國文化史叢書

PKUL（館藏號缺）

2672 **中國經學史**/本田成之著；孫俍工譯. ——上海：中華書局，1935

［12］，358 頁；22.1 厘米

PKUL（館藏號缺）

2673 **中國經營西域史**/曾問吾著. ——上海：商務印書館，1936

［22］，713 頁；22.8 厘米

PKUL（館藏號缺）

2674 **中國境界變遷大勢攷**/蘇演存編. ——上海：商務印書館，1916

［12］，218 頁；22.4 厘米

PKUL（館藏號缺）

附注：

題記：封面有作者題記："敬贈適之先生。"

其他：本書有 2 冊。

2675 **中國考古學報（即田野考古報告）第二冊**/李濟總編. ——上海：商務印書館，1936

［6］，282 頁；26.1 厘米

國立中央研究院歷史語言研究所專刊

PKUL（館藏號缺）

附注：

印章：封面有胡適鋼筆簽名"胡適"。

2676 中國考古學史/衛聚賢著. ——上海：商務印書館，1937

　　［7］，323 頁；19 厘米

　　中國文化史叢書

　　PKUL（館藏號缺）

2677 中國科舉時代之教育/陳東原著. ——上海：商務印書館，1934

　　［2］，99 頁；18.9 厘米

　　師範小叢書

　　PKUL（館藏號缺）

　　附注：

　　　　題記：題名頁有作者題記："適之吾師校正，東原拜塵。"

2678 中國科學促進會緣起/中國科學促進會編. ——出版地不詳：出版者不詳，出版年不詳

　　7 頁；25.8 厘米

　　PKUL（館藏號缺）

2679 中國科學化問題/顧毓琇著. ——北平：中國科學化運動協會北平分會，1936

　　［4］，258 頁；18.8 厘米

　　PKUL（館藏號缺）

　　附注：

　　　　題記：扉頁有作者題記："適之先生賜正，毓琇敬呈。"

2680 中國科學社概況/著者不詳. ——出版地不詳：出版者不詳，1929

　　26，4 頁；22.1 厘米

　　PKUL（館藏號缺）

2681 中國科學社社錄/中國科學社編. —— 出版地不詳：中國科學社，出版年不詳

　　66 頁；19.2 厘米

　　PKUL（館藏號缺）

　　附注：

印章:封面鈐有"北京緞庫後胡同八號,胡適之"藍文長方印;另有胡適朱筆簽名"適"。

2682 中國科學社生物研究所報告書自民國二十三年七月至二十四年三月止/著者不詳.——出版地不詳:出版者不詳,出版年不詳

14 頁;29.3 厘米

PKUL(館藏號缺)

2683 中國科學社總章/著者不詳.——出版地不詳:出版者不詳,1932

12 頁;20.6 厘米

PKUL(館藏號缺)

2684 中國鑛產誌略/翁文灝著.——北平:農商部地質調查所,1919

[30],270,VII 頁;26.3 厘米

地質專號

PKUL(館藏號缺)

2685 中國勞動問題/唐海編著.——上海:光華書局,1927

[15],538 頁;22.2 厘米

PKUL(館藏號缺)

2686 中國勞工生活程度/陶孟和著;中國太平洋國際學會譯.——出版地不詳:中國太平洋國際學會,1932

21 頁;24.4 厘米

中國太平洋國際學會叢書

PKUL(館藏號缺)

2687 中國釐金史/羅玉東著.——上海:商務印書館,1936

2 冊(15,649 頁);22.7 厘米

國立中央研究院社會科學研究所叢刊

PKUL(館藏號缺)

附注：

    其他：本書分上、下 2 冊。

2688 中國理學史/賈豊臻著.——上海：商務印書館，1937

    [14]，245 頁；18.8 厘米

    中國文化史叢書

    PKUL（館藏號缺）

2689 中國歷代人物之地理的分布/朱君毅著.——廈門：廈門大學，1931

    22 頁；25.9 厘米

    廈門大學教育學院研究叢刊之一

    PKUL（館藏號缺）

    附注：

        題記：封面有作者題記："適之先生教正，君毅，二十，十，廿八。"

2690 中國歷史上的農民戰争/蔡雪村著.——上海：亞東圖書館，1933

    3 冊(4，6，13，782 頁)；18.8 厘米

    PKUL（館藏號缺）

    附注：

        其他：本書分上、中、下 3 冊。

2691 中國歷史通論春秋戰國篇/黎東方著.——出版地不詳：國立編譯館，1944

    156，3 頁；20.9 厘米

    PKUL（館藏號缺）

2692 中國歷史研究法/梁啓超著.——上海：商務印書館，1928

    [4]，229 頁；22.6 厘米

    中國文化史稿

    PKUL（館藏號缺）

2693 中國糧食對外貿易，其地位趨勢及變遷之原因（1912—1931）/巫寶三著.——

出版地不詳：出版者不詳，出版年不詳

74 頁；26.2 厘米

參謀本部國防設計委員會參考資料

PKUL（館藏號缺）

2694 **中國糧政史**/聞亦博著. ——上海：正中書局，1946

［4］，163 頁；20.4 厘米

PKUL（館藏號缺）

附注：

 印章：封面鈐有"聞亦博印"朱文方印。

 題記：封面有作者題記："適之先生賜政，後學聞亦博謹呈。"

2695 **中國領事裁判權問題**/李定國著. ——昆明：雲嶺書店，1934

134 頁；18.7 厘米

PKUL（館藏號缺）

附注：

 題記：封面有毛筆書"贈閱"。

2696 **中國六十年進出口物量指數物價指數及物物交易指數（一八六七至一九二七）**/何廉主編. ——天津：南開大學社會經濟研究委員會，1930

35 頁；25 厘米

PKUL（館藏號缺）

2697 **中國旅行社報告書**/著者不詳. ——出版地不詳：出版者不詳，出版年不詳

26 頁；26.8 厘米

PKUL（館藏號缺）

2698 **中國美術**/S. W. Bushell 著；戴嶽譯. ——上海：商務印書館，1923

［3］，259 頁；19.2 厘米

世界叢書

PKUL（館藏號缺）

附注：

　　其他：本書有 4 冊。

2699　**中國美術史**/大村西崖著；陳彬龢譯.——上海：商務印書館，1934

　　［9］，254 頁；19 厘米

　　國學小叢書

　　PKUL（館藏號缺）

　　附注：

　　　　其他：本書爲國難後第 2 版。

2700　**中國美術史**/大村西崖著；陳彬龢譯.——上海：商務印書館，1928

　　［10］，262 頁；22.7 厘米

　　歷史叢書

　　PKUL（館藏號缺）

　　附注：

　　　　題記：扉頁有譯者題記："適之吾師教正，譯者呈。"

　　　　其他：本書爲初版。

2701　**中國民法繼承論**/胡長清著.——上海：商務印書館，1936

　　［18］，283 頁；22.6 厘米

　　大學叢書

　　PKUL（館藏號缺）

2702　**中國民法親屬論**/胡長清著.——上海：商務印書館，1936

　　［23］，406 頁；22.8 厘米

　　大學叢書

　　PKUL（館藏號缺）

2703　**中國民法債篇總論**/胡長清著.——上海：商務印書館，1934

　　48，618 頁；22.5 厘米

　　大學叢書

PKUL（館藏號缺）

附注：

　　內附文件：書內夾有商務印書館致胡適書信 1 封。

2704 中國民法總論/胡長清著.——上海：商務印書館，1933

35，463 頁；22.6 厘米

大學叢書

PKUL（館藏號缺）

2705 中國民間傳說集/鄭幸生輯.——上海：通華書局，1933

6，174 頁；18.7 厘米

PKUL（館藏號缺）

2706 中國民族的血屬/李振翩著.——出版地不詳：出版者不詳，出版年不詳

22 頁；27.3 厘米

科學月刊第一卷第六期抽印本

PKUL（館藏號缺）

附注：

　　題記：封面有代贈者題記："適之先生惠存，江紹原代贈，十八年九月。"

2707 中國民族史/呂思勉著.——上海：世界書局，1934

[5]，293 頁；20.6 厘米

PKUL（館藏號缺）

2708 中國民族史概說/王桐齡著.——出版地不詳：出版者不詳，出版年不詳

12 頁；26.5 厘米

中大學報第三卷第一二合期抽印本

PKUL（館藏號缺）

附注：

　　題記：封面有作者題記："王桐齡敬贈。"

2709 中國民族與世界文化/徐慶譽著.——上海:世界學會,1928

　　84 頁;18.6 厘米

　　世界學會新思想叢書

　　PKUL(館藏號缺)

2710 中國民族之改造/張君俊著.——出版地不詳:防癆雜誌社,出版年不詳

　　10 頁;25.7 厘米

　　PKUL(館藏號缺)

2711 中國民族志/張其昀著.——上海:商務印書館,1933

　　1,183 頁;19.1 厘米

　　新時代史地叢書

　　PKUL(館藏號缺)

2712 中國母親底書/張天麟編著.——出版地不詳:正中書局,1948

　　[7],366 頁;20.6 厘米

　　PKUL(館藏號缺)

　　附注:

　　　題記:題名頁有作者題記:"適之吾師教正,生天麟,一九四八,十一。"

2713 中國木本植物目錄/鍾心煊著.——上海:中國科學社,1924

　　[6],271 頁;18.7 厘米

　　中國科學社研究叢刊

　　PKUL(館藏號缺)

2714 中國內閣制度沿革/高一涵著.——北京:國立北京大學出版部,1926

　　32 頁;25 厘米

　　PKUL(館藏號缺)

2715 中國南洋交通史/馮承鈞著.——上海:商務印書館,1937

　　[7],296 頁;19 厘米

中國文化史叢書

PKUL（館藏號缺）

2716 中國南洋義賑救災總會民國二十三年度賑務報告/中國南洋義賑救災總會編.——出版地不詳：中國南洋義賑救災總會，1934

116 頁；26.5 厘米

中國南洋義賑救災總會叢刊

PKUL（館藏號缺）

2717 中國農家經濟/卜凱著；張履鸞譯.——上海：商務印書館，1936

[11]，612 頁；22.6 厘米

大學叢書

PKUL（館藏號缺）

2718 中國農業之改進/行政院農村復興委員會編.——上海：商務印書館，1934

[10]，229 頁；22.8 厘米

行政院農村復興委員會叢書

PKUL（館藏號缺）

2719 中國農業之改進/行政院農村復興委員會編.——上海：商務印書館，1934

[10]，329 頁；22.7 厘米

行政院農村復興委員會叢書

PKUL（館藏號缺）

附注：

印章:封面鈐有"農村復興委員會贈閱"朱文長方印。

2720 中國奴婢制度/王世杰著.——北京：國立北京大學出版部，1925

26 頁；24.8 厘米

PKUL（館藏號缺）

2721 中國女青年會小史/朱胡彬夏著.——出版地不詳：出版者不詳，1923

21 頁；16.8 厘米

PKUL（館藏號缺）

2722 中國人民生活標準/林和民編. ——出版地不詳：出版者不詳，出版年不詳

9 頁；26.6 厘米

PKUL（館藏號缺）

2723 中國人名大辭典/方賓觀等編校. ——上海：商務印書館，1921

1 冊（12，1808，25，83，34，15 頁）；23.1 厘米

PKUL（館藏號缺）

附注：

内附文件：書内夾有記錄 1962 年王瑨源歸還胡適藏書記録 1 張。

夾紙：頁 106、107，320、321，452、453，574、575，712、713，788、789，832、833，1408、1409 間夾有紙條，其中兩張爲胡適鋼筆書寫手稿局部。

2724 中國日本交通史/王輯五著. ——上海：商務印書館，1937

[5]，224 頁；19.1 厘米

中國文化史叢書

PKUL（館藏號缺）

附注：

印章：扉頁鈐有"王輯五印"朱文方印。

題記：封面有作者題記："適翁先生教正"；另扉頁有作者題記："王輯五敬贈。"

2725 中國喪地史/謝彬編著. ——上海：中華書局，1925

2，148 頁；17.3 厘米

常識叢書

PKUL（館藏號缺）

2726 中國社會經濟史論/余精一著. ——南京：東西文化社，1945

[24]，492 頁；20.7 厘米

世界史論

PKUL（館藏號缺）

附注：

　　題記：封面有作者題記："適師鈞正，學生余精一敬獻，一九四六，七，一三。"

2727 中國社會史料叢鈔甲集/瞿宣穎編. ——上海：商務印書館，1937

　　3 冊(2，3，2，34，582 頁)；22.7 厘米

　　PKUL（館藏號缺）

　　附注：

　　　其他：本書甲集分上、中、下 3 冊。

2728 中國詩史/陸侃如，馮沅君著. ——出版地不詳：大江書鋪，1933

　　2 冊(867 頁)；18.6 厘米

　　PKUL（館藏號缺）

　　附注：

　　　其他：本書分上、中 2 卷。

2729 中國詩選/蔣善國編著. ——上海：商務印書館，1926

　　2 冊；19.1 厘米

　　PKUL（館藏號缺）

　　附注：

　　　題記：上冊封面有作者題記："適之先生惠存，編者敬贈，卅七，五，三。"

　　　其他：本書分上、下 2 冊。

2730 中國十大鑛廠調查記/顧琅著. ——上海：商務印書館，1916

　　[19]，[616]頁；22.1 厘米

　　PKUL（館藏號缺）

2731 中國史綱/李泰棻著. ——北京：武學書店，1922

　　2 冊；25.5 厘米

PKUL（館藏號缺）

附注：

  題記：卷1、卷2封內皆有作者題記："適之先生，著者敬贈。"

  其他：本書分卷1、卷2兩冊。

2732 中國史話/韋休編著.——上海：商務印書館，1933

  4冊；19.1厘米

  PKUL（館藏號缺）

  附注：

    題記：第1冊封面有胡適題記："廿三，十，廿，晚上和孟真，莘田，彥堂走書攤，買了這部書。適之。"

    其他：本書分1、2、3、4冊。

2733 中國俗文學史上/鄭振鐸著.——上海：商務印書館，出版年不詳

  1，270頁；19厘米

  中國文化史叢書

  PKUL（館藏號缺）

  附注：

    其他：本書分上、下2冊，藏書僅存上冊。

2734 中國鐵鑛誌附圖/丁格蘭著.——北京：農商部地質調查所，1923

  37頁；50厘米

  PKUL（館藏號缺）

  附注：

    其他：本書有2冊。

2735 中國鐵鑛誌/丁格蘭著；謝家榮譯.——出版地不詳：農商部地質調查所，1921

  [6]，120，180頁；26.4厘米

  PKUL（館藏號缺）

2736 中國鐵路會計學/葉崇勛著. ——上海：商務印書館，1935

[16]，489 頁；22.6 厘米

大學叢書

PKUL（館藏號缺）

2737 中國鐵路外債數字之估計/陳暉著. ——出版地不詳：國立交通大學研究所北平分所，1936

48 頁；26.1 厘米

鐵道問題研究集第一冊抽印本

PKUL（館藏號缺）

附注：

題記：封面有作者題記："適之夫子賜教，學生陳暉敬贈，一九三六年十一月。"

2738 中國外交關係略史/懷德著；王羲孫譯. ——上海：商務印書館，1928

[11]，154 頁；22.4 厘米

PKUL（館藏號缺）

附注：

題記：封內有作者題記："適之先生正之，羲孫，十七，十二，七。"

2739 中國文法講話第一冊/劉復著. ——上海：北新書局，1932

[12]，176 頁；21 厘米

PKUL（館藏號缺）

附注：

題記：封面有作者題記："適之兄教，復，廿二年三月。"

2740 中國文法學初探/王力著. ——出版地不詳：出版者不詳，1936

58 頁；25.9 厘米

清華學報單行本

PKUL（館藏號缺）

附注：

题记:封面有作者题记:"適之先生指正,後學王力,二五,一,一五。"

2741 中國文法中的繫詞/王力著.——出版地不詳:出版者不詳,1937

68 頁;26 厘米

清華學報第十二卷第一期抽印本

PKUL（館藏號缺）

附注:

题记:封面有作者题记:"適之先生教正,後學王力謹贈,二六,一,一五。"

2742 中國文化史/柳詒徵編著.——南京:正中書局,1947

3 冊;20.3 厘米

大學用書

PKUL（館藏號缺）

附注:

印章:上、中、下 3 冊題名頁均鈐有"蔣志澄"朱文方印。

题记:上、中、下 3 冊題名頁均有贈書者題記:"適之先生惠存,生蔣志澄贈,三七,九,一。"

夾紙:上冊書內夾有贈書者郵寄本書的地址。

2743 中國文化小史/常乃悳著.——上海:中華書局,1931

[4],191 頁;18.7 厘米

新文化叢書

PKUL（館藏號缺）

2744 中國文化之命運/朱謙之著.——廣州:廣東文化事業公司,出版年不詳

2,44 頁;18.7 厘米

文化哲學叢書

PKUL（館藏號缺）

2745 中國文學發展史上卷/劉大杰著.——上海:中華書局,1941

[8],408 頁;22.8 厘米

PKUL（館藏號缺）

附注：

題記：扉頁有作者題記："適之先生教正,大杰呈學,卅五年七月。"

其他：本書分上、下 2 卷,下卷出版于 1949 年,藏書僅存上卷。

2746 中國文學概論講話/鹽谷温著；孫俍工譯. —— 上海：開明書店,1929

22, 572 頁；19.2 厘米

PKUL（館藏號缺）

附注：

題記：題名頁有作者題記："適之先生賜正,俍工寄贈於西湖廣化寺六一泉,十八年七月。"

2747 中國文學批評史上/郭紹虞著. —— 上海：商務印書館,1934

[14], 430 頁；22.8 厘米

大學叢書

PKUL（館藏號缺）

附注：

其他：本書分上、下 2 冊,下冊又分為"之一、之二"2 卷。下冊出版于 1947 年。

2748 中國文學批評史下/郭紹虞著. —— 上海：商務印書館,1947

2 冊(15, 652 頁)；20.7 厘米

大學叢書

PKUL（館藏號缺）

附注：

其他：本書分上、下 2 冊,下冊又分為"之一、之二"2 卷。上冊出版于 1934 年。

2749 中國文學批評史/羅根澤著. —— 北平：人文書店,1934

[16], 349 頁；18.8 厘米

PKUL（館藏號缺）

2750 中國文學史/儲皖峰編. ——出版地不詳:出版者不詳,1941

220 頁;22.5 厘米

PKUL(館藏號缺)

附注:

題記:封面有贈書者題記:"這是皖峰的一部未完成的遺作,送給適之老師留念,陳漱琴敬贈,卅五年,九月九日。"

2751 中國文學史/崔榮秀著. ——長春:國民圖書公司,1946

8,238 頁;18.3 厘米

PKUL(館藏號缺)

附注:

題記:一冊題名頁有校訂者題記:"適之先師指教,生李松伍敬贈,三五,十二,二十一日";另一冊題名頁有校訂者題記:"叔屏師指教,生李松伍敬贈,三五,十二,二十一日。"

其他:本書有2冊。

2752 中國文學史/林庚著. ——廈門:國立廈門大學,1947

408 頁;22.8 厘米

國立廈門大學叢書

PKUL(館藏號缺)

附注:

題記:扉頁有作者題記:"適之先生教正,晚林庚敬贈。"

2753 中國文學史大綱/容肇祖著. ——北平:京城印書局,1935

[6],343 頁;20.7 厘米

PKUL(館藏號缺)

附注:

題記:封面有作者題記:"適之先生教正,學生容肇祖敬呈。"

2754 中國文學史分論/張振鏞著. ——上海:商務印書館,1934

4 冊;19 厘米

PKUL（館藏號缺）

附注：

　　其他：本書分爲第 1—4 冊,共 4 冊。

2755 中國文學史簡編/陸侃如,馮沅君著.──上海：開明書店,1934

[4],284 頁;19 厘米

PKUL（館藏號缺）

2756 中國文學史散論/任訪秋著.──開封：師友出版社,1947

[6],208 頁;17.8 厘米

PKUL（館藏號缺）

附注：

　　題記：封面有作者題記："適之吾師哂正,受業,任維焜敬獻,三六,六,五。"

2757 中國文學史選例/胡適著.──出版地不詳：出版者不詳,出版年不詳

2 冊;22.5 厘米

PKUL（館藏號缺）

附注：

　　其他：本書整套包括卷冊數不詳,藏書僅存卷 1 和卷 5,其中卷 1 有 450 冊,卷 5 有 335 冊。

2758 中國文學研究譯叢/汪馥泉著.──上海：北新書局,1930

2,279 頁;20 厘米

PKUL（館藏號缺）

附注：

　　夾紙：書內夾有"七里惠子"名片 1 張。

2759 中國文藝叢選/蔣善國編著.──上海：商務印書館,1930

2 冊;18.9 厘米

PKUL（館藏號缺）

附注：

題記：上冊封面有作者題記："適之先生惠存，編者敬贈，卅七，五，三。"

其他：本書分上、下 2 冊。

2760 中國文字的優點和整理發揚的方法/張公輝著. ——重慶：嘉陵印刷所, 1945

16 頁；18 厘米

PKUL（館藏號缺）

附注：

題記：封面有作者題記："適之先生賜正，著者敬上，卅五年十月。"

2761 中國文字改進問題/白占友著. ——天津：南洋書局, 1934

[9], 124 頁；18.5 厘米

PKUL（館藏號缺）

附注：

印章：封面鈐有"白占友章"朱文方印。

題記：封面有作者題記："適之老師指正，占友敬贈。"

2762 中國問題之綜合的研究/黃尊生著. ——天津：啓明書社, 1936

[14], 560 頁；23.2 厘米

PKUL（館藏號缺）

2763 中國五權憲法制度之史的發展與批判/曾資生著. ——上海：商務印書館, 1948

[6], 299 頁；18 厘米

PKUL（館藏號缺）

附注：

印章：封面鈐有"曾資生印"朱文方印。

題記：封面有作者題記："適之吾師賜正，生資生敬贈，一九四八，八，十四。"

2764 中國物理學會爲請求改訂度量衡標準制單位名稱與定義事上行政院及教育部書/中國物理學會編.——出版地不詳：中國物理學會，1934

　　15頁；18.9厘米

　　PKUL（館藏號缺）

　　附注：

　　　　內附文件：書內夾有中國物理學會書信1頁，印刷件。

2765 中國西部博物館概況/中國西部博物館編.——北碚：中國西部博物館，1947

　　2，39頁；18.6厘米

　　PKUL（館藏號缺）

2766 中國現代文學史/任訪秋著.——南陽：前鋒報社，1944

　　[8]，266，2頁；17厘米

　　前鋒叢書

　　PKUL（館藏號缺）

　　附注：

　　　　題記：扉頁有作者題記："適之吾師哂正，受業任維焜敬獻，三六，六，五。"

2767 中國現代語法/王力著.——上海：商務印書館，1947

　　2冊；18.3厘米

　　PKUL（館藏號缺）

　　附注：

　　　　題記：上冊封面有作者題記："適之先生指正，晚王力敬贈，卅六，十，十。"

　　　　其他：本書分上、下2冊。

2768 中國小說史略下/魯迅著.——北京：新潮社，1924

　　165—354頁；18.7厘米

　　PKUL（館藏號缺）

　　附注：

　　　　批注圈劃：書內5頁有胡適朱筆圈劃。

　　　　其他：本書分上、下2冊。

2769 中國小説史略/魯迅著. ——北京：北新書局，1927

　　XII, 348 頁；20 厘米

　　PKUL（館藏號缺）

　　附注：

　　　　印章：題名頁鈐有"上海極司非爾路四十九號甲,胡適之"。

2770 中國新文學大系/趙家璧主編. ——上海：良友圖書印刷公司，1935

　　8 集；22.6 厘米

　　PKUL（館藏號缺）

　　附注：

　　　　題記：一冊第 1 集題名頁有胡適題記："送給毛公,適之,廿九,十二,十九。"

　　　　夾紙：另一冊第 1 集内夾有胡適鉛筆書寫便箋 1 張。

　　　　其他：本書分爲 10 集,胡適藏書缺第 3、4 集,其中第 1 集有 7 冊,第 8 集有 2 冊,其餘爲 1 冊。具體内容及編者：第 1 集,建設理論集,胡適選編；第 2 集,文學論爭集,鄭振鐸選編；第 5 集,小説三集,鄭伯奇選編；第 6 集,散文一集,周作人選編；第 7 集,散文二集,郁達夫選編；第 8 集,詩集,朱自清選編；第 9 集,戲劇集,洪深選編；第 10 集,史料索引,阿英選編。

2771 中國新文學運動史/王哲甫編著. ——北平：景山書社，1933

　　496 頁；20.3 厘米

　　PKUL（館藏號缺）

　　附注：

　　　　印章：扉頁鈐有"王哲甫章"朱文方印。

　　　　題記：扉頁有作者題記："適之先生教正,王哲甫敬贈。"

2772 中國行政法論/徐仲白著. ——北平：現代科學出版社，1934

　　VIII, LXXII, 442 頁；20.4 厘米

　　PKUL（館藏號缺）

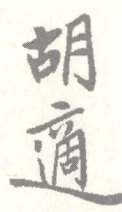

2773 中國形勢一覽圖/著者不詳.——上海：商務印書館，1933

[4]，26，67 頁；26.5 厘米

PKUL（館藏號缺）

2774 中國畜牧問題/劉行驥著.——江蘇：事業部中央種畜場，1935

2，32 頁；25.4 厘米

實業部中央種畜場研究叢刊

PKUL（館藏號缺）

附注：

題記：封面有作者題記："適之先生教正，劉行驥敬贈。"

2775 中國學術討論第一集/中國學術討論社編著.——上海：群衆圖書公司，1927

4，180，4 頁；21.9 厘米

PKUL（館藏號缺）

附注：

其他：本書具體包括卷冊數不詳，胡適藏書僅存第 1 集。

2776 中國伊斯蘭史綱要/白壽彝著.——上海：文通書局，1947

[3]，72 頁；17.2 厘米

穆斯林叢刊

PKUL（館藏號缺）

附注：

題記：封面有贈書者題記："適之先生惠存，常子春敬贈，三七，七，七。"

2777 中國醫學大成樣本/著者不詳.——上海：大東書局，出版年不詳

[77] 頁；18.8 厘米

PKUL（館藏號缺）

2778 中國醫學大辭典/謝觀編.——上海：商務印書館，1921

2 冊（2，5，26，4690 頁）；19.2 厘米

PKUL（館藏號缺）

附注：

其他：本書分上、下 2 冊。

2779 中國音韻學上/王力著. —— 上海：商務印書館，1936

[11]，266 頁；22.6 厘米

大學叢書

PKUL（館藏號缺）

附注：

其他：本書分上、下 2 冊，胡適藏書僅存上冊。

2780 中國音韻學的外來影響/羅莘田著. —— 出版地不詳：出版者不詳，出版年不詳

35—45 頁；26.6 厘米

東方雜誌第三十二卷第十四號抽印本

PKUL（館藏號缺）

附注：

題記：封面有作者題記："適之先生教正。"

2781 中國音韻學研究/高本漢著；趙元任，羅常培，李方桂合譯. —— 上海：商務印書館，1940

43，731 頁；26.9 厘米

中華教育基金董事會編譯委員會特刊

PKUL（館藏號缺）

附注：

題記：扉頁有譯者題記："送給適之，這書的鼓勵者跟促成者，元任在麻省劍橋的時候兒。三〇，十一，三。"

2782 中國郵政/張樑任著. —— 上海：商務印書館，1935—1936

3 冊；22.7 厘米

大學叢書

PKUL(館藏號缺)

附注:

其他:本書分上、中、下3冊。

2783 中國語法綱要/王了一著. ——上海:開明書店,1946

2,228頁;17.3厘米

PKUL(館藏號缺)

附注:

印章:題名頁鈐有"胡適之印章"朱文方印。

題記:封面有作者題記:"適之先生教正,著者持贈,三六,十,十。"

2784 中國語法講義/孫俍工編. ——上海:亞東圖書館,1921

[5],168頁;18.6厘米

PKUL(館藏號缺)

附注:

題記:封面有作者題記:"適之先生惠存,俍工謹贈。11,12,1921。"

2785 中國語法講義/孫俍工著. ——上海:亞東圖書館,1928

[7],108頁;18.4厘米

PKUL(館藏號缺)

附注:

題記:扉頁有胡祖望題記:"祖望,12/9/'29";書末有胡祖望鉛筆書人名若干。

其他:本書爲第6版。

2786 中國語法理論/王力著. ——上海:商務印書館,1947

2冊;18.3厘米

PKUL(館藏號缺)

附注:

題記:上、下冊封面均有作者題記:"適之先生指正,晚王力謹贈,卅六,十,十。"

2787 中國語言學研究/Karlgren 著；賀昌群譯.——上海：商務印書館,1934

[8],190 頁；19.1 厘米

國學小叢書

PKUL（館藏號缺）

附注：

題記:題名頁有作者題記:"敬呈適之先生教正,譯者。"

2788 中國語言之變遷/黎錦熙著.——出版地不詳：出版者不詳,1933

18 頁；25.7 厘米

師大月刊第六期抽印本

PKUL（館藏號缺）

附注：

題記:封面有作者題記:"Shyhjy sg.。"

2789 中國御史制度的沿革/高一涵著.——上海：商務印書館,1926

[5],96 頁；19.2 厘米

國學小叢書

PKUL（館藏號缺）

2790 中國戰時交通史/龔學遂著.——上海：商務印書館,1947

7,414 頁；21.3 厘米

PKUL（館藏號缺）

附注：

題記:扉頁有作者題記:"適之先生賜覽,弟龔學遂敬贈,卅六,七,卅。"

2791 中國戰史研究第一集/黎東方著.——重慶：勝利出版社,1944

2,123 頁；18.3 厘米

PKUL（館藏號缺）

附注：

其他:本書包括具體卷冊數不詳,胡適藏書僅存第 1 集。

2792 中國章回小説考證/胡適著.——出版地不詳：實業印書館，出版年不詳

3, 571 頁；18.4 厘米

PKUL（館藏號缺）

附注：

題記：其中一冊題名頁有胡適題記："唐蘭先生贈，胡適，卅七，六，九"；另一冊扉頁有胡適題記："這是敵偽時代翻印的書。這部書收集了我考證九種小説的文章，查檢很方便。沒有收入的是《儒林外史》與《老殘遊記》與《醒世姻緣》。"

其他：本書有2冊。

2793 中國哲學史/馮友蘭著.——上海：商務印書館，1935

2冊(2, 2, 27, 1041, 8, 5頁)；21.2厘米

國立清華大學叢書

PKUL（館藏號缺）

附注：

其他：本書分上、下2冊。

2794 中國哲學史補/馮友蘭著.——上海：商務印書館，1936

[4], 179, 40 頁；22.8 厘米

PKUL（館藏號缺）

附注：

題記：一冊扉頁有作者題記："適之先生正，著者。"

其他：本書有2冊。

2795 中國哲學史大綱上卷/胡適著.——上海：商務印書館，1937

[10], 398, 10 頁；21.3 厘米

PKUL（館藏號缺）

附注：

題記：封面有胡適題記："適之校本。"

批注圈劃：書内11頁有胡適批注圈劃。

其他:本書爲第 2 版。

2796 **中國哲學史大綱卷上**/胡適著.——上海:商務印書館,1921

[10],398,10 頁;22.5 厘米

北京大學叢書

PKUL(館藏號缺)

附注:

題記:封面有胡適題記:"敬贈我的朋友鋼和泰先生,胡適。"

其他:本書爲第 7 版。

2797 **中國政府大綱**/謝瀛洲著.——上海:會文堂新記書局,1946

[20],240 頁;18.2 厘米

PKUL(館藏號缺)

2798 **中國政府會計論**/雍家源著.——上海:商務印書館,1933

[5],716 頁;22.7 厘米

大學叢書

PKUL(館藏號缺)

附注:

內附文件:書内夾有商務印書館致胡適書信 1 封。

2799 **中國政府與政治**/鄺震鳴著.——北京:北方印刷所,1928

[6],122 頁;18.5 厘米

PKUL(館藏號缺)

2800 **中國政治制度概論**/喻亮著.——北平:經世學社,1947

[10],92 頁;18.4 厘米

PKUL(館藏號缺)

附注:

題記:封面有作者題記:"適公校長老師指正,生喻亮敬呈。"

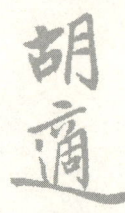

2801 中國政治制度史/曾資生著.——重慶:建設出版社,1944

[12],510 頁;18.2 厘米

PKUL(館藏號缺)

2802 中國之家庭問題/潘光旦著.——上海:商務印書館,1934

[12],324 頁;18.9 厘米

PKUL(館藏號缺)

附注:

其他:本書有 10 冊。

2803 中國之現狀/參與國際聯合會調查委員會中國代表處譯.——出版地不詳:參與國際聯合會調查委員會中國代表處,出版年不詳

12,124 頁;25.3 厘米

PKUL(館藏號缺)

2804 中國之新金融政策/馬寅初著.——上海:商務印書館,1936

[32],540 頁;22.6 厘米

大學叢書

PKUL(館藏號缺)

2805 中國制憲史/吳經熊,黃公覺著.——上海:商務印書館,1937

2 冊(3,12,1045 頁);18.9 厘米

PKUL(館藏號缺)

附注:

其他:本書分上、下 2 冊。

2806 中國逐漸采行金本位幣制法草案/財政部甘末爾設計委員會擬.——出版地不詳:財政部,出版年不詳

266 頁;27.4 厘米

PKUL(館藏號缺)

2807 中國作家自敍傳文鈔/胡行之編.——上海:光華書局,1934

[13],276頁;18.7厘米

PKUL(館藏號缺)

2808 中國作物論/原頌周著.——上海:商務印書館,1933

8,407頁;22.8厘米

大學叢書

PKUL(館藏號缺)

2809 中華大字典/徐誥,歐陽溥存,汪長祿主編.——上海:中華書局,1915

4冊;26厘米

PKUL(館藏號缺)

附注:

其他:本書分第1—4冊,共4冊。

2810 中華二千年史/鄧之誠著.——上海:商務印書館,1934

2冊;22.7厘米

大學叢書

PKUL(館藏號缺)

附注:

其他:本書分上、中2冊。

2811 中華國音留聲機片課本/董文,陸衣言,陸費逵,黎錦熙編.——上海:中華書局,1920

[19],72頁;18.7厘米

PKUL(館藏號缺)

2812 中華國有鐵路會計統計彙編/鉄道部統計處編.——出版地不詳:出版者不詳,1931

216頁;16.9厘米

PKUL(館藏號缺)

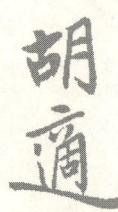

附注：

　　印章：封面有胡適鉛筆簽名"Hu Shih"。

2813 中華婚姻鑑/殷勤道著.——武昌：乾記印書館，1920

[12]，56頁；22.1厘米

改造家庭

PKUL（館藏號缺）

2814 中華基督教青年會第十一屆全國大會/著者不詳.——出版地不詳：出版者不詳，出版年不詳

10冊；23.3厘米

PKUL（館藏號缺）

附注：

　　印章：封內有胡適朱筆簽名"胡適之"。

　　其他：本書爲多種印刷品裝訂而成，包括《清晨禮拜程序》、《總題股第一二組討論問題》、《市會股各組討論問題》、《大會規則》、《聖餐禮節》、《代表記事簿》等。

2815 中華教育改進社第二次社務報告/著者不詳.——出版地不詳：出版者不詳，1923

2，32頁；19.1厘米

PKUL（館藏號缺）

2816 中華教育改進社同社錄/著者不詳.——出版地不詳：出版者不詳，1925

4，186頁；19.3厘米

PKUL（館藏號缺）

2817 中華教育文化基金董事會會務細則/中華教育文化基金董事會編.——出版地不詳：出版者不詳，1934

17，10頁；20厘米

PKUL（館藏號缺）

附注：
　　題記：封內有胡適鋼筆題記。
　　批注圈劃：書內2頁有胡適批注圈劃。

2818 中華教育文化基金董事會會務細則/中華教育文化基金董事會編.——出版地不詳：中華教育文化基金董事會，1930
　　17, 10 頁；20.3 厘米
　　PKUL（館藏號缺）

2819 中華民國誕生初期之外交/張忠紱著.——出版地不詳：出版者不詳，出版年不詳
　　26 頁；26 厘米
　　PKUL（館藏號缺）

2820 中華民國二十年度私立武昌華中大學一覽/著者不詳.——出版地不詳：出版者不詳，出版年不詳
　　6, 254 頁；21.7 厘米
　　PKUL（館藏號缺）
　　附注：
　　　　摺頁：頁 177—182 有摺頁。

2821 中華民國法規彙編/立法院編譯處編.——上海：中華書局，1934
　　9 冊；26.4 厘米
　　PKUL（館藏號缺）
　　附注：
　　　　其他：本書正文 8 冊，索引 1 冊，共 9 冊。

2822 中華民國開國史/谷鍾秀著.——上海：泰東圖書局，1914
　　[8], 186, 22 頁；22.5 厘米
　　PKUL（館藏號缺）

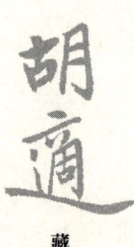

2823 中華民國三十六年臺灣日曆/著者不詳.——[臺北?]：臺灣省氣象局，1946

[34]頁；21.8厘米

PKUL（館藏號缺）

2824 中華民國三十七年八月份統計簡報/青島市港務局統計室編.——出版地不詳：出版者不詳，出版年不詳

[10]頁；28.6厘米

PKUL（館藏號缺）

2825 中華民國三十七年九月份統計簡報/青島市港務局統計室編.——出版地不詳：出版者不詳，出版年不詳

[8]頁；28.6厘米

PKUL（館藏號缺）

2826 中華民國十二年份經濟統計/上海銀行週報社編.——上海：上海銀行週報社，出版年不詳

1冊(2,39,2,70,2,50,2,42,2,39,2,32,2,312,30,2,59頁)；18.6厘米

PKUL（館藏號缺）

2827 中華民國外交史第一章中華民國誕生初期之外交/張忠紱著.——出版地不詳：出版者不詳，出版年不詳

27—54頁；26厘米

PKUL（館藏號缺）

附注：

其他：此爲抽印本。

2828 中華民國現行法規大全/著者不詳.——上海：商務印書館，1933

35，1357，88頁；22.6厘米

萬有文庫第一集

PKUL（館藏號缺）

2829 中華民國憲法/著者不詳.——出版地不詳：出版者不詳，1947

12 頁；17.9 厘米

PKUL（館藏號缺）

2830 中華民國憲法案/著者不詳.——出版地不詳：出版者不詳，出版年不詳

18 頁；24.6 厘米

PKUL（館藏號缺）

2831 中華民國憲法草案初稿/吳經熊擬.——出版地不詳：出版者不詳，出版年不詳

4，44 頁；26.5 厘米

PKUL（館藏號缺）

2832 中華民國憲法草案代表提案意見摘要/著者不詳.——出版地不詳：國民大會秘書處，出版年不詳

88 頁；18.3 厘米

PKUL（館藏號缺）

2833 中華民國憲法草案及各方研討意見/中國國民黨河北省黨部編.——出版地不詳：中國國民黨河北省黨部，出版年不詳

2，132 頁；18.6 厘米

河北黨務叢刊

PKUL（館藏號缺）

2834 中華民國約法草案/著者不詳.——出版地不詳：出版者不詳，出版年不詳

46 頁；19.1 厘米

PKUL（館藏號缺）

2835 中華民族的人格/張元濟編著.——上海：商務印書館，1937

8，134 頁；19 厘米

PKUL（館藏號缺）

附注：

  印章：一冊封底鈐有"HU SHIH"藍文印。

  題記：另一冊封面有作者題記："適之先生教正，張元濟謹呈。"

  其他：本書有 2 冊。

2836 中華民族憲法私議/一個退避三舍者著.——北平：協和印書局，1934

  [17]，94 頁；19.2 厘米

  PKUL（館藏號缺）

  附注：

    印章：封面鈐有"武宜停印"朱文方印。

    題記：封面有贈書者題記："適之先生正旨，武宜停贈。"

    內附文件：書內夾有《論語鼎故》手稿 1 頁。

2837 中華民族小史/常乃悳著.——出版地不詳：出版者不詳，出版年不詳

  [6,116]頁；22.3 厘米

  PKUL（館藏號缺）

2838 中華民族之地理分佈/張其昀著.——出版地不詳：出版者不詳，1935

  38 頁；25.8 厘米

  地理學報第二卷第二期單行本

  PKUL（館藏號缺）

  附注：

    題記：封面有作者題記："適之先生教正，著者敬贈。"

2839 中華圖書館協會概況/著者不詳.——出版地不詳：出版者不詳，出版年不詳

  2，102 頁；18.5 厘米

  PKUL（館藏號缺）

2840 中華憲法平議/韋羅璧，韋羅貝著；萬兆芝譯.——上海：中華書局，1919

  [6]，152 頁；22.5 厘米

  PKUL（館藏號缺）

附注：
　　題記：封面有譯者題記："適之兄，兆芝。"

2841　中華職業教育社試驗職業補習教育請求中華教育文化基金董事會補助書/中華職業教育社編．——出版地不詳：出版者不詳，出版年不詳
　　4 頁；26.4 厘米
　　PKUL（館藏號缺）

2842　中美條約及公文彙纂/尹壽松編纂．——北平：外交月報社，1935
　　［22］，686 頁；18.7 厘米
　　PKUL（館藏號缺）

2843　中歐各國農業狀況/摩根編；彭子明譯．——上海：商務印書館，1936
　　［23］，457 頁；22.8 厘米
　　大學叢書
　　PKUL（館藏號缺）

2844　中日甲午戰爭之外交背景/王信忠著．——北平：國立清華大學，1937
　　［16］，414 頁；25.8 厘米
　　PKUL（館藏號缺）
　　附注：
　　　　題記：扉頁有作者題記："適之先生教正，晚生王信忠謹呈。"

2845　中日馬關議和/王信忠著．——出版地不詳：出版者不詳，出版年不詳
　　45—72 頁；26.1 厘米
　　人文科學學報抽印本
　　PKUL（館藏號缺）
　　附注：
　　　　題記：封面有作者題記："適之先生訓正，後學王信忠謹贈。"

2846　中日條約彙纂/尹壽松編纂．——北平：外交月報社，1934

22, 884 頁；18.5 厘米

外交叢書

PKUL（館藏號缺）

附注：

夾紙：書內夾有"黃暉"名片1張。

2847 中日條約彙纂/尹壽松編纂.——出版地不詳：東北外交研究委員會，1932

12, 558 頁；19.8 厘米

PKUL（館藏號缺）

附注：

其他：本書有2冊。

2848 中日文通/張鴻藻編述.——東京：清國留學生會館，1905

[33], 183 頁；22.6 厘米

PKUL（館藏號缺）

附注：

內附文件：書內夾有剪報一。

夾紙：書內夾有處方一。

2849 中日之衝突/葉景莘著.——出版地不詳：中國國際聯盟同志會，1932

[6], 42 頁；24.6 厘米

PKUL（館藏號缺）

2850 中山全集/孫中山著.——上海：孫文學説研究社，1927—1929

4 冊；18.5 厘米

PKUL（館藏號缺）

附注：

夾紙：第1冊傳記頁134、135間夾有紙條；第1冊另夾有明信片1張，挂號收據4張。

其他：本書分爲4冊。

2851 中山先生倫敦被難史料考訂/羅家倫著.——出版地不詳:出版者不詳,出版年不詳

[5],176頁;22.6厘米

PKUL(館藏號缺)

附注:

題記:扉頁貼有作者題記:"適之先生賜教,學生羅家倫。"

2852 中外訂約失權論/邱祖銘著.——上海:商務印書館,1926

[3],90頁;17.3厘米

百科小叢書

PKUL(館藏號缺)

附注:

題記:封面有作者題記:"適之先生教正,生邱祖銘敬贈,十五年十二月二十九日,時在英京。"

2853 中外條約彙編/于能模,黃月淡,鮑鼇人編.——上海:商務印書館,1933

[3],616頁;22.6厘米

萬有文庫第一集

PKUL(館藏號缺)

2854 中文圖書十部分類商榷/宋孔顯著.——出版地不詳:出版者不詳,出版年不詳

13頁;26.5厘米

PKUL(館藏號缺)

附注:

題記:封面有作者題記:"敬呈適之老師指正。"

2855 中西交通史料匯編/張星烺著.——北平:京城印書局,1930

6冊;22.4厘米

輔仁大學叢書

PKUL(館藏號缺)

附注：

  其他：本書分爲第 1—6 册，共 6 册。

2856 中西歷年表／卓宏謀編. ——北京：浣花書局，1917

  2，89 頁；24.4 厘米

  PKUL（館藏號缺）

  附注：

    印章：封面有胡適毛筆簽名"胡適"。

2857 中西社會經濟發展史論第一册世界厤史學説新論／余精一著. ——泰和：東西文化社，1944

  [6]，218 頁；20.6 厘米

  PKUL（館藏號缺）

  附注：

    題記：封面有作者題記："適師鈞正，學生余精一敬獻，一九四六，七，一三。"

    其他：本書全套 2 集，胡適藏書僅存第 1 集。

2858 中西詩歌合璧／李發全譯著. ——出版地不詳：出版者不詳，1929

  IV，76 頁；21.6 厘米

  PKUL（館藏號缺）

  附注：

    題記：題名頁有贈書者題記："此書是我伯父譯的，特呈適之師指正，學生振邦。"

2859 中學教學法原理／胡毅著. ——上海：商務印書館，1935

  [3]，207 頁；22.8 厘米

  大學叢書

  PKUL（館藏號缺）

2860 中學用器畫解説／黄元吉編纂. ——上海：商務印書館，1913

137 頁；21 厘米

PKUL（館藏號缺）

附注：

　　印章：封面有胡思聰簽名。

2861 **中央及各省市度量衡法規彙刊**/實業部全國度量衡局編.——南京：實業部全國度量衡局，1933

20，310 頁；26.3 厘米

PKUL（館藏號缺）

2862 **中央通訊社報告**/著者不詳.——出版地不詳：出版者不詳，1934

10 頁；27.4 厘米

PKUL（館藏號缺）

2863 **中央信託局儲蓄存款規則**/著者不詳.——出版地不詳：出版者不詳，出版年不詳

10 頁；19 厘米

PKUL（館藏號缺）

2864 **中央信託局購料規則**/著者不詳.——出版地不詳：出版者不詳，出版年不詳

2，2 頁；19.1 厘米

PKUL（館藏號缺）

2865 **中央銀行論**/崔曉岑著.——上海：商務印書館，1935

1 冊(2，25，12，258，199 頁)；22.7 厘米

大學叢書

PKUL（館藏號缺）

2866 **中原音韻研究**/趙蔭棠著.——上海：商務印書館，1936

10，298 頁；19.1 厘米

國學小叢書

PKUL(館藏號缺)

附注:

　　題記:封內有作者題記:"適之先生惠存,學生趙蔭棠敬贈。"

2867 中字擬議/張中川著.——出版地不詳:出版者不詳,出版年不詳

　　70頁;27.6厘米

　　PKUL(館藏號缺)

　　附注:

　　　　內附文件:目錄前有作者致胡適書信,裝訂書中。

2868 種族起源神話/鍾敬文著.——出版地不詳:出版者不詳,出版年不詳

　　19頁;20.4厘米

　　孤陋寡聞室小叢刊

　　PKUL(館藏號缺)

　　附注:

　　　　題記:封面有作者題記:"適之先生教正,敬文謹贈。"

2869 重工業建設之現在及將來/錢昌照著.——出版地不詳:出版者不詳,出版年不詳

　　16頁;18.3厘米

　　PKUL(館藏號缺)

　　附注:

　　　　題記:扉頁有作者題記:"大椿世兄,昌照。"

2870 州與嶽的演變/顧頡剛著.——北平:燕京大學歷史學會,出版年不詳

　　11—34頁;26.6厘米

　　史學年報第五期單行本

　　PKUL(館藏號缺)

　　附注:

　　　　題記:封面有作者題記:"適之先生正,學生顧頡剛。"

2871 周禮引得附注疏引書引得/哈佛燕京學社引得編纂處編.——北平:哈佛燕京學社,1940

  XXIV,174 頁;26.2 厘米

  PKUL(館藏號缺)

2872 周秦兩漢文學批評史/羅根澤編著.——重慶:商務印書館,1944

  [8],144 頁;20.2 厘米

  中央大學文學叢書

  PKUL(館藏號缺)

2873 周易尚書/著者不詳.——上海:商務印書館,1936

  64,88 頁;22.7 厘米

  四部叢刊初編縮本 001

  PKUL(館藏號缺)

  附注:

    批注圈劃:《周易》3 頁有胡適批注圈劃。

2874 周易筮辭的類別與其構成時代/李鏡池著.——出版地不詳:出版者不詳,出版年不詳

  66 頁;26.3 厘米

  嶺南學報第七卷第三期抽印本

  PKUL(館藏號缺)

  附注:

    題記:封面有作者題記:"胡適之先生校長指正,李鏡池敬贈。"

    其他:刊内題名爲"周易筮辭續考"。

2875 周易無哲學價值説/傅佩青著.——出版地不詳:出版者不詳,出版年不詳

  6 頁;25.6 厘米

  人生評論抽印本

  PKUL(館藏號缺)

2876 周易引得/引得編纂處編.——北平:哈佛燕京學社,1935

XXII,54,185 頁;26.2 厘米

PKUL(館藏號缺)

附注:

其他:本書有 2 冊。封內貼有"胡適的書"藏書票。

2877 周易哲學上卷/朱謙之著.——上海:學術研究會總會,1923

[8],109 頁;18.5 厘米

學術研究會叢書

PKUL(館藏號缺)

附注:

題記:封面有作者題記:"適之先生教。"

2878 周止庵先生別傳/周叔媜著.——出版地不詳:出版者不詳,出版年不詳

10,219 頁;20.5 厘米

PKUL(館藏號缺)

附注:

與胡適的關係:封面爲胡適題籤。

2879 朱文公文集/朱熹著.——上海:商務印書館,1936

10 冊(1960 頁);22.7 厘米

四部叢刊初編縮本 226—235

PKUL(館藏號缺)

附注:

批注圈劃:第 1 冊書內 28 頁有胡適批注圈劃;第 2 冊書內 32 頁有胡適批注圈劃;第 3 冊書內 20 頁有胡適批注圈劃。

夾紙:第 2 冊頁 220、221 間夾有紙條 1 張;第 3 冊頁 530、531 間夾有紙條 1 張。

2880 朱筠年譜/姚名達編.——上海:商務印書館,1933

1,162 頁;29 厘米

中國史學叢書

PKUL（館藏號缺）

附注：

題記：題名頁有作者題記："適之先生指正,名達敬上。"

與胡適的關係：書內有胡適題寫書名。

2881 **朱熹辨僞書語**/白壽彝輯點.——北平：北京書局,1933

[22],132 頁；18.6 厘米

辨僞叢書

PKUL（館藏號缺）

2882 **朱熹哲學**/馮友蘭著.——出版地不詳：出版者不詳,1932

24 頁；26.4 厘米

清華學報單行本

PKUL（館藏號缺）

2883 **朱執信集**/朱執信著；建設社編.——上海：建設社,1921

2 冊(4,2,7,696 頁)；25 厘米

PKUL（館藏號缺）

附注：

其他：本書分上、下 2 冊。

2884 **朱子學派**/謝無量著.——上海：中華書局,1918

2,262 頁；18.7 厘米

學生叢書

PKUL（館藏號缺）

附注：

題記：一冊封面有作者題記："敬贈適之我兄,無量。"

其他：本書有 2 冊。

2885 **朱子語録諸家彙輯紋目**/白壽彝著.——北平：國立北平研究院出版課,出版

年不詳

22 頁；26.6 厘米

PKUL（館藏號缺）

2886 朱子哲學下冊/李相顯著.──北平：世界科學社，1947

539—829 頁；20.3 厘米

世界科學社叢書

PKUL（館藏號缺）

附注：

其他：本書分上、下 2 冊，胡適藏書僅存下冊。

2887 洙泗考信錄評誤/張昌圻著.──上海：商務印書館，1931

[9]，115 頁；19 厘米

國學小叢書

PKUL（館藏號缺）

2888 諸蕃志校註/馮承鈞撰.──長沙：商務印書館，1940

[16]，151 頁；17.4 厘米

史地小叢書

PKUL（館藏號缺）

2889 諸子百家考/兒島獻吉郎著；陳清泉譯.──上海：商務印書館，1933

7，346 頁；18.6 厘米

國學小叢書

PKUL（館藏號缺）

2890 諸子辨/宋濂著；顧頡剛校點.──北平：樸社，1926

4，48 頁；19 厘米

PKUL（館藏號缺）

附注：

題記：書末有題記："方二次入德國醫院時購於北京景山書社，涵。十五年八月六日。"

  與胡適的關係：封面爲胡適題籤。

2891 **諸子論二集**/毛起著. ——出版地不詳：出版者不詳，1936

  2，220 頁；23.7 厘米

  PKUL（館藏號缺）

  附注：

    題記：封面有作者題記："適之先生教正，著者。"

2892 **竹質飛機外掛汽油箱**/余仲奎，羅錦華著. ——出版地不詳：出版者不詳，1946

  16 頁；25.6 厘米

  航空委員會航空研究院研究報告

  PKUL（館藏號缺）

2893 **竺道生與涅磐學**/湯用彤著. ——出版地不詳：出版者不詳，1932

  66 頁；25.8 厘米

  國立北京大學國學季刊三卷一號抽印本

  PKUL（館藏號缺）

  附注：

    題記：封面有作者題記："敬求教正，彤。"

2894 **注音漢字**/黎錦熙編著. ——上海：商務印書館，1936

  [3]，156 頁；19.1 厘米

  PKUL（館藏號缺）

2895 **柱礎**/梁思成，劉致平著. ——北平：故宮印刷所，1935

  8，25 頁；26.5 厘米

  建築設計參考圖集

  PKUL（館藏號缺）

2896 鑄鋼學/哈爾著；王懷琛譯. ——上海：商務印書館，1934

[15]，465 頁；22.7 厘米

大學叢書

PKUL（館藏號缺）

2897 轉變/竇存我，倪正和合編. ——出版地不詳：弘化社，大雄書店，出版年不詳

184 頁；18.1 厘米

PKUL（館藏號缺）

附注：

題記：封面有編者題記："適之先生教正，後學倪正和敬贈，36，11，6。"

2898 莊史案輯論/朱襄廷著. ——廣州：國立中山大學語言歷史研究所，1928

2，41 頁；21.2 厘米

國立中山大學語言歷史研究所史料叢刊

PKUL（館藏號缺）

附注：

其他：本書有 2 冊。

2899 莊子集解/王先謙集解；陳益標點. ——上海：掃葉山房，1927

2，[356] 頁；18.8 厘米

PKUL（館藏號缺）

附注：

題記：封內有鉛筆標注篇名頁碼，非胡適所作。

2900 莊子天下篇薈釋/單晏一著. ——西安：中華書局，1948

[4]，172 頁；18.4 厘米

PKUL（館藏號缺）

2901 莊子外雜篇探源/羅根澤著. ——北平：燕京大學哈佛燕京學社，1936

39—70 頁；26.5 厘米

燕京學報第十九期單行本

PKUL（館藏號缺）

附注：

題記：封面有作者題記："適之先生教正,後學羅根澤敬上。"

2902 **追悼振飛**/叔衡著.——出版地不詳：出版者不詳,出版年不詳

12 頁；21.6 厘米

PKUL（館藏號缺）

2903 **追尋**/鍾天心著.——上海：北新書局,1930

[9], 130 頁；18.6 厘米

PKUL（館藏號缺）

附注：

題記：題名頁有作者題記："適之先生惠讀,天心敬贈。"

2904 **準風月談**/魯迅著.——上海：魯迅全集出版社,1941

250 頁；18.2 厘米

PKUL（館藏號缺）

2905 **資本論解説**/考茨基著；戴季陶譯.——南京：民智書局,1929

[22], 308 頁；22.1 厘米

PKUL（館藏號缺）

附注：

印章：扉頁鈐有"思猷"朱文方印。

2906 **資本主義的浪費**/蔡斯著；黃澹哉譯.——上海：新生命書局,1930

[10], 294 頁；21.9 厘米

PKUL（館藏號缺）

2907 **資本主義批判**/山川均著；高希聖譯.——上海：勵群書店,1928

135 頁；15.5 厘米

PKUL（館藏號缺）

2908 資平自傳/張資平著.——上海：第一出版社，1934

139 頁；18.4 厘米

自傳叢書

PKUL（館藏號缺）

附注：

批注圈劃：書末有胡適鉛筆注明閱讀時間："廿三，十一，十四，平津車中。適之。"

2909 資源及產業/東北物資調節委員會研究組編.——瀋陽：東北物資調節委員會，1947

2 冊；19.2 厘米

東北經濟小叢書

PKUL（館藏號缺）

附注：

其他：本書分上、下 2 冊。

2910 資治通鑑下冊/司馬光著.——上海：世界書局，1935

1081—2105，4，2，101，11 頁；22.5 厘米

PKUL（館藏號缺）

附注：

批注圈劃：書内 5 頁有胡適批注圈劃。

其他：本書分上、下 2 冊，胡適藏書僅存下冊。

2911 子墨子學說/梁啓超著.——上海：中華書局，1936

72 頁；19.5 厘米

PKUL（館藏號缺）

2912 自然淘汰與中華民族性/潘光旦譯.——上海：新月書店，1929

[3]，140 頁；20.8 厘米

PKUL（館藏號缺）

2913 自然研究校外教授實施法/蔡松筠著. ——上海：商務印書館，1922

[17]，196 頁；22.8 厘米

PKUL（館藏號缺）

2914 自修適用日語漢譯讀本/葛祖蘭著. ——出版地不詳：出版者不詳，1928

1 冊（2, 10, 6, 186, 6, 5, 6, 177 頁）；22.1 厘米

PKUL（館藏號缺）

附注：

印章：封面鈐有"葛祖蘭字錫祺"朱文長方印。

題記：封面有作者題記："適之學長，祖蘭。"

批注圈劃：書內 8 頁有胡適朱筆批注圈劃。

2915 自治外蒙古/屈燨著. ——上海：商務印書館，1918

[4]，103 頁；22.4 厘米

PKUL（館藏號缺）

附注：

內附文件：書內夾有贈送《歷代方鎮年表說略》書信 1 頁。

2916 宗法考源/丁山著. ——出版地不詳：出版者不詳，1934

399—415 頁；26.7 厘米

國立中央研究院歷史語言研究所集刊第四本第四分抽印本

PKUL（館藏號缺）

附注：

題記：封面有作者題記："呈政適之先生，著者。"

2917 宗教·哲學·社會主義/恩格斯著；林超真譯. ——上海：亞東圖書館，1934

V，372 頁；19 厘米

PKUL（館藏號缺）

附注：

印章：扉頁鈐有"上海五馬路棋盤街西首，亞東圖書館"朱文長方印。

题记:扉頁有贈書者題記:"敬贈適之先生,廿三,三,廿九。"

2918 宗教通論/虛心講述. —— 漢口:偉倫印書館,出版年不詳
   1 冊;18.7 厘米
   良行叢書
   PKUL（館藏號缺）

2919 宗教與社會正義/艾迪著. —— 上海:青年協會書局,1931
   98 頁;18.4 厘米
   PKUL（館藏號缺）

2920 宗教與語言/中華年鑑社編. —— 南京:中華年鑑社,1948
   26 頁;22.1 厘米
   PKUL（館藏號缺）
   附注:
       印章:封面鈐有"行政院新聞局北平辦事處贈閱"朱文圓印。

2921 宗喀巴傳/金鵬著. —— 出版地不詳:出版者不詳,出版年不詳
   17 頁;27.3 厘米
   PKUL（館藏號缺）
   附注:
       題記:封面有胡適鉛筆題記:"稿本,《宗喀巴傳》。"
       內附文件:書內夾有作者致胡適書信 1 頁。

2922 宗徒大事錄/薛舜華譯. —— 天津:天津崇德堂,1941
   193 頁;12.9 厘米
   PKUL（館藏號缺）

2923 宗吾臆談/李宗吾著. —— 出版地不詳:出版者不詳,出版年不詳
   [10],174 頁;17.6 厘米
   PKUL（館藏號缺）

2924 總理誕辰紀念專刊/中國國民黨廣東省執行委員會編.——出版地不詳：中國國民黨廣東省執行委員會，1932

  4，96 頁；21.1 厘米

  PKUL（館藏號缺）

2925 總理年譜長編初稿/中央黨史史料編纂委員會編.——出版地不詳：中央黨史史料編纂委員會，1932

  2，444 頁；25.7 厘米

  PKUL（館藏號缺）

  附注：

   題記：封面有胡適題記："胡適，一九三二，十，十六。"

2926 鄒平的村學鄉學/蕭克木編校.——鄒平：鄉邨書店，1936

  4，328 頁；18.5 厘米

  PKUL（館藏號缺）

  附注：

   題記：封面有作者題記："適之先生惠存，後學蕭克木敬贈。"

2927 租稅轉嫁與歸宿/塞力格曼著；許炳漢譯.——上海：商務印書館，1933

  ［13］，413，32 頁；22.8 厘米

  大學叢書

  PKUL（館藏號缺）

2928 族國主義論集/Carlton J. Hayes 著；蔣廷黻編譯.——上海：新月書店，1930

  354 頁；18.7 厘米

  PKUL（館藏號缺）

  附注：

   與胡適的關係：封面有胡適題籤。

2929 祖廟與神主之起源/陳夢家著.——北平：燕京大學國文學會，1937

63—70 頁；26.4 厘米

文學年報第三期抽印本

PKUL（館藏號缺）

附注：

    題記：封面有作者題記："適之先生教正，夢家謹贈。"

2930 組織國際文化事業協會建議案/著者不詳.——出版地不詳：出版者不詳，出版年不詳

25 頁；18.1 厘米

PKUL（館藏號缺）

2931 最後五分鐘/A. A. Milne 著；趙元任編譯.——上海：中華書局，1930

144 頁；18.2 厘米

PKUL（館藏號缺）

附注：

    題記：封內有譯者題記："Songgei Shyhjy, Yuanren, Beeipyng. 1930. 5.15。"

2932 最近各國經濟之趨勢/黃醒初編.——上海：大中書局，1930

[7], 270 頁；18.6 厘米

PKUL（館藏號缺）

2933 最近歐洲之風雲/莫亮編譯.——上海：三光編譯社，1915

[8], 84 頁；18.9 厘米

國民叢書

PKUL（館藏號缺）

2934 最近日人研究中國學術之一斑/王古魯編著.——出版地不詳：出版者不詳，1936

[12], 310 頁；26.2 厘米

PKUL（館藏號缺）

附注：

　　印章:題名頁鈐有"古魯"朱文方印、"贈送本"朱文印、"敬求指正"藍文印。

　　題記:題名頁有作者題記:"適之先生,古魯,二五,三,二○。"

2935　最近三百年東北外患史/蔣廷黻著. ——出版地不詳:出版者不詳,1932

　　70頁;26.4厘米

　　清華學報單行本

　　PKUL（館藏號缺）

　　附注：

　　　　題記:封面有作者題記:"適之先生正,弟廷黻贈。"

2936　最近三十年中國軍事史/文公直著. ——上海:太平洋書店,1930

　　2冊;20.6厘米

　　PKUL（館藏號缺）

　　附注：

　　　　其他:本書分上、下2冊。

2937　最近三十五年之中國教育/莊俞,賀聖鼐編. ——上海:商務印書館,1931

　　1冊(3,274,277,62頁);27.3厘米

　　PKUL（館藏號缺）

2938　最近太平洋問題/劉馭萬編. ——出版地不詳:中國太平洋國際學會,1932

　　3,604頁;24.2厘米

　　PKUL（館藏號缺）

　　附注：

　　　　與胡適的關係:封面爲胡適題籤。

　　　　其他:本書有2冊。

2939　最近物理學概觀/鄭貞文編譯. ——上海:商務印書館,1922

　　[15],221,6頁;22.7厘米

PKUL（館藏號缺）

附注：

　　內附文件：頁 32、33 間夾有《章太炎先生在浙江中醫專門學校講演國醫之心得和觀察》手稿 1 份。

　　摺頁：頁 12、13、36 有摺頁。

2940 最近之國際政治經濟/李次民著. ——上海：龍門書局，出版年不詳

[10]，229 頁；21.8 厘米

PKUL（館藏號缺）

附注：

　　印章：扉頁鈐有"李次民"朱文方印。

　　題記：扉頁有作者題記："獻給適之老師，學生李次民，一九三七，二，二寄自廣東澄海。"

2941 最近之日本/陳懋烈編著. ——上海：中華書局，1929

[8]，162 頁；17.1 厘米

常識叢書

PKUL（館藏號缺）

2942 最新實用製革學/李仙舟著. ——上海：商務印書館，1935

[19]，350 頁；22.7 厘米

大學叢書

PKUL（館藏號缺）

2943 罪惡的黑手/臧克家著. ——上海：生活書店，1934

72 頁；16.9 厘米

創作文庫

PKUL（館藏號缺）

附注：

　　題記：扉頁有作者題記："適之先生指正，著者，十一，卅。"

2944 遵義新志/張其昀主編. ——杭州：國立浙江大學史地研究所，出版年不詳

4，162，18 頁；26 厘米

PKUL（館藏號缺）

附注：

題記：封面有作者題記："適之先生賜存，國立浙江大學史地研究所敬贈，卅七年十月。"

夾紙：書內夾有寄贈地址 1 張。

2945 左傳真偽考及其他/高本漢著；陸侃如譯. ——上海：商務印書館，1936

[3]，194 頁；22.9 厘米

PKUL（館藏號缺）

附注：

題記：一冊題名頁有譯者題記："孟真先生政，後學陸侃如"；另一冊題名頁有譯者題記："適之先生政，後學侃如。"

與胡適的關係：封面有胡適題籤。

其他：本書有 2 冊。

2946 左派王學/嵇文甫著. ——上海：開明書店，1934

[4]，124 頁；19.1 厘米

PKUL（館藏號缺）

附注：

題記：扉頁有作者題記："適之先生教正，學生嵇文甫敬贈"。

2947 左氏春秋考證/劉逢祿著；顧頡剛校點. ——北平：樸社，1933

[62]，132，40 頁；18.8 厘米

辨偽叢刊

PKUL（館藏號缺）

2948 作家的條件/汪靜之編. ——上海：商務印書館，1937

[7]，185 頁；19.1 厘米

PKUL（館藏號缺）

附注：

  題記：封內有作者題記："適之先生教正，學生汪靜之敬贈。"

  與胡適的關係：封面有胡適題籤。

（二）胡適紀念館館藏目錄

0001 哀臺灣箋釋／臺灣銀行經濟研究室編．——臺北：臺灣銀行，1961

  2, 80 頁；19 厘米

  臺灣文獻叢刊第一百種

  HSMH（HS-N09F2-044）

  附注：

    印章：鈐有"胡適的書"朱文方印。

0002 愛的感召／王平陵著．——香港：亞洲出版社，1959

  3, 102 頁：像；19 厘米

  HSMH（HS-N15F1-014）

  附注：

    印章：鈐有"胡適的書"朱文方印。

    題記：扉頁有作者手寫題贈："適之先生賜正 王平陵敬贈 二，廿六。"

    其他：初版。

0003 愛情與麵包／史特林堡等著；胡適等譯．——臺北：啓明書局，1956

  1, 104 頁；19 厘米

  世界短篇小説名著

  HSMH（HS-N15F2-033）

  附注：

    印章：鈐有"胡適的書"朱文方印。

    其他：初版。

0004 愛因斯坦與相對論/任鴻雋譯著.——上海:科學技術出版社,1958

[3],68頁:圖;20厘米

科學史料譯叢之三

HSMH(HS-N08F2-035)

附註:

印章:鈐有"胡適的書"朱文方印。

題記:書名頁有程綏楚藍筆手寫題贈:"適之校長 恭祝華誕","二十四年前您介紹我認識叔永先生伉儷的,現在正好是民國四十八年。綏楚寄自九龍 四十八,二,廿二"。

其他:第1版。

0005 安南志略/黎崱著.——出版地不詳:Vieen ai-hoc Huee, Ûy ban Phieen-dich Sû-lieû Vieet-Nam, 1961

[18],307,183頁;28厘米

HSMH(HS-N18F1-024)

附註:

印章:鈐有"胡適的書"朱文方印。

0006 八年抗戰經過概要/陳誠著.——南京:國防部,1946

[4],82頁:彩色摺圖,表;26厘米

HSMH(HS-N07F3-043)

附註:

印章:鈐有"胡適的書"朱文方印。

0007 八年來僑生回國升學概況/著者不詳.——出版地不詳:出版者不詳,出版年不詳

14頁;19厘米

HSMH(HS-N18F3-043)

附註:

批注圈劃:館藏一冊全文有胡適的綠筆注記與劃綫。

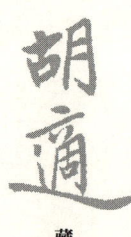

0008 巴西聯邦憲法修正案/胡述兆譯. ——出版地不詳：出版者不詳，出版年不詳

8 頁；21 厘米

HSMH（HS-N17F5-012）

0009 拔荔士夫人集/莫泊桑著；啓明書局編譯所編譯. ——臺北：啓明書局，1958

［3］，148 頁：圖；19 厘米

莫泊桑全集之六

HSMH（HS-N15F2-043）

附注：

印章：鈐有"胡適的書"朱文方印。

其他：初版。

0010 白話唱詞兒皇夢/黎明著. ——臺北："大中國圖書有限公司"，1958

［9］，79 頁；19 厘米

HSMH（HS-N15F2-025）

附注：

印章：館藏二冊均鈐有"胡適的書"朱文方印，其中一冊鈐有"黎明之印"朱文方印。

題記：館藏一冊封面後有作者的毛筆題贈："適之先生指正　後學黎明敬贈。"

夾紙：館藏一冊夾信封殘片 1 張。

其他：2 版。

0011 白話句解千字文/著者不詳. ——出版地不詳：新大來書局，出版年不詳

26 頁；19 厘米

HSMH（HS-N17F5-007）

附注：

印章：鈐有"胡適的書"朱文方印。

0012 白話論語讀本/張兆瑢，沈元起編譯. ——上海：廣益書局，1948

1 冊；18 厘米

HSMH（HS-N17F4-002）

附注：

　　其他：新3版。

0013　白話文學史上卷/胡適著.——上海：新月書店，1933

　　［32］，478頁；21厘米

　　HSMH（HS-DS-020）

　　附注：

　　　　印章：鈐有"胡適的書"朱文方印。

　　　　批注圈劃：《故事詩的起來》頁83有胡適的黑筆長篇注記。

　　　　夾紙：夾有本書出版版本細目之紙卡1張。

　　　　其他：6版。

0014　白話文學史上卷/胡適著.——臺北：啓明書局，1957

　　［31］，478頁；19厘米

　　文化叢書

　　HSMH（HS-N06F4-027）

　　附注：

　　　　印章：鈐有"胡適的書"朱文方印。

　　　　其他：初版。

0015　白話文學史上卷/胡適著.——上海：商務印書館，出版年不詳

　　［36］，407頁；19厘米

　　HSMH（HS-N06F4-028）

　　附注：

　　　　印章：鈐有"胡適的書"朱文方印。

　　　　批注圈劃：有胡適的黑、紅筆校改與劃記。

0016　白話註解千字文/著者不詳.——臺北：力行書局，1958

　　24頁；19厘米

　　HSMH（HS-N07F3-028）

附注：

印章：鈐有"胡適的書"朱文方印。

批注圈劃：偶有胡適的紅筆校改。

其他：再版。

0017　白蓮集十卷/釋齊己撰. ——上海：商務印書館，1936

1 冊；23 厘米

四部叢刊初編縮本集部 172

HSMH（HS-N11F4-030）

附注：

印章：鈐有"胡適的書"朱文方印。

批注圈劃：(1)《白蓮集》序、卷 10 有胡適的朱筆注記。(2)《禪月集》多卷有胡適的朱、黑筆注記與圈劃。(3)《浣花集》序有胡適的鉛筆注記。

夾紙：《禪月集》有夾紙 1 張。

其他：(1)初版。(2)扉頁印有"HONG KONG"字樣。(3)牌記記載"上海商務印書館縮印影明精鈔本"。(4)與《禪月集》、《浣花集》、《廣成集》合刊。

0018　白沙先生遺蹟/陳應燿編纂注釋. ——香港：陳氏耕讀堂，1959

1 冊：像，書影；27 厘米

HSMH（HS-N18F2-007）

附注：

印章：鈐有"胡適的書"朱文方印、"玉泉□□"白文方印。

題記：扉頁有毛筆題贈："適之先生惠存 陳玉泉敬贈。"

批注圈劃：頁 46 有胡適的紅筆圈點。

內附文件：夾有陳玉泉致胡適贈書信函 1 封，參見館藏號：HS-NK05-091-014。

其他：(1)增訂再版。(2)封面題名"白沙先生遺迹"。

0019　白氏長慶集七十一卷/白居易撰. ——上海：商務印書館，1936

2 冊；23 厘米

四部叢刊初編縮本集部 163，164

HSMH（HS-N11F4-022）

附注：

　　印章：鈐有"胡適的書"朱文方印。

　　批注圈劃：(1)第 1 冊目錄，卷 3，4，12，13，15—20，23—26 有胡適的紅、藍、黑、鉛筆注記與圈劃。(2)第 2 冊卷 57—61，64，65，67，69—71 有胡適的紅、藍、黑筆注記與圈劃。

　　夾紙：二冊均有夾紙數張。

　　其他：(1)初版。(2)扉頁印有"HONG KONG"字樣。(3)第 1 冊牌記記載"上海商務印書館縮印江南圖書館藏日本活字本"。

0020　白氏長慶集/白居易著.——臺北：藝文印書館，1957

　　1 冊：像；15 厘米

　　藝文叢書

　　HSMH（HS-N07F2-059）

　　附注：

　　　印章：鈐有"胡適的書"朱文方印。

　　　其他：(1)初版。(2)據宋刻本影印。

0021　白石道人詩集二卷/姜夔撰.——上海：商務印書館，1936

　　67 頁；23 厘米

　　四部叢刊初編縮本集部 272

　　HSMH（HS-N11F5-013）

　　附注：

　　　印章：鈐有"胡適的書"朱文方印。

　　　批注圈劃：卷下、詩說、歌曲卷 4 有胡適的綠、鉛筆劃記。

　　　其他：(1)初版。(2)扉頁印有"HONG KONG"字樣。(3)牌記記載"上海商務印書館縮印江都陸氏校刻本"。

0022　白屋說詩/劉大白著.——臺北：啓明書局，1957

　　[5]，82 頁；19 厘米

577

新文藝叢書劉大白詩話三集

HSMH（HS-N17F6-015）

附注：

　　印章：鈐有"胡適的書"朱文方印。

　　其他：初版。

0023　白屋説詩/劉大白著.——北京：作家出版社，1958

　　[5]，226 頁；19 厘米

　　HSMH（HS-N17F6-016）

　　附注：

　　　　印章：鈐有"胡適的書"朱文方印。

　　　　其他：北京第 1 版。

0024　白屋詩話/劉大白著.——臺北：啓明書局，1957

　　[6]，100 頁；19 厘米

　　新文藝文庫劉大白詩話一集

　　HSMH（HS-N17F6-013）

　　附注：

　　　　印章：館藏一冊鈐有"胡適的書"朱文方印。

　　　　其他：再版。

0025　寶應劉楚楨先生年譜/劉文興編.——出版地不詳：出版者不詳，出版年不詳

　　90 頁：圖；25 厘米

　　HSMH（HS-N18F5-011）

　　附注：

　　　　其他：封面有作者及書名的手寫英文題名"LIU WEN-HSING Chronological Biography of Liu Ch'u-chen"。

0026　寶藏論及其他一種/釋僧肇著.——出版地不詳：商務印書館，1939

　　2 冊；18 厘米

　　叢書集成初編

HSMH（HS-N10F5-071）

附注：

 印章：鈐有"胡適的書"朱文方印。

 其他：(1)初版。(2)據版權頁題名。

0027 鮑參軍詩註／黃節註.——臺北：藝文印書館，出版年不詳

 286 頁；19 厘米

 HSMH（HS-N10F4-035）

 附注：

  印章：鈐有"胡適的書"朱文方印。

0028 抱經堂文集三十四卷／盧文弨撰.——上海：商務印書館，1936

 2 冊；23 厘米

 四部叢刊初編縮本集部 384，385

 HSMH（HS-N11F6-021）

 附注：

  印章：鈐有"胡適的書"朱文方印。

  批注圈劃：(1)第 1 冊《墓誌銘》，卷 2，3，5—14 有胡適的朱、紅、綠、黑筆注記、校改與圈劃。(2)第 2 冊卷 18、27、30、33 有胡適的朱、紅、黑、藍筆注記、校改與圈劃。

  夾紙：第 1 冊有夾紙數張。

  其他：(1)初版。(2)扉頁印有"HONG KONG"字樣。(3)第 1 冊牌記記載"上海商務印書館縮印閩縣李氏觀槿齋藏嘉慶本"。

0029 抱朴子內篇二十卷外篇五十卷／葛洪撰.——上海：商務印書館，1936

 2 冊：圖；23 厘米

 四部叢刊初編縮本子部 124，125

 HSMH（HS-N11F3-053）

 附注：

  印章：鈐有"胡適的書"朱文方印。

  批注圈劃：第 2 冊外篇卷 48、50 有胡適的紅、藍筆注記、校改與圈點。

夾紙：第 1 冊有夾紙 2 張。

其他：(1) 初版。(2) 扉頁印有 "HONG KONG" 字樣。(3) 第 1 冊牌記記載 "上海商務印書館縮印江南圖書館藏明魯藩刊本"。

0030 鮑氏集十卷／鮑照撰. ——上海：商務印書館，1936

1 冊；23 厘米

四部叢刊初編縮本集部 134

HSMH（HS-N11F3-058）

附注：

印章：鈐有 "胡適的書" 朱文方印。

批注圈劃：(1)《鮑氏集》卷 2 有胡適的紅筆劃記。(2)《梁昭明太子文集序》有胡適的紅筆劃記。

其他：(1) 初版。(2) 扉頁印有 "HONG KONG" 字樣。(3) 牌記記載 "上海商務印書館縮印毛斧季氏校宋本"。(4) 與《謝宣城詩集》五卷、《梁昭明太子文集》五卷、《梁江文通文集》十卷合刊。

0031 抱拙齋集／(清) 顧雲臣著. ——臺北：佩文書社，1961

1 冊；19 厘米

HSMH（HS-N07F2-008）

附注：

印章：扉頁鈐有 "顧翊羣印" 朱文方印，並蓋有 "敬贈" 字樣。

其他：(1) 牌記記載 "甲寅孟冬射陽顧氏刊"。(2) 本書係於 1961 年 10 月 11 日顧翊羣所贈，相關記載參見館藏號：HS-NK01-307-030。

0032 北國的春天／秋貞理著. ——香港：友聯出版社，1959

[5]，150 頁；18 厘米

HSMH（HS-N15F1-005）

附注：

印章：館藏二冊鈐有 "胡適的書" 朱文方印。

批注圈劃：館藏一冊內封面有胡適的紅筆注記 "即胡永祥"，頁 139 有胡適的紅筆劃綫。

其他:初版。

0033 北京大學國文選/北京大學中國語文學系編.——北平:國立北京大學出版部,1948

[2],108頁;24厘米

HSMH(HS-N06F3-016)

附注:

與胡適的關係:收錄胡適《我們對於西洋近代文明的態度》一文。

0034 北京大學圖書館善本書錄/北京大學圖書館編.——北京:北京大學,出版年不詳

[1],148,[39]頁:表;22厘米

HSMH(HS-N02F5-019)

附注:

題記:封面有胡適朱筆注記:"附《水經注版本展覽目錄》","一九五一年二月十三日杜聯喆女士為我購得此冊 胡適之記"。

批注圈劃:偶有胡適的紅、朱筆注記與校改。

與胡適的關係:(1)封面題名係胡適毛筆所題簽"北京大學五十周年紀念 北京大學圖書館善本書錄"。(2)附錄胡適《水經注版本展覽目錄(北京大學五十周年紀念)》一文。

其他:排印本。

0035 北京大學五十周年紀念特刊/國立北京大學編.——北平:國立北京大學,1948

1冊:圖,表;22厘米

HSMH(HS-N07F2-039)

附注:

印章:封底有"中央研究院"歷史語言研究所圖書室印戳。

批注圈劃:有胡適的紅、黑筆校改與批注。

與胡適的關係:(1)封面書名為胡適所題簽。(2)收錄胡適《北京大學五十週年》一文。

其他:本書原係"中央研究院"歷史語言研究所圖書室藏書。

0036 北平學生反共抗暴運動紀實/唐柱國著.——臺北:雙十字出版社,1959

[10],330 頁;21 厘米

HSMH(HS-N07F2-036)

附注:

印章:鈐有"胡適的書"朱文方印。

批注圈劃:館藏一冊偶有紅筆劃綫。

夾紙:館藏一冊有夾紙數張。

其他:初版。

0037 北平學生反共抗暴運動紀實/唐柱國著.——臺北:雙十字出版社,1959

[10],330 頁;21 厘米

HSMH(HS-N07F2-035)

附注:

印章:鈐有"胡適的書"朱文方印。

題記:書名頁有作者手寫題贈:"適之先生賜正 學生唐柱國敬贈 通訊處:香港九龍麼地道 25 號五樓。"

夾紙:夾有信封殘片 1 張。

其他:4 版。

0038 北齊書五十卷/李百藥撰.——臺北:藝文印書館,出版年不詳

321 頁;26 厘米

HSMH(HS-N09F4-006)

附注:

印章:鈐有"胡適的書"朱文方印。

其他:據清乾隆武英殿刊本影印。

0039 北齊寫本春秋左傳集解/杜預,范寧同撰.——臺北:藝文印書館,出版年不詳

1 冊;19 厘米

HSMH（HS-N10F2-009）

附注：

印章：鈐有"胡適的書"朱文方印。

其他：(1)影印本。(2)與《唐寫本春秋穀梁傳集解》合刊。

0040 北史一百卷/李延壽撰. ——臺北：藝文印書館，出版年不詳

3 冊；26 厘米

HSMH（HS-N09F4-009）

附注：

印章：鈐有"胡適的書"朱文方印。

批注圈劃：第 1 冊卷 2、4、19 有胡適的紅、綠筆注記與圈點。

夾紙：第 1 冊有夾紙 1 張。

其他：據清乾隆武英殿刊本影印。

0041 本語及其他四種/高拱撰. ——上海：商務印書館，1936

1 冊；18 厘米

叢書集成初編

HSMH（HS-N10F5-039）

附注：

印章：鈐有"胡適的書"朱文方印。

其他：(1)初版。(2)據版權頁題名。

0042 筆記小說大觀一百五十一種/歷代名家撰. ——臺北：新興書局，1960

25 冊；25 厘米

四部集要子部

HSMH（HS-N11F1-001）

附注：

印章：鈐有"胡適的書"朱文方印。

其他：(1)初版。(2)據稻江市隱廬蔡毓齊氏家藏原本影印。

0043 敝帚軒剩語/沈德符著. ——出版地不詳：商務印書館，1939

5，77 頁；18 厘米

叢書集成初編

HSMH（HS-N10F4-019）

附注：

　　印章:鈐有"胡適的書"朱文方印。

　　批注圈劃:卷上有胡適的黑筆劃綫。

　　其他:(1)初版。(2)據學海類編本排印。

0044 避暑錄話／葉夢得撰.——出版地不詳：商務印書館，1939

2 冊；18 厘米

叢書集成初編

HSMH（HS-N10F4-012）

附注：

　　印章:鈐有"胡適的書"朱文方印。

　　批注圈劃:二冊均有胡適的黑、藍、鉛筆劃綫與注記。

　　夾紙:第 1 冊有夾紙數張。

　　其他:(1)初版。(2)據津逮秘書本排印。

0045 標準中國語／北浦藤郎等著.——東京：書籍文物流通會，1960

156 頁：表；18 厘米

HSMH（HS-N18F1-027）

附注：

　　印章:鈐有"胡適的書"朱文方印。

0046 般若波羅蜜多心經詮注／周止菴著.——出版地不詳：江山姜氏永思堂，1960

[18]，246，4 頁；26 厘米

HSMH（HS-N15F1-023）

附注：

　　印章:鈐有"胡適的書"朱文方印。

　　其他:影印本。

0047 柏拉圖對話錄/李石曾主編．——臺北：啓明書局，1961

    1 冊：圖；19 厘米

    世界文學大系外國之部 7

    HSMH（HS-N11F1-016）

    附注：

        印章:鈐有"胡適的書"朱文方印。

        其他:(1)再版。(2)精裝。

0048 補上古考信錄/崔述著．——上海：商務印書館，1937

    42 頁；18 厘米

    叢書集成初編

    HSMH（HS-N10F5-009）

    附注：

        印章:鈐有"胡適的書"朱文方印。

        其他:(1)初版。(2)據畿輔叢書本排印。

0049 才調集十卷/韋縠編．——上海：商務印書館，1936

    125 頁；23 厘米

    四部叢刊初編縮本集部 406

    HSMH（HS-N11F6-032）

    附注：

        印章:鈐有"胡適的書"朱文方印。

        批注圈劃:卷 7、8 有胡適的鉛筆校改與注記。

        其他:(1)初版。(2)扉頁印有"HONG KONG"字樣。(3)牌記記載"上海商務印書館縮印德化李氏藏述古堂影宋本"。

0050 蔡元培教育學說/孫德中編．——臺北：復興書局，1956

    2，54 頁；19 厘米

    "國民學校叢書"

    HSMH（HS-N06F2-033）

    附注：

題記：館藏一冊封面有編者的手寫題贈："適之校長賜教 學生孫德中敬贈。"

其他：初版。

0051 蔡元培先生遺文類鈔／孫德中編．——臺北：復興書局，1961

[41]，610 頁：像；21 厘米

HSMH（HS-N07F5-001）

附注：

印章：鈐有"胡適的書"朱文方印。

題記：精裝本扉頁有編者手寫題贈："適之先生教正 學生孫中敬贈。"

批注圈劃：平裝本偶有胡適的紅筆注記與劃綫。

夾紙：平裝本頁 196 夾有胡適紅筆筆記 1 張。

與胡適的關係：封面書名係由胡適所題簽。

其他：(1)初版。(2)館藏平裝、精裝各 1 冊。

0052 蔡元培先生著德育講義／孫德中輯錄．——臺北：臺灣大學中文系，1961

[4]，52，20 頁；21 厘米

HSMH（HS-N07F5-007）

附注：

批注圈劃：館藏一冊偶有紅筆劃綫。

其他：校印本。

0053 蔡中郎文集十卷外傳一卷／蔡邕撰．——上海：商務印書館，1936

1 冊；23 厘米

四部叢刊初編縮本集部 132

HSMH（HS-N11F3-056）

附注：

印章：鈐有"胡適的書"朱文方印。

批注圈劃：(1)《曹子建集》卷 10 有胡適的藍筆圈點。(2)《嵇中散集》卷 1 有胡適的朱筆圈點。

其他：(1)初版。(2)扉頁印有"HONG KONG"字樣。(3)牌記記載"上海商務印書館縮印華氏活字本"。(4)與《曹子建集》十卷、《嵇中散集》十卷合刊。

0054 藏暉室劄記十七卷/胡適著.——上海：亞東圖書館，1939

　　4 冊：圖；18 厘米

　　HSMH（HS-N21F5-001）

　　附注：

　　　印章：第 1 冊自序、卷 1，第 2 冊卷 5 鈐有"國立中央研究院歷史語言研究所圖書之記"朱文方印；第 3 冊扉頁、卷 9，第 4 冊卷 13 鈐有"胡適的書"朱文方印。

　　　其他：原 4 冊，館方重新裝訂爲 6 冊。

0055 藏書/李贄著.——北京：中華書局，1959

　　2 冊；21 厘米

　　HSMH（HS-N17F4-006）

　　附注：

　　　印章：鈐有"胡適的書"朱文方印。

　　　其他：(1)第 1 版。(2)精裝。

0056 草字彙/石梁編.——臺北：藝文印書館，1956

　　2 冊：圖；19 厘米

　　HSMH（HS-N07F3-009）

　　附注：

　　　印章：鈐有"胡適的書"朱文方印。

　　　夾紙：下冊有夾紙 1 張。

　　　其他：初版。

0057 曹子建詩註/黃節註.——臺北：藝文印書館，出版年不詳

　　194 頁；19 厘米

　　HSMH（HS-N10F4-032）

　　附注：

印章：鈐有"胡適的書"朱文方印。

0058 茶餘客話二十二卷/阮葵生著.——北京：中華書局，1959

2 冊；19 厘米

明清筆記叢刊

HSMH（HS-N06F4-038）

附注：

印章：鈐有"胡適的書"朱文方印。

其他：第 1 版。

0059 長篇小說（一）/李石曾主編.——臺北：啓明書局，1960

3 冊：圖；19 厘米

世界文學大系外國之部 9

HSMH（HS-N11F1-018）

附注：

印章：鈐有"胡適的書"朱文方印。

其他：(1)初版。(2)精裝。

0060 長篇小說（三）/李石曾主編.——臺北：啓明書局，1960

1 冊；19 厘米

世界文學大系外國之部 11

HSMH（HS-N11F1-019）

附注：

印章：鈐有"胡適的書"朱文方印。

其他：(1)初版。(2)精裝。

0061 長篇小說（四）/李石曾主編.——臺北：啓明書局，1960

1 冊：圖；19 厘米

世界文學大系外國之部 12

HSMH（HS-N11F1-020）

附注：

印章:鈐有"胡適的書"朱文方印。

其他:(1)初版。(2)精裝。

0062 長征記/斯文赫定著;李述禮譯. ——出版地不詳:西北科學考察團,1931

[14],296 頁,圖版;26 厘米

西北科學考察團叢刊之一

HSMH(HS-N07F6-004)

附注:

印章:鈐有"胡適的書"朱文方印。

0063 嘗試集/胡適著. ——上海:亞東圖書館,1920

1 冊;19 厘米

HSMH(HS-DS-019)

附注:

印章:鈐有"中央研究院歷史語言研究所圖書之記"朱文方印。

批注圈劃:自序偶有胡適的紅筆校改。

其他:(1)再版。(2)封面題名"胡適的嘗試集"。(3)附錄《去國集》。

0064 嘗試集/胡適著. ——上海:亞東圖書館,1929

[18],194 頁;19 厘米

HSMH(HS-N06F2-034)

附注:

印章:鈐有"中央研究院歷史語言研究所圖書之記"朱文方印。

夾紙:有夾紙 3 張。

其他:(1)11 版。(2)封面題名"胡適的嘗試集附去國集"。

0065 嘗試集/胡適著. ——上海:亞東圖書館,1929

[18],194 頁;19 厘米

HSMH(HS-N06F3-008)

附注:

批注圈劃:(1)封面有胡適的朱筆注記:"某甲是沈從文","王際真兄説此冊上的評語是胡也頻的"；封面另有他人黑筆字迹："某甲□也□□。"(2)全書有黑筆眉批，推測爲胡也頻的字迹。

其他：(1)11 版。(2)封面題名"胡適的嘗試集"。

0066 嘗試集／胡適著．——上海：亞東圖書館，1933

[18]，194 頁；19 厘米

HSMH（HS-N06F2-035）

附註：

題記：(1)封面有胡適的紅筆注記："第十四版僅存的一冊 今天寄到 沒有一個條，也沒有發票。胡適 卅九，十二，十二。"字迹褪色，甚爲模糊。(2)封面有胡適的黑筆注記："過了兩天，我收到一封短信。"

批注圈劃：有胡適的紅、黑、綠、鉛筆注記、校改與圈劃。

夾紙：有夾紙數張。

內附文件：書末粘貼 1950 年 11 月 6 月上海亞東圖書館致胡適函 1 封，有塗抹痕迹，已轉製成影像檔，參見館藏號：HS-NK05-142-001。

其他：(1)14 版。(2)封面題名"胡適的嘗試集附去國集"。

0067 唱經堂才子書／金聖嘆等著．——臺北：啓明書局，1961

1 冊：圖；19 厘米

世界文學大系中國之部 10

HSMH（HS-N11F1-010）

附註：

印章：鈐有"胡適的書"朱文方印。

夾紙：《豆棚閒話》序前夾有紅筆筆記便箋 1 張。

與胡適的關係：《豆棚閒話》收錄胡適於 1961 年 2 月 4 日所寫的序文。

其他：(1)初版。(2)精裝。(3)與《西青散記》、《豆棚閒話》、《遊仙窟》合刊。

0068 朝野新聲太平樂府九卷／楊朝英輯．——上海：商務印書館，1936

89 頁；23 厘米

四部叢刊初編縮本集部 440

HSMH（HS-N11F6-046）

附注：

 印章：鈐有"胡適的書"朱文方印。

 其他：(1)初版。(2)扉頁印有"HONG KONG"字樣。(3)牌記記載"上海商務印書館縮印烏程蔣氏密韵樓藏元刊本"。

0069 朝野新聲太平樂府九卷/楊朝英選；隋樹森校訂.——北京：中華書局，1958

28，371，5頁；19厘米

HSMH（HS-N06F6-003）

附注：

 印章：鈐有"胡適的書"朱文方印。

 其他：第1版。

0070 陳伯玉文集十卷附錄一卷/陳子昂撰.——上海：商務印書館，1936

100頁；23厘米

四部叢刊初編縮本集部138

HSMH（HS-N11F4-003）

附注：

 印章：鈐有"胡適的書"朱文方印。

 其他：(1)初版。(2)扉頁印有"HONG KONG"字樣。(3)牌記記載"上海商務印書館縮印秀水王氏藏明弘治本"。

0071 陳獨秀最後對于民主政治的見解：論文和書信/陳獨秀著.——香港：自由中國社，1949

2，54頁；19厘米

自由中國社叢書2

HSMH（HS-N06F2-027）

附注：

 批注圈劃：有胡適的黑、紅筆注記、校改與圈劃。

 其他：(1)初版。(2)封面題名"陳獨秀的最後見解（論文和書信）"。

0072 陳迦陵文集/陳維崧撰. ——上海：商務印書館，1936

3 冊；23 厘米

四部叢刊初編縮本集部 360—362

HSMH（HS-N11F6-011）

附注：

印章：鈐有"胡適的書"朱文方印。

其他：(1)初版。(2)扉頁印有"HONG KONG"字樣。(3)第 1 冊牌記記載"上海商務印書館縮印患立堂刊本"。(4)第 1 冊書名頁題名"陳迦陵詩文詞全集"。

0073 陳清端公文選/陳璸撰. ——臺北：臺灣銀行，1961

[14]，54 頁；19 厘米

臺灣文獻叢刊第一一六種

HSMH（HS-N09F1-014）

附注：

印章：鈐有"胡適的書"朱文方印。

0074 陳書三十六卷/姚思廉撰. ——臺北：藝文印書館，出版年不詳

239 頁；26 厘米

HSMH（HS-N09F4-004）

附注：

印章：鈐有"胡適的書"朱文方印。

批注圈劃：卷 27 頁 169、170 有胡適的黑筆注記與圈點。

夾紙：頁 169 有夾紙 1 張，有胡適手寫年代注記。

其他：據清乾隆武英殿刊本影印。

0075 陳院長施政報告/著者不詳. ——臺北："行政院"新聞局，1958

11，13 頁；21 厘米

HSMH（HS-N18F3-050）

0076 陳院長施政報告/著者不詳. ——臺北："行政院"新聞局，1959

18，25 頁；21 厘米

HSMH（HS-N18F3-051）

0077 成立七年來統計提要/"光復大陸設計研究委員會"編.——出版地不詳："光復大陸設計研究委員會"，1961

[4]，130 頁：表；15 厘米

HSMH（HS-N21F1-040）

0078 成立四年來統計提要/"光復大陸設計研究委員會"編.——出版地不詳："光復大陸設計研究委員會"，1958

[2]，45 頁：表；21 厘米

HSMH（HS-N21F1-038）

0079 成立五年來統計提要/"光復大陸設計研究委員會"編.——出版地不詳："光復大陸設計研究委員會"，1959

[3]，52 頁：表；21 厘米

HSMH（HS-N21F1-039）

0080 程氏家塾讀書分年日程三卷綱領一卷/程端禮編.——上海：商務印書館，1936

1 冊；18 厘米

叢書集成初編

HSMH（HS-N10F5-003）

附注：

印章：鈐有"胡適的書"朱文方印。

其他：(1)初版。(2)據正誼堂全書本排印。

0081 程乙本紅樓夢/曹雪芹著；胡適考證.——臺北：啟明書局，1961

2 冊；19 厘米

世界文學大系中國之部

HSMH（HS-N05F4-025）

附注：

印章：鈐有"胡適的書"朱文方印。

批注圈劃：(1)上冊第 16 回偶有胡適的紅筆校改，文末有胡適紅筆注記："此下甲戌本、庚辰本、戚本都有 152 字，高本無。適之。"(2)上冊第 22 回多處有胡適的紅筆校改與批注。(3)下冊扉頁有胡適紅筆注記："校過的本子。"(4)下冊第 67 回有胡適紅筆注記："此回庚辰本缺。用戚本校過。"多處有紅筆校改與注記。(5)下冊第 74、75 回有胡適的紅筆劃綫與注記。

夾紙：(1)上冊有夾紙數張：藍筆手寫記事便條 1 張（非胡適筆迹）、藍筆手寫某年九月份生活支出表 1 張（應爲胡江冬秀所有）、時馥留給姑媽的手寫便條（姑媽疑是胡江冬秀）、1969 年 10 月 28 日藥房收據 1 張、1971 年 7 月電費單 1 張、敬告電話用户通知書、蓬萊白米收據 1 張等。(2)下冊有夾紙數張：銀河電業有限公司廣告信 1 張、胡江冬秀給傭人的手寫便條紙 1 張。

與胡適的關係：收錄胡適《重印乾隆壬子(一七九二)本紅樓夢序》、《紅樓夢考證(改定稿)》、《跋"紅樓夢考證"(一)》、《跋"紅樓夢考證"(二)(答蔡子民先生的商榷)》等文。

其他：(1)初版。(2)精裝。

0082 誠意伯文集二十卷/劉基撰. ——上海：商務印書館，1936

2 冊：圖；23 厘米

四部叢刊初編縮本集部 317,318

HSMH（HS-N11F5-038）

附注：

印章：鈐有"胡適的書"朱文方印。

批注圈劃：第 1 冊目錄，卷 1、5、6 有胡適的紅筆注記、校改與圈劃。

夾紙：第 1 冊有夾紙 2 張。

其他：(1)初版。(2)扉頁印有"HONG KONG"字樣。(3)第 1 冊牌記記載"上海商務印書館縮印烏程許氏藏明本"。

0083 誠齋集一百三十三卷/楊萬里撰. ——上海：商務印書館，1936

6 冊；23 厘米

四部叢刊初編縮本集部 252—257

HSMH（HS-N11F5-007）

附注：

印章：鈐有"胡適的書"朱文方印。

批注圈劃：(1)第 1 冊卷 11 有胡適的紅筆校改與圈劃。(2)第 2 冊卷 30 有胡適的藍筆注記。(3)第 4 冊卷 80—83 有胡適的黑筆圈劃。(4)第 5 冊卷 97、102、114 有胡適的黑、紅筆注記與圈劃。(5)第 6 冊卷 118,120, 121,123—125 有胡適的黑筆注記與圈劃。

夾紙：第 5 冊有夾紙 1 張。

其他：(1)初版。(2)扉頁印有"HONG KONG"字樣。(3)第 1 冊牌記記載"上海商務印書館縮印日本鈔宋本"。

0084 斥個人自由主義謬論/馬鋆編.——臺北："國防部總政治部"，1957

2，144 頁；19 厘米

HSMH（HS-N08F2-016）

附注：

印章：鈐有"胡適的書"朱文方印。

題記：封面有胡適的藍筆英文注記："Kindly return to Hu Shih 104 E. 81 st. New York 28，N. Y.。"

批注圈劃：偶有胡適的藍筆劃綫。

0085 斥賣國主義者/馬鋆編輯.——臺北：帕米爾書店，1958

[4]，84 頁；19 厘米

HSMH（HS-N21F2-017）

附注：

批注圈劃：(1)目錄有紅筆劃綫。(2)任卓宣《個人主義與賣國主義》一文有紅、藍筆劃綫。

其他：初版。

0086 赤鳳髓及其他一種/周履靖編輯.——出版地不詳：商務印書館，1939

1 冊：圖；18 厘米

叢書集成初編

HSMH（HS-N10F5-068）

附註：

    印章:鈐有"胡適的書"朱文方印。

    其他:(1)初版。(2)據版權頁題名。

0087 赤嵌集四卷/孫元衡著．——臺北：臺灣銀行，1958

4，83 頁；19 厘米

臺灣文獻叢刊第十種

HSMH（HS-N09F2-012）

附註：

    印章:鈐有"胡適的書"朱文方印。

0088 重刊宋本十三經注疏附校勘記/編者不詳．——臺北：藝文印書館，1955

14 冊；26 厘米

HSMH（HS-N09F5-001）

附註：

    印章:鈐有"胡適的書"朱文方印。

    批注圈劃:第 3 冊《詩疏》頁 155 有胡適的紅筆圈點。

    夾紙:(1)第 3 冊有夾紙 4 張。(2)第 14 冊有夾紙 2 張。

    其他:(1)初版。(2)據清嘉慶二十年江西南昌府學開雕本影印。

0089 重修福建臺灣府志二十卷/劉良璧著．——臺北：臺灣銀行，1961

4 冊：圖；19 厘米

臺灣文獻叢刊第七十四種

HSMH（HS-N09F2-023）

附註：

    印章:鈐有"胡適的書"朱文方印。

0090 重修臺灣府志十卷/周元文著．——臺北：臺灣銀行，1960

3册：图，表；19厘米

臺灣文獻叢刊第六十六種

HSMH（HS-N09F2-020）

0091 重修臺灣府志二十五卷/范咸輯. ——臺北：臺灣銀行，1961

5册：地圖；19厘米

臺灣文獻叢刊第一百〇五種

HSMH（HS-N09F2-049）

附注：

印章：鈐有"胡適的書"朱文方印。

0092 重修臺灣縣志十五卷/王必昌輯. ——臺北：臺灣銀行，1961

4册：地圖；19厘米

臺灣文獻叢刊第一百十三種

HSMH（HS-N09F2-057）

0093 重修政和證類本草三十卷/唐慎微撰. ——上海：商務印書館，1936

3册：圖；23厘米

四部叢刊初編縮本子部086—088

HSMH（HS-N11F3-033）

附注：

印章：鈐有"胡適的書"朱文方印。

夾紙：第1册有夾紙2張。

其他：(1)初版。(2)扉頁印有"HONG KONG"字樣。(3)第1册牌記記載"上海商務印書館縮印金泰和刊本"。

0094 重陽/姜貴著. ——臺北：作品出版社，1961

6，574頁；19厘米

作品叢書第十種

HSMH（HS-N17F6-069）

附注：

题记:扉页有作者的蓝笔题赠:"适之先生教正 姜贵敬赠 五十年四月台南。"

夹纸:有夹纸1张。

其他:初版。

0095 初恋/阿谛思等著;夏心客等译.——台北:启明书局,1956

1,67页;19厘米

世界短篇小说名著

HSMH(HS-N15F2-035)

附注:

印章:钤有"胡适的书"朱文方印。

其他:初版。

0096 楚辞补注十七卷/王逸章句;洪兴祖补注.——上海:商务印书馆,1936

176页;23厘米

四部丛刊初编缩本集部131

HSMH(HS-N11F3-055)

附注:

印章:钤有"胡适的书"朱文方印。

批注圈划:卷1页4有胡适的蓝笔校改。

其他:(1)初版。(2)扉页印有"HONG KONG"字样。(3)牌记记载"上海商务印书馆缩印江南图书馆藏明覆宋刊本"。

0097 楚辞补注/洪兴祖撰.——台北:艺文印书馆,1960

2册;19厘米

HSMH(HS-N10F4-028)

附注:

印章:钤有"胡适的书"朱文方印。

其他:(1)初版。(2)据惜阴轩丛书本影印。

0098 楚辞集注/朱熹撰.——台北:艺文印书馆,1956

1册；19厘米

HSMH（HS-N10F2-003）

附注：

  印章：钤有"胡適的書"朱文方印。

  其他：(1)初版。(2)精裝。

0099 楚辭九章淺釋/繆天華著.——臺北：繆天華，1957

[2]，96頁；19厘米

HSMH（HS-N06F5-057）

附注：

  印章：钤有"胡適的書"朱文方印、"繆天華"朱文方印。

  題記：內封面有著者手寫題贈："胡校長 賜正 繆天華謹贈。"

  其他：初版。

0100 楚辭作於漢代考/何天行著.——上海：中華書局，1948

[4]，118頁：表；22厘米

HSMH（HS-N07F3-035）

附注：

  印章：钤有"胡適的書"朱文方印。

  其他：初版。

0101 楚漢諸侯疆域志及其他一種/著者不詳.——上海：商務印書館，1936

2册；18厘米

叢書集成初編

HSMH（HS-N10F4-020）

附注：

  印章：第1册書名頁蓋有"國立中央圖書館敬贈"等藍色印戳，钤有"胡適的書"朱文方印。

  批注圈劃：第2册卷3—6有胡適的鉛、黑、紅、朱、藍筆圈劃、校改與注記。

  其他：(1)初版。(2)內容：《楚漢諸侯疆域志》、《漢書地理志稽疑》。

0102 傳教大師全集附別卷/天台宗宗典刊行會編纂. ——東京：天台宗宗典刊行會，1912

　　5 冊：圖版；23 厘米

　　HSMH（HS-N05F6-035）

　　附注：

　　　　印章：各冊均鈐有"胡適的書"朱文方印；第 3 冊鈐有"洋外藏書"朱文方印。

　　　　批注圈劃：第 2 冊頁 517 有胡適的紅筆校改。

　　　　夾紙：偶有夾紙。

　　　　其他：精裝。

0103 春底林野/落華生著. ——臺北：啓明書局，1957

　　[3]，71 頁；19 厘米

　　新文藝文庫落華生散文二集

　　HSMH（HS-N17F6-046）

　　附注：

　　　　其他：(1)初版。(2)落華生即落花生，即許地山的筆名。(3)封面題名"春的林野"。

0104 春秋繁露注/董仲舒撰；凌曙注. ——臺北：世界書局，1958

　　2 冊；19 厘米

　　世界文庫四部刊要中國思想名著之一

　　HSMH（HS-N10F3-039）

　　附注：

　　　　印章：鈐有"胡適的書"朱文方印。

　　　　其他：初版。

0105 春秋公羊經傳解詁十二卷/何休學. ——上海：商務印書館，1936

　　1 冊；23 厘米

　　四部叢刊初編縮本經部 008

　　HSMH（HS-N11F2-023）

附注：

 印章：鈐有"胡適的書"朱文方印。

 其他：(1)初版。(2)與《春秋穀梁傳》十二卷合刊。(3)牌記記載"上海商務印書館縮印常熟瞿氏鐵琴銅劍樓藏宋刊本"。

0106 春秋穀梁傳論／陳槃著．——臺北："中華文化出版事業委員會"，1957

 461—496 頁：表；19 厘米

 "現代國民基本知識叢書"

 HSMH（HS-N18F1-013）

 附注：

  題記：頁461 有陳槃的手寫題贈："適之太夫子誨正。"

  其他：爲《孔學論集》抽印本。

0107 春秋會要四卷目錄一卷校點説明一卷／姚彥渠撰．——臺北：世界書局，1960

 1 冊；19 厘米

 中國學術名著歷代會要第一期書第 1 冊

 HSMH（HS-N11F2-002）

 附注：

  印章：鈐有"胡適的書"朱文方印。

  其他：(1)初版。(2)精裝。

0108 春秋經傳集解三十卷／杜預撰．——上海：商務印書館，1936

 2 冊：表；23 厘米

 四部叢刊初編縮本經部 006,007

 HSMH（HS-N11F2-022）

 附注：

  印章：鈐有"胡適的書"朱文方印。

  批注圈劃：(1)第 1 冊扉頁有胡適的藍、綠筆注記；多處有胡適的紅、黑、藍、綠筆圈劃與注記。(2)第 2 冊有胡適的紅筆圈劃與注記；冊末後序有胡適的紅筆圈劃。

  夾紙：第 2 冊卷 18 有夾紙 1 張，上有胡適的藍、黑筆注記。

其他：(1)初版。(2)牌記記載"上海商務印書館縮印玉田蔣氏藏宋本"。

0109 春秋左傳詁二十卷/洪亮吉編註.——上海：商務印書館，1936

2 冊；19 厘米

國學基本叢書簡編

HSMH（HS-N07F1-006）

附注：

印章：鈐有"胡適的書"朱文方印。

批注圈劃：(1)上冊封面書簽有胡適的藍筆注記："（洪亮吉）卷一至十。"(2)下冊封面書簽有胡適的藍筆注記："（洪亮吉）卷十一至二十。"(3)上、下冊多處有胡適的朱、紅、藍、綠筆注記與劃綫。

夾紙：下冊有夾紙。

其他：(1)3 版。(2)依據萬有文庫版本印行。

0110 詞範/嚴賓杜著.——臺北："中華叢書編審委員會"，1959

4 冊；21 厘米

"中華叢書"

HSMH（HS-N10F4-044）

附注：

印章：鈐有"胡適的書"朱文方印。

0111 詞曲欣賞/姜尚賢編著.——臺南：姜尚賢，1960

[9]，228 頁；19 厘米

文學叢書

HSMH（HS-N10F1-039）

附注：

印章：鈐有"胡適的書"朱文方印、"姜尚賢"朱文方印。

題記：書名頁有著者手寫題贈："適之院長教正 晚 敬贈 四九，二，十二。"

其他：增訂版。

0112 詞詮/楊樹達著.——臺北：臺灣"商務印書館"，1959

1 册；15 厘米

HSMH（HS-N06F6-013）

附注：

 印章：鈐有"胡適的書"朱文方印。

 其他：臺1版。

0113 詞選/胡適選註.——上海：商務印書館，1927

 [16]，381，22 頁；19 厘米

 HSMH（HS-N06F3-025）

 附注：

  印章：鈐有"胡適的書"朱文方印。

  題記：(1)扉頁有胡適的黑筆注記："此是初版，應誼女士為裝軟皮面見贈。到今年近廿年了，還是很完好的。胡適 卅六年十二月三日。"可知此書也是胡適携離北平的書稿之一。1959年商務所出版"影印胡適自校改本"的臺1版，即據此本。及後又添新的校改。(2)書名頁有胡適的紅筆注記："適之校本。"

  批注圈劃：有胡適的紅、藍、黑、毛筆校改與補正。

  夾紙：夾有紙卡1張。

  摺頁：偶有摺角。

  内附文件：書末粘貼剪報一則，係《大公報·文學副刊》對本書的評語。

  其他：(1)初版。(2)館藏另部《詞選》（館藏編號：N06F2-059）係據此書影印。

0114 詞選/胡適選註.——上海：商務印書館，1927

 [16]，381，22 頁；19 厘米

 HSMH（HS-DS-028）

 附注：

  印章：內封面鈐有"中央研究院歷史語言研究所圖書之記"朱文方印。

  夾紙：夾有本書出版版本細目之紙本1張。

  其他：(1)初版。(2)精裝。

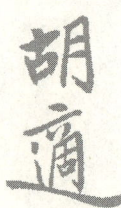

0115 詞選/胡適選著.——臺北:臺灣"商務印書館",1959

[16],381,22頁;19厘米

HSMH(HS-N06F2-059)

附注:

印章:館藏二冊鈐有"胡適的書"朱文方印。

題記:館藏一冊封有胡適的紅筆注記:"重校本。"

批注圈劃:"重校本"冊有胡適的紅、藍筆注記、校改;另一冊偶有胡適的紅、藍筆劃記。

夾紙:館藏二冊各有夾紙1張;另一冊夾有胡適紀念館書目登錄卡1張。

內附文件:館藏一冊書末夾有1961年各家剪報共5則。

與胡適的關係:封面書名係胡適所題簽。

其他:(1)臺1版。(2)據胡適自校改本影印。(3)館藏4冊。(4)館藏一冊書末有1961年2月25日至3月30日排班醫護人員簽名,相關資料參見《胡適之先生晚年談話錄》(臺北:聯經,1984)頁133。

0116 詞學叢書/楊家駱主編;劉雅農總校.——臺北:世界書局,1959

8冊;19厘米

世界文庫四部刊要

HSMH(HS-N12F1-003)

附注:

印章:鈐有"胡適的書"朱文方印。

批注圈劃:第4冊《片玉集》卷6、《稼軒長短句》卷8有胡適的紅筆劃記與校改。

夾紙:第3冊有夾紙1張。

其他:(1)初版。(2)精裝。

0117 詞學概論/胡雲翼著.——臺北:啓明書局,1958

[5],72頁;19厘米

青年百科入門中國文學組

HSMH(HS-N10F1-020)

附注:

印章:鈐有"胡適的書"朱文方印。

其他:初版。

0118 辭通/朱起鳳編纂.——臺北:臺灣開明書店,1960

2冊;20厘米

HSMH(HS-N09F1-017)

附注:

印章:鈐有"胡適的書"朱文方印。

與胡適的關係:收錄胡適《序》一文。

相關記載:1934年3月12日胡適日記記載:"……動手作朱丹九的《辭通》的序文。"

其他:(1)臺1版。(2)精裝。

0119 辭源正續編合訂本/方毅等編.——上海:商務印書館,1948

[13],1739,[212]頁:圖;23厘米

HSMH(HS-N07F4-007)

附注:

印章:鈐有"胡適的書"朱文方印。

批注圈劃:(1)《檢字》有朱筆圈點。(2)頁518有藍筆劃綫。

夾紙:頁518有夾紙2張。

其他:(1)合訂本第17版。(2)精裝。

0120 從國父遺教看國民大會行使創制複決兩權問題/"國民大會"秘書處編.——出版地不詳:"國民大會"秘書處,1961

[4],184頁;21厘米

參考資料叢刊之五

HSMH(HS-N08F1-011)

0121 從詩到曲/鄭騫著.——臺北:科學出版社,1961

[5],224頁;21厘米

大學叢書

HSMH（HS-N10F1-014）

附注：

印章：鈐有"胡適的書"朱文方印。

題記：扉頁有作者題贈："先生教正 後學鄭騫敬贈。"

批注圈劃：有胡適的紅筆劃綫與注記。

其他：初版。

0122 崔東壁遺書／顧頡剛編訂．——上海：亞東圖書館，出版年不詳

1冊：圖；20厘米

HSMH（HS-N06F3-021）

附注：

批注圈劃：(1)《科學的古史家崔述》一文有胡適的藍、黑、紅、鉛、朱等各色筆校改與注記。(2)趙貞信《補叙》一文有胡適的紅筆校改。

夾紙：《科學的古史家崔述》一文有胡適的紅筆手寫筆記夾紙1張。

與胡適的關係：(1)收錄胡適《序》一文。(2)收錄胡適《科學的古史家崔述》一文。(3)收錄胡適輯《崔東壁先生佚文》一文。

其他：(1)精裝。(2)書名頁有紅色日期印戳"MAR 27 1940"。

0123 崔東壁遺書引得／哈佛燕京學社引得編纂處編．——北平：哈佛燕京學社，1937

［14］，48頁；26厘米

引得第五號

HSMH（HS-N07F4-003）

附注：

印章：鈐有"胡適的書"朱文方印。

0124 存學編及其他一種／顏元著．——上海：商務印書館，1937

1冊；18厘米

叢書集成初編

HSMH（HS-N10F5-061）

附注：

印章:鈐有"胡適的書"朱文方印。

批注圈劃:《存學編》卷1有胡適的綠筆劃綫。

其他:(1)初版。(2)據版權頁題名。(3)內容:《存學編》、《存性編》。(4)據畿輔叢書本排印。

0125 大戴禮記十三卷/戴德撰.——上海:商務印書館,1936

1冊;23厘米

四部叢刊初編縮本經部012

HSMH(HS-N11F2-027)

附注:

印章:鈐有"胡適的書"朱文方印。

批注圈劃:《春秋繁露》有胡適的紅、藍、鉛筆注記、校改與圈劃。

夾紙:《春秋繁露》有夾紙3張。

其他:(1)初版。(2)與《春秋繁露》十七卷合刊。(3)牌記記載"上海商務印書館縮印無錫孫氏小淥天藏明嘉趣堂本"。

0126 大孔雀經藥叉名錄輿地考/萊維(Sylvain Lévi)著;馮承鈞譯述.——上海:商務印書館,1935

[5],136頁;19厘米

尚志學會叢書

HSMH(HS-N06F2-006)

附注:

印章:鈐有"胡適的書"朱文方印。

其他:(1)國難後第1版。(2)法文題名"Le cataloque gêographique des yaksa dans la mahāmāyûrî"。

0127 大陸雜誌第一卷第一期至第十二卷十二期目錄暨作者索引/大陸雜誌社編.——臺北:大陸雜誌社,1957

1冊;19厘米

HSMH(HS-N17F3-007)

0128 大濁水沖積扇地區地下水源勘查報告/臺糖農業工程處等編. ——出版地不詳：出版者不詳，1957

206 頁：圖；27 厘米

HSMH（HS-N17F1-001）

附注：

印章：內封面鈐有"胡適的書"朱文方印。

其他：精裝。

0129 大唐三藏取經詩話三卷/佚名撰. ——臺北：世界書局，1958

[3]，41 頁；19 厘米

世界文庫四部刊要中國通俗小說名著之一

HSMH（HS-N15F2-067）

附注：

印章：鈐有"胡適的書"朱文方印。

其他：1 版。

0130 大唐西域記十二卷/釋玄奘譯. ——上海：商務印書館，1936

144 頁；23 厘米

四部叢刊初編縮本史部 069

HSMH（HS-N11F3-016）

附注：

印章：鈐有"胡適的書"朱文方印。

其他：(1)初版。(2)扉頁印有"HONG KONG"字樣。(3)牌記記載"上海商務印書館縮印江安傅氏雙鑑樓藏宋刊藏經本"。

0131 大唐西域記十二卷/釋玄奘著. ——上海：商務印書館，1937

4，191 頁；19 厘米

國學基本叢書

HSMH（HS-N07F4-022）

附注：

印章：鈐有"胡適的書"朱文方印。

其他:4 版。

0132 大雲山房文稿/惲敬撰. ——上海:商務印書館,1936

2 冊;23 厘米

四部叢刊初編縮本集部 394,395

HSMH(HS-N11F6-025)

附注:

印章:鈐有"胡適的書"朱文方印。

批注圈劃:(1)第 1 冊初集卷 3、4 有胡適的紅、黑筆眉批與圈劃。(2)第 2 冊二集目錄、二集卷 2 有胡適的黑筆校改與圈劃。

其他:(1)初版。(2)扉頁印有"HONG KONG"字樣。(3)第 1 冊牌記記載"上海商務印書館縮印同治年刊本"。

0133 大藏經第一冊阿含部上/日本大正一切經刊行會編. ——臺北:"中華佛教文化館影印大藏經委員會",1955

924 頁:圖;26 厘米

HSMH(HS-N13F3-001)

附注:

印章:鈐有"胡適的書"朱文方印、"適之"朱文方印、"毛子水"白文方印、"文思安室圖書"朱文方印。

題記:內封面有胡適的藍筆注記:"這是毛子水先生預約得來的書,後來我請求他讓給我了。胡適"。

批注圈劃:(1)目次有胡適的紅筆注記與圈點。(2)《長阿含經》卷 7,《佛般泥洹經》卷上,《般泥洹經》卷上、下,《大般涅槃經》卷中,《中阿含經》卷 12、53,《佛說鐵城泥犁經》,《佛說閻羅王五天使者經》,《佛說泥犁經》有胡適的紅、綠筆注記與圈劃。

夾紙:頁 165、181、503、759、827、907 有夾紙。

相關記載:1959 年 5 月毛子水將此書轉讓於胡適,相關記載參見《胡適之先生晚年談話錄》(臺北:聯經,1984)頁 22。

其他:(1)影印本。(2)精裝。

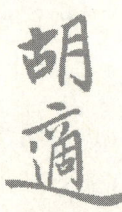

0134 大藏經第二冊阿含部下/日本大正一切經刊行會編.——臺北:"中華佛教文化館影印大藏經委員會",1955

884 頁:圖;26 厘米

HSMH（HS-N13F3-002）

附注:

印章:鈐有"胡適的書"朱文方印、"文思安室圖書"朱文方印、"毛子水"白文方印。

批注圈劃:(1)目次有胡適的紅筆注記。(2)《增壹阿含經》序,卷1、24、48,《佛説四泥犁經》有胡適的紅筆注記與圈劃。

夾紙:頁 675、861 各有夾紙 1 張。

0135 大藏經第三冊本緣部上/日本大正一切經刊行會編.——臺北:"中華佛教文化館影印大藏經委員會",1956

976 頁:圖;26 厘米

HSMH（HS-N13F3-003）

附注:

印章:鈐有"胡適的書"朱文方印、"文思安室圖書"朱文方印、"毛子水"白文方印。

批注圈劃:(1)目次頁 10 有胡適的紅筆筆記:"康僧會譯此經,凡用'太山地獄'或單用'太山'(代地獄)共 33 次。比較十七冊 No. 735（頁 536—537）支謙譯的'四願經'也用'太山地獄'一次。（麗本）適之 一九六一,九,十七。"(2)《六度集經》多卷,《菩薩本緣經》卷中、下,《生經》卷 4,《佛説菩薩本行經》卷上,《佛説太子墓魄經》頁 410,《佛説太子瑞應本起經》頁 475 有胡適的紅筆注記與圈劃。

夾紙:頁 55 有夾紙 2 張;頁 95 有夾紙 1 張。

相關記載:參考胡適《支謙譯的"四願經"》一文,可對照本冊目次裏胡適紅筆筆記,參見《胡適手稿》第 8 集卷 1 頁 105—107,或館藏號:HS-MS01-022-007。

其他:(1)影印本。(2)精裝。

0136 大藏經第四冊本緣部下/日本大正一切經刊行會編.——臺北:"中華佛教文

化館影印大藏經委員會",1956

802 頁：圖；26 厘米

HSMH（HS-N13F3-004）

附註：

　　印章：鈐有"胡適的書"朱文方印、"文思安室圖書"朱文方印、"毛子水"白文方印。

　　批注圈劃：(1)目次有胡適的紅筆勾劃。(2)《大莊嚴論經》卷3、《出曜經》序有胡適的紅筆注記與圈劃。

　　夾紙：頁221、275、455各有夾紙1張。

　　其他：(1)影印本。(2)精裝。

0137　大藏經第五冊般若部一/日本大正一切經刊行會編.——臺北："中華佛教文化館影印大藏經委員會",1956

1074 頁：圖；26 厘米

HSMH（HS-N13F3-005）

附註：

　　印章：鈐有"胡適的書"朱文方印、"文思安室圖書"朱文方印、"毛子水"白文方印。

　　其他：(1)影印本。(2)精裝。

0138　大藏經第六冊般若部二/日本大正一切經刊行會編.——臺北："中華佛教文化館影印大藏經委員會",1956

1074 頁：圖；26 厘米

HSMH（HS-N13F3-006）

附註：

　　印章：鈐有"胡適的書"朱文方印。

　　其他：(1)影印本。(2)精裝。

0139　大藏經第七冊般若部三/日本大正一切經刊行會編.——臺北："中華佛教文化館影印大藏經委員會",1956

1110 頁：圖；26 厘米

HSMH（HS-N13F3-007）

附注：

印章：鈐有"胡適的書"朱文方印。

其他：(1)影印本。(2)精裝。

0140 大藏經第八冊般若部四/日本大正一切經刊行會編.——臺北："中華佛教文化館影印大藏經委員會"，1956

918 頁：圖；26 厘米

HSMH（HS-N13F3-008）

附注：

印章：鈐有"胡適的書"朱文方印。

其他：(1)影印本。(2)精裝。

0141 大藏經第九冊法華部全華嚴部上/日本大正一切經刊行會編.——臺北："中華佛教文化館影印大藏經委員會"，1956

788 頁：圖；26 厘米

HSMH（HS-N13F3-009）

附注：

印章：鈐有"胡適的書"朱文方印。

批注圈劃：《金剛三昧經》頁 367、368 有胡適的紅筆圈劃。

夾紙：頁 368 有夾紙 1 張。

其他：(1)影印本。(2)精裝。

0142 大藏經第十冊華嚴部下/日本大正一切經刊行會編.——臺北："中華佛教文化館影印大藏經委員會"，1956

1048 頁：圖；26 厘米

HSMH（HS-N13F3-010）

附注：

印章：鈐有"胡適的書"朱文方印。

其他：(1)影印本。(2)精裝。

0143 大藏經第十一冊寶積部上/日本大正一切經刊行會編. ——臺北:"中華佛教文化館影印大藏經委員會",1956

　　978頁:圖;26厘米

　　HSMH(HS-N13F3-011)

　　附注:

　　　　印章:鈐有"胡適的書"朱文方印。

　　　　其他:(1)影印本。(2)精裝。

0144 大藏經第十二冊寶積部下涅槃部全/日本大正一切經刊行會編. ——臺北:"中華佛教文化館影印大藏經委員會",1956

　　1120頁:圖;26厘米

　　HSMH(HS-N13F3-012)

　　附注:

　　　　印章:鈐有"胡適的書"朱文方印。

　　　　批注圈劃:(1)(No.374)《大般涅槃經》序,卷5、6、9、19、20、22、26、27有胡適的紅筆劃綫。(2)(No.375)《大般涅槃經》卷9、14、15、18、19、23—25、36有胡適的紅筆劃綫。(3)(No.376)《佛説大般泥洹經》卷6有胡適的紅筆圈劃。

　　　　夾紙:頁422有夾紙2張;頁465、497、663、769、785各有夾紙1張。

　　　　其他:(1)影印本。(2)精裝。

0145 大藏經第十三冊大集部全/日本大正一切經刊行會編. ——臺北:"中華佛教文化館影印大藏經委員會",1956

　　998頁:圖;26厘米

　　HSMH(HS-N13F3-013)

　　附注:

　　　　印章:鈐有"胡適的書"朱文方印。

　　　　其他:(1)影印本。(2)精裝。

0146 大藏經第十四冊經集部一/日本大正一切經刊行會編. ——臺北:"中華佛教文化館影印大藏經委員會",1956

968 頁：圖；26 厘米

HSMH（HS-N13F3-014）

附注：

 印章：鈐有"胡適的書"朱文方印。

 其他：(1)影印本。(2)精裝。

0147 大藏經第十五冊經集部二/日本大正一切經刊行會編.——臺北："中華佛教文化館影印大藏經委員會"，1956

 808 頁：圖；26 厘米

 HSMH（HS-N13F3-015）

 附注：

  印章：鈐有"胡適的書"朱文方印。

  批注圈劃：(1)目次有胡適的紅筆圈劃。(2)(No.606)《修行道地經》卷1、3 有胡適的紅筆劃綫。(3)(No.618)《達摩多羅禪經》卷上有胡適的紅筆劃綫。(4)(No.626)《佛説阿闍世王經》卷上、下均有胡適的紅筆劃綫。

  夾紙：頁 201 有夾紙 1 張。

  其他：(1)影印本。(2)精裝。

0148 大藏經第十六冊經集部三/日本大正一切經刊行會編.——臺北："中華佛教文化館影印大藏經委員會"，1956

 858 頁：圖；26 厘米

 HSMH（HS-N16F3-001）

 附注：

  印章：鈐有"胡適的書"朱文方印。

  其他：(1)影印本。(2)精裝。

0149 大藏經第十七冊經集部四/日本大正一切經刊行會編.——臺北："中華佛教文化館影印大藏經委員會"，1956

 964 頁：圖；26 厘米

 HSMH（HS-N16F3-002）

附注：

印章：鈐有"胡適的書"朱文方印。

批注圈劃：(1)紙書衣內側有胡適的綠筆數字注記。(2)目次有胡適的紅筆圈點。(3)《佛説罪業應報教化地獄經》頁 450—452 有胡適的紅筆劃綫；另有注記："看 No. 730 不用'地獄'字。"(4) No. 729《佛説分別善惡所起經》、No. 730《佛説處處經》、No. 731《佛説十八泥犁經》、No. 732《佛説罵意經》、No. 734《佛説鬼問目連經》、No. 735《佛説四願經》、No. 784《四十二章經》、No. 790《佛説字經抄》、No. 791《佛説出家緣經》有胡適的紅筆注記與圈劃。(5) No. 842《大方廣圓覺修多羅了義經》頁 22 有胡適的綠筆注記："此經九頁，約一萬三千字。適之。"

夾紙：頁 516、529、913 各有夾紙 1 張。

其他：(1)影印本。(2)精裝。

0150 **大藏經第十八冊密教部一**／日本大正一切經刊行會編.——臺北："中華佛教文化館影印大藏經委員會"，1956

    946 頁：圖；26 厘米

    HSMH（HS-N16F3-003）

    附注：

    印章：鈐有"胡適的書"朱文方印。

    其他：(1)影印本。(2)精裝。

0151 **大藏經第十九冊密教部二**／日本大正一切經刊行會編.——臺北："中華佛教文化館影印大藏經委員會"，1956

    744 頁：圖；26 厘米

    HSMH（HS-N16F3-004）

    附注：

    印章：鈐有"胡適的書"朱文方印。

    批注圈劃：No. 945《新印大佛頂首楞嚴經》、《大佛頂如來密因修證了義諸菩薩萬行首楞嚴經》數卷有胡適的紅筆劃綫。

    其他：(1)影印本。(2)精裝。

0152 大藏經第二十冊密教部三/日本大正一切經刊行會編. ——臺北："中華佛教文化館影印大藏經委員會"，1956

　　940 頁：圖；26 厘米

　　HSMH（HS-N16F4-001）

　　附注：

　　　印章：鈐有"胡適的書"朱文方印。

　　　其他：(1)影印本。(2)精裝。

0153 大藏經第二十一冊密教部四/日本大正一切經刊行會編. ——臺北："中華佛教文化館影印大藏經委員會"，1956

　　968 頁：圖；26 厘米

　　HSMH（HS-N16F4-002）

　　附注：

　　　印章：鈐有"胡適的書"朱文方印。

　　　其他：(1)影印本。(2)精裝。

0154 大藏經第二十二冊律部一/日本大正一切經刊行會編. ——臺北："中華佛教文化館影印大藏經委員會"，1956

　　1072 頁：圖；26 厘米

　　HSMH（HS-N16F4-003）

　　附注：

　　　印章：鈐有"胡適的書"朱文方印。

　　　其他：(1)影印本。(2)精裝。

0155 大藏經第二十三冊律部二/日本大正一切經刊行會編. ——臺北："中華佛教文化館影印大藏經委員會"，1956

　　1058 頁：圖；26 厘米

　　HSMH（HS-N16F5-001）

　　附注：

　　　印章：鈐有"胡適的書"朱文方印。

　　　其他：(1)影印本。(2)精裝。

0156 大藏經第二十四冊律部三/日本大正一切經刊行會編.——臺北："中華佛教文化館影印大藏經委員會",1956

  1122 頁：圖；26 厘米

  HSMH（HS-N16F5-002）

  附注：

    印章：鈐有"胡適的書"朱文方印。

    其他：(1)影印本。(2)精裝。

0157 大藏經第二十五冊釋經論部上/日本大正一切經刊行會編.——臺北："中華佛教文化館影印大藏經委員會",1957

  914 頁：圖；26 厘米

  HSMH（HS-N16F5-003）

  附注：

    印章：鈐有"胡適的書"朱文方印。

    其他：(1)影印本。(2)精裝。

0158 大藏經第二十六冊釋經論部下毗曇部一/日本大正一切經刊行會編.——臺北："中華佛教文化館影印大藏經委員會",1957

  1032 頁：圖；26 厘米

  HSMH（HS-N16F5-004）

  附注：

    印章：鈐有"胡適的書"朱文方印。

    其他：(1)影印本。(2)精裝。

0159 大藏經第二十七冊毗曇部二/日本大正一切經刊行會編.——臺北："中華佛教文化館影印大藏經委員會",1957

  1004 頁：圖；26 厘米

  HSMH（HS-N16F5-005）

  附注：

    印章：鈐有"胡適的書"朱文方印。

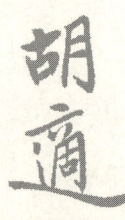

其他:(1)影印本。(2)精裝。

0160 大藏經第二十八冊毗曇部三／日本大正一切經刊行會編.——臺北:"中華佛教文化館影印大藏經委員會",1957

1002 頁:圖;26 厘米

HSMH(HS-N16F5-006)

附注:

印章:鈐有"胡適的書"朱文方印。

其他:(1)影印本。(2)精裝。

0161 大藏經第二十九冊毗曇部四／日本大正一切經刊行會編.——臺北:"中華佛教文化館影印大藏經委員會",1957

978 頁:圖;26 厘米

HSMH(HS-N16F5-007)

附注:

印章:鈐有"胡適的書"朱文方印。

其他:(1)影印本。(2)精裝。

0162 大藏經第三十冊中觀部全瑜伽部上／日本大正一切經刊行會編.——臺北:"中華佛教文化館影印大藏經委員會",1957

1036 頁:圖;26 厘米

HSMH(HS-N16F5-008)

附注:

印章:鈐有"胡適的書"朱文方印。

其他:(1)影印本。(2)精裝。

0163 大藏經第三十一冊瑜伽部下／日本大正一切經刊行會編.——臺北:"中華佛教文化館影印大藏經委員會",1957

896 頁:圖;26 厘米

HSMH(HS-N16F5-009)

附注:

印章:鈐有"胡適的書"朱文方印。

其他:(1)影印本。(2)精裝。

0164 大藏經第三十二冊論集部全/日本大正一切經刊行會編.——臺北:"中華佛教文化館影印大藏經委員會",1957

790頁:圖;26厘米

HSMH(HS-N16F5-010)

附註:

印章:鈐有"胡適的書"朱文方印、"文思安室圖書"朱文方印、"毛子水"白文方印。

其他:(1)影印本。(2)精裝。

0165 大藏經第三十三冊經疏部一/日本大正一切經刊行會編.——臺北:"中華佛教文化館影印大藏經委員會",1957

964頁:圖;26厘米

HSMH(HS-N16F5-011)

附註:

印章:鈐有"胡適的書"朱文方印。

其他:(1)影印本。(2)精裝。

0166 大藏經第三十四冊經疏部二/日本大正一切經刊行會編.——臺北:"中華佛教文化館影印大藏經委員會",1957

1008頁:圖;26厘米

HSMH(HS-N16F5-012)

附註:

印章:鈐有"胡適的書"朱文方印。

批注圈劃:(1)目次有胡適的紅筆校改。(2)《妙法蓮華經文句》卷4頁60有胡適的綠筆圈劃。(3)《法華文句記》卷5頁244有胡適的紅筆劃綫。

夾紙:頁60有夾紙1張。

其他:(1)影印本。(2)精裝。

0167 大藏經第三十五冊經疏部三/日本大正一切經刊行會編. ——臺北:"中華佛教文化館影印大藏經委員會",1957

964 頁:圖;26 厘米

HSMH(HS-N16F5-013)

附注:

印章:鈐有"胡適的書"朱文方印。

其他:(1)影印本。(2)精裝。(3)紙書衣内側有藍筆注記:"中華民國四十六年六月十八日收到 毛子水記。"

0168 大藏經第三十六冊經疏部四/日本大正一切經刊行會編. ——臺北:"中華佛教文化館影印大藏經委員會",1957

1066 頁:圖;26 厘米

HSMH(HS-N16F5-014)

附注:

印章:鈐有"胡適的書"朱文方印。

其他:(1)影印本。(2)精裝。

0169 大藏經第三十七冊經疏部五/日本大正一切經刊行會編. ——臺北:"中華佛教文化館影印大藏經委員會",1957

904 頁:圖;26 厘米

HSMH(HS-N16F5-015)

附注:

印章:鈐有"胡適的書"朱文方印、"文思安室圖書"朱文方印、"毛子水"白文方印。

其他:(1)影印本。(2)精裝。(3)封面後有藍筆注記:"中華民國四十六年七月七日收到子水謹記。"

0170 大藏經第三十八冊經疏部六/日本大正一切經刊行會編. ——臺北:"中華佛教文化館影印大藏經委員會",1957

1114 頁:圖;26 厘米

HSMH（HS-N16F5-016）

附注：

　　印章:钤有"胡适的书"朱文方印。

　　其他:(1)影印本。(2)精装。

0171 大藏经第三十九册经疏部七/日本大正一切经刊行会编.——臺北:"中华佛教文化馆影印大藏经委员会", 1957

　　1040 頁：圖；26 厘米

　　HSMH（HS-N16F5-017）

附注：

　　印章:钤有"胡适的书"朱文方印。

　　批注圈劃:《大方廣圓覺脩多羅了義經略疏註》卷下頁 576 有胡适的紅筆劃綫。

　　其他:(1)影印本。(2)精装。

0172 大藏经第四十册律疏部全論疏部一/日本大正一切经刊行会编.——臺北:"中华佛教文化馆影印大藏经委员会", 1957

　　858 頁：圖；26 厘米

　　HSMH（HS-N16F5-018）

附注：

　　印章:钤有"胡适的书"朱文方印。

　　其他:(1)影印本。(2)精装。

0173 大藏经第四十一册論疏部二/日本大正一切经刊行会编.——臺北:"中华佛教文化馆影印大藏经委员会", 1957

　　982 頁：圖；26 厘米

　　HSMH（HS-N16F5-019）

附注：

　　印章:钤有"胡适的书"朱文方印。

　　其他:(1)影印本。(2)精装。

0174 大藏經第四十二冊論疏部三/日本大正一切經刊行會編. ——臺北:"中華佛教文化館影印大藏經委員會",1957

　　868 頁:圖;26 厘米

　　HSMH(HS-N16F5-020)

　　附注:

　　　印章:鈐有"胡適的書"朱文方印。

　　　其他:(1)影印本。(2)精裝。

0175 大藏經第四十三冊論疏部四/日本大正一切經刊行會編. ——臺北:"中華佛教文化館影印大藏經委員會",1957

　　1010 頁:圖;26 厘米

　　HSMH(HS-N16F5-021)

　　附注:

　　　印章:鈐有"胡適的書"朱文方印。

　　　其他:(1)影印本。(2)精裝。

0176 大藏經第四十四冊論疏部五諸宗部一/日本大正一切經刊行會編. ——臺北:"中華佛教文化館影印大藏經委員會",1957

　　876 頁:圖;26 厘米

　　HSMH(HS-N16F5-022)

　　附注:

　　　印章:鈐有"胡適的書"朱文方印。

　　　其他:(1)影印本。(2)精裝。

0177 大藏經第四十五冊諸宗部二/日本大正一切經刊行會編. ——臺北:"中華佛教文化館影印大藏經委員會",1957

　　978 頁:圖;26 厘米

　　HSMH(HS-N16F5-023)

　　附注:

　　　印章:鈐有"胡適的書"朱文方印。

　　　批注圈劃:(1)No. 1862《勸發菩提心集》頁 382、390、391、394、395 有胡適

的紅筆圈劃。(2)No.1884《註華嚴法界觀門》頁684有胡適的紅筆校改與劃綫。

夾紙:頁394有夾紙1張。

其他:(1)影印本。(2)精裝。

0178 **大藏經第四十六冊諸宗部三**/日本大正一切經刊行會編.——臺北:"中華佛教文化館影印大藏經委員會",1957

1014頁:圖;26厘米

HSMH(HS-N16F5-024)

附注:

印章:鈐有"胡適的書"朱文方印。

批注圈劃:(1)No.1911《摩訶止觀》頁1有胡適的紅筆劃綫。(2)No.1912《止觀輔行傳弘決》頁141、143、146有胡適的注記與劃綫。

夾紙:頁143、146各有夾紙1張。

其他:(1)影印本。(2)精裝。

0179 **大藏經第四十七冊諸宗部四**/日本大正一切經刊行會編.——臺北:"中華佛教文化館影印大藏經委員會",1957

1064頁:圖;26厘米

HSMH(HS-N16F5-025)

附注:

印章:鈐有"胡適的書"朱文方印。

批注圈劃:(1)目次有胡適的紅筆注記。(2)No.1979《轉經行道願往生净土法事讚》頁428、435有胡適的紅筆圈劃。(3)No.2000《虛堂和尚語錄》頁1062—1064有胡適的紅筆注記與圈劃。

夾紙:頁428、435各有夾紙1張。

其他:(1)影印本。(2)精裝。

0180 **大藏經第四十八冊諸宗部五**/日本大正一切經刊行會編.——臺北:"中華佛教文化館影印大藏經委員會",1957

1160頁:圖;26厘米

HSMH（HS-N16F5-026）

附注：

印章：鈐有"胡適的書"朱文方印。

批注圈劃：《無門關》頁292，《人天眼目》頁300，《南宗頓教最上大乘摩訶般若波羅蜜經六祖慧能大師於韶州大梵寺施法壇經》頁337、341，《六祖大師法寶壇經》頁345—348，362—365，《禪源諸詮集都序》頁402—405，《宗鏡錄序》頁415，《禪宗決疑集》頁1014、1016，《勅修百丈清規》頁1110、1111、1157有胡適的紅筆注記、校改與圈劃。

夾紙：(1)頁337有夾紙1張，上有胡適的紅、藍筆注記。(2)頁365有夾紙1張。

其他：(1)影印本。(2)精裝。

0181 大藏經第四十九冊史傳部一／日本大正一切經刊行會編．——臺北："中華佛教文化館影印大藏經委員會"，1957

1020頁：圖；26厘米

HSMH（HS-N16F5-027）

附注：

印章：鈐有"胡適的書"朱文方印。

批注圈劃：(1)《大阿羅漢難提蜜多羅所説法住記》頁12—14有胡適的紅筆注記與劃綫；頁14末有胡適紅筆注記："看Sylvain Levi & Edouard Chavannes 'Les Seize Archat' 馮承鈞譯'法住記及所記阿羅漢攷'。"(2)《異部宗輪論》頁15、《歷代三寶紀》多卷、《佛祖統紀》多卷有胡適的紅筆注記與劃綫。

夾紙：頁23、87、143、177、615各有夾紙1張。

其他：(1)影印本。(2)精裝。

0182 大藏經第五十冊史傳部二／日本大正一切經刊行會編．——臺北："中華佛教文化館影印大藏經委員會"，1957

1024頁：圖；26厘米

HSMH（HS-N16F5-028）

附注：

印章：鈐有"胡適的書"朱文方印。

批注圈劃：(1)紙書衣內側有胡適的紅筆數字注記。(2)《釋迦譜》卷1頁1—3,《隋天台智者大師別傳》頁191,《唐護法沙門法琳別傳》卷上、中,《付法藏因緣傳》多卷,《續高僧傳》多卷,《宋高僧傳》多卷,《大明高僧傳》敘、卷3,《神僧傳》頁953有胡適的紅、綠筆注記、校改與圈劃。

夾紙：(1)頁317有夾紙1張；頁605有夾紙1張,上有胡適的綠筆數字注記；頁606有胡適的紅筆筆記便條紙1張。(2)頁717、718、720、737、738、740、754、823、994、998各有夾紙1張。(3)頁563夾有"許超"名片1張。

其他：(1)影印本。(2)精裝。

0183 大藏經第五十一冊史傳部三／日本大正一切經刊行會編.——臺北："中華佛教文化館影印大藏經委員會",1957

1140頁：圖；26厘米

HSMH（HS-N16F5-029）

附注：

印章：鈐有"胡適的書"朱文方印。

批注圈劃：《弘贊法華傳》頁18,《曆代法寶記》頁179—189,《景德傳燈錄》多卷,《續傳燈錄》多卷,《傳法正宗記》頁715、750,《傳法正宗定祖圖》,《傳法正宗論》卷上、下,《廣清涼傳》頁1101、1120、1121有胡適的紅、藍、綠、黑筆注記、校改與圈劃。

夾紙：頁201、225、580、689、772、867各有夾紙1張。

其他：(1)影印本。(2)精裝。

0184 大藏經第五十二冊史傳部四／日本大正一切經刊行會編.——臺北："中華佛教文化館影印大藏經委員會",1957

860頁：圖；26厘米

HSMH（HS-N16F5-030）

附注：

批注圈劃：《弘明集》頁86—89,《廣弘明集》頁284、285,《北山錄》頁610—614,636,《鐔津文集》頁703、721、722有胡適的紅、綠筆注記、校改

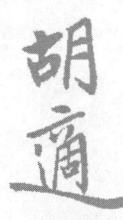

與圈劃。

夾紙：頁 611、703、721 各有夾紙 1 張。

其他：(1)影印本。(2)精裝。

0185 大藏經第五十三冊事彙部上/日本大正一切經刊行會編.——臺北："中華佛教文化館影印大藏經委員會"，1957

1030 頁：圖；26 厘米

HSMH（HS-N16F5-031）

附注：

印章：鈐有"胡適的書"朱文方印。

其他：(1)影印本。(2)精裝。

0186 大藏經第五十四冊事彙部下外教部全/日本大正一切經刊行會編.——臺北："中華佛教文化館影印大藏經委員會"，1957

1290 頁：圖；26 厘米

HSMH（HS-N16F5-032）

附注：

印章：鈐有"胡適的書"朱文方印、"文思安室圖書"朱文方印、"毛子水"白文方印。

批注圈劃：《釋氏要覽》頁 291，292，295，303—305，《一切經音義》多卷，《續一切經音義》頁 939、940、《翻梵語》頁 1033，《翻譯名義集》頁 1055、1056、1085、1086、1091、1092 有胡適的紅筆注記與圈劃。

夾紙：多頁有夾紙。

其他：(1)影印本。(2)精裝。(3)封面後有藍筆注記："中華民國四十六年二月十四日接到子水謹記。"

0187 大藏經第五十五冊目錄部全/日本大正一切經刊行會編.——臺北："中華佛教文化館影印大藏經委員會"，1957

1178 頁：圖；26 厘米

HSMH（HS-N16F5-033）

附注：

印章：鈐有"胡適的書"朱文方印、"文思安室圖書"朱文方印、"毛子水"白文方印。

題記：封底裏有胡適的藍筆注記二則："四十八年四月,子水許我借用這部大藏經。五月三日,全部五十五冊,搬來南港。胡適記","四十八年十二月十六日付子水美金二百五十元,請他把這部大藏經讓我買下來。胡適記"。

批注圈劃：全書多頁有胡適的紅、綠、藍筆注記、校改與圈劃。

夾紙：(1)有夾紙數張。(2)頁138有胡適的手寫筆記紙1張,上有紅筆注記"地獄、太山地獄"等名詞的數字統計。

其他：(1)影印本。(2)精裝。(3)封底裏有藍筆注記："中華民國四七年三月廿一日收到 毛子水記。"

0188 大正新脩大藏經／高楠順次郎編.——東京：大正新脩大藏經刊行會,1960
 1冊；26厘米
 HSMH（HS-N13F3-019）
 附注：

 印章：鈐有"胡適的書"朱文方印。

 題記：內封面有胡適的黑筆注記二則："一九六一年十一月六日,日本京都彙文堂寄到。價三千日圓。胡適","這部再版,印刷甚精"。

 其他：(1)再版。(2)精裝。(3)未知總冊數,館藏第85卷。(4)書背題名"大正新脩大藏經 第八十五卷 古逸部全 疑似部全"。

0189 大莊嚴經論探源／Sylvain Lévi 著；馮承鈞譯述.——上海：商務印書館,1934
 98頁：表；19厘米
 尚志學會叢書
 HSMH（HS-N06F2-004）
 附注：

 印章：書名頁鈐有"胡適的書"朱文方印。

 其他：(1)初版。(2)譯自 *Asvaghosa, le sutralamkara et ses sources*。

0190 戴東原的哲學／胡適著.——上海：商務印書館,1927

1，157 頁；19 厘米

HSMH（HS-N06F3-007）

附注：

　　印章：鈐有"胡適的書"朱文方印。

　　題記：扉頁有胡適的紅筆手寫長篇注記："民國四十二年一月，在東京山本書店買得這一本初版，我很高興。初版（十六年十月）附有正誤表，其中所舉十四處，後來都已修正了。商務印書館對這書的排印校勘，都很用心。高夢旦先生特別鼓勵這部小書的付印。今天重翻此書，不勝感念！胡適　四二，三，廿四　紐約。"

　　批注圈劃：(1)有胡適的紅筆校改與注記。(2)書末正誤表有胡適劃記。

　　其他：(1)初版。(2)精裝。(3)書末粘附正誤表1張。

0191　**戴東原的哲學**/胡適著.——上海：商務印書館，1932

1，157 頁；19 厘米

HSMH（HS-N06F2-031）

附注：

　　印章：鈐有"國立中央研究院歷史語言研究所圖書之記"朱文方印。

　　夾紙：頁72夾有本書出版版本細目之紙卡1張。

　　其他：(1)館藏另有同版本1冊，參見館藏號：N06F3-006。(2)國難後第2版。

0192　**戴東原的哲學**/胡適著.——上海：商務印書館，1932

1，157 頁；19 厘米

HSMH（HS-N06F3-006）

附注：

　　印章：鈐有"胡適的書"朱文方印。

　　題記：(1)封面有胡適朱筆題注："胡適自校本。"(2)扉頁有胡適紅筆手寫長篇注記："此本末葉被撕毀了，所以不能考知版本次數及印行年月。但此是修正後的重印本，毫無可疑。初版（十六年十月）有我的正誤表，指出的十四處，全都改正了。胡適　四二，三，廿四。"

　　批注圈劃：全書多處有胡適的鉛、綠、黑、紅、藍筆注記、圈劃與校改。

其他:(1)國難後第2版。(2)版權頁闕如、内頁略破損。(3)館藏另有同版本1冊可資參考,參見館藏號:N06F2-031。

0193 戴東原集十二卷年譜一卷札記一卷/戴震撰.——上海:商務印書館,1936

167頁;23厘米

四部叢刊初編縮本集部371

HSMH(HS-N11F6-016)

附注:

印章:鈐有"胡適的書"朱文方印。

批注圈劃:多處有胡適的紅、緑、藍、黑、朱筆注記與圈劃。

夾紙:有夾紙1張。

其他:(1)初版。(2)扉頁印有"HONG KONG"字樣。(3)牌記記載"上海商務印書館縮印經韵樓刊本"。

0194 戴東原/梁啟超著.——臺北:臺灣"中華書局",1957

74頁;18厘米

HSMH(HS-N06F5-023)

附注:

印章:鈐有"胡適的書"朱文方印。

其他:臺1版。

0195 戴南山文鈔/戴名世著.——臺北:新興書局,1956

1冊;19厘米

國學基本叢書

HSMH(HS-N07F2-001)

附注:

印章:鈐有"胡適的書"朱文方印。

其他:初版。

0196 丹鉛雜錄八卷/楊慎撰.——臺北:臺灣"商務印書館",1956

1冊;19厘米

國學基本叢書第一集 013

HSMH（HS-N06F4-042）

附注：

 印章：鈐有"胡適的書"朱文方印。

 批注圈劃：有胡適的紅筆校改與注記。

 其他：臺初版。

0197　丹淵集四十卷拾遺二卷/文同撰. ——上海：商務印書館，1936

 2 冊；23 厘米

 四部叢刊初編縮本集部 185，186

 HSMH（HS-N11F4-039）

 附注：

  印章：鈐有"胡適的書"朱文方印。

  其他：(1)初版。(2)扉頁印有"HONG KONG"字樣。(3)第 1 冊牌記記載"上海商務印書館縮印明刊本"。

0198　道家佚書輯本十七種十七卷/馬國翰輯. ——臺北：世界書局，1958

 1 冊；19 厘米

 世界文庫四部刊要中國思想名著之一

 HSMH（HS-N10F3-036）

 附注：

  印章：鈐有"胡適的書"朱文方印。

  其他：初版。

0199　道命錄/李心傳編. ——上海：商務印書館，1937

 2 冊；18 厘米

 叢書集成初編

 HSMH（HS-N10F4-023）

 附注：

  印章：鈐有"胡適的書"朱文方印。

  批注圈劃：(1)第 1 冊序頁 2 末有胡適的黑筆注記："李心傳是史學者，他這部書編的很好,材料搜的很勤,注中記載判斷也大體都很好。例如張浚是朱熹給作行狀的,此書卷三對張浚無怨詞。胡適。"(2)二冊均多處有胡適的黑、紅、藍、鉛、朱筆劃綫、校改與注記。

其他:(1)初版。(2)據知不足齋叢書本排印。

0200 道園學古錄五十卷/虞集撰. ——上海:商務印書館,1936

2冊;23厘米

四部叢刊初編縮本集部300,301

HSMH(HS-N11F5-026)

附注:

印章:鈐有"胡適的書"朱文方印。

批注圈劃:(1)第1冊卷5、22有胡適的黑筆注記與圈劃。(2)第2冊卷45,47—49有胡適的紅、藍、綠筆注記、校改與圈劃。

夾紙:第2冊有夾紙數張。

其他:(1)初版。(2)扉頁印有"HONG KONG"字樣。(3)第1冊牌記記載"上海商務印書館縮印明刊本"。

0201 道藏源流考/陳國符著. ——上海:中華書局,1949

[16],306頁:摺圖,表;19厘米

HSMH(HS-N06F2-013)

附注:

印章:書名頁鈐有"胡適的書"朱文方印。

題記:書名頁有胡適紅筆手寫注記:"陳國符先生曾與我通信。此書印行在1949年七月,我已出國了。今天香港蘇記書莊寄到此冊。一九五五,八,十六,胡適。"

批注圈劃:有胡適的紅、藍筆注記、修改與圈劃。

夾紙:有夾紙數張。

相關記載:1956年3月7日有胡適致楊聯陞函,謂覺得此書大體不錯,參見館藏號HS-LS01-006-004;或參見胡適紀念館編《論學談詩二十年:胡適楊聯陞往來書札》(臺北:聯經出版公司,1998),頁257—259。

其他:初版。

0202 德莫福夫人/亨利 詹姆士著；聶華苓譯. ——臺北：文學雜誌社，1959

88頁；19厘米

文學名著譯叢

HSMH（HS- N15F2-055）

附注：

印章：鈐有"胡適的書"朱文方印。

題記：扉頁有譯者的手寫題贈："獻給適之先生 聶華苓敬獻 四十八年二月。"

其他：初版。

0203 鄧析子一卷/鄧析撰. ——上海：商務印書館，1936

1冊；23厘米

四部叢刊初編縮本子部079

HSMH（HS-N11F3-026）

附注：

印章：鈐有"胡適的書"朱文方印。

批注圈劃：(1)《商子》各卷有胡適的黑、藍筆注記、校改與圈劃。(2)《韓非子》跋有胡適的紅、朱筆注記與圈劃，跋末有胡適朱筆筆記二則："此跋寫顧千里賣書情形，很有趣！適之"，"此三跋都有史料意味，都可以使我們想見當時搜求古書的熱心。適之 一九五〇，七，四"。

其他：(1)初版。(2)扉頁印有"HONG KONG"字樣。(3)牌記記載"上海商務印書館縮印江南圖書館藏明刊本"。(4)與《商子》五卷、《韓非子》二十卷合刊。

0204 帝範及其他一種/唐太宗撰. ——上海：商務印書館，1937

4冊：圖；18厘米

叢書集成初編

HSMH（HS-N10F5-077）

附注：

印章：鈐有"胡適的書"朱文方印。

批注圈劃：(1)第1冊《帝範》序末有胡適的藍筆注記。(2)第1冊《帝王經世圖譜》原序、卷1有胡適的黑筆劃綫與注記。

其他：(1)初版。(2)據版權頁題名。(3)內容：《帝範》、《帝王經世圖譜》。

0205 第一屆國民大會代表全國聯誼會：四十六年度會務概況/著者不詳. ——出版地不詳：出版者不詳，出版年不詳

3，84頁：圖版[3]頁；26厘米

HSMH（HS-N21F1-019）

附注：

與胡適的關係：附錄《旅美代表同仁于斌胡適等集會對大法官國會問題解釋文表示擁護》一文。

0206 第一屆國民大會代表四十七年度年會年刊/著者不詳. ——出版地不詳：出版者不詳，出版年不詳

2，53頁：圖版[6]頁；26厘米

HSMH（HS-N21F1-020）

0207 第一屆國民大會代表通訊錄/"國民大會"秘書處編印. ——臺北："國民大會"秘書處，1959

[2]，126頁；15厘米

HSMH（HS-N18F3-013）

0208 第一屆國民大會第三次會議報到代表通訊錄/著者不詳. ——出版地不詳：出版者不詳，出版年不詳

20，150，[8]頁；20厘米

HSMH（HS-N18F3-031）

附注：

批注圈劃：頁90、123有胡適的紅筆劃綫。

0209 第一屆國民大會第三次會議特刊國民大會通訊第八期/第一屆"國民大會代表

全國聯誼會"編.——出版地不詳：第一屆"國民大會代表全國聯誼會",1960

[1],34頁：圖版[5]頁；26厘米

HSMH（HS-N21F1-021）

附注：

其他：圖版收錄1959年度年會開幕主席胡適致開會詞的照片。

0210 地質學講話/阮維周著.——臺北："中華文化出版事業委員會",1953

[6],281頁：圖,表；19厘米

"現代國民基本知識叢書"

HSMH（HS-N15F2-063）

附注：

印章：鈐有"胡適的書"朱文方印。

題記：(1)封面有胡適的藍筆注記："作者寄贈 適之。"(2)內封面有阮維周的毛筆題贈："適之學長指正 著者敬贈。"

其他：初版。

0211 地質學講話/阮維周著.——臺北："中華文化出版事業委員會",1955

[5],281,2頁：圖,表；19厘米

"現代國民基本知識叢書"第一輯

HSMH（HS-N08F2-039）

附注：

印章：鈐有"胡適的書"朱文方印。

題記：封面有作者手寫題贈："適之校長 指正 晚維周敬贈。"

其他：再版。

0212 雕蟲集/王平陵著.——香港："自由出版社",1955

[8],221頁；18厘米

HSMH（HS-N15F1-006）

附注：

印章：鈐有"胡適的書"朱文方印。

題記：內封面有作者的毛筆題贈："適之先生賜正 王平陵敬贈 四九,

二,十。"

0213 丁故總幹事文江逝世廿週年紀念刊/"中央研究院"院刊編輯委員會編.——臺北:"中央研究院",1956

537 頁:像,表;26 厘米

"中央研究院"院刊第三輯

HSMH(HS-N17F5-028)

附注:

與胡適的關係:收錄胡適《丁文江的傳記》一文。

其他:初版。

0214 丁卯集二卷/許渾撰.——上海:商務印書館,1936

1 冊;23 厘米

四部叢刊初編縮本集部 167

HSMH(HS-N11F4-025)

附注:

印章:鈐有"胡適的書"朱文方印。

其他:(1)初版。(2)扉頁印有"HONG KONG"字樣。(3)牌記記載"上海商務印書館縮印常熟歸氏藏影宋寫本"。

0215 丁文江的傳記/胡適著.——臺北:"中央研究院",1956

[1],121 頁;26 厘米

"中央研究院"院刊第三輯

HSMH(HS-N06F3-020)

附注:

印章:鈐有"胡適的書"朱文方印。

題記:封面有胡適的手寫注記:"一個老朋友的傳記,留給冬秀看看。適之。"

內附文件:書末粘貼剪報一則,有胡適的藍筆注記報刊名稱與時間,參見館藏號:HS-NK05-321-012。

其他:"中央研究院"故總幹事丁文江先生逝世廿週年紀念刊抽印本。

0216 丁文江的傳記/胡適著.──臺北:"中央研究院",1956

121 頁;26 厘米

"中央研究院"院刊第三輯

HSMH(HS-N06F4-036)

附注:

　　印章:一冊鈐有"胡適的書"朱文方印。

　　題記:館藏一冊封面有胡適手寫注記:"自用校本 適之。"

　　批注圈劃:"自用校本"冊頁 75 有胡適的黑筆注記。

　　夾紙:(1)"自用校本"冊頁 75 有夾紙 1 張。(2)館藏一冊頁 81 夾有胡適手寫紅筆夾紙 1 張,上注記:"81 頁 4 行(震)應作(振)。"

　　相關記載:1959 年 12 月 29 日有王晉屏致胡適函,內容與"自用校本"冊頁 75 胡適的黑筆注記可互參照,參見館藏號:HS-NK04-011-008。

　　其他:"中央研究院"故總幹事丁文江先生逝世廿週年紀念刊抽印本。

0217 丁文江的傳記/胡適編.──臺北:啓明書局,1960

[1],128 頁;21 厘米

HSMH(HS-N06F4-035)

附注:

　　印章:館藏二冊鈐有"胡適的書"朱文方印。

　　批注圈劃:館藏一冊偶有藍筆劃記。

　　與胡適的關係:封面書名係由胡適所題簽。

　　其他:再版。

0218 訂正康熙字典/張玉書等撰;渡部温訂正.──臺北:藝文印書館,1957

2 冊;19 厘米

HSMH(HS-N12F2-001)

附注:

　　印章:鈐有"胡適的書"朱文方印。

　　批注圈劃:下冊頁 2630 有胡適的紅筆校改。

　　夾紙:下冊頁 2630 有夾紙 1 張。

其他:(1)初版。(2)精裝。

0219 **定盦文集**/龔自珍撰. ——上海:商務印書館,1936

1 冊;23 厘米

四部叢刊初編縮本集部 396

HSMH(HS-N11F6-026)

附注:

　　印章:鈐有"胡適的書"朱文方印。

　　批注圈劃:《文集補古今體詩》卷上、下有胡適的藍筆注記與圈劃。

　　其他:(1)初版。(2)扉頁印有"HONG KONG"字樣。(3)牌記記載"上海商務印書館縮印錢唐吳煦原刊本"。(4)與《定盦文集補編》合刊。

0220 **東槎紀略五卷**/姚瑩著. ——臺北:臺灣銀行,1957

[5],126 頁;19 厘米

臺灣文獻叢刊第七種

HSMH(HS-N09F2-009)

附注:

　　印章:鈐有"胡適的書"朱文方印。

0221 **東漢會要四十卷目錄一卷**/徐天麟撰. ——臺北:世界書局,1960

[22],438 頁;19 厘米

中國學術名著歷代會要第一期書 3

HSMH(HS-N11F2-004)

附注:

　　印章:鈐有"胡適的書"朱文方印。

　　其他:(1)初版。(2)精裝。

0222 **東萊呂紫微師友雜志及其他一種**/呂本中撰. ——出版地不詳:商務印書館,1939

1 冊;18 厘米

叢書集成初編

HSMH（HS-N10F5-046）

附注：

印章：鈐有"胡適的書"朱文方印。

批注圈劃：(1)牌記有胡適的黑筆注記："呂本中童蒙訓有當歸草堂叢書本。"(2)全書多處有胡適的黑、藍、棕筆注記與圈劃。(3)書末有胡適的各色筆記三則："一九五三，二，十四夜，胡適重讀一遍，很有感動"，"五，一，三次讀一過"，"一九五五，三，卅一，四次讀一過"。

夾紙：有夾紙1張。

其他：(1)初版。(2)據版權頁題名。(3)內容：《東萊呂紫微師友雜志》、《紫微雜説》。

0223 東南紀事十二卷/邵廷采著.——臺北：臺灣銀行，1961

[8]，158頁；19厘米

臺灣文獻叢刊第九十六種

HSMH（HS-N09F2-040）

附注：

印章：鈐有"胡適的書"朱文方印。

0224 東南亞通史/D. G. E. Hall 著；黎東方譯.——臺北："中華文化出版事業社"，1961

2冊；19厘米

"現代國民基本知識叢書"第六輯

HSMH（HS-N10F1-031）

附注：

其他：初版。

0225 東坡烏臺詩案及其他二種/朋九萬撰.——出版地不詳：商務印書館，1939

2冊；18厘米

叢書集成初編

HSMH（HS-N10F5-075）

附注：

印章:鈐有"胡適的書"朱文方印。

其他:(1)初版。(2)據版權頁題名。(3)內容:《東坡烏臺詩案》、《詩讞》、《龍筋鳳髓判》。

0226 東維子文集三十一卷/楊維楨撰.——上海:商務印書館,1936

263 頁;23 厘米

四部叢刊初編縮本集部 312

HSMH（HS-N11F5-035）

附注:

印章:鈐有"胡適的書"朱文方印。

其他:(1)初版。(2)扉頁印有"HONG KONG"字樣。(3)牌記記載"上海商務印書館縮印江南圖書館藏鳴野山房舊鈔本"。

0227 東洋天文學史研究/新城新藏著;沈璿譯.——上海:中華學藝社,1933

[14],674 頁:表;23 厘米

HSMH（HS-N07F6-006）

附注:

印章:鈐有"胡適的書"朱文方印。

其他:精裝。

0228 東瀛紀事二卷/林豪著.——臺北:臺灣銀行,1957

[8],69 頁;19 厘米

臺灣文獻叢刊第八種

HSMH（HS-N09F2-010）

附注:

印章:鈐有"胡適的書"朱文方印。

0229 東瀛識略八卷/丁紹儀著.——臺北:臺灣銀行,1957

3,114 頁;19 厘米

臺灣文獻叢刊第二種

HSMH（HS-N09F2-004）

附注：

　　印章:鈐有"胡適的書"朱文方印。

0230 東齋記事及其他二種/著者不詳.——上海:商務印書館,1936

　　2冊;18厘米

　　叢書集成初編

　　HSMH(HS-N10F4-008)

　　附注：

　　　　印章:鈐有"胡適的書"朱文方印。

　　　　批注圈劃:第1冊有胡適的黑、紅筆劃綫、校改與注記。

　　　　其他:(1)初版。(2)内容:《東齋記事》、《國老談苑》、《涑水記聞》。

0231 東征集六卷/藍鼎元著.——臺北:臺灣銀行,1958

　　[12],107頁;19厘米

　　臺灣文獻叢刊第十二種

　　HSMH(HS-N09F2-014)

　　附注：

　　　　印章:鈐有"胡適的書"朱文方印。

0232 董解元西廂/董解元著.——臺北市:啓明書局,1961

　　1冊;19厘米

　　世界文學大系中國之部7

　　HSMH(HS-N11F1-009)

　　附注：

　　　　印章:鈐有"胡適的書"朱文方印。

　　　　其他:(1)初版。(2)精裝。

0233 鬥争十八年/司馬璐著.——香港:亞洲出版社,1953

　　[20],288頁;18厘米

　　HSMH(HS-N08F2-006)

　　附注：

印章:鈐有"胡適的書"朱文方印。

其他:再版。

0234 讀韓非子札記/陶鴻慶著.——臺北:藝文印書館,出版年不詳

1 冊;19 厘米

HSMH(HS-N10F3-017)

附注:

印章:鈐有"胡適的書"朱文方印。

0235 讀淮南子札記/陶鴻慶著.——臺北:藝文印書館,出版年不詳

1 冊;19 厘米

HSMH(HS-N10F3-048)

附注:

印章:鈐有"胡適的書"朱文方印。

0236 讀老莊札記/陶鴻慶著.——臺北:藝文印書館,出版年不詳

[72]頁;19 厘米

HSMH(HS-N10F3-027)

附注:

印章:鈐有"胡適的書"朱文方印。

0237 讀墨子札記/陶鴻慶著.——臺北:藝文印書館,出版年不詳

[64]頁;19 厘米

HSMH(HS-N10F3-026)

附注:

印章:鈐有"胡適的書"朱文方印。

0238 讀史兵略四十六卷/胡林翼纂.——臺北:藝文印書館,1956

770 頁;26 厘米

HSMH(HS-N09F6-003)

附注:

印章：鈐有"胡適的書"朱文方印。

其他：(1)據清咸豐十一年(1861)武昌節署刊本影印。(2)精裝。

0239 讀史兵略續編十卷/胡林翼纂. ——臺北：藝文印書館，1958

421 頁；26 厘米

HSMH（HS-N09F6-004）

附注：

印章：鈐有"胡適的書"朱文方印。

其他：(1)初版。(2)精裝。(3)據清光緒二十八年(1902)湘省學堂刊本影印。

0240 讀書叢錄/洪頤煊撰. ——出版地不詳：商務印書館，1939

127 頁；18 厘米

叢書集成初編

HSMH（HS-N10F5-056）

附注：

印章：鈐有"胡適的書"朱文方印。

其他：(1)初版。(2)據史學叢書本排印。

0241 讀書說及其他一種/胡承諾著. ——上海：商務印書館，1936

2 冊；18 厘米

叢書集成初編

HSMH（HS-N10F5-059）

附注：

印章：鈐有"胡適的書"朱文方印。

其他：(1)初版。(2)據版權頁題名。(3)內容：《讀書說》、《常語筆存》。

0242 讀通鑑論三十卷末一卷/王夫之著. ——臺北：藝文印書館，1957

10 冊；15 厘米

藝文叢書 2001

HSMH（HS-N07F3-023）

附注：

印章：鈐有"胡適的書"朱文方印。

其他：(1)初版。(2)據清同治四年(1865)湘鄉曾氏刊本影印。

0243 杜松人考/李璜著. ——出版地不詳：出版者不詳，出版年不詳

2, 41 頁：圖；19 厘米

HSMH（HS-N15F2-001）

附注：

印章：鈐有"胡適的書"朱文方印。

題記：內封面有李璜的手寫題贈："贈中央研究院歷史語言研究所 著者 四九，七，七。"

0244 杜威羅素演講錄合刊/張靜廬編輯. ——上海：泰東圖書局，1921

52 頁；19 厘米

HSMH（HS-N15F2-009）

附注：

印章：封面蓋有"香港學藝專科學院"印戳，鈐有"胡適的書"朱文方印。

其他：(1)初版。(2)封面有手寫注記："Yhacc 1/10/1921 Nanking"；多頁有黑筆注記與圈劃，但非胡適筆迹。

其他：精裝。

0245 短篇小說第一集/胡適譯. ——上海：亞東圖書館，1933

[5], 182 頁；19 厘米

HSMH（HS-N06F3-009）

附注：

題記：封面有胡適的紅筆注記："第十八版，今日寄來。胡適，一九五〇，十二，十二。"

夾紙：頁 24 夾有書籍版次記錄紙卡 3 張。

相關記載：(1)1950 年 11 月 6 日上海亞東圖書館致胡適函，說明已搜集《短篇小說》1、2 集各 2 本及嘗試集 1 本，參見館藏號：HS-NK05-142-001。(2)爲 1958 年第二批自紐約寓所運送來臺的書籍之一，參見館藏

643

號：HS-NK05-215-005。

其他：18 版。

0246 短篇小説第二集/胡適譯. ——上海：亞東圖書館，1934

［4］，136 頁；19 厘米

HSMH（HS-N06F3-010）

附注：

題記：封面有胡適的紅筆注記："再版一本，今天收到。胡適 卅九，十二，十二。"

批注圈劃：有胡適的黑筆注記與校改。

相關記載：(1)1950 年 11 月 6 日上海亞東圖書館致胡適函，説明已蒐集《短篇小説》1、2 集各 2 本及嘗試集 1 本，參見館藏號：HS-NK05-142-001。(2)爲 1958 年第二批自紐約寓所運送來臺的書籍之一，參見館藏號：HS-NK05-215-005。

其他：再版。

0247 短篇小説第二集/胡適譯. ——上海：亞東圖書館，1937

［4］，136 頁；18 厘米

HSMH（HS-N06F2-036）

附注：

題記：封面有胡適的藍筆注記："李敖先生用重價訪得的。適之 五十，十，十七。"

其他：3 版。

0248 短篇小説選第二集/夏濟安主編；聶華苓等著. ——臺北：文學雜誌社，1958

［3］，160 頁；19 厘米

文學叢刊

HSMH（HS-N17F6-028）

附注：

題記：扉頁有著者的手寫題贈："獻給適之先生 聶華苓敬上 四十八年二月。"

其他:(1)初版。(2)内文偶有黑筆校改,應爲聶華苓校正筆迹。

0249 斷句十三經經文/編者不詳.——出版地不詳:開明書店,出版年不詳

1 冊;19 厘米

HSMH（HS-N10F2-002）

附注:

印章:鈐有"胡適"朱文長方印。

批注圈劃:《尚書》偶有胡適的藍筆劃綫與圈點。

0250 敦煌變文/楊家駱主編.——臺北:世界書局,1961

2 冊;19 厘米

中國俗文學叢刊第一集

HSMH（HS-N10F1-001）

附注:

印章:鈐有"胡適的書"朱文方印。

批注圈劃:下冊第 6、8 編有胡適的紅筆圈點與注記。

夾紙:下冊有夾紙數張。

其他:(1)初版。(2)精裝。

0251 敦煌變文彙録/周紹良編.——上海:上海出版公司,1955

[32],422 頁:書影;18 厘米

中國文藝研究叢書

HSMH（HS-N10F1-002）

附注:

印章:鈐有"胡適的書"朱文方印。

批注圈劃:(1)周紹良敍末有胡適的紅筆筆記:"此君似是周汝昌的哥哥緝堂。他作《紅樓夢新證》的跋,尾題'一九五三,五,二十,於津沽'。與此尾題相似。適之。"(2)有胡適的紅、緑筆圈劃與注記。

夾紙:有夾紙 2 張。

其他:增訂第 2 版。

0252 敦煌論語影本敍錄/陳鐵凡著.——臺北：臺灣師範大學出版組，1960

[26]頁；16厘米

HSMH（HS-N17F4-005）

附註：

  印章：鈐有"胡適的書"朱文方印。

  題記：封面後有作者的手寫題贈："適之先生賜教 晚學陳鐵凡敬贈 一九六〇，五，四。"

  夾紙：夾有信封殘片1張，上有藍筆注記："已復，四九，六，廿八。"

  其他：初版。

0253 敦煌秘籍留真新編二卷/神田喜一郎輯；陸志鴻編.——臺北：臺灣大學，1947

2冊；20厘米

HSMH（HS-N01F3-021）

附註：

  印章：二冊書名頁、目錄均鈐有"胡適的書"朱文方印。

  批注圈劃：序二有胡適的藍筆眉批及圈點。

  其他：(1)影印本。(2)精裝。(3)本書據日人神田氏景攝伯希和氏藏巴黎之敦煌寫本整裝本影印。

0254 敦煌曲初探/任二北著.——上海：上海文藝聯合出版社，1954

[34]，493頁：表；21厘米

中國戲曲理論叢書

HSMH（HS-N06F6-007）

附註：

  印章：鈐有"胡適的書"朱文方印。

  其他：第1版。

0255 敦煌唐寫本壇經/胡適編.——出版地不詳：出版者不詳，出版年不詳

1冊；30厘米

HSMH（HS-N05F5-011）

附注：

　　题记：首页有胡适红笔长篇注记："此本原为 Sir Aurel Stein 从敦煌取去。到1926年，日本矢吹庆辉博士（Keiki Yibuki）从敦煌照相带回日本。……1927年，我请 Dr. Lionel Giles 依原本大小，照相寄全本给我。此系陈世襄先生从伦敦照回来的 micro film，我借来放大的。胡适。"

　　批注圈划：有胡适的红、黑、铅笔注记与金承艺的红笔笔记。

　　与胡适的关系：胡适以朱笔题签"敦煌唐写本坛经"，"一九五一，九月影本 胡适"。

　　其他：(1)精装。(2)此册系胡适辑订照片并装订成册，共计46张。(3)本册书名系由胡适所题签。

0256 俄罗斯简史/Richard D. Charques 著；胡叔仁译.——香港：友联出版社，1958

　　[7]，287，14 页：地图；21 厘米

　　HSMH（HS-N07F4-012）

　　附注：

　　　　印章：钤有"胡适的书"朱文方印。

　　　　其他：初版。

0257 俄罗斯民间故事/知堂译.——香港：大公书局，1952

　　[4]，157 页；19 厘米

　　大公翻译丛书之一

　　HSMH（HS-N15F2-084）

　　附注：

　　　　印章：钤有"胡适的书"朱文方印。

　　　　批注圈划：页157有胡适的蓝笔注记："'请你给我问一声吧？'《西游记》中的老龟托唐僧问的信，就是这一类的结构。适之。"

　　　　其他：港初版。

0258 儿女英雄传/文康著；汪原放句读.——上海：亚东图书馆，1925

　　2册；19 厘米

　　HSMH（HS-N07F6-028）

附注：

印章：二冊均鈐有"胡適"朱文長方印。

與胡適的關係：上冊收錄胡適《兒女英雄傳序》一文。

其他：精裝。

0259 二程粹言二卷/楊時編輯. ——上海：商務印書館，1936

[2], 103 頁；18 厘米

叢書集成初編

HSMH（HS-N10F5-044）

附注：

印章：鈐有"胡適的書"朱文方印。

其他：據正誼堂叢書本排印。

其他：初版。

0260 二老堂雜志/周必大撰. ——上海：商務印書館，1936

104 頁；18 厘米

叢書集成初編

HSMH（HS-N10F4-014）

附注：

印章：鈐有"胡適的書"朱文方印。

其他：(1)初版。(2)據學海類編本影印。

0261 二十五史補編/二十五史刊行委員會編. ——臺北：臺灣開明書店，1959

6 冊：圖，表；27 厘米

HSMH（HS-N12F2-003）

附注：

印章：鈐有"胡適的書"朱文方印。

批注圈劃：第 1 冊總目有胡適的綠筆注記與劃綫。

其他：臺 1 版。

0262 二十五史人名索引/二十五史刊行委員會編. ——北京：中華書局，1956

518 頁；19 厘米

HSMH（HS-N11F2-015）

附注：

　　印章：鈐有"胡適的書"朱文方印。

　　題記：扉頁有胡適的藍筆注記："袁守和兄寄贈。"

　　批注圈劃：頁221、265、468、471、504、508有胡適的紅筆圈劃。

　　其他：(1)第1版。(2)精裝。(3)據1935年開明書店原版重印。

0263 法寶總目錄／高楠順次郎編．——臺北：建康書局，1957

　　3冊；27厘米

　　HSMH（HS-N13F3-016）

　　附注：

　　　印章：各冊均鈐有"胡適的書"朱文方印、"胡適校書記"朱文長方印。

　　　批注圈劃：(1)第1冊目次、《大正新脩大藏經總目錄》、多頁有胡適的紅、綠、黑筆注記、校改與圈劃。(2)第2冊目次、多頁有胡適的紅、綠、黑、藍筆注記與圈劃。(3)第3冊目次、多頁有胡適的紅筆注記與圈劃。

　　　夾紙：各冊均有夾紙。

　　　其他：精裝。

0264 法國第五共和憲法／劉鵬九譯．——臺北："新中國評論社"，1958

　　[1]，34頁；19厘米

　　"新中國評論叢書"

　　HSMH（HS-N17F2-016）

　　附注：

　　　印章：鈐有"胡適的書"朱文方印。

　　　批注圈劃：偶有胡適的綠筆劃綫。

0265 法顯傳考證／足立喜六著；何健民，張小柳合譯．——上海：國立編譯館，1937

　　[14]，302，[19]頁：彩色摺圖；23厘米

　　HSMH（HS-N06F1-030）

　　附注：

印章:鈐有"胡適的書"朱文方印。

批注圈劃:(1)有胡適的紅、藍、綠、黑、鉛筆劃綫、圈點與注記。(2)地圖有胡適的藍筆英文注記。

夾紙:有夾紙6張。

其他:初版。

0266 法言義疏/汪榮寶撰.——臺北:藝文印書館,出版年不詳

2冊;19厘米

HSMH(HS-N10F3-049)

附注:

印章:鈐有"胡適的書"朱文方印。

0267 法苑珠林一百二十卷/釋道世撰.——上海:商務印書館,1936

8冊;23厘米

四部叢刊初編縮本子部113—120

HSMH(HS-N11F3-050)

附注:

印章:鈐有"胡適的書"朱文方印。

批注圈劃:(1)第1冊有胡適的朱、紅、藍、黑筆注記、校改與圈劃。(2)第2冊卷30多處有胡適的紅筆注記與圈劃。(3)第3、4、6、7、8冊有胡適的朱、紅、鉛筆注記與圈劃。

夾紙:多冊有夾紙數張。

摺頁:第6冊卷81頁977有一處摺角。

其他:(1)初版。(2)扉頁印有"HONG KONG"字樣。(3)第1冊牌記記載"上海商務印書館縮印明萬曆刊本"。

0268 法住記及所記阿羅漢考/Sylvain Lévi, Edouard Chavannes 著;馮承鈞譯述.——上海:商務印書館,1933

[5],151頁;19厘米

尚志學會叢書

HSMH(HS-N06F2-005)

附注：

    印章：書名頁鈐有"胡適的書"朱文方印。

    批注圈劃：有胡適的藍、鉛筆注記與勾劃。

    其他：國難後第1版。

0269 番社采風圖考/六十七著.──臺北：臺灣銀行，1961

    6，104頁：圖；19厘米

    臺灣文獻叢刊第九十種

    HSMH（HS-N09F2-034）

附注：

    印章：鈐有"胡適的書"朱文方印。

0270 翻譯名義集七卷/釋法雲撰.──上海：商務印書館，1936

    239頁；23厘米

    四部叢刊初編縮本子部121

    HSMH（HS-N11F3-051）

附注：

    印章：鈐有"胡適的書"朱文方印。

    批注圈劃：序、卷1—5有胡適的紅、藍、朱筆注記與圈劃。

    夾紙：有夾紙數張。

    其他：(1)初版。(2)扉頁印有"HONG KONG"字樣。(3)牌記記載"上海商務印書館縮印南海潘氏藏宋本"。

0271 反切直圖/編者不詳.──出版地不詳：出版者不詳，出版年不詳

    [50]頁：圖；24厘米

    HSMH（HS-N21F1-002）

附注：

    題記：扉頁有胡適黑筆手寫注記："《反切直圖》一冊，是我十三歲在家學'反切'時的課本。教師徐奮鵬先生是一個遊方學者，從江西來。此書前十頁（五葉半）是我自己鈔的，其餘是禹臣師鈔的。同學的有禹臣師、近仁叔、觀爽兄。此外似還有一人。適之。"

批注圈劃:全書有紅、朱筆圈點、修改及黑筆眉批。

0272 樊川文集二十卷外集一卷別集一卷/杜牧撰. ——上海:商務印書館,1936

188 頁;23 厘米

四部叢刊初編縮本集部 165

HSMH(HS-N11F4-023)

附注:

印章:鈐有"胡適的書"朱文方印。

批注圈劃:多處有胡適的紅、黑筆注記、校改與圈劃。

其他:(1)初版。(2)扉頁印有"HONG KONG"字樣。(3)牌記記載"上海商務印書館縮印江南圖書館藏明翻宋刊本"。

0273 范德機詩集七卷/范梈撰. ——上海:商務印書館,1936

[186]頁;23 厘米

四部叢刊初編縮本集部 303

HSMH(HS-N11F5-028)

附注:

印章:鈐有"胡適的書"朱文方印。

其他:(1)初版。(2)扉頁印有"HONG KONG"字樣。(3)牌記記載"上海商務印書館縮印江安傅氏雙鑑樓藏影鈔元刊本"。

0274 販書偶記二十卷/孫殿起録. ——北京:中華書局,1959

[7],797 頁;19 厘米

HSMH(HS-N06F4-037)

附注:

印章:鈐有"胡適的書"朱文方印。

夾紙:(1)有夾紙 1 張。(2)頁 433 夾有"中央研究院"歷史語言研究所便箋 1 張,上有藍筆手寫注記:"此書係袁守和先生託人由香港轉來送胡院長 勞榦。"

其他:(1)上海第 1 版。(2)精裝。

0275 樊榭山房集/厲鶚撰．——上海：商務印書館，1936

 2 冊；23 厘米

 四部叢刊初編縮本集部 368,369

 HSMH（HS-N11F6-014）

 附注：

  印章：鈐有"胡適的書"朱文方印。

  批注圈劃：(1)第 1 冊《墓碣銘》、《軼事》、卷 7、續集卷 2—5 有胡適的朱、黑、紅筆注記與圈劃。(2)第 2 冊續集卷 6，文集卷 3—5,7 有胡適的朱、黑筆注記與圈劃。

  夾紙：二冊均有夾紙。

  其他：(1)初版。(2)扉頁印有"HONG KONG"字樣。(3)第 1 冊牌記記載"上海商務印書館縮印振綺堂刊本"。(4)第 1 冊書名頁題名"樊榭山房全集"。

0276 方望溪先生全集文集十八卷集外文十卷補遺二卷/方苞撰．——上海：商務印書館，1936

 2 冊；23 厘米

 四部叢刊初編縮本集部 366,367

 HSMH（HS-N11F6-013）

 附注：

  印章：鈐有"胡適的書"朱文方印。

  批注圈劃：(1)第 1 冊卷 10 有胡適的紅筆注記與圈劃。(2)第 2 冊《年譜》、《年譜附錄》有胡適的紅筆注記與圈劃。

  夾紙：第 1 冊有夾紙數張。

  其他：(1)初版。(2)扉頁印有"HONG KONG"字樣。(3)第 1 冊牌記記載"上海商務印書館縮印戴氏原刊本"。

0277 方言十三卷/揚雄撰．——上海：商務印書館，1936

 1 冊；23 厘米

 四部叢刊初編縮本經部 015

 HSMH（HS-N11F2-029）

附注：

印章：鈐有"胡適的書"朱文方印。

其他：(1)初版。(2)牌記記載"上海商務印書館縮印江安傅氏雙鑑樓藏宋刊本"。(3)與《釋名》八卷合刊。

0278 訪美雜記／桂裕著.——臺北：三省書店，1959

2，108 頁：圖；19 厘米

HSMH（HS-N17F6-017）

附注：

印章：鈐有"胡適的書"朱文方印、"桂裕"朱文方印。

題記：內封面有作者的手寫題贈："適之先生教正 桂裕敬上 二月廿一日。"

批注圈劃：頁1有胡適的藍筆注記年份。

夾紙：夾有信封殘片1張。

其他：初版。

0279 訪問自由中國紀實／雅曼著；王曾善譯.——臺北："英文自由中國評論社"，1957

[1]，24 頁；19 厘米

HSMH（HS-N18F3-046）

0280 放射性同位素之臨床外科使用／高天成著.——出版地不詳：臺灣醫學會，1958

667—691 頁：圖；26 厘米

臺灣醫學會雜誌第 57 卷第 10 號

HSMH（HS-N18F1-015）

附注：

題記：封面有著者的毛筆題贈："胡院長指正 高天成謹呈。"

0281 翡翠貓／聶華苓著.——臺北：明華書局，1959

[1]，168 頁；19 厘米

创作小说

HSMH（HS-N17F6-029）

附注：

　　印章：钤有"胡适的书"朱文方印。

　　题记：扉页有作者的手写题赠："适之先生：聂华苓谨赠 四十八年十月。"

0282 匪党内部"反右派鬥争"之分析/"司法行政部"调查局编.——臺北："司法行政部"调查局，1957

　　[1]，55 页；19 厘米

　　"匪情研究专报"

　　HSMH（HS-N08F2-055）

　　附注：

　　　　印章：钤有"胡适的书"朱文方印。

0283 匪党新整风运动之剖析/"司法行政部"调查局编.——臺北："司法行政部"调查局，1957

　　3，128 页；19 厘米

　　"匪情研究专报"

　　HSMH（HS-N08F2-005）

　　附注：

　　　　印章：钤有"胡适的书"朱文方印。

0284 匪区电力工业发展概况/"司法行政部"调查局编.——臺北："司法行政部"调查局，1959

　　6，141 页；19 厘米

　　"匪情研究专报"

　　HSMH（HS-N08F2-029）

　　附注：

　　　　印章：钤有"胡适的书"朱文方印。

0285 匪区钢铁工业发展概况/"司法行政部"调查局编.——臺北："司法行政部"

調查局,1959

[1],136 頁;19 厘米

"匪情研究專報"

HSMH(HS-N08F2-013)

附注:

印章:鈐有"胡適的書"朱文方印。

夾紙:夾手寫便條紙 1 張。

0286 匪區各界反共言論輯要/"司法行政部"調查局編印.——臺北:"司法行政部"調查局,1957

[10],420 頁:表;19 厘米

"匪情研究專報"

HSMH(HS-N07F4-037)

附注:

印章:鈐有"胡適的書"朱文方印。

0287 匪區各界反共言論輯要續輯/"司法行政部"調查局編印.——臺北:"司法行政部"調查局,1958

[9],146 頁:表;19 厘米

"匪情研究專報"

HSMH(HS-N07F4-038)

附注:

印章:鈐有"胡適的書"朱文方印。

0288 匪區水利事業剖析/"司法行政部"調查局編.——臺北:"司法行政部"調查局,1960

8,225 頁;19 厘米

"匪情研究專報"

HSMH(HS-N08F2-011)

附注:

印章:鈐有"胡適的書"朱文方印。

0289 匪偽各級政權機關的組織與運用/"司法行政部"調查局編.——臺北:"司法行政部"調查局,1960

[1],44頁:表;19厘米

"匪情研究專報"

HSMH(HS-N08F2-060)

附注:

印章:鈐有"胡適的書"朱文方印。

0290 匪偽重要人事名冊/"司法行政部"調查局編.——臺北:"司法行政部"調查局,1959

[4],190頁;19厘米

"匪情研究專報"

HSMH(HS-N08F2-027)

附注:

印章:鈐有"胡適的書"朱文方印。

0291 分類補註李太白詩三十卷/楊齊賢集註;蕭士贇補注.——上海:商務印書館,1936

2冊;23厘米

四部叢刊初編縮本集部141,142

HSMH(HS-N11F4-006)

附注:

印章:鈐有"胡適的書"朱文方印。
其他:(1)初版。(2)第1冊牌記題"李太白詩文"。(3)扉頁印有"HONG KONG"字樣。(4)第1冊牌記記載"上海商務印書館縮印蕭山朱氏藏明郭雲鵬刊本"。

0292 分門集註杜工部詩二十五卷/杜甫撰;佚名集注.——上海:商務印書館,1936

2冊;23厘米

四部叢刊初編縮本集部 143,144

HSMH（HS-N11F4-007）

附注：

　　印章：鈐有"胡適的書"朱文方印。

　　批注圈劃：(1)第 1 冊序,《年譜》,卷 6、7 有胡適的紅、黑筆校改與圈劃。(2)第 2 冊卷 18 有胡適的紅筆圈點。

　　夾紙：第 2 冊卷 18 有夾紙 1 張。

　　內附文件：第 1 冊卷 7 頁 141 夾有剪報一則,上有胡適的黑筆校改。

　　其他：(1)初版。(2)扉頁印有"HONG KONG"字樣。(3)第 1 冊牌記記載"上海商務印書館縮印南海潘氏藏宋本"。

0293　風暴十年：中國紅色政權的真面貌/周鯨文著.——香港：時代批評社,1959

[14], 588 頁；21 厘米

HSMH（HS-N17F6-061）

附注：

　　批注圈劃：偶有胡適的紅、藍筆劃綫。

　　夾紙：有夾紙 1 張。

　　其他：初版。

0294　風人絕句/沈達夫著.——鳳山：達風,1958

[22], 68, [10]頁；19 厘米

HSMH（HS-N07F3-012）

附注：

　　印章：鈐有"胡適的書"朱文方印。

0295　風俗通義十卷/應劭撰.——上海：商務印書館,1936

73 頁；23 厘米

四部叢刊初編縮本子部 100

HSMH（HS-N11F3-043）

附注：

　　印章：鈐有"胡適的書"朱文方印。

批注圈劃:(1)牌記有胡適的紅筆注記:"此似是活字本。看此本每半葉九行,行十七字,皆似錫山活字款式。"(2)序、卷1—3 有胡適的紅、藍筆注記與圈劃。

夾紙:有夾紙 1 張。

其他:(1)初版。(2)扉頁印有"HONG KONG"字樣。(3)牌記記載"上海商務印書館縮印常熟瞿氏藏元本"。

0296 風雨窗前/吳濁流著. ——苗栗:文獻書局,1958
　　[12],156 頁:圖;19 厘米
　　HSMH(HS-N15F2-023)
　　附注:
　　　印章:鈐有"胡適的書"朱文方印、"吳濁流印"朱文方印。
　　　題記:扉頁有吳濁流的手寫題贈:"胡適先生 著者敬贈。"
　　　夾紙:夾有信封殘片 1 張。

0297 封氏聞見記校注/封演撰;趙貞信校注. ——北京:中華書局,1958
　　13,103 頁:圖;19 厘米
　　HSMH(HS-N07F4-029)
　　附注:
　　　印章:鈐有"胡適的書"朱文方印。
　　　其他:第 1 版。

0298 豐鎬考信別錄/崔述著. ——上海:商務印書館,1937
　　59 頁;18 厘米
　　叢書集成初編
　　HSMH(HS-N10F5-008)
　　附注:
　　　印章:鈐有"胡適的書"朱文方印。
　　　其他:(1)初版。(2)據畿輔叢書本排印。

0299 豐鎬考信錄/崔述著. ——上海:商務印書館,1937

2 冊；18 厘米

叢書集成初編

HSMH（HS-N10F5-007）

附注：

　　印章：鈐有"胡適的書"朱文方印。

　　其他：(1)初版。(2)據畿輔叢書本排印。

0300 鳳山縣采訪冊/盧德嘉著. ——臺北：臺灣銀行，1960

3 冊；19 厘米

臺灣文獻叢刊第七十三種

HSMH（HS-N09F2-022）

0301 鳳山縣志十卷/陳文達編纂. ——臺北：臺灣銀行，1961

2 冊：地圖；19 厘米

臺灣文獻叢刊第一二四種

HSMH（HS-N09F1-008）

附注：

　　印章：鈐有"胡適的書"朱文方印。

0302 佛教聖經/楊秀鶴編. ——臺北："中國新聞出版公司"發行，1957

157 面，圖版[2]頁：圖；21 厘米

HSMH（HS-N06F1-022）

附注：

　　印章：書名頁鈐有"胡適的書"朱文方印；《編著者近影》有編者的英文簽名。

　　題記：書名頁有編者手寫注記："適之大德賜正　後學楊秀鶴敬贈　台北南京東路空軍育幼院。"

　　夾紙：夾有信封殘片 1 張。

　　相關記載：此書係 1959 年楊秀鶴所寄贈，參見館藏號：HS-NK01-151-022。

　　其他：再版。

0303 佛學大辭典/著者不詳. ——臺北：啓明書局，1960

[71]，484 頁；27 厘米

HSMH（HS-N05F6-055）

附注：

印章：鈐有"胡適的書"朱文方印。

批注圈劃：有胡適的紅筆劃綫與圈點。

夾紙：夾紙數張。

其他：(1)初版。(2)精裝。

0304 佛學研究/ M. Przyluski 等著；馮承鈞譯述. ——上海：商務印書館，1935

1，118 頁；19 厘米

尚志學會叢書

HSMH（HS-N06F2-008）

附注：

印章：鈐有"胡適的書"朱文方印。

夾紙：有夾紙 2 張。

其他：國難後第 2 版。

0305 佛學研究十八篇/梁啓超著. ——臺北：臺灣"中華書局"，1956

1 冊；19 厘米

HSMH（HS-N06F2-003）

附注：

印章：鈐有"胡適的書"朱文方印。

批注圈劃：有胡適的藍筆劃綫與注記。

其他：臺 1 版。

0306 佛遊天竺記考釋/岑仲勉著. ——上海：商務印書館，1934

2，140，[18]頁，摺地圖；19 厘米

國學基本叢書

HSMH（HS-N06F2-010）

附注：

印章：鈐有"胡適的書"朱文方印。

批注圈劃：(1)封面有胡適的藍筆注記："即法顯佛國記 適之。"(2)有胡適的藍筆注記與劃綫。

其他：初版。

0307 浮生六記／沈復著.——臺北：遠東圖書公司，1956

  8，101頁；19厘米

  中國文學叢書

  HSMH（HS-N07F6-031）

  附注：

  印章：鈐有"胡適的書"朱文方印。

  批注圈劃：林語堂《序》一文有胡適的紅筆劃綫與批注。

  其他：初版。

0308 浮溪集三十二卷／汪藻撰.——上海：商務印書館，1936

  2冊；23厘米

  四部叢刊初編縮本集部222，223

  HSMH（HS-N11F4-054）

  附注：

  印章：鈐有"胡適的書"朱文方印。

  批注圈劃：第1冊目錄，卷1、13有胡適的紅筆注記與圈劃。

  夾紙：第1冊有夾紙1張。

  其他：(1)初版。(2)扉頁印有"HONG KONG"字樣。(3)第1冊牌記記載"上海商務印書館縮印武英殿聚珍版本"。

0309 福建通志臺灣府／臺灣銀行經濟研究室編.——臺北：臺灣銀行，1960

  6冊：表；19厘米

  臺灣文獻叢刊第八十四種

  HSMH（HS-N09F2-028）

  附注：

印章:鈐有"胡適的書"朱文方印。

0310 福音/思高聖經學會譯. ——香港:思高聖經學會,1957

　　　12,1366 頁:摺圖;18 厘米

　　　新約全書之一

　　　HSMH(HS-N07F3-021)

　　　附注:

　　　　印章:鈐有"胡適的書"朱文方印。

　　　　批注圈劃:偶有紅筆注記與劃綫。

　　　　夾紙:頁 86 夾有胡適的紅筆英文注記《福音》筆記 1 張。

　　　　其他:精裝。

0311 輔仁大學校友錄/編者不詳. ——出版地不詳:出版者不詳,1958

　　　[6],60 頁;18 厘米

　　　HSMH(HS-N18F3-027)

　　　附注:

　　　　批注圈劃:館藏其中二冊《校友會錄(師長部分)》頁 1"胡適"項下"年齡"
　　　　一欄裏有毛筆填寫"六八"字樣。

　　　　與胡適的關係:封面書名係由胡適所題簽。

0312 傅故校長哀輓錄/臺灣大學紀念傅故校長籌備委員會哀輓錄編印小組編. ——
　　　臺北:臺灣大學,1951

　　　[3],131 頁:像;26 厘米

　　　HSMH(HS-N21F1-003)

　　　附注:

　　　　印章:封面有王志維的藍筆簽名。

　　　　題記:扉面有藍筆注記:"閱後請交還王志維。"

　　　　批注圈劃:偶有紅筆圈點、校改,似非胡適的筆迹。

　　　　夾紙:頁 55 有紙卡 1 張。

　　　　與胡適的關係:頁 102 收錄胡適《胡適先生唁函》一文;頁 103 收錄《胡適
　　　　先生致毛子水先生函》一文。

其他:初版。

0313 傅孟真先生集/傅孟真先生遺著編輯委員會編.——臺北:台灣大學,1952

6冊:表;21厘米

HSMH(HS-N17F4-009)

附注:

印章:館藏一部第3—6冊封面有黑筆手寫"王志維"簽名。

夾紙:館藏一部第2冊有夾紙1張。

與胡適的關係:第1冊收錄胡適《序》一文。

其他:初版。

0314 陔餘叢考四十三卷目錄一卷/趙翼撰.——臺北:世界書局,1960

1冊;20厘米

中國學術名著讀書劄記叢刊第一集第3冊

HSMH(HS-N07F1-007)

附注:

印章:鈐有"胡適的書"朱文方印。

夾紙:有夾紙1張。

其他:(1)初版。(2)精裝。

排序調整

0315 感傷的行旅/郁達夫著.——臺北:啓明書局,1957

[2],75頁;19厘米

新文藝文庫郁達夫散文一集

HSMH(HS-N17F6-039)

附注:

其他:初版。

0316 感事篇/木下彪著.——出版地不詳:出版者不詳,出版年不詳

[5],23頁;20厘米

HSMH(HS-N18F1-005)

附注：

　　印章：鈐有"胡適的書"朱文方印。

　　題記：扉頁有作者的手寫題贈："周南 木下彪拜贈。"

0317 干禄字書及其他一種/顏元孫撰. —— 上海：商務印書館，1936

　　1 冊；18 厘米

　　叢書集成初編

　　HSMH（HS-N10F5-085）

　　附注：

　　　　印章：鈐有"胡適的書"朱文方印。

　　　　其他：(1) 初版。(2) 據版權頁題名。(3) 內容：《干禄字書》、《五經文字》。

0318 綱鑑易知錄十卷/吳楚材編纂；松菁校勘. —— 臺北：新興書局，1958

　　10 冊；19 厘米

　　國學基本叢書

　　HSMH（HS-N06F6-018）

　　附注：

　　　　批注圈劃：卷 5 偶有胡適的紅筆注記與劃綫。

　　　　夾紙：卷 5 有夾紙 2 張。

　　　　其他：再版。

0319 高本漢詩經注釋/董同龢著. —— 臺北："中華叢書編審委員會"，1960

　　2 冊；21 厘米

　　"中華叢書"

　　HSMH（HS-N07F3-037）

　　附注：

　　　　印章：鈐有"胡適的書"朱文方印。

0320 高太史大全集/高啟撰. —— 上海：商務印書館，1936

　　2 冊；23 厘米

665

四部叢刊初編縮本集部 321，322

HSMH（HS-N11F5-041）

附注：

　　印章：鈐有"胡適的書"朱文方印。

　　其他：(1)初版。(2)扉頁印有"HONG KONG"字樣。(3)第 1 冊牌記記載"上海商務印書館縮印江南圖書館藏明景泰刊本"。

0321 哥德對話錄/ J. P. Eckermann 著；周學普譯．——臺北：臺灣"商務印書館"，1961

　　[14]，315 頁：像；21 厘米

　　漢譯世界名著

　　HSMH（HS-N17F6-064）

　　附注：

　　其他：(1)臺 1 版。(2)精裝。

0322 革命教育的基礎/蔣中正著．——臺北："中央委員會"，1954

　　77 頁；17 厘米

　　HSMH（HS-N06F3-034）

　　附注：

　　印章：鈐有"胡適的書"朱文方印。

　　題記：封面有蔣中正毛筆題贈："適之先生正之　中正。"

　　批注圈劃：有胡適的紅、綠、藍筆批語與圈劃。

0323 噶瑪蘭志略十四卷卷首一卷/柯培元著．——臺北：臺灣銀行，1961

　　2 冊：地圖；19 厘米

　　臺灣文獻叢刊第九十二種

　　HSMH（HS-N09F2-036）

　　附注：

　　印章：鈐有"胡適的書"朱文方印。

0324 各國憲法彙編第一輯/"司法行政部"編．——臺北："司法行政部"總務司，

1960

762 頁；21 厘米

HSMH（HS-N09F6-015）

附注：

印章：鈐有"胡適的書"朱文方印、"蔣中正印"朱文方印。

題贈：書名頁前粘附"國民大會"便箋紙 1 張，上有毛筆題贈："適之代表蔣中正敬贈 中華民國四十九年三月。"

其他：(1)再版。(2)精裝。

0325 各國憲法彙編第二輯/"司法行政部"編.——臺北："司法行政部"總務司，1960

794 頁；21 厘米

HSMH（HS-N09F6-016）

附注：

印章：鈐有"胡適的書"朱文方印。

其他：(1)初版。(2)精裝。

0326 各國議會與政黨/張希哲著.——臺北："中央文物供應社"，1959

[14]，200 頁；19 厘米

"國際問題叢書"

HSMH（HS-N08F2-009）

附注：

印章：鈐有"胡適的書"朱文方印、"張希哲"朱文方印。

題記：扉頁有張希哲手寫題贈："適之先生指正 著者敬贈。"

0327 個人與國家/任卓宣編著.——臺北：帕米爾書店，1957

[7]，314 頁；22 厘米

HSMH（HS-N06F3-040）

附注：

印章：鈐有"胡適的書"朱文方印。

批注圈劃：有胡適的藍筆校改、注記與劃綫。

其他:再版。

0328 個人主義底分析/任卓宣編著.——臺北:帕米爾書店,1958

5,235 頁;21 厘米

HSMH(HS-N08F1-014)

附注:

印章:鈐有"胡適的書"朱文方印。

其他:初版。

0329 公是弟子記及其他一種/劉敞著.——出版地不詳:商務印書館,1939

1 冊;18 厘米

叢書集成初編

HSMH(HS-N10F5-036)

附注:

印章:鈐有"胡適的書"朱文方印。

批注圈劃:有胡適的鉛、藍筆圈劃與注記。

其他:(1)初版。(2)據版權頁題名。(3)內容:《公是弟子記》、《聲隅子歔欷瑣微論》。

0330 公私立專科以上學校一覽表/"教育部"高等教育司編.——臺北:"教育部"高等教育司,1960

20 頁:表;21 厘米

HSMH(HS-N18F3-044)

0331 攻媿集一百十二卷/樓鑰撰.——上海:商務印書館,1936

5 冊;23 厘米

四部叢刊初編縮本集部 241—245

HSMH(HS-N11F5-003)

附注:

印章:鈐有"胡適的書"朱文方印。

批注圈劃:(1)第 3 冊卷 51—55,57,66,69,70,72,73 有胡適的紅筆注記

與圈劃。(2)第 4 册卷 85—91,93 有胡適的紅筆劃綫。(3)第 5 册卷 95—105,108,110—112 有胡適的紅筆圈劃。

夾紙:(1)第 1、3、5 册有夾紙數張。(2)第 3 册卷 48 夾有胡適的紅筆手寫筆記便條紙 3 張。

其他:(1)初版。(2)扉頁印有"HONG KONG"字樣。(3)第 1 册牌記記載"上海商務印書館縮印武英殿聚珍版本"。

0332 共產黨宣言/馬克斯,恩格斯合著.——廣州:新華書店,1950
　　71 頁;20 厘米
　　HSMH（HS-N15F1-019）
　　附注:
　　　　印章:鈐有"胡適的書"朱文方印,蓋有"胡適"印戳。

0333 共產主義運動中的左派幼稚病/列寧著.——北京:解放社,1949
　　169 頁;20 厘米
　　HSMH（HS-N15F1-018）
　　附注:
　　　　印章:鈐有"胡適的書"朱文方印。
　　　　其他:北京再版。

0334 共匪工農業大躍進之分析/"司法行政部"調查局編.——臺北:"司法行政部"調查局,1959
　　3,284 頁:表;19 厘米
　　"匪情研究專報"
　　HSMH（HS-N08F2-028）
　　附注:
　　　　印章:鈐有"胡適的書"朱文方印。

0335 共匪歷年迫害宗教概況/"司法行政部"調查局編.——臺北:"司法行政部"調查局,1960
　　2,50 頁:表;19 厘米

"匪情研究專報"

HSMH（HS-N08F2-062）

附注：

　　印章:鈐有"胡適的書"朱文方印。

0336 共匪民族政策及其現況分析/"司法行政部"調查局編.——臺北："司法行政部"調查局,1960

2,81頁；19厘米

"匪情研究專報"

HSMH（HS-N08F2-061）

附注：

　　印章:鈐有"胡適的書"朱文方印。

0337 共匪人民公社總剖視/"司法行政部"調查局編.——臺北："司法行政部"調查局,1959

2,144頁：圖；19厘米

HSMH（HS-N08F2-014）

附注：

　　印章:鈐有"胡適的書"朱文方印。

0338 共匪商業工作之研究/"司法行政部"調查局編.——臺北："司法行政部"調查局,1960

［14］,284頁：表；19厘米

"匪情研究專報"

HSMH（HS-N08F2-012）

附注：

　　印章:鈐有"胡適的書"朱文方印。

0339 共匪統戰工作的策略與運用/"司法行政部"調查局編.——臺北："司法行政部"調查局,1960

4,174頁：摺表；19厘米

"匪情研究專報"

HSMH（HS-N08F2-015）

附注：

 印章:鈐有"胡適的書"朱文方印。

0340 共匪現階段的僑務工作/"司法行政部"調查局編.——臺北："司法行政部"調查局，1960

 [4]，54 頁：表；19 厘米

"匪情研究專報"

HSMH（HS-N08F2-063）

附注：

 印章:鈐有"胡適的書"朱文方印。

0341 共匪現行外交政策及對外活動/"司法行政部"調查局編.——臺北："司法行政部"調查局，1960

 2，112 頁：摺表；19 厘米

"匪情研究專報"

HSMH（HS-N08F2-064）

附注：

 印章:鈐有"胡適的書"朱文方印。

0342 共匪學運工作的剖視/"司法行政部"調查局編.——臺北："司法行政部"調查局，1961

 [6]，70 頁；19 厘米

"共匪工作研究叢書"（一）

HSMH（HS-N08F2-023）

附注：

 印章:鈐有"胡適的書"朱文方印。

0343 共匪"人民公社"資料專輯/"光復大陸設計研究委員會"秘書處編印.——臺北："光復大陸設計研究委員會"秘書處，1958

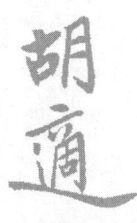

　　　　1 冊；19 厘米

　　　　"匪情研究叢書"第二輯

　　　　HSMH（HS-N07F4-040）

0344　共匪"人民公社"資料專輯：三／"光復大陸設計研究委員會"秘書處編. ——臺北："光復大陸設計研究委員會"秘書處，1959

　　　　[4]，322 頁；19 厘米

　　　　"匪情研究叢書"第四輯

　　　　HSMH（HS-N21F1-051）

0345　共匪"人民公社"資料專輯：五／"光復大陸設計研究委員會"秘書處編. ——臺北："光復大陸設計研究委員會"秘書處，1961

　　　　[3]，176 頁；19 厘米

　　　　"匪情研究叢書"第七輯

　　　　HSMH（HS-N21F1-052）

0346　古本紅樓夢八十回／曹雪芹著. ——臺北：文淵出版社，1959

　　　　2 冊：圖；19 厘米

　　　　HSMH（HS-N05F4-015）

　　　　附注：

　　　　　　印章：館藏一部鈐有"胡適的書"朱文方印。

　　　　　　批注圈劃：館藏一部上、下冊均有胡適的紅筆注記與圈點。

　　　　　　夾紙：館藏一部下冊偶有夾紙。

　　　　　　其他：(1)據清乾隆二十五年(庚辰)手抄脂硯齋四閱朱墨評本影印。(2)精裝。(3)附《紅樓夢圖詠》。

0347　古本金瓶梅詞話／蘭陵笑笑生著；李石曾主編. ——臺北：啓明書局，1961

　　　　[10]，918 頁：圖；19 厘米

　　　　世界文學大系中國之部小說 5

　　　　HSMH（HS-N11F1-007）

　　　　附注：

印章:鈐有"胡適的書"朱文方印。

其他:(1)再版。(2)精裝。

0348 古本竹書紀年輯校/王國維輯. ——臺北:藝文印書館,出版年不詳

138 頁;19 厘米

HSMH(HS-N10F3-041)

附注:

印章:鈐有"胡適的書"朱文方印。

其他:(1)與《今本竹書紀年疏證》合刊。(2)據海寧王氏校印本影印。

0349 古春風樓瑣記/高拜石著. ——臺北:台灣新生報社,1960—1978

20 冊;19 厘米

HSMH(HS-N15F2-076)

附注:

印章:鈐有"胡適的書"朱文方印。

批注圈劃:目錄,頁 3、7、12、17 有胡適的紅筆校改與劃綫。

夾紙:有夾紙 1 張。

其他:館藏第 1 集。

0350 古典小説戲曲叢考/劉修業著. ——北京:作家出版社,1958

3,128 頁:圖;21 厘米

HSMH(HS-N06F5-038)

附注:

印章:鈐有"胡適的書"朱文方印。

其他:北京第 1 版。

0351 古籍書目/編者不詳. ——香港:出版者不詳,1960

152 頁;19 厘米

HSMH(HS-N07F5-042)

附注:

批注圈劃:偶有胡適的紅筆劃綫。

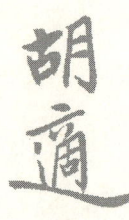

0352 古今小說四十卷／馮夢龍編；李田意攝校.──臺北：世界書局，1958

2 冊：圖；19 厘米

世界文庫四部刊要景印珍本宋明話本叢刊之一

HSMH（HS-N06F5-066）

附注：

印章：鈐有"胡適的書"朱文方印。

題記：上冊扉頁有手寫題贈："適之先生賜教 後學楊家駱敬獻。"

批注圈劃：下冊第 36、38 回偶有胡適的紅筆注記與圈點。

夾紙：下冊有夾紙數張。

其他：(1)初版。(2)精裝。(3)據明天許齋本影印。

0353 古書今讀法／胡懷琛著.──臺北：啓明書局，1958

[3]，60 頁；18 厘米

青年百科入門國學入門組

HSMH（HS-N10F1-049）

附注：

印章：鈐有"胡適的書"朱文方印。

其他：初版。

0354 古書句讀釋例／楊樹達著.──北京：中華書局，1954

[5]，128 頁；18 厘米

HSMH（HS-N06F4-041）

附注：

印章：鈐有"胡適的書"朱文方印。

其他：初版。

0355 古書真偽及其年代／梁啓超著.──臺北：臺灣"中華書局"，1956

135 頁：表；18 厘米

HSMH（HS-N06F5-011）

附注：

印章:鈐有"胡適的書"朱文方印。

批注圈劃:扉頁有胡適的紅筆注記;內文有紅筆注記、圈點與劃綫。

夾紙:有夾紙數張。

其他:臺1版。

0356 古微書三十六卷/孫瑴編.——出版地不詳:商務印書館,1939

4 冊;18 厘米

叢書集成初編

HSMH(HS-N07F2-020)

附注:

印章:鈐有"胡適的書"朱文方印。

題記:第1冊書名頁有胡適的紅筆手寫注記:"此錢熙祚刻本,每條注出處,勝于孫書舊刻。適之。"

批注圈劃:各冊有胡適的紅筆眉批、注記與圈點。

夾紙:第2、3、4冊有夾紙。

其他:(1)初版。(2)第1冊牌記記載"本館叢書集成初編所選墨海金壺及守山閣叢書皆收有此書兩書實一版本墨海在前故據以影印"。

0357 古文觀止/吳楚材選輯;曹國鋒譯註.——臺北:"大中國圖書公司",1959

[12],308 頁;19 厘米

HSMH(HS-N07F5-006)

附注:

印章:鈐有"胡適的書"朱文方印。

其他:(1)再版。(2)精裝。(3)封面題名"攷正古文觀止"。

0358 古文苑二十一卷/章樵注.——上海:商務印書館,1936

147 頁;23 厘米

四部叢刊初編縮本集部 407

HSMH(HS-N11F6-033)

附注:

印章:鈐有"胡適的書"朱文方印。

其他:(1)初版。(2)扉頁印有"HONG KONG"字樣。(3)牌記記載"上海商務印書館縮印常熟瞿氏藏宋本"。

0359 古文周易參同契註/袁仁林註. —— 出版地不詳:商務印書館,1939

2冊:圖;18厘米

叢書集成初編

HSMH(HS-N10F5-032)

附注:

印章:鈐有"胡適的書"朱文方印。

其他:(1)初版。(2)據惜陰軒叢書本排印。

0360 古文字學導論/李永富著. —— 臺南:李永富,1959

[7],190頁:圖;19厘米

文學叢書

HSMH(HS-N10F1-040)

附注:

印章:鈐有"胡適的書"朱文方印。

題記:扉頁有手寫題贈:"適之先生教正 李季諾敬贈 四八,五,廿二。"

其他:初版。

0361 古言類編及其他二種/鄭曉撰. —— 上海:商務印書館,1936

1冊;18厘米

叢書集成初編

HSMH(HS-N10F5-017)

附注:

印章:鈐有"胡適的書"朱文方印。

批注圈劃:《古言類編》卷上有胡適的綠筆注記與圈點。

其他:(1)初版。(2)據版權頁題名。(3)內容:《古言類編》、《羣碎錄》、《枕譚》。

0362 古印度兩大史詩/糜文開譯. —— 香港:印度研究社,1951

[23]，277頁：圖；18厘米

印度研究社叢書之四

HSMH（HS-N18F5-010）

附注：

  印章：鈐有"胡適的書"朱文方印。

  夾紙：夾有美國郵局郵件收據1張。

  其他：初版。

0363　古注十三經/編者不詳. ——臺北：新興書局，1959

  5冊；21厘米

  四部集要經部

  HSMH（HS-N09F3-007）

  附注：

    印章：第1冊鈐有"胡適的書"朱文方印。

    其他：(1)初版。(2)據相臺岳氏本、永懷堂本影印。

0364　故宮博物院三十年之經過/那志良著. ——臺北："中華叢書委員會"，1957

  [20]，310頁，圖版[6]頁：圖；18厘米

  "中華叢書"

  HSMH（HS-N21F1-030）

0365　故宮瓷器錄/"國立故宮中央博物院"聯合管理處編. ——臺中："國立故宮中央博物院"聯合管理處，1961

  1冊；24厘米

  HSMH（HS-N10F3-002）

  附注：

    內附文件：扉頁夾附"故宮博物院"贈書函1封，參見館藏號：HS-NK05-142-044。

    其他：(1)初版。(2)精裝。(3)館藏第1輯。

0366　故宮銅器圖錄/"國立故宮中央博物館"聯合管理處編. ——臺北："中華叢書

委員會",1958

2 冊：圖版；23 厘米

"中華叢書"

HSMH（HS-N10F3-011）

附注：

　　印章：鈐有"胡適的書"朱文方印；平裝版上、下冊扉頁蓋有"贈閱"印戳。

　　內附文件：平裝版上冊頁 351 夾附"故宮博物院"贈書公函 1 封,參見館藏號：HS-NK05-008-004。

　　其他：館藏平裝、精裝各 1 部。

0367 故宮文物淺說/索予明著.——臺北：正中書局,1959

　　[13],200 頁：圖；21 厘米

　　HSMH（HS-N10F3-010）

　　附注：

　　印章：鈐有"胡適的書"朱文方印、"索予明"朱文圓印。

　　題記：書名頁有作者手寫題辭："適之理事先生 指教並感謝 您的題字 後學晚 索予明敬呈。"

　　夾紙：夾紙 1 張。

　　與胡適的關係：封面書名係由胡適所題簽。

　　其他：臺初版。

0368 顧亭林學譜/謝國楨著.——上海：商務印書館,1957

　　216 頁：像；19 厘米

　　HSMH（HS-N17F5-004）

　　附注：

　　印章：鈐有"胡適的書"朱文方印。

　　其他：初版。

0369 觀彌勒菩薩上生兜率天經釋文/編者不詳.——出版地不詳：出版者不詳,出版年不詳

　　226—235 頁；26 厘米

國立北平圖書館館刊第四卷第三號西夏文專號

HSMH（HS-N18F5-016）

0371 觀堂集林二十卷/王國維著.——臺北：藝文印書館，1956

[7]，265 頁；19 厘米

HSMH（HS-N06F3-041）

附注：

印章：鈐有"胡適的書"朱文方印、"胡適手校"白文方印。

批注圈劃：有胡適的紅、藍筆注記、校改與圈點。

內附文件：扉頁內附胡適手寫《遺書本觀堂集林的增入篇目》一文，係於 1960 年 1 月 9 日所作，共 6 張文稿，參見館藏號：HS-NK05-184-001。

其他：(1)初版。(2)精裝。(3)據烏程蔣氏密韻樓刊本影印。

0371 觀心約及其他三種/鄒森著.——出版地不詳：商務印書館，1937

1 冊；18 厘米

叢書集成初編

HSMH（HS-N10F5-042）

附注：

印章：鈐有"胡適的書"朱文方印。

其他：(1)初版。(2)據版權頁題名。

0372 關於正確處理人民內部矛盾的問題/毛澤東著.——北京：人民出版社，1957

[1]，38 頁；19 厘米

HSMH（HS-N06F3-035）

附注：

印章：鈐有"胡適的書"朱文方印。

題記：封面有胡適的紅筆注記："此冊子是友聯社何振亞先生送我的。胡適。"

批注圈劃：全冊多處有胡適的紅筆眉批與劃綫。

其他：第 1 版。

0373 管子二十四卷/房玄齡注.——上海：商務印書館，1936

154 頁；23 厘米

四部叢刊初編縮本子部 078

HSMH（HS-N11F3-025）

附注：

印章:鈐有"胡適的書"朱文方印。

批注圈劃:卷 13、14、16、23 有胡適的紅筆眉批與圈劃。

夾紙:卷 23 有夾紙 1 張。

其他:(1)初版。(2)扉頁印有"HONG KONG"字樣。(3)牌記記載"上海商務印書館縮印常熟瞿氏藏宋本"。

0374 管子傳/梁啓超著.——臺北：臺灣"中華書局"，1957

3，85 頁；18 厘米

HSMH（HS-N06F5-019）

附注：

印章:鈐有"胡適的書"朱文方印。

其他:臺 1 版。

0375 光復大陸設計研究委員會各專業性專題小組完成方案彙輯：第一輯/編者不詳.——臺北："光復大陸設計研究委員會"，1959

1，80 頁：摺圖；19 厘米

HSMH（HS-N21F1-045）

0376 光復大陸設計研究委員會委員通訊錄/"光復大陸設計研究委員會"秘書處編.——臺北："光復大陸設計研究委員會"，1959

[5]，194，[9]頁；19 厘米

HSMH（HS-N21F1-046）

附注：

批注圈劃:頁 186 有藍筆劃記。

夾紙:有手寫鉛筆注記夾紙 2 張。

0377 光復大陸設計研究委員會委員通訊錄/"光復大陸設計研究委員會"秘書處編.——臺北:"光復大陸設計研究委員會"秘書處,1961

　　[10],156頁;15厘米

　　HSMH(HS-N21F1-047)

　　附注:

　　　　夾紙:目次夾説明紙1張。

0378 光復大陸設計研究委員會綜合研究組第九次會議記錄/編者不詳.——出版地不詳:出版者不詳,1959

　　[2],99頁:表;25厘米

　　HSMH(HS-N21F1-022)

　　附注:

　　　　其他:封面有黑筆手寫注記:"綜002。"

0379 光復大陸設計研究委員會綜合研究組第十三次會議紀錄/編者不詳.——出版地不詳:出版者不詳,1961

　　[3],182頁:表;26厘米

　　HSMH(HS-N21F1-023)

　　附注:

　　　　其他:封面有黑筆手寫注記:"綜002。"

0380 廣東十三行考:鴉片戰前廣東國際貿易交通史考/梁嘉彬著.——臺中:私立東海大學,1960

　　[10],342頁:圖;21厘米

　　HSMH(HS-N07F5-031)

　　附注:

　　　　印章:鈐有"胡適的書"朱文方印。

　　　　題記:扉頁有作者手寫題贈:"適之先生賜正 著者 四九,五,三。"

　　　　其他:(1)再版。(2)精裝。

0381 廣東通志三百三十四卷/阮元等纂修.——臺北:"中華叢書編審委員會",

1959

4 冊：圖，表；20 厘米

"中華叢書"

HSMH（HS-N09F1-016）

附注：

印章：鈐有"胡適的書"朱文方印。

夾紙：第 3 冊有夾紙 1 張。

其他：精裝。

0382 廣弘明集三十卷/釋道宣撰.——上海：商務印書館，1936

3 冊；23 厘米

四部叢刊初編縮本子部 110—112

HSMH（HS-N11F3-049）

附注：

印章：鈐有"胡適的書"朱文方印。

批注圈劃：卷 2—4,6,7,11,12,18,25—29 有胡適的紅、藍、黑筆注記、校改與圈劃。

其他：(1)初版。(2)扉頁印有"HONG KONG"字樣。(3)第 1 冊牌記記載"上海商務印書館縮印明刊本"。

0383 廣近思錄十四卷/張伯行輯.——上海：商務印書館，1936

2 冊；18 厘米

叢書集成初編

HSMH（HS-N10F5-049）

附注：

印章：鈐有"胡適的書"朱文方印。

批注圈劃：第 1 冊卷 7 有胡適的藍筆圈劃。

其他：(1)初版。(2)據正誼堂全書本排印。

0384 廣臺灣詩乘/彭國棟著.——出版地不詳：臺灣省文獻委員會，1956

[4], 253 頁；26 厘米

臺灣叢書學藝門第三種
　　HSMH（HS-N18F3-005）
　　附注：
　　　　內附文件：夾有彭國棟致胡適贈書信函1封，參見館藏號：HS-NK05-098-004，上有胡適的藍筆注記。

0385 廣西民歌第一集/韋志彪編. ——上海：上海文化出版社，1956
　　75頁；19厘米
　　HSMH（HS-N15F2-003）
　　附注：
　　　　印章：鈐有"胡適的書"朱文方印。
　　　　其他：第1版。

0386 廣陽雜記五卷/劉獻廷著. ——北京：中華書局，1957
　　8，256頁；19厘米
　　HSMH（HS-N07F2-010）
　　附注：
　　　　印章：鈐有"胡適的書"朱文方印。
　　　　其他：第1版。

0387 廣韻五卷/陳彭年等重修. ——上海：商務印書館，1936
　　162頁；23厘米
　　四部叢刊初編縮本經部020
　　HSMH（HS-N11F2-033）
　　附注：
　　　　印章：鈐有"胡適的書"朱文方印。
　　　　批注圈劃：卷首，卷4、5有胡適的紅、藍筆注記與劃綫。
　　　　其他：(1)初版。(2)扉頁印有"HONG KONG"字樣。(3)牌記記載"上海商務印書館縮印海鹽張氏涉園藏宋巾箱本"。

0388 圭齋文集十六卷/歐陽玄撰. ——上海：商務印書館，1936

683

150 頁；23 厘米

四部叢刊初編縮本集部 306

HSMH（HS-N11F5-030）

附注：

印章：鈐有"胡適的書"朱文方印。

其他：(1)初版。(2)扉頁印有"HONG KONG"字樣。(3)牌記記載"上海商務印書館縮印明成化刊黑口本"。

0389 癸巳存稿十五卷補遺一卷/俞正燮撰.——上海：商務印書館，1957

[27]，496 頁；19 厘米

HSMH（HS-N11F2-014）

附注：

印章：鈐有"胡適的書"朱文方印。

其他：(1)重印第 1 版。(2)精裝。(3)據 1937 年商務印書館初版重印。

0390 癸巳類稿十五卷目錄一卷校勘簡表一卷/俞正燮撰.——上海：商務印書館，1957

[27]，616 頁；19 厘米

HSMH（HS-N11F2-013）

附注：

印章：鈐有"胡適的書"朱文方印。

批注圈劃：卷 13、14 有胡適的紅筆圈劃。

其他：(1)初版。(2)精裝。

0391 癸巳論語解十卷/張栻撰.——上海：商務印書館，1937

2 冊；18 厘米

叢書集成初編

HSMH（HS-N07F2-022）

附注：

印章：鈐有"胡適的書"朱文方印。

其他：(1)初版。(2)第 1 冊牌記記載"本館據學津討原本排印初編各叢書僅有此本"。

0392 桂苑筆耕集二十卷/崔致遠撰.——上海：商務印書館，1936

118 頁；23 厘米

四部叢刊初編縮本集部 170

HSMH（HS-N11F4-028）

附注：

印章：鈐有"胡適的書"朱文方印。

其他：（1）初版。（2）扉頁印有"HONG KONG"字樣。（3）牌記記載"上海商務印書館縮印無錫孫氏小淥天藏高麗本"。

0393 國朝名人書翰國朝名人詩翰/編者不詳.——出版地不詳：出版者不詳，出版年不詳

12 冊

HSMH（HS-N21F5-139）

附注：

印章：1—12 冊封面鈐有"浮春閣"朱文圓印；全書鈐有"樂山堂文庫"朱文長方印、"向黃邨珍藏印"白文長方印、"胡適之印"白文方印、"金爾珍印"白文方印、"吉石審定"朱文方印、"胡適"朱文長方印、"吉石收藏"朱文方印、"木珍"白文方印、"胡適"白文方印、"金氏吉石"朱文方印、"硯田筆耕小成家"白文方印、"金氏長壽"白文方印等印記。

批注圈劃：（1）書前附有《清代學人書札詩箋十二冊目錄》，非胡適手寫；館藏另一錄稿有胡適校改筆迹，參見館藏號：HS-NK05-187-001。（2）1—11 冊目錄均有胡適手寫的校改或批注；1—10 冊內頁多處有胡適的眉批與注記。（3）12 冊末有胡適手寫《1954 年 5 月 22 日第一跋》及《1954 年 8 月 13 日第二跋》，此跋文亦刊布在《大陸雜誌》21 卷 1、2 期合刊；據第一跋所記，此 12 冊保存清代 147 位學者、文人、書畫家的信札 106 件、詩箋 100 件、雜帖 18 件，總共 224 件。

相關記載：（1）1954 年 5 月 19 日胡適致楊聯陞函有提及此事。（見《論學談詩二十年》頁 201，聯經出版社，1998）。（2）1954 年 4 月 7 日胡適在日本東京山本書店以日幣七萬五千圓購得，1—7 冊題作《國朝名人書翰》；

8—12 冊題作《國朝名人詩翰》，即胡適生前收藏"清代學人書札詩箋"。參見胡頌平《胡適之先生年譜年編初稿》，第 7 冊，頁 2422。

其他：(1) 爲微捲型式。微捲包裝盒上有胡適的綠筆注記："國朝名人書翰。"(2) 此 12 冊爲 1958 年自美國紐約寓所運送至臺灣，1962 年 3 月 31 日胡祖望先生將此 12 冊帶回華盛頓，故本館僅存微捲，並無原本，相關資料可參見館藏號：HS-NK05-215-005，HS-NK05-367-001。

0394 國朝文類七十卷／蘇天爵編．——上海：商務印書館，1936

4 冊；23 厘米

四部叢刊初編縮本集部 422—425

HSMH（HS-N11F6-038）

附注：

印章：鈐有"胡適的書"朱文方印。

批注圈劃：(1) 第 1 冊序，卷 8、9 有胡適的紅、鉛筆注記與圈劃。(2) 第 3 冊卷 40 偶有胡適的紅筆圈劃。

夾紙：第 1、3 冊均有夾紙。

其他：(1) 初版。(2) 扉頁印有"HONG KONG"字樣。(3) 第 1 冊牌記記載"上海商務印書館縮印元刊本"。

0395 國父寶典／陳健夫編．——臺北：陳健夫著作出版中心，1958

1016，[10] 頁；13 厘米

HSMH（HS-N09F6-020）

附注：

其他：初版。

0396 國父民初革命紀略／葉夏聲編．——出版地不詳：孫總理侍衛同志社，1960

[38]，312 頁：像；19 厘米

HSMH（HS-N17F2-018）

附注：

印章：鈐有"胡適的書"朱文方印。

題記：封面有戴安國與葉世貞的手寫題贈："適之先生賜存 晚安國 世貞

敬贈。"

夾紙：夾有信封殘片1張，上有藍筆注記："已復謝 四九，六，廿七。"

相關記載：1960年6月8日有葉世貞致胡適贈書信函1封，參見館藏號：HS-NK01-157-002。

其他：3版。

0397 國父年譜初稿/羅家倫主編.——臺北："中央文物供應社"，1958

2冊：圖；25厘米

HSMH（HS-N09F6-021）

附注：

題贈：上冊扉頁有羅家倫的毛筆題贈："適師函文 家倫敬呈 四七，十一，二六，台北。"

批注圈劃：(1)上冊多處有胡適的紅、黑筆劃綫與注記。(2)下冊偶有胡適的紅筆注記。

夾紙：上冊有夾紙4張。

0398 國父全書/張其昀主編.——臺北："國防研究院"，1960

[83]，1058，[34]頁：摺圖；26厘米

HSMH（HS-N08F1-004）

附注：

題記：扉頁有編者手寫題贈："適之先生賜存 後學張其昀敬贈。"

批注圈劃：頁903—907有胡適的綠筆劃綫。

夾紙：偶有夾紙。

其他：(1)臺初版。(2)精裝。

0399 國父孫中山先生新傳/王昭然編著.——臺北：王昭然，1959

22，244頁；19厘米

不足畏齋叢書之三

HSMH（HS-N07F5-008）

附注：

印章：鈐有"胡適的書"朱文方印。

題記:封面有編者手寫題贈:"適之先生 教正 晚王昭然敬呈 四月十四日。"

其他:初版。

0400 國故新探/唐鉞編. —— 上海:商務印書館,1927

1 冊;23 厘米

HSMH(HS-N07F5-020)

附注:

印章:鈐有"胡適的書"朱文方印。

其他:再版。

0401 國會圖書館藏中國方志目錄/朱士嘉編. —— 美國華盛頓:國會圖書館,1942

11,552,21 頁;24 厘米

HSMH(HS-N12F2-006)

附注:

印章:鈐有"胡適的書"朱文方印。

題記:扉頁有胡適的黑筆注記:"國會圖書館贈 胡適一九五二,九,廿九。"

批注圈劃:多頁有胡適的紅、藍筆注記與圈劃。

與胡適的關係:封面書名係由胡適所題簽。

其他:(1)手寫影印本。(2)精裝。(3)英文題名"A Catalog of Chinese local histories in the library of Congress"。

0402 國會圖書館藏中國善本書錄/王重民輯錄;袁同禮重校. —— 美國華盛頓:國會圖書館,1957

2 冊;24 厘米

HSMH(HS-N12F2-007)

附注:

印章:鈐有"胡適的書"朱文方印。

批注圈劃:(1)上冊頁 86 有胡適的紅、藍筆注記與校改;頁 356 有 1958 年 3 月 8 日胡適的紅、藍筆筆記一則;頁 529、530 有紅、綠筆注記。(2)下冊頁 668、669 有胡適的紅筆圈劃。

夾紙:上冊頁529有胡適的綠筆筆記紙1張。

相關記載:1958年3月22日有胡適致袁同禮信函1封,提及對本書上冊頁86、356相關查證與意見,參見館藏號:HS-NK05-062-007。

其他:(1)手寫影印本。(2)精裝。(3)英文題名"A descriptive catalog of rare Chinese books in the library of Congress"。

0403 國際法/陳志豪著.——臺中:"中台書局",1959

[15],156頁;21厘米

大學叢書

HSMH(HS-N17F2-020)

附注:

印章:鈐有"胡適的書"朱文方印。

其他:再版。

0404 國劇圖譜展覽品目錄/齊如山編著.——臺北:"中國文藝協會",出版年不詳

[3],62頁;19厘米

HSMH(HS-N21F2-018)

附注:

其他:封面題名"國劇圖譜展覽目錄"。

0405 國立北京大學成立六十周年紀念/編者不詳.——出版地不詳:出版者不詳,出版年不詳

32頁;18厘米

HSMH(HS-N06F2-014)

附注:

印章:館藏一冊鈐有"胡適的書"朱文方印。

題記:館藏一冊封面有胡適的紅筆注記:"校本。"

批注圈劃:"校本"冊頁27、28有胡適的紅筆注記與劃綫。

與胡適的關係:收錄洪炎秋《向胡校長祝壽獻辭》一文。

其他:無版權頁。

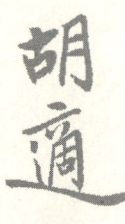

0406 國立北京大學臺灣同學會同學錄/編者不詳. ——出版地不詳：出版者不詳，1957

[4]，64 頁；18 厘米

HSMH（HS-N18F3-028）

0407 國立北京大學臺灣同學會同學錄/編者不詳. ——臺北：國立北京大學臺灣同學會，1959

[1]，79 頁；18 厘米

HSMH（HS-N18F3-025）

0408 國立東北大學在臺同學通訊錄/同學會八屆幹事會編. ——出版地不詳：出版者不詳，1959

96 頁；16 厘米

HSMH（HS-N18F3-015）

0409 國立台灣大學教職員錄/編者不詳. ——臺北：台灣大學，1961

[32]，258 頁：表；19 厘米

HSMH（HS-N18F3-023）

0410 國立西南聯合大學在臺校友通訊錄/編者不詳. ——臺北：出版者不詳，1958

31 頁；19 厘米

HSMH（HS-N18F3-026）

附注：

題記：封面有黑筆題贈："呈適之校長 後學彭令占 四十八年三月二十一日。"

0411 國立中央圖書館藏中文期刊目錄/"國立中央圖書館"編. ——臺北："國立中央圖書館"，1959

[4]，112 頁；19 厘米

HSMH（HS-N10F3-008）

0412 國立中央圖書館善本書目/"國立中央圖書館"編.——臺北:"中華叢書委員會",1957—1958

   3 冊;23 厘米

   "中華叢書"

   HSMH(HS-N12F1-007)

   附註:

   印章:鈐有"胡適的書"朱文方印。

   批注圈劃:(1)上冊甲編卷 2 頁 100 有胡適的綠筆圈點。(2)下冊多頁有胡適的藍筆注記與圈劃。

   其他:精裝。

0413 國立中央圖書館宋本圖錄/"國立中央圖書館"編.——臺北:"中華叢書委員會",1958

   [18],364 頁:圖;21 厘米

   "中華叢書"

   HSMH(HS-N17F4-001)

   附註:

   夾紙:有夾紙 1 張。

0414 國立中央圖書館宋本圖錄/"國立中央圖書館"編輯.——臺北:"中華叢書委員會",1958

   [18],364 頁:圖;21 厘米

   "中華叢書"

   HSMH(HS-N21F1-028)

   附註:

   印章:書名頁鈐有"胡適的書"朱文方印。

   批注圈劃:頁 240 有胡適黑筆注記及鉛筆校改。

   內附文件:頁 63 夾有蔣復璁致胡適贈書信函 1 封,信上有藍筆注記:"已復謝 四九,六,十八。"

0415 國立中央圖書館中文圖書編目規則/"國立中央圖書館"編訂.——臺北:"國

立中央圖書館",1959

6,140 頁：表；19 厘米

HSMH（HS-N10F3-009）

附注：

其他：增訂修正版。

0416 國立中央研究院歷史語言研究所傅所長紀念特刊/"國立中央研究院"傅故所長紀念會籌備委員會編輯.——臺北："中央研究院"歷史語言研究所,1951

2,76 頁：像；26 厘米

HSMH（HS-N17F2-005）

附注：

印章：封面蓋有"贈閱"印戳。

其他：(1)初版。(2)《圖書室》一文有紅、黑筆注記,但非胡適筆迹。

0417 國立中央研究院歷史語言研究所集刊第三本第四分/中央研究院歷史語言研究所編.——北平：中央研究院,1933

439—576 頁：圖；27 厘米

HSMH（HS-N06F3-048）

附注：

印章：鈐有"胡適的書"朱文方印；封面蓋有"贈閱"印戳。

批注圈劃：(1)封面有胡適的紅筆年份注記。(2)陳寅恪《天師道與濱海地域之關係》一文有胡適的紅筆注記與圈劃。

0418 國立中央研究院歷史語言研究所集刊第五本第二分/中央研究院歷史語言研究所編.——上海：商務印書館,1936

137—281 頁：圖；27 厘米

HSMH（HS-N06F3-049）

附注：

印章：鈐有"胡適的書"朱文方印。

批注圈劃：陳寅恪《武曌與佛教》、《李德裕貶死年月及歸葬傳説考辨》二文有胡適的紅筆批注、校改與劃綫。

其他:再版。

0419 國立中央研究院歷史語言研究所集刊第二十本/國立中央研究院歷史語言研究所集刊編輯委員會編.——上海:商務印書館,1948

2 冊:圖,表;26 厘米

HSMH(HS-N17F2-004)

附注:

印章:鈐有"胡適的書"朱文方印。

批注圈劃:《易林斷歸崔篆的判決書》一文偶有胡適的紅筆校改;《浮屠與佛》一文有胡適的紅筆劃綫。

與胡適的關係:收錄胡適《易林斷歸崔篆的判決書》一文。

其他:(1)初版。(2)封面印記"本院成立第二十周年專號 上冊"。(3)館藏上冊。

0420 國民參政會史料/"國民參政會史料編纂委員會"編.——臺北:"國民參政會在臺歷屆參政員聯誼會",1962

[10],664 頁:圖;27 厘米

HSMH(HS-N08F1-002)

附注:

印章:鈐有"胡適的書"朱文方印。

其他:精裝。

0421 國民參政會在臺歷屆參政員通訊錄/編者不詳.——出版地不詳:出版者不詳,出版年不詳

21 頁;13 厘米

HSMH(HS-N18F3-014)

0422 國民大會憲政研討委員會第一次憲政問題座談會記錄/編者不詳.——臺北:"國民大會"秘書處,1961

40 頁;21 厘米

HSMH(HS-N08F2-050)

附注：

　　内附文件：夾附"國民大會"贈書信函 1 封。

0423 國民大會憲政研討委員會第二次憲政問題座談會記錄/編者不詳. ——臺北："國民大會"秘書處, 1961

　　36 頁；21 厘米

　　HSMH（HS-N08F2-051）

0424 國民大會憲政研討委員會第四次憲政問題座談會紀錄/"國民大會"秘書處編. ——臺北："國民大會"秘書處, 1961

　　36 頁；21 厘米

　　HSMH（HS-N17F5-013）

0425 國民黨的新生/張其昀著. ——臺北："中央文物供應社", 1952

　　[1], 85 頁；19 厘米

　　三民主義叢書

　　HSMH（HS-N18F6-010）

　　附注：

　　　　印章：鈐有"胡適的書"朱文方印。

0426 國史研究六篇/梁啓超著. ——臺北：臺灣"中華書局", 1956

　　1 冊：圖；18 厘米

　　HSMH（HS-N06F5-007）

　　附注：

　　　　印章：鈐有"胡適的書"朱文方印。

　　　　其他：(1)臺 1 版。(2)附《地理及年代》、《志語言文字》、《志三代宗教禮學》。

0427 國文文法研究/郭步陶著. ——臺北：啓明書局, 1958

　　[4], 104 頁：圖；18 厘米

　　青年百科入門國學入門組

HSMH（HS-N10F1-045）

附注：

　　印章：鈐有"胡適的書"朱文方印。

　　其他：初版。

0428　國學講話／王緇塵著.——臺北：啓明書局，1958

　　［14］，290頁：表；18厘米

　　文化叢書

　　HSMH（HS-N10F1-058）

　　附注：

　　　　印章：鈐有"胡適的書"朱文方印。

　　　　批注圈劃：書名頁前的廣告頁有胡適的黑筆校正。

　　　　夾紙：夾有"中央研究院"便箋殘片1張。

　　　　其他：初版。

0429　國學入門／本局編譯所編.——臺北：啓明書局，1958

　　［12］，167頁；18厘米

　　青年百科入門國學入門組

　　HSMH（HS-N10F1-043）

　　附注：

　　　　印章：鈐有"胡適的書"朱文方印。

　　　　其他：初版。

0430　國學研讀法三種／梁啓超著.——臺北：臺灣"中華書局"，1958

　　［145］頁：表；18厘米

　　HSMH（HS-N06F5-014）

　　附注：

　　　　印章：鈐有"胡適的書"朱文方印。

　　　　其他：臺2版。

0431　國語古蘭經／時子周譯.——臺北："中華叢書編審委員會"，1958

［12］，908 頁；23 厘米

"中華叢書"

HSMH（HS-N07F3-042）

附注：

　　印章:鈐有"白崇禧印"朱文方印、"胡適的書"朱文方印。

　　題記:扉頁有手寫題記："適之先生惠存 白崇禧敬贈 四七,五,二十二。"

　　其他:(1)加印本。(2)精裝。

0432　國語古蘭經/時子周譯述.——臺北："中華叢書委員會"，1958

　　［12］，908 頁；23 厘米

　　"中華叢書"

　　HSMH（HS-N08F2-001）

　　附注：

　　　　印章:鈐有"胡適的書"朱文方印。

0433　國語文法概論/胡適著.——臺北：遠東圖書公司，1954

　　1，72 頁；19 厘米

　　HSMH（HS-N06F2-050）

　　附注：

　　　　印章:館藏一冊鈐有"胡適的書"朱文方印。

　　　　與胡適的關係:收錄胡適《詩三百篇言字解》、《爾汝篇》、《吾我篇》、《國語文法概論》等文。

　　　　其他:初版。

0434　國語運動史綱/黎錦熙著.——上海：商務印書館，1935

　　20，425，［21］頁；19 厘米

　　HSMH（HS-N07F5-013）

　　附注：

　　　　印章:鈐有"胡適的書"朱文方印。

　　　　其他:再版。

0435 海的十年祭/公孫嬿著. ——臺北：讀者書店，1958

　　4，98，[2]頁；19厘米

　　公孫嬿短篇小説集

　　HSMH（HS-N15F2-061）

　　附注：

　　　　印章：鈐有"胡適的書"朱文方印。

　　　　題記：(1)封面有胡適的的紅筆注記二則："四八，五，廿三日，萬康齡女士送來。適之"，"萬女士是江西人，今天賈韜園先生帶她來"。(2)内封面有黑筆題贈："謹請適公鄉前輩鈞誨 鄉晚查顯林恭謹 四十八年五月。"

　　　　其他：再版。

0436 海東逸史十八卷/翁洲老民著. ——臺北：臺灣銀行，1961

　　[6]，132頁；19厘米

　　臺灣文獻叢刊第九十九種

　　HSMH（HS-N09F2-043）

　　附注：

　　　　印章：鈐有"胡適的書"朱文方印。

0437 海東札記四卷/朱景英著. ——臺北：臺灣銀行，1958

　　[6]，63頁；19厘米

　　臺灣文獻叢刊第十九種

　　HSMH（HS-N09F2-018）

　　附注：

　　　　印章：鈐有"胡適的書"朱文方印。

0438 海防檔甲購買船礮/"中央研究院"近代史研究所編. ——臺北："中央研究院"近代史研究所，1957

　　2册；26厘米

　　中國近代史資料彙編

　　HSMH（HS-N13F2-005）

　　附注：

其他:(1)初版。(2)精裝。

0439 海防檔乙福州船廠/"中央研究院"近代史研究所編.——臺北:"中央研究院"近代史研究所,1957

    2 冊;26 厘米

    中國近代史資料彙編

    HSMH(HS-N13F2-004)

    附注:

        其他:(1)初版。(2)精裝。

0440 海防檔丙機器局/"中央研究院"近代史研究所編.——臺北:"中央研究院"近代史研究所,1957

    [23],562,14 頁;26 厘米

    中國近代史資料彙編

    HSMH(HS-N13F2-003)

    附注:

        其他:(1)初版。(2)精裝。

0441 海防檔丁電綫/"中央研究院"近代史研究所編.——臺北:"中央研究院"近代史研究所,1957

    3 冊;26 厘米

    中國近代史資料彙編

    HSMH(HS-N13F2-002)

    附注:

        其他:(1)初版。(2)精裝。

0442 海防檔戊鐵路/"中央研究院"近代史研究所編.——臺北:"中央研究院"近代史研究所,1957

    [48],980,12 頁;26 厘米

    中國近代史資料彙編

    HSMH(HS-N13F2-001)

附注：

其他：(1)初版。(2)精裝。

0443 海寧陳家/孟森著.——北京：北京大學出版部，1948

33 頁：圖；26 厘米

國立北京大學五十週年紀念論文集文學院第一種

HSMH（HS-N18F6-004）

附注：

印章：鈐有"胡適之印章"白文方印、"胡適的書"朱文方印。

其他：依據1937年手稿本影印。

0444 海上花列傳/韓邦慶著；汪原放句讀.——上海：亞東圖書公司，1926

2 冊；19 厘米

HSMH（HS-N07F6-017）

附注：

批注圈劃：下冊偶有紅筆圈劃。

與胡適的關係：上冊收錄胡適《海上花列傳序》一文。

其他：(1)精裝。(2)封面題名"海上花"。

0445 海上花列傳/韓邦慶著；汪原放句讀.——上海：亞東圖書公司，1928

4 冊；19 厘米

HSMH（HS-N07F6-018）

附注：

印章：鈐有"肇燧"朱文圓印。

與胡適的關係：第1冊收錄胡適《海上花列傳序》一文。

其他：(1)再版。(2)封面題名"海上花"。

0446 海天集/楊廉編.——北平：北新書局，1926

1 冊：圖，像；25 厘米

HSMH（HS-N07F2-041）

附注：

印章:封面有英文手寫簽名"□. W. Hummel",封面略有破損,所缺之字者應爲 A,即 A. W. Hummel(恆慕義);封底亦有同名簽名。

批注圈劃:目錄有鉛筆劃記。

夾紙:有夾紙 1 張。

與胡適的關係:(1)封面書名係爲胡適所題簽。(2)收錄胡適《從譯本裡研究佛教的禪法》一文。

其他:封面題"北大 一九二五哲學系畢業同學紀念刊 海天集"。

0447 海外集/顧一樵著.——臺北:"中西出版社",1960

[19],121 頁;20 厘米

HSMH(HS-N15F2-028)

附注:

印章:館藏二冊均鈐有"胡適的書"朱文方印。

批注圈劃:館藏一冊多頁有胡適的紅筆劃綫。

其他:初版。

0448 海外羈情/黃杰著.——出版地不詳:出版者不詳,1958

[6],168 頁:圖;21 厘米

HSMH(HS-N17F6-058)

附注:

印章:鈐有"胡適的書"朱文方印、"黃杰之印"白文方印。

題記:封面有作者的毛筆題贈:"適之先生惠正 黃杰敬贈。"

批注圈劃:內文有紅色鉛筆劃綫;版權頁有胡適的綠筆注記。

夾紙:有夾紙數張。

0449 海燕/周策縱著.——香港:求自出版社,1961

4,145 頁;18 厘米

HSMH(HS-N17F6-034)

附注:

題記:封面裏有作者的手寫題贈:"適之先生指正 周策縱敬呈。"

其他:初版。

0450 漢碑隸體舉要/蔣和輯；潘浚書.——臺北：藝文印書館，出版年不詳

　　40 頁；19 厘米

　　HSMH（HS-N10F3-037）

　　附注：

　　　　印章：鈐有"胡適的書"朱文方印。

　　　　其他：影印本。

0451 韓非子集解二十卷/王先慎撰.——出版地不詳：藝文印書館，出版年不詳

　　2 冊；19 厘米

　　HSMH（HS-N17F6-002）

　　附注：

　　　　印章：鈐有"胡適的書"朱文方印。

　　　　其他：據清光緒丙申年（1896）十二月刊本影印。

0452 韓非子新證/于省吾著.——臺北：藝文印書館，出版年不詳

　　92 頁；19 厘米

　　HSMH（HS-N10F3-018）

　　附注：

　　　　印章：鈐有"胡適的書"朱文方印。

0453 翰林楊仲弘詩集八卷/楊載撰.——上海：商務印書館，1936

　　[218]頁；23 厘米

　　四部叢刊初編縮本集部 302

　　HSMH（HS-N11F5-027）

　　附注：

　　　　印章：鈐有"胡適的書"朱文方印。

　　　　其他：(1)初版。(2)扉頁印有"HONG KONG"字樣。(3)牌記記載"上海商務印書館縮印江南圖書館藏明嘉靖刊本"。

0454 漢蒙合璧國語教科書第四冊/教育部編.——北平：蒙文書社，1932

172 頁：圖；19 厘米

小學校初級用

HSMH（HS-N17F5-014）

附注：

　　印章:鈐有"胡適的書"朱文方印。

　　批注圈劃:封底有毛筆注記："廿五、五、廿六。"

0455 漢鐃歌釋文箋正/王先謙撰.——臺北：藝文印書館，出版年不詳

176 頁；19 厘米

HSMH（HS-N10F4-031）

附注：

　　印章:鈐有"胡適的書"朱文方印。

　　其他:據清同治壬申年（1872）王氏虛受堂刻本影印。

0456 寒山子詩集附拾得詩/釋寒山撰.——上海：商務印書館，1936

1 冊；23 厘米

四部叢刊初編縮本集部 136

HSMH（HS-N11F4-001）

附注：

　　印章:鈐有"胡適的書"朱文方印。

　　其他:(1)初版。(2)扉頁印有"HONG KONG"字樣。(3)牌記記載"上海商務印書館縮印建德周氏影宋本"。

0457 漢書補注一百卷首一卷/王先謙補注.——臺北：藝文印書館，出版年不詳

4 冊：表；26 厘米

HSMH（HS-N09F5-005）

附注：

　　印章:鈐有"胡適的書"朱文方印。

　　批注圈劃:(1)第 1 冊卷首頁 15 有胡適的綠、藍、鋼筆注記；卷6 有胡適的紅筆圈點。(2)第 2 冊卷 25 下、28 有胡適的紅、綠筆圈點。(3)第 3 冊卷 45、62、63 有胡適的紅筆圈點與注記。(4)第 4 冊卷 76、81、99 下有胡適

的紅、藍筆圈點與注記。

夾紙：各冊均有夾紙。

其他：據清光緒二十六年（1900）長沙王氏校刊本影印。

0458 漢魏兩晉南北朝佛教史／湯用彤撰.——重慶：商務印書館，1944

2 冊；20 厘米

佛學叢書

HSMH（HS-N06F3-043）

附注：

印章：上、下冊書名頁均有胡適的朱筆簽名"胡適"。

題記：(1) 上冊封面有胡適的藍筆手寫注記："李孤帆寄贈胡適。1950 一月十七日到。"(2) 上冊書名頁有胡適的黑筆手寫注記："此書現在已很難尋。孤帆把這部重慶印本寄給我，紙張雖壞，但大致還可讀。適之"；又以紅筆注記："紙張實不壞，甚能耐翻讀。適之。"(3) 下冊封面有胡適的藍筆手寫注記："李孤帆寄贈胡適。"

批注圈劃：(1) 上冊目錄末有胡適的藍筆筆記；內文有胡適的紅、藍、綠、鉛等各色筆批注、校改、圈點與劃綫。(2) 下冊內文偶有胡適的紅、藍筆校改與劃綫；書末跋及版權頁均有胡適的紅、藍筆注記與劃綫。

相關記載：1949 年 12 月 21 日有李孤帆致胡適函，說明寄贈此書事，參見館藏號：HS-NK02-007-026。

其他：(1) 渝第 1 版。(2) 1962 年 "商務" 的臺 1 版（館藏號：N06F1-021），即據此批閱本影印。

0459 漢西京博士考／胡秉虔纂.——上海：商務印書館，1937

1，45 頁；18 厘米

叢書集成初編

HSMH（HS-N10F4-021）

附注：

印章：鈐有 "胡適的書" 朱文方印。

其他：(1) 初版。(2) 據藝海珠塵本排印。

0460　漢英佛學大辭典/ Soothill, William Edward, Hodous Lewis 等編.——臺北："中國佛教月刊社",1957

[14],510 頁;27 厘米

HSMH（HS-N06F1-001）

附註：

印章:書名頁鈐有"胡適的書"朱文方印。

批注圈劃:內文偶有胡適的紅筆圈點、劃綫與批注。

夾紙:夾有殘紙數張。

其他:(1)影印本。(2)精裝。(3)書名頁英文題名"A Dictionary of Chineses Buddhist Terms:With Sanskrit and English Equivalents and a Sanskrit-Pali Index"。

0461　漢語文言語法綱要/向夏編著.——香港:中南出版社,1961

223 頁;19 厘米

HSMH（HS-N07F3-015）

附註：

題記:書名頁有作者手寫題贈:"適之先生誨正　著者敬贈　六一,六,廿七。"

其他:初版。

0462　郝雪海先生筆記及其他二種/郝浴撰.——出版地不詳:商務印書館,1939

1 冊;18 厘米

叢書集成初編

HSMH（HS-N10F5-066）

附註：

印章:鈐有"胡適的書"朱文方印。

批注圈劃:(1)書背有胡適的朱筆注記:"王學質疑。"(2)《王學質疑》有胡適的紅、藍筆圈劃與注記。

夾紙:有夾紙 1 張。

其他:(1)初版。(2)據版權頁題名。(3)內容:《郝雪海先生筆記》、《論學俚言》、《王學質疑》。

0463 河東先生集十六卷／柳開撰.——上海：商務印書館，1936

103 頁；23 厘米

四部叢刊初編縮本集部 174

HSMH（HS-N11F4-032）

附注：

印章： 鈐有"胡適的書"朱文方印。

其他：（1）初版。（2）扉頁印有"HONG KONG"字樣。（3）牌記記載"上海商務印書館縮印舊鈔本"。

0464 河南程氏遺書／朱熹編.——上海：商務印書館，1935

7，380 頁；19 厘米

國學基本叢書

HSMH（HS-N10F3-013）

附注：

印章： 鈐有"胡適的書"朱文方印。

題記： 扉頁有胡適藍筆手寫注記："胡適 一九四九年。"

批注圈劃： 多處有胡適的紅、鉛、藍、黑、朱筆注記、校改與劃綫。

夾紙： 有夾紙數張。

其他：（1）再版。（2）精裝。（3）書背殘片夾在書內。

0465 河南邵氏聞見後錄／邵博著.——上海：商務印書館，1936

2 冊；18 厘米

叢書集成初編

HSMH（HS-N10F4-010）

附注：

印章： 鈐有"胡適的書"朱文方印。

批注圈劃： 二冊均多處有胡適的藍、黑、紅筆劃綫、圈點與注記。

夾紙： 第 2 冊有夾紙 1 張。

其他：（1）初版。（2）據津逮秘書本排印。

0466 河南邵氏聞見前錄/邵伯溫著.——出版地不詳：商務印書館，1939

2 冊；18 厘米

叢書集成初編

HSMH（HS-N10F4-009）

附注：

印章：鈐有"胡適的書"朱文方印。

批注圈劃：第 1 冊有胡適的藍筆校改與注記。

摺頁：第 1 冊偶有摺頁。

其他：(1)初版。(2)據學津討原本排印，津逮秘書本校正。

0467 河南先生文集二十八卷/尹洙撰.——上海：商務印書館，1936

156 頁；23 厘米

四部叢刊初編縮本集部 178

HSMH（HS-N11F4-035）

附注：

印章：鈐有"胡適的書"朱文方印。

其他：(1)初版。(2)扉頁印有"HONG KONG"字樣。(3)牌記記載"上海商務印書館縮印春岑閣鈔本"。

0468 和聲學/蕭而化著.——臺北：臺灣開明書店，1960—1961

2 冊：樂譜；21 厘米

HSMH（HS-N17F1-013）

附注：

印章：鈐有"胡適的書"朱文方印、"蕭而化"朱文方印。

題記：內封面有蕭而化的手寫題贈："胡院長適之先生指正 著者敬贈。"

夾紙：夾有信封殘片 1 張。

其他：(1)1 版。(2)精裝。(3)偶有藍筆校改，但非胡適筆跡。(4)館藏上冊。

0469 何心隱集/容肇祖整理.——北京：中華書局，1960

19，146 頁；20 厘米

HSMH（HS-N17F6-059）

附注：

　　印章：鈐有"胡適的書"朱文方印。

　　夾紙：夾有日本京都彙文堂的郵政劃撥單1張。

　　其他：第1版。

0470 鶴山先生大全文集一百十卷/魏了翁撰．——上海：商務印書館，1936

　　5冊；23厘米

　　四部叢刊初編縮本集部263—267

　　HSMH（HS-N11F5-011）

　　附注：

　　　　印章：鈐有"胡適的書"朱文方印。

　　　　批注圈劃：第2冊卷37、38偶有胡適的紅筆校改與圈劃。

　　　　其他：(1)初版。(2)扉頁印有"HONG KONG"字樣。(3)牌記記載"上海商務印書館縮印烏程劉氏嘉業堂藏宋刊本"。

0471 洪北江詩文集六十八卷/洪亮吉撰．——上海：商務印書館，1936

　　4冊；23厘米

　　四部叢刊初編縮本集部378—381

　　HSMH（HS-N11F6-019）

　　附注：

　　　　印章：鈐有"胡適的書"朱文方印。

　　　　批注圈劃：(1)第1冊文甲集卷8—10，文乙集卷5、6、8有胡適的紅筆圈劃。(2)第2冊詩卷3、6、7有胡適的藍、紅筆注記。

　　　　其他：(1)初版。(2)扉頁印有"HONG KONG"字樣。(3)第1冊牌記記載"上海商務印書館縮印北江遺書本"。(4)附《年譜》。

0472 紅樓夢八十回校本/曹雪芹著；俞平伯校訂，王惜時參校．——北京：人民文學出版社，1958

　　4冊；21厘米

　　HSMH（HS-N05F4-013）

附注：

印章：各冊書名頁鈐有"適之"朱文方印；均鈐有"胡適的書"朱文方印。

批注圈劃：(1)第1冊序言、凡例、《紅樓夢校勘記所用本子及其簡稱的說明》有胡適的紅筆注記與劃綫；第2、5回偶有紅筆注記。(2)第3冊書背有胡適紅筆注記"校記"；扉頁有胡適紅筆注記各版本簡稱；《紅樓夢校字記》有胡適紅筆長篇注記與校改。

夾紙：第1冊序言有夾紙。

相關記載：本書係於1958年5月7日李孤帆所寄贈，胡適稱此書爲第一善本，可參見館藏號：HS-NK01-051-009, HS-NK01-068-002。

其他：(1)北京第1版。(2)附錄第81回至第120回。

0473 紅樓夢人物評傳/朱虛白著. ——臺北：新興書局，1960

2冊：圖；19厘米

HSMH（HS-N05F4-022）

附注：

印章：鈐有"胡適的書"朱文方印。

其他：(1)初版。(2)本書係於1960年11月26日作者寄贈胡適，參見館藏編號：HS-NK05-015-003。

0474 紅樓夢書錄/一粟編著. ——北京：中華書局，1959

411頁；21厘米

HSMH（HS-N05F4-018）

附注：

印章：書名頁鈐有"適之"朱文方印、"胡適的書"朱文方印。

題記：書名頁有胡適紅筆注記："趙聰先生寄贈胡適。1961年二月24寄到。此是'新一版'，改歸中華書局出版。僅印600冊。'評論'部分有增入材料。'版本'p.7第三行原作'徐郙字星曙，號頌閣'，改為'徐郙字頌閣，嘉定人'。適之記。"

批注圈劃：內文多處有胡適的紅筆注記與劃綫。

夾紙：夾紙3張。

其他：新1版。

0475 紅樓夢問題討論集：一集/作家出版社編輯部編.——北京：作家出版社，1955

4，412 頁；21 厘米

HSMH（HS-N05F4-019）

附注：

印章：鈐有"胡適的書"朱文方印。

批注圈劃：(1)有胡適的紅筆注記、圈點與劃綫。(2)版權頁有胡適的紅筆圈點。(3)封底有胡適的紅筆注記字數"302,000 字"。

夾紙：書名頁夾有手寫書名便條 1 張；頁 5 有夾紙 1 張。

與胡適的關係：收錄力揚《對表現在"紅樓夢"研究中的胡適派資產階級唯心論展開批判的重大意義》、李蕤《徹底清除胡適反動思想在文藝領域的遺毒》等文。

其他：北京第 1 版。

0476 紅樓夢問題討論集：二集/作家出版社編輯部編.——北京：作家出版社，1955

4，320 頁；21 厘米

HSMH（HS-N05F4-020）

附注：

印章：鈐有"胡適的書"朱文方印。

批注圈劃：目次有胡適的藍筆記號；內文有胡適的藍、紅筆注記、劃綫與圈點。

與胡適的關係：收錄陸侃如《嚴厲地肅清胡適反動思想在新中國學術界裏殘存的毒害》、孫望《從胡適說到俞平伯的"紅樓夢"研究》、俞平伯《堅決與反動的胡適思想劃清界限》等文。

其他：北京第 1 版。

0477 紅樓夢問題討論集：三集/作家出版社編輯部編.——北京：作家出版社，1955

4，380 頁；21 厘米

HSMH（HS-N05F4-021）

附注：

印章： 封面有胡適的藍筆英文簽名"Hu Shih"；書名頁鈐有"胡適的書"朱文方印。

批注圈劃：（1）《本書出版説明》文末有胡適黑筆注記："此一冊裏，除了極少的幾處提及'胡適一流人'（頁1）'胡適派的紅學家'（頁368）之外，完全是'企圖運用正確的觀點方法來研究紅樓夢的文章'，所以完全和我不相干了。胡適。"（2）《本書出版説明》有胡適的紅、藍筆劃綫；内文有胡適的黑筆注記與圈點。

夾紙： 書名頁夾有手寫書名便條1張。

其他： 北京第1版。

0478　紅樓夢新證 / 周汝昌著.——出版地不詳：棠棣出版社，1953

[21]，634頁：圖；18厘米

中國古典文學研究叢刊

HSMH（HS-DS-016）

附注：

印章： 鈐有"胡適的書"朱文方印。

題記：（1）封面有胡適的黑筆注記："再版"，"適之 校記自用本"。（2）内封面有毛筆題贈："適之校長惠存 學生程綏楚敬贈 民國四十三年二月廿七日寄自香港崇基學院。"

批注圈劃：（1）全書多處有胡適的紅、黑、藍、朱筆注記、校改與圈劃。（2）頁632有胡適的長篇藍筆注記："跋中'一九四七年秋天種因'即是那時他發見了敦敏的懋齋詩鈔稿本。他寫了一篇文字（一九四七年十二月五日天津《民國日報》副刊七十一期），讀了此文，我寫信給他（一九四八年二月十四日天津《民國日報》副刊八十二期），他來看我，我把'脂硯齋評甲戌本'借給他，他拿回家鄉去，同他哥哥緝堂兩人合作，影鈔了一本。四松堂集稿本也是我一九四八年十二月十五夜故意留贈北京大學，使他可以利用的。適之 一九五四年十二月十八夜。"

夾紙： 夾紙數張。

内附文件：（1）書末跋後粘附1954年8月17日吴相湘致胡適的書信1

封,其中論及對周汝昌《紅樓夢新證》的感想,參見館藏號:HS-NK05-035-001。(2)封底粘附1957年8月錢階平敘述"胭脂米"事,上有胡適的紅筆注記。

其他:(1)2版。(2)版權頁有黑筆塗抹痕迹。

0479 紅樓夢研究/李辰冬著.——臺北:新興書局,1958

[4],160頁;19厘米

HSMH(HS-N05F4-023)

附注:

印章:鈐有"胡適的書"朱文方印。

題記:書名頁有作者手寫注記:"適之先生賜正 生李辰冬敬呈 四八,三月台北。"

其他:初版。

0480 紅樓夢研究/俞平伯著.——出版地不詳:棠棣出版社,出版年不詳

[6],272頁;18厘米

中國古典文學研究叢刊

HSMH(HS-DS-017)

附注:

印章:鈐有"胡適的書"朱文方印。

題記:封面有胡適的藍筆注記:"(此是香港翻印本?)適之。"

批注圈劃:多處有胡適的紅、藍、綠筆注記、校改與劃綫。

夾紙:夾紙數張。

0481 紅樓夢一百二十回/曹雪芹著.——臺北:遠東圖書公司,1959

[161],1349頁;19厘米

HSMH(HS-N05F4-011)

附注:

印章:鈐有"胡適的書"朱文方印。

批注圈劃:有胡適的紅筆注記、校改與劃綫。

夾紙:有夾紙數張。

摺頁：偶有摺頁。

與胡適的關係：(1)封面書名係胡適所題簽。(2)收錄胡適《重印乾隆壬子(一七九二)本紅樓夢序》、《紅樓夢考證(改定稿)》、《跋"紅樓夢考證"(一)》、《跋"紅樓夢考證"(二)》等文。

其他：(1)初版。(2)精裝。(3)據清乾隆壬子年(1792)木活排印本重印。

0482　紅樓夢一百二十回/曹雪芹著．——臺北：遠東圖書公司，1959

　　　4冊；19厘米

　　　HSMH（HS-N05F4-012）

　　　附註：

　　　印章：鈐有"胡適的書"朱文方印。

　　　與胡適的關係：封面書名係胡適所題簽。

　　　其他：(1)初版。(2)據清乾隆壬子年(1792)木活排印本重印。(3)館藏缺第1冊。

0483　紅樓夢/曹雪芹著；趙聰校點．——香港：友聯出版社，1960

　　　3冊：圖版；21厘米

　　　中國典籍輯要

　　　HSMH（HS-N05F4-016）

　　　附註：

　　　印章：各冊書名頁鈐有"胡適的書"朱文方印。

　　　批注圈劃：(1)上冊《重印紅樓夢序》有胡適的紅筆劃綫與圈點。(2)上冊頁102有胡適的紅筆劃綫。

　　　夾紙：上冊有夾紙1張。

　　　其他：初版。

0484　紅樓夢/曹雪芹著；趙聰校點．——香港：友聯出版社，1961

　　　3冊：圖版；21厘米

　　　中國典籍輯要

　　　HSMH（HS-N05F4-017）

附注:

　　印章:扉頁鈐有"趙聰"朱文方印。

　　題記:扉頁有手寫注記:"送給適之先生 趙聰 五十年十月。"

　　其他:(1)再版。(2)精裝。

0485 紅色舞台/李昂著.——臺北:勝利出版公司,1954

　　2,148 頁;18 厘米

　　新時代叢刊之一

　　HSMH(HS-N15F2-004)

　　附注:

　　　印章:館藏二冊均鈐有"胡適的書"朱文方印。

　　　題記:館藏一冊封面有手寫題贈:"敬贈適之先生。"

　　　其他:臺1版。

0486 後村先生大全集一百九十六卷/劉克莊撰.——上海:商務印書館,1936

　　8冊;23厘米

　　四部叢刊初編縮本集部273—280

　　HSMH(HS-N11F5-014)

　　附注:

　　　印章:鈐有"胡適的書"朱文方印。

　　　批注圈劃:第3冊卷73偶有胡適的黑筆注記與劃綫。

　　　夾紙:第3、7冊均有夾紙。

　　　其他:(1)初版。(2)扉頁印有"HONG KONG"字樣。(3)第1冊牌記記載"上海商務印書館縮印賜硯堂鈔本"。

0487 後漢紀三十卷/袁宏撰.——上海:商務印書館,1936

　　2冊;23厘米

　　四部叢刊初編縮本史部023,024

　　HSMH(HS-N11F2-035)

　　附注:

　　　印章:鈐有"胡適的書"朱文方印。

批注圈劃:(1)第 1 冊序末有胡適的黑筆注記。(2)二冊均多處有胡適的黑、紅、朱筆注記、校改與圈劃。(3)第 2 冊後序末有胡適的黑筆眉批二則。

夾紙:第 2 冊有夾紙 1 張。

其他:(1)初版。(2)二冊扉頁均印有"HONG KONG"字樣。(3)第 1 冊牌記記載"上海商務印書館縮印無錫孫氏小淥天藏明刊本"。

0488 後漢書集解九十卷續志集解三十卷/王先謙集解. ——臺北:藝文印書館,出版年不詳

3 冊;26 厘米

HSMH(HS-N09F5-006)

附注:

印章:鈐有"胡適的書"朱文方印。

批注圈劃:第 1 冊卷 1 頁 47,卷 5、9、10、30,第 2 冊卷 41、48、59,第 3 冊《後漢志》卷 8、11 有胡適的紅筆注記、圈點與劃綫。

夾紙:第 1 冊有夾紙 2 張;第 3 冊有夾紙 5 張。

其他:據 1915 年長沙王氏校刊本影印。

0489 后山詩註十二卷/任淵注. ——上海:商務印書館,1936

152 頁;23 厘米

四部叢刊初編縮本集部 213

HSMH(HS-N11F4-049)

附注:

印章:鈐有"胡適的書"朱文方印。

批注圈劃:序,卷 4、9 有胡適的藍、朱筆校改。

其他:(1)初版。(2)扉頁印有"HONG KONG"字樣。(3)牌記記載"上海商務印書館縮印江安傅氏雙鑑樓藏高麗活字本"。

0490 胡佛首次委員會報告綱要/王學理譯. ——臺北:"臨時行政委員會",1958

[10],382 頁:圖;19 厘米

HSMH(HS-N08F2-021)

附注：

  印章：鈐有"胡適的書"朱文方印。

  其他：初版。

0491 滹南遺老集四十五卷續附一卷/王若虛撰. ——上海：商務印書館，1936

  243 頁；23 厘米

  四部叢刊初編縮本集部 284

  HSMH（HS-N11F5-017）

  附注：

  印章：鈐有"胡適的書"朱文方印。

  批注圈劃：序，卷 1—4，7，44—46，跋有胡適的朱、黑、紅筆注記、校改與圈劃。

  其他：(1)初版。(2)扉頁印有"HONG KONG"字樣。(3)牌記記載"上海商務印書館縮印舊鈔本"。

0492 胡適的時論一集/胡適著. ——臺北：六藝書局，1948

  2，54 頁；18 厘米

  HSMH（HS-N06F2-026）

  附注：

  印章：館藏一冊鈐有"李敖"白文方印、"李敖藏書"朱文長印。

  題記：館藏一冊封面有李敖的藍筆注記："送給 適之先生 四七、十二、十七，李敖。"

  批注圈劃：二冊均有胡適的鉛、藍、紅筆注記與劃綫。

  與胡適的關係：封面書名係胡適所題簽。

  其他：初版。

0493 胡適反動思想批判/李達著. ——漢口：湖北人民出版社，1955

  [1]，73 頁；19 厘米

  HSMH（HS-N06F4-008）

  附注：

  印章：封面有胡適紅筆簽名"胡適"，鈐有"胡適的書"朱文方印。

批注圈劃：(1)封面有胡適的紅筆注記："此冊約有五萬字。"(2)版權頁及內文均有胡適的紅筆注記和劃記。(3)書末有胡適的紅筆數字計算。

其他：第2版。

0494 胡適留學日記/胡適著.——上海：商務印書館，1948

　　4冊：圖；18厘米

　　HSMH（HS-DS-029）

　　附注：

　　印章：各冊均鈐有"胡適的書"朱文方印。

　　批注圈劃：第3、4冊偶有胡適的紅筆注記與劃綫。

　　夾紙：第1、2、4冊有夾紙。

　　與胡適的關係：封面書名係由胡適所題簽。

　　其他：本館第3版。

0495 胡適留學日記/胡適著.——臺北：臺灣"商務印書館"，1959

　　4冊：圖；19厘米

　　HSMH（HS-N06F4-023）

　　附注：

　　題記：其中一部第1冊封面有胡適手寫題贈："志維兄 適之 四八，五，七。"

　　批注圈劃：其中一部第1、2、3冊有紅、黑、藍鉛筆劃記，似非胡適筆跡。

　　夾紙：其中一部第3冊有夾紙2張；另一部第2冊有粉紅色夾紙1張。

　　與胡適的關係：封面書名係胡適所題簽。

　　其他：臺1版。

0496 胡適論學近著第一集/胡適著.——上海：商務印書館，1935

　　2冊：表；23厘米

　　HSMH（HS-N06F2-063）

　　附注：

　　題記：上冊封面有胡適手寫注記："此是初版。胡建人兄代為買得。適之四九,二,十八。"

夾紙:下冊卷5《談談詩經》頁577處夾有手寫紙1張,有紅筆注記:"談談《詩經》及《論詩經答問》。"

其他:初版。

0497 胡適論學近著第一集/胡適著.——上海:商務印書館,1936

[8],646頁;23厘米

HSMH(HS-N06F3-014)

附注:

印章:鈐有"胡適的書"朱文方印。

題記:扉頁有胡適手寫注記:"適之自校本","此本每頁14行,行45字,每頁630字,平均約600字"。

批注圈劃:(1)多處有胡適的紅、藍、黑、綠、鉛、朱等各色筆校改與注記。(2)《楞伽宗考》頁213處胡適有黑筆眉批,末段注記時間"卅二,二,十八",可知此書是胡適攜北平的少數書籍之一,其後又經胡氏多次重閱校改。

夾紙:有夾紙數張,偶有胡適手寫注記。

其他:(1)再版。(2)精裝。

0498 胡適批判/葉青著.——上海:辛墾書店,1933

2冊;22厘米

HSMH(HS-N06F3-001)

附注:

題記:胡適於自製封面上有藍筆手寫注記:"葉青的胡適批判 第一冊 據自序,這書是1933年八月寫完了的,先印出第一冊,包括全書的第一部份。第二冊比第一冊還更厚,包括全書的第二、三、四、五、六部份。全部書大概有六十多萬字!葉青就是後來的任卓宣先生。這一冊是房夫人杜聯喆送我的。1952年六月十六日,胡適。"

批注圈劃:偶有胡適的紅、藍筆劃綫與注記。

其他:(1)館藏第1冊。(2)原封面闕,書頁散脫。有胡適自製的封面、封底。

0499 胡適實用主義批判/艾思奇著.——北京：人民出版社，1955

90 頁；19 厘米

HSMH（HS-N06F4-005）

附註：

　　印章:鈐有"胡適的書"朱文方印。

　　批注圈劃:有胡適的紅筆劃綫。

　　夾紙:頁 65 有夾紙 1 張。

　　其他:第 1 版。

0500 胡適思想批判論文彙編第一輯/生活讀書新知三聯書店編輯.——北京：生活讀書新知三聯書店，1955

248 頁；20 厘米

HSMH（HS-N06F4-012）

附註：

　　印章:鈐有"胡適的書"朱文方印。

　　題記:扉頁有胡適的紅筆注記："程綏楚兄寄贈 S. C. Cheng, Chung Chi College, 147 Caine Road, Hong Kong。"

　　批注圈劃:有胡適的紅筆劃綫與注記；封底版權頁有胡適的紅筆劃記。

　　其他:第 1 版；北京第 2 次印刷。

0501 胡適思想批判論文彙編第二輯/生活讀書新知三聯書店編輯.——北京：生活讀書新知三聯書店，1955

372 頁；20 厘米

HSMH（HS-N06F4-013）

附註：

　　印章:鈐有"胡適的書"朱文方印。

　　批注圈劃:目次有胡適的紅筆劃記；內文偶有胡適的紅筆校改。

　　相關記載:1961 年 8 月 16 日有胡適致何勇仁函，爲請寄送此書事，參見館藏號:HS-NK05-038-012。

　　其他:第 1 版；北京第 1 次印刷。

0502 胡適思想批判論文彙編第三輯/生活讀書新知三聯書店編輯.——北京：生活讀書新知三聯書店，1955

354 頁；20 厘米

HSMH（HS-N06F4-014）

附注：

印章：鈐有"胡適的書"朱文方印。

批注圈劃：(1)目次有胡適的紅筆劃記。(2)內文有胡適的紅、藍筆注記與劃綫。(3)封底有胡適的藍筆數字計算。

相關記載：1955 年 8 月 31 日有胡適致楊聯陞函，提及第 3 册有侯外廬《揭露美帝國主義奴才胡適的反動面貌》一文事，參見館藏號：HS-LS01-005-027。

其他：第 1 版；北京第 1 次印刷。

0503 胡適思想批判論文彙編第四輯/生活讀書新知三聯書店編輯.——北京：生活讀書新知三聯書店，1955

296；20 厘米

HSMH（HS-N06F4-015）

附注：

印章：鈐有"胡適的書"朱文方印。

批注圈劃：目次有胡適的紅筆劃記。

其他：第 1 版；武漢第 1 次印刷。

0504 胡適思想批判論文彙編第五輯/生活讀書新知三聯書店編輯.——北京：生活讀書新知三聯書店，1955

237 頁；20 厘米

HSMH（HS-N06F4-016）

附注：

印章：鈐有"胡適的書"朱文方印。

批注圈劃：(1)目次有胡適的紅筆劃記。(2)內文有胡適的紅筆注記與劃綫。

其他：第 1 版；北京第 1 次印刷。

0505 胡適思想批判論文彙編第六輯/生活讀書新知三聯書店編輯.——北京：生活讀書新知三聯書店，1955

316 頁；20 厘米

HSMH（HS-N06F4-017）

附註：

印章：鈐有"胡適的書"朱文方印。

批注圈劃：(1)目次有胡適的紅筆劃記。(2)內文有胡適的紅筆注記與劃綫。

夾紙：頁 15 處有夾紙 1 張。

其他：第 1 版；北京第 1 次印刷。

0506 胡適思想批判論文彙編第七輯/生活讀書新知三聯書店編輯.——北京：生活讀書新知三聯書店，1955

426 頁；20 厘米

HSMH（HS-N06F4-018）

附註：

印章：封面有胡適的紅筆簽名"胡適之"，鈐有"胡適的書"朱文方印。

批注圈劃：(1)目次有胡適的紅筆劃記。(2)內文有胡適的藍、紅筆注記與劃綫。(3)封底有胡適的藍、紅筆數字計算。

其他：第 1 版；北京第 1 次印刷。

0507 胡適思想批判論文彙編第八輯/生活讀書新知三聯書店編輯.——北京：生活讀書新知三聯書店，1956

268 頁；20 厘米

HSMH（HS-N06F4-019）

附註：

印章：鈐有"胡適的書"朱文方印。

題記：封面有胡適的紅筆題記："Macrh 27, 1957, 紐約 Paragon 書店寄來。我去年(1956)年底已在 U.C. 的 Durant Hall 看見此冊了。胡適。"

夾紙：目次夾有本書中、英文出版說明1張。

其他：第1版；北京第1次印刷。

0508 胡適文存四卷／胡適著. ——上海：亞東圖書館，1940

4冊；18厘米

HSMH（HS-N06F3-026）

附注：

印章：第1冊鈐有"胡適的書"朱文方印。

題記：第2冊封面有胡適的紅筆注記："適之校改本"。

批注圈劃：(1)第1冊封面有胡適的黑筆注記："民國十九年（1930）重排後的第七版（廿九年，1940），總數為第十九版。胡適"；有胡適的藍筆注記："重排本校對很精，但這一版印在十年之後，故已有紙版脫損，被人誤填誤改的痕跡了。適之"；書中有胡適的紅、藍筆校改、注記與圈劃。(2) 2—4冊有胡適的紅、藍、黑、鉛筆注記、校改與圈劃。

夾紙：(1)第2冊有夾紙5張，頁532夾有手寫紙1張，上有胡適的紅、藍筆注記《每週評論》25至37期出版日期等事。(2)第4冊有夾紙數張，頁1046夾有胡適藍筆手寫注記3張。

其他：19版。

0509 胡適文存二集四卷／胡適著. ——上海：亞東圖書館，1941

4冊；18厘米

HSMH（HS-N06F3-027）

附注：

印章：鈐有"胡適的書"朱文方印。

批注圈劃：館藏一部各冊均有胡適的紅、黑、藍筆注記、校改與劃綫。

夾紙：館藏二部均有夾紙多張。

其他：12版。

0510 胡適文存第一集／胡適著. ——臺北：遠東圖書公司，1953

4冊：像；19厘米

HSMH（HS-N18F8-002）

附注：

　　印章：數冊分別鈐有"胡適的書"朱文方印。

　　批注圈劃：館藏一部第 2 冊偶有紅筆劃綫。

　　夾紙：館藏一部第 2 冊有夾紙數張。

　　與胡適的關係：(1)封面書名係胡適所題簽。(2)收錄 1953 年 7 月 4 日胡適《胡適文存四部合印本自序》手稿影印一文。

　　其他：初版。

0511　胡適文存第二集／胡適著.——臺北：遠東圖書公司，1953

2 冊；19 厘米

HSMH（HS-N18F8-003）

附注：

　　印章：各冊分別鈐有"胡適的書"朱文方印。

　　與胡適的關係：封面書名係胡適所題簽。

　　其他：初版。

0512　胡適文存第三集／胡適著.——臺北：遠東圖書公司，1953

4 冊；19 厘米

HSMH（HS-N18F8-004）

附注：

　　與胡適的關係：封面書名係胡適所題簽。

　　其他：初版。

0513　胡適文存第一集／胡適著.——臺北：遠東圖書公司，1961

[9]，817 頁；19 厘米

HSMH（HS-N18F7-003）

附注：

　　與胡適的關係：(1)內封面書名係胡適所題簽。(2)收錄 1953 年 7 月 4 日胡適《胡適文存四部合印本自序》手稿影印一文。

　　其他：(1)2 版。(2)精裝。

0514 胡適文存第二集/胡適著.——臺北：遠東圖書公司，1961

[5]，541 頁；19 厘米

HSMH（HS-N18F7-004）

附注：

與胡適的關係：內封面書名係胡適所題簽。

其他：(1)2 版。(2)精裝。

0515 胡適文存第三集/胡適著.——臺北：遠東圖書公司，1961

[12]，743 頁；19 厘米

HSMH（HS-N18F7-005）

附注：

與胡適的關係：內封面係胡適所題簽。

其他：(1)2 版。(2)精裝。

0516 胡適文存第四集/胡適著.——臺北：遠東圖書公司，1961

[7]，624 頁；19 厘米

HSMH（HS-N18F7-006）

附注：

與胡適的關係：內封面係胡適所題簽。

其他：(1)2 版。(2)精裝。

0517 胡適文存第一集/胡適著.——臺北：遠東圖書公司，出版年不詳

4 冊；19 厘米

HSMH（HS-N18F8-005）

附注：

與胡適的關係：(1)封面書名係胡適所題簽。(2)收錄 1953 年 7 月 4 日胡適《胡適文存四部合印本自序》手稿影印一文。

其他：無版權頁。

0518 胡適文選/胡適著.——上海：亞東圖書館，1935

[30]，490 頁；19 厘米

HSMH（HS-N06F2-060）

附注：

印章：扉頁有藍筆簽名"李光謨"，似此書原屬李氏所有。

與胡適的關係：封面書名係胡適所題簽。

其他：5 版。

0519 胡適文選／胡適著.──臺北：六藝出版社，1953

[22]，373 頁；18 厘米

HSMH（HS-N18F7-001）

附注：

夾紙：館藏一冊有夾紙數張。

與胡適的關係：封面書名係由胡適所題簽。

其他：(1)臺初版。(2)館藏有夾紙一冊，內頁偶有紅、藍筆劃綫，似非胡適筆迹。

0520 胡適文選／胡適著.──臺北：六藝出版社，1953

[22]，373 頁；18 厘米

HSMH（HS-N18F7-002）

附注：

題記：館藏一冊封面有胡適的紅筆注記："適之用本。"

批注圈劃："適之用本"偶有胡適的紅筆校改與劃綫。

夾紙："適之用本"有夾紙 1 張。

與胡適的關係：封面書名係胡適所題簽。

其他：臺 2 版。

0521 胡適文選／胡適著.──臺北：六藝出版社，1953

[22]，373 頁；19 厘米

HSMH（HS-N18F8-001）

附注：

印章：鈐有"胡適的書"朱文方印。

題記：館藏一冊封面有胡適的紅筆注記："校本。"

批注圈劃:(1)館藏附夾紙之冊,偶有胡適的紅筆注記與劃綫。(2)"校本"一冊偶有胡適的紅、緑、黑筆校改與劃綫。

夾紙:館藏一冊有夾紙1張。

與胡適的關係:封面書名係胡適所題簽。

其他:臺3版。

0522 胡適文選/胡適著.——香港:現代書店,1953

[4],282頁;19厘米

HSMH(HS-N06F2-057)

附注:

印章:鈐有"胡適的書"朱文方印。

批注圈劃:有胡適的紅筆注記與校改。

其他:港初版。

0523 胡適選集/胡適著;許晚成輯.——臺北:台北書局,1957

2,235頁;19厘米

HSMH(HS-N06F2-058)

附注:

印章:鈐有"胡適的書"朱文方印。

0524 胡適言論集甲編學術之部/"自由中國社"編輯.——臺北:"華國出版社",1953

[2],126頁;19厘米

"自由中國社叢書"21

HSMH(HS-N06F2-018)

附注:

印章:鈐有"胡適的書"朱文方印。

題記:初版一冊封面有胡適的黑筆注記:"初寄到的一冊 適之。"

批注圈劃:(1)初版一冊有胡適的紅、藍筆校改。(2)再版一冊有胡適的紅筆校改與圈劃。鉛、藍筆則非胡適筆迹。

相關記載:1953年宋允有《評胡適言論集(甲編)》一文,刊載於"民主評論"第4卷第10期,或參見館藏編號:HS-US01-070-026。

其他:館藏初版1冊、再版2冊,總藏3冊。

0525 胡適言論集乙編時事問題/"自由中國社"編輯.——臺北:"華國出版社",1953

3,116頁;19厘米

"自由中國社叢書"21

HSMH(HS-N06F2-019)

附注:

印章:書名頁鈐有"胡適的書"朱文方印。

批注圈劃:有胡適的藍、鉛筆校改與記號。

其他:初版。

0526 胡適與國運/徐子明等撰.——臺南:臺灣學生書局,1958

64頁;19厘米

HSMH(HS-N06F2-020)

附注:

題記:封面有藍筆英文注記:"Kindly return to Hu Shih 104 E. 81 St. New York 28, N.Y.。"

批注圈劃:偶有胡適的藍筆校改。

0527 胡適與國運論集/陳克疇主編;羅天白,陳培根編輯.——九龍:文山出版社,1958

[1],94頁;19厘米

中興叢書1

HSMH(HS-N06F2-021)

附注:

題記:封面有藍筆注記:"寄呈美國紐約華美協進社 胡適博士 文山出版社敬贈。"

批注圈劃:偶有綠筆校改。

其他:初版。

0528 胡適與國運續集/李煥燊著.——臺北：集成出版社，1958

[2]，84 頁；19 厘米

HSMH（HS-N06F2-022）

附注：

其他：(1)初版。(2)版權頁題名"新嘗試集"。

0529 胡適之先生傳/胡不歸著.——杭州：萍社，1941

[4]，110 頁：圖；19 厘米

HSMH（HS-N06F2-067）

附注：

印章：書名頁鈐有"胡不歸印"朱文方印。

題記：書名頁有作者題贈："孟真先生惠存 著者敬贈 卅二年五月六日寄自浙江龍時浙江省史料徵集委員會。"

其他：(1)初版。(2)精裝。(3)書名頁題"胡適之傳"。(4)偶有藍筆校改，非胡適筆迹。

0530 花間集十二卷/趙崇祚輯.——上海：商務印書館，1936

1 冊；23 厘米

四部叢刊初編縮本集部 437

HSMH（HS-N11F6-043）

附注：

印章：鈐有"胡適的書"朱文方印。

批注圈劃：《樂府雅詞》卷下有胡適的紅筆圈點。

其他：(1)初版。(2)與《樂府雅詞》合刊。(3)扉頁印有"HONG KONG"字樣。(4)牌記記載"上海商務印書館縮印杭州葉氏藏玄覽齋本"。

0531 花落花開/高陽著.——臺北：作品出版社，1961

286 頁；19 厘米

作品叢書第六種

HSMH（HS-N15F1-001）

附注：
  題記：內封面有作者的手寫題贈："胡先生賜政 高陽 五〇,四,十四。"
  其他：初版。

0532 花谿閒筆初編續編/吳鼎昌撰. —— 貴陽：貴州日報社,1960
  123,127 頁；19 厘米
  HSMH（HS-N02F1-025）
  附注：
  印章：鈐有"胡適的書"朱文方印。
  相關記載：一冊贈與"中央研究院"歷史語言研究所,可參見館藏號：HS-NK01-307-008。
  其他：據原刊本影印。

0533 華陽國志十二卷/常璩撰. —— 上海：商務印書館,1936
  126 頁；23 厘米
  四部叢刊初編縮本史部 065
  HSMH（HS-N11F3-014）
  附注：
  印章：鈐有"胡適的書"朱文方印。
  批注圈劃：卷 2、5、6、10、12 有胡適的紅筆注記與圈劃。
  其他：(1)初版。(2)扉頁印有"HONG KONG"字樣。(3)牌記記載"上海商務印書館縮印烏程劉氏藏明錢叔寶鈔本"。

0534 華陽國志十二卷附校勘記/常璩撰；顧廣圻校. —— 上海：商務印書館,1958
  [24],316 頁；19 厘米
  國學基本叢書
  HSMH（HS-N07F2-012）
  附注：
  印章：鈐有"胡適的書"朱文方印。
  其他：(1)上海第 1 次印刷。(2)精裝。

0535 淮海集四十卷後集六卷長短句三卷/秦觀撰.——上海：商務印書館，1936

　　185 頁；23 厘米

　　四部叢刊初編縮本集部 216

　　HSMH（HS-N11F4-051）

　　附注：

　　　　印章：鈐有"胡適的書"朱文方印。

　　　　批注圈劃：卷 10、11、36、40，後集卷 2、4、6 有胡適的朱筆注記與圈劃。

　　　　夾紙：後集卷 6 有夾紙 1 張。

　　　　其他：(1)初版。(2)扉頁印有"HONG KONG"字樣。(3)牌記記載"上海商務印書館縮印海鹽張氏涉園藏明嘉靖本"。

0536 淮南鴻烈解二十一卷/高誘註.——出版地不詳：藝文印書館，出版年不詳

　　2 冊：書影；19 厘米

　　HSMH（HS-N17F6-004）

　　附注：

　　　　印章：鈐有"胡適的書"朱文方印。

　　　　其他：封面題名"淮南子"。

0537 淮南萬畢術及其他四種/劉安撰.——出版地不詳：商務印書館，1939

　　1 冊；18 厘米

　　叢書集成初編

　　HSMH（HS-N10F5-070）

　　附注：

　　　　印章：鈐有"胡適的書"朱文方印。

　　　　批注圈劃：《淮南萬畢術》有胡適的紅筆圈劃。

　　　　其他：(1)初版。(2)據版權頁題名。(3)內容：《淮南萬畢術》、《出行寶鏡》、《元包經傳》、《元包數總義》。

0538 淮南王書/胡適著.——臺北：商務印書館，1961

　　3，179 頁；21 厘米

　　HSMH（HS-N06F2-046）

附注：

    批注圈劃：頁57有胡適的藍筆注記。

    夾紙：頁57有夾紙1張。

    其他：(1)臺1版。(2)封面有紅筆注記"樣本"字樣，並改"影行"爲"發行"，非胡適筆迹。

0539 淮南王書/胡適著．——出版地不詳：商務印書館，出版年不詳

    3，136+頁；19厘米

    HSMH（HS-N06F2-045）

附注：

    印章：鈐有"胡適的書"朱文方印。

    批注圈劃：頁7、68有胡適的紅筆校改與注記；頁95、129有藍筆校改與注記。

    夾紙：有紙張殘片1張。

    其他：頁136後佚失。

0540 淮南子二十一卷/劉安撰；許慎注．——上海：商務印書館，1936

    164頁；23厘米

    四部叢刊初編縮本子部096

    HSMH（HS-N11F3-040）

附注：

    印章：鈐有"胡適的書"朱文方印。

    批注圈劃：卷9有胡適的紅筆圈劃。

    其他：(1)初版。(2)扉頁印有"HONG KONG"字樣。(3)牌記記載"上海商務印書館縮印影鈔北宋本"。

0541 淮南子通檢/中法漢學研究所編．——北京：中法漢學研究所，1944

    35，308頁；26厘米

    中法漢學研究所通檢叢刊之五

    HSMH（HS-N07F6-002）

附注：

印章：鈐有"胡適的書"朱文方印。

0542 淮南子新證/于省吾著.──臺北：藝文印書館，出版年不詳

160頁；19厘米

HSMH（HS-N10F3-047）

附注：

印章：鈐有"胡適的書"朱文方印。

0543 懷袖書：旋風評論集/春雨樓輯.──臺南：春雨樓，1960

3，150頁；19厘米

HSMH（HS-N17F6-071）

附注：

印章：鈐有"胡適的書"朱文方印。

題記：扉頁有作者的手寫題贈："適之先生 姜貴敬贈 庚子秋。"

夾紙：有夾紙1張。

與胡適的關係：收錄"中央日報"（1958-06-14）《胡適之先生演講引證"今檮杌傳"》一文。

0544 換巢鸞鳳/落華生著.──臺北：啓明書局，1957

［2］，82頁；19厘米

新文藝文庫落華生小説二集

HSMH（HS-N17F6-043）

附注：

其他：(1)初版。(2)落華生即落花生，即許地山的筆名。

0545 皇朝文鑑/吕祖謙編.──上海：商務印書館，1936

7冊；23厘米

四部叢刊初編縮本集部414—420

HSMH（HS-N11F6-036）

附注：

印章：鈐有"胡適的書"朱文方印。

批注圈劃：(1)第 1 冊目錄有胡適的紅筆注記與圈劃。(2)多冊有胡適的朱、紅、藍筆注記、校改與圈劃。

夾紙：第 2、3 冊各有夾紙 1 張。

其他：(1)初版。(2)扉頁印有"HONG KONG"字樣。(3)第 1 冊牌記記載"上海商務印書館縮印常熟瞿氏藏宋本"。

0546 皇明文衡一百卷／程敏政編．——上海：商務印書館，1936

4 冊；23 厘米

四部叢刊初編縮本集部 427—430

HSMH（HS-N11F6-040）

附註：

印章：鈐有"胡適的書"朱文方印。

其他：(1)初版。(2)扉頁印有"HONG KONG"字樣。(3)第 1 冊牌記記載"上海商務印書館縮印無錫孫氏小淥天藏明刊本"。

0547 皇清經解／阮元編．——臺北：藝文印書館，1959

20 冊：圖；27 厘米

HSMH（HS-N05F2-196）

附註：

印章：第 1 冊書名頁鈐有"連江嚴氏"朱文方印、"□□藏書"朱文長方印、"□□齋藏書圖記"朱文方印；各冊均鈐有"胡適的書"朱文方印。

其他：(1)據清道光九年(1829)廣東學海堂刊咸豐十一年(1861)補刊本影印。(2)精裝。(3)館藏 1—7 冊，其餘闕。

0548 皇元風雅前集六卷後集六卷／傅習採集．——上海：商務印書館，1936

99 頁；23 厘米

四部叢刊初編縮本集部 426

HSMH（HS-N11F6-039）

附註：

印章：鈐有"胡適的書"朱文方印。

其他：(1)初版。(2)扉頁印有"HONG KONG"字樣。(3)牌記記載"上海商務印書館縮印高麗翻元本"。

0549 黄帝内經素問二十四卷/王冰注. —— 上海：商務印書館，1936

203 頁；23 厘米

四部叢刊初編縮本子部 081

HSMH（HS-N11F3-028）

附注：

印章：鈐有"胡適的書"朱文方印。

其他：(1)初版。(2)扉頁印有"HONG KONG"字樣。(3)牌記記載"上海商務印書館縮印明翻北宋本"。(4)書名頁題"黄帝内經二十四卷"。

0550 黄河通考/申丙著. —— 臺北："中華叢書編審委員會"，1960

[4]，486 頁：圖；21 厘米

"中華叢書"

HSMH（HS-N18F5-023）

附注：

印章：鈐有"胡適的書"朱文方印。

0551 黄勉齋先生文集/黄榦撰. —— 上海：商務印書館，1936

3 冊；18 厘米

叢書集成初編

HSMH（HS-N10F4-004）

附注：

印章：鈐有"胡適的書"朱文方印。

批注圈劃：(1)第 1 冊原序末有胡適的黑筆注記："此是張伯行選本。"(2)各冊有胡適的黑、藍、鉛筆劃綫、校改與注記。(3)第 3 冊頁 189 末有胡適的黑筆注記："全篇共 15921 字，確是一篇大文字。此狀作于朱子死後廿一年。後序六百字，很有道理。中國傳記文學裏,此篇與後序都應該佔一個重要地位。胡適。"

其他：(1)初版。(2)據正誼堂全書本排印。

733

0552 黃御史集八卷/黃滔撰. —— 上海:商務印書館,1936

　　1 冊;23 厘米

　　四部叢刊初編縮本集部 171

　　HSMH(HS-N11F4-029)

　　附注:

　　　印章:鈐有"胡適的書"朱文方印。

　　　其他:(1)初版。(2)封面題名"黃御史公集"。(3)扉頁印有"HONG KONG"字樣。(4)牌記記載"上海商務印書館縮印閩縣李氏觀槿齋藏明刊本"。

0553 回國升學五十年/李樸生著. —— 臺北:海天出版社,1960

　　[10],172 頁:圖;19 厘米

　　HSMH(HS-N15F2-011)

　　附注:

　　　印章:鈐有"胡適的書"朱文方印。

　　　題記:扉頁有作者的手寫題贈:"適之先生指正 樸生敬贈。"

　　　與胡適的關係:第 16 章節標題"不必為賢者諱過——評胡適先生主張僑生不讀中文"。

　　　其他:臺初版。

0554 晦庵先生校正周易繫辭精義二卷/呂祖謙編. —— 上海:商務印書館,1936

　　116 頁;18 厘米

　　叢書集成初編

　　HSMH(HS-N10F5-025)

　　附注:

　　　印章:鈐有"胡適的書"朱文方印。

　　　其他:(1)初版。(2)據古逸叢書本影印。

0555 晦菴先生朱文公集一百卷續集十一卷別集一卷/朱熹撰. —— 上海:商務印書館,1936

　　10 冊:圖;23 厘米

四部叢刊初編縮本集部 226—235

HSMH（HS-N11F4-057）

附注：

印章：鈐有"胡適的書"朱文方印。

批注圈劃：(1)各冊均多處有胡適的朱、紅、藍、黑、鉛、綠筆等各色筆注記與圈劃。(2)各冊書背均有胡適黑筆手寫卷數。

夾紙：第1、3、4、6、7冊均有夾紙。

其他：(1)初版。(2)扉頁印有"HONG KONG"字樣。(3)第1冊牌記記載"上海商務印書館縮印明刊本"。(4)封面題名"朱文公文集"。

0556 繪圖西漢演義/著者不詳.——出版地不詳：出版者不詳，出版年不詳

4, 226+頁：圖；18 厘米

HSMH（HS-N07F6-023）

附注：

其他：封面脫落；頁 226 後佚失。

0557 繪圖增註千字文/著者不詳.——出版地不詳：出版者不詳，出版年不詳

16 頁：圖；21 厘米

HSMH（HS-N07F3-029）

附注：

批注圈劃：有胡適的紅筆注記。

0558 火箭/王石安著.——出版地不詳：新生報，1959

4, 94 頁：圖；19 厘米

征服太空科學小叢書第一輯

HSMH（HS-N08F2-041）

附注：

印章：鈐有"胡適的書"朱文方印。

其他：再版。

0559 稽古錄二十卷/司馬光撰.——上海：商務印書館，1936

130 頁；23 厘米

四部叢刊初編縮本史部 047

HSMH（HS-N11F3-004）

附注：

印章：鈐有"胡適的書"朱文方印。

其他：(1)初版。(2)扉頁印有"HONG KONG"字樣。(3)牌記記載"上海商務印書館縮印明翻宋刊本"。

0560 機會／柴田鍊三郎著.——臺中：中臺書局，1959

2，517 頁；19 厘米

世界文學名著長篇文藝小說

HSMH（HS-N17F6-049）

附注：

印章：鈐有"胡適的書"朱文方印。

批注圈劃：(1)封面、内封面與版權頁之作者姓名處均有胡適的紅筆校正。(2)頁 41、後記有胡適的紅筆校改與劃綫。

夾紙：有夾紙 1 張。

其他：初版。

0561 雞肋編及其他一種／莊季裕撰.——上海：商務印書館，1936

1 冊；18 厘米

叢書集成初編

HSMH（HS-N10F4-018）

附注：

印章：鈐有"胡適的書"朱文方印。

其他：初版。

0562 雞尾酒會及其他／吳魯芹著.——臺北：文學雜誌社，1957

［8］，131 頁；19 厘米

HSMH（HS-N15F2-060）

附注：

印章:鈐有"胡適的書"朱文方印。

其他:初版。

0563 汲冢周書十卷/孔晁撰.——上海:商務印書館,1936

1 冊;23 厘米

四部叢刊初編縮本史部 057

HSMH(HS-N11F3-008)

附注:

印章:鈐有"胡適的書"朱文方印。

批注圈劃:(1)《汲冢周書》序有胡適的綠筆注記與圈劃。(2)《國語》各卷多有胡適的藍、綠、黑、紅筆注記與圈劃。

其他:(1)初版。(2)扉頁印有"HONG KONG"字樣。(3)牌記記載"上海商務印書館縮印江陰繆氏藝風堂藏明刊本"。(4)與《國語》二十一卷合刊。

0564 集唐字老子道德經注/王弼註.——臺北:藝文印書館,出版年不詳

158 頁;19 厘米

HSMH(HS-N10F3-034)

附注:

印章:鈐有"胡適的書"朱文方印。

其他:(1)封面題名"老子註"。(2)據遵義黎氏校刊本影印。

0565 集註分類東坡詩二十五卷/王十朋註.——上海:商務印書館,1936

3 冊;23 厘米

四部叢刊初編縮本集部 202—204

HSMH(HS-N11F4-045)

附注:

印章:鈐有"胡適的書"朱文方印。

夾紙:第 2 冊有夾紙 1 張。

其他:(1)初版。(2)封面題名"集註分類東坡先生詩"。(3)扉頁印有"HONG KONG"字樣。(4)第 1 冊牌記記載"上海商務印書館縮印南海潘

氏藏宋務本堂刊本"。

0566 濟北晁先生雞肋集七十卷/晁補之撰. ——上海：商務印書館，1936

3 冊；23 厘米

四部叢刊初編縮本集部 219—221

HSMH（HS-N11F4-053）

附注：

　　印章：鈐有"胡適的書"朱文方印。

　　批注圈劃：各冊有胡適的紅、藍、鉛筆圈點與注記。

　　其他：(1)初版。(2)扉頁印有"HONG KONG"字樣。(3)第 1 冊牌記記載"上海商務印書館縮印明刊本"。

0567 紀念玄奘大師靈骨歸國奉安專輯/曾悟生主編. ——雲林：興台出版社，1957

[12]，264 頁；22 厘米

HSMH（HS-N05F6-034）

附注：

　　印章：扉頁鈐有"胡適的書"朱文方印、"曾悟生印"朱文方印。

　　題記：扉頁有編者手寫注記："中央研究院適公院長指正"，"主編者 曾悟生敬贈 48.5.4 台灣"。

　　夾紙：夾信封殘片 1 張。

　　其他：(1)初版。(2)精裝。

0568 記取歷史的教訓/著者不詳. ——臺北："國防部總政治部"，1959

4，88 頁；19 厘米

"政治作戰叢書" 6

HSMH（HS-N06F3-038）

附注：

　　批注圈劃：偶有紅筆注記與劃綫。

　　摺頁：有一處摺頁。

　　內附文件：(1)封底有李子恒致"自由中國"編者的藍筆手寫短箋，得知本書係李君所贈。(2)原夾有於 1959 年 11 月 23 日雷震致胡適的信函 1

封,可知此書係由雷震轉贈胡適,參見館藏號:HS-LC01-005-036。

0569 繼往開來/ A. Wilbert Zelomek 著;仲子譯. ——香港:友聯出版社,1960

[5],189 頁;19 厘米

HSMH(HS-N15F2-081)

附注:

　　印章:鈐有"胡適的書"朱文方印。

　　其他:初版。

0570 記趙一清的水經注的第一次寫定本/胡適撰. ——臺北:臺灣大學,1952

1—10 頁;26 厘米

HSMH(HS-N02F5-017)

附注:

　　題記:館藏一冊封面有胡適綠筆手寫注記:"自校改本。"

　　批注圈劃:館藏一冊有胡適的綠筆校改及劃綫。

　　其他:臺灣大學傅故校長斯年先生紀念論文集抽印本。

0571 記者生涯/袁方著. ——臺北:良友出版社,1959

[8],152 頁:圖;19 厘米

HSMH(HS-N15F2-030)

附注:

　　印章:鈐有"胡適的書"朱文方印、"袁方"朱文方印。

　　題記:内封面有作者的手寫題贈:"適公院長 正 鄉晚袁方敬贈。"

　　與胡適的關係:(1)封面書名係胡適所題簽。(2)頁 100 收錄胡適與蔣經國合照照片 1 張。(3)1959 年 6 月 14 日有袁方致胡適函,請求爲其著作封面題字,參見館藏號:HS-NK01-164-001。

0572 家事集/莫泊桑著;啓明書局編譯所編譯. ——臺北:啓明書局,1958

[5],144 頁:圖;19 厘米

莫泊桑全集之二

HSMH(HS-N15F2-054)

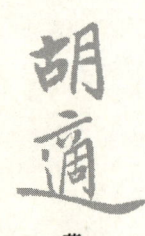

附注:

印章:鈐有"胡適的書"朱文方印。

其他:初版。

0573 嘉祐集十五卷/蘇洵撰. —— 上海:商務印書館,1936

3 冊;23 厘米

四部叢刊初編縮本集部 199—201

HSMH(HS-N11F4-044)

附注:

印章:鈐有"胡適的書"朱文方印。

批注圈劃:(1)第 1 冊《嘉祐集》目錄、卷 11 有胡適的紅、藍筆圈劃;卷 15 末有胡適的紅筆眉批:"此集無辨姦之論。適之。"(2)各冊有胡適的紅、綠、黑筆注記與圈劃。

夾紙:第 2 冊有夾紙數張。

其他:(1)初版。(2)扉頁印有"HONG KONG"字樣。(3)第 1 冊牌記記載"上海商務印書館縮印無錫孫氏小淥天藏影宋本"。(4)與《臨川先生文集》一百卷合刊。

0574 甲骨文斷代研究新例/嚴一萍著. —— 臺北:"中央研究院"歷史語言研究所,1961

483—549 頁:圖;26 厘米

"中央研究院"歷史語言研究所集刊外編第四種慶祝董作賓先生六十五歲論文集

HSMH(HS-N17F5-024)

附注:

印章:鈐有"一萍之印"白文方印。

題記:封面裏有作者的毛筆題贈:"適之先生教正 晚嚴一萍敬贈 五〇、八、十五。"

其他:爲《慶祝董作賓先生六十五歲論文集》抽印本。

0575 甲骨文錄/孫海波編. —— 臺北:藝文印書館,出版年不詳

1冊：圖；19厘米

HSMH（HS-N10F2-015）

附注：

 印章：鈐有"胡適的書"朱文方印。

 其他：據1937年河南通志文物志重新整編影印。

0576 甲骨學五十年/董作賓著.——臺北：大陸雜誌社，1955

［4］，188頁，圖版11面：圖；19厘米

HSMH（HS-N21F1-042）

附注：

 印章：鈐有"胡適的書"朱文方印。

 其他：(1)初版。(2)精裝。

0577 甲午戰前之臺灣煤務/黃嘉謨著.——臺北："中央研究院"近代史研究所，1961

12，303頁：表；22厘米

"中央研究院"近代史研究所專刊

HSMH（HS-N13F2-013）

附注：

 其他：(1)初版。(2)精裝。

0578 賈景德先生事略/著者不詳.——出版地不詳：出版者不詳，出版年不詳

4，圖版［8］：像；27厘米

HSMH（HS-N07F3-039）

0579 賈西亞總統訪華紀念集：中菲兩國元首演講詞，聯合公報，暨其他有關言論輯要/"外交部"情報司編.——臺北："外交部"情報司，1960

［2］，56，69頁：圖；21厘米

HSMH（HS-N18F5-034）

附注：

 印章：鈐有"胡適的書"朱文方印。

內附文件:夾附1960年8月23日"外交部"情報司致胡適贈書信函1封,參見館藏號:HS-NK05-142-025。

與胡適的關係:收錄《胡適博士在國民大會歡迎賈西亞總統席上致詞》一文(1960年5月5日)。

0580 兼明書及其他二種/丘光庭著.——上海:商務印書館,1936
1冊;18厘米
叢書集成初編
HSMH(HS-N10F5-016)
附注:
印章:鈐有"胡適的書"朱文方印。
摺頁:《東原錄》有一處摺角。
其他:(1)初版。(2)據版權頁題名。(3)內容:《兼明書》、《宋景文公筆記》、《東原錄》。

0581 簡愛/李石曾主編.——臺北:啓明書局,1961
1冊:圖;19厘米
世界文學大系外國之部8
HSMH(HS-N11F1-017)
附注:
印章:鈐有"胡適的書"朱文方印。
批注圈劃:目錄有胡適的紅筆圈劃。
夾紙:有夾紙1張。
其他:(1)再版。(2)精裝。

0582 減輕課業負擔方案中的教材教法問題/祁致賢著.——出版地不詳:臺灣省"國語推行委員會",1954
4,48頁;18厘米
HSMH(HS-N18F3-034)

0583 檢字一貫三/三家村學究撰.——臺北:藝文印書館,1955

[10], 429 頁; 19 厘米

HSMH (HS-N07F6-015)

附注:

　　印章:鈐有"胡適的書"朱文方印、"董作賓"白文方印。

　　批注圈劃:序、凡例有胡適的藍筆圈點。

　　其他:(1)初版。(2)精裝。

0584　劍花室詩集/連橫著.——臺北:臺灣銀行,1960

　　[35], 152 頁; 19 厘米

　　臺灣文獻叢刊第九十四種

　　HSMH (HS-N09F2-038)

　　附注:

　　　　印章:鈐有"胡適的書"朱文方印。

0585　江湖行/徐訏著.——臺北:長風出版社,1956

　　284 頁; 18 厘米

　　HSMH (HS-N15F2-077)

　　附注:

　　　　印章:鈐有"胡適的書"朱文方印。

　　　　其他:(1)初版。(2)內封面刊載"第一部"。

0586　江湖行:中/徐訏著.——臺北:長風出版社,1959

　　285—465 頁; 18 厘米

　　HSMH (HS-N15F2-078)

　　附注:

　　　　印章:鈐有"胡適的書"朱文方印。

　　　　其他:(1)臺1版。(2)內封面刊載"第二部"。

0587　江湖行:下一/徐訏著.——臺北:"自由中國社",1960

　　461—716 頁; 19 厘米

　　HSMH (HS-N15F2-079)

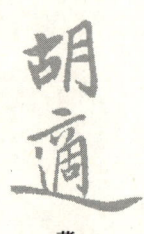

附注:
 印章:鈐有"胡適的書"朱文方印。
 其他:臺初版。

0588 薑齋詩文集/王夫之撰. ——上海:商務印書館,1936
 234 頁;23 厘米
 四部叢刊初編縮本集部 342
 HSMH(HS-N11F6-004)
 附注:
  印章:鈐有"胡適的書"朱文方印。
  其他:(1)初版。(2)封面及書背題名"薑齋先生詩文集"。(3)扉頁印有"HONG KONG"字樣。(4)牌記記載"上海商務印書館縮印船山遺書本"。

0589 蔣李鬥争内幕/梁升俊著. ——香港:亞聯出版社,1954
 [7],224,[2]頁:圖;19 厘米
 HSMH(HS-N15F1-016)
 附注:
  題記:内封面有胡適的綠筆注記:"韓海波先生贈 胡適。"
  批注圈劃:多頁有胡適的藍、綠筆注記與劃綫。
  夾紙:有夾紙 6 張。
  其他:香港初版。

0590 蔣總統集/編輯委員會編. ——臺北:"國防研究院",1960
 2 冊;26 厘米
 HSMH(HS-N09F6-017)
 附注:
  印章:鈐有"胡適的書"朱文方印。
  其他:(1)臺初版。(2)精裝。

0591 蔣總統言論彙編/編輯委員會編輯. ——臺北:正中書局,1956

24 册：表；24 厘米

HSMH（HS-N17F2-023）

附注：

印章：第 1 册钤有"陈诚"白文方印；各册均钤有"胡适的书"朱文方印。

题记：第 1 册卷 1 扉页有陈诚的毛笔题赠："适之代表 陈诚敬赠 四十九年三月。"

其他：馆藏 1—11，15，18—24 册；共藏 19 册。

0592 交食经及其他三种/张冕臣指授.——上海：商务印书馆，1936

1 册；18 厘米

丛书集成初编

HSMH（HS-N10F5-091）

附注：

印章：钤有"胡适的书"朱文方印。

其他：(1)初版。(2)据版权页题名。

0593 焦氏易林十六卷/焦延寿撰.——上海：商务印书馆，1936

2 册；23 厘米

四部丛刊初编缩本子部 091，092

HSMH（HS-N11F3-036）

附注：

印章：钤有"胡适的书"朱文方印。

其他：(1)初版。(2)扉页印有"HONG KONG"字样。(3)第 1 册书名页题"易林注十六卷"。(4)第 1 册牌记记载"上海商务印书馆缩印北京图书馆藏元本乌程蒋氏藏影元钞本"。

0594 焦氏易林十六卷/焦延寿著.——出版地不详：艺文印书馆，出版年不详

418 页；19 厘米

HSMH（HS-N07F2-064）

附注：

印章：钤有"胡适的书"朱文方印。

批注圈劃：有胡適的紅筆注記、圈點與劃綫。

夾紙：有夾紙 3 張。

其他：校宋本重雕。

0595 皎然集十卷/釋皎然撰.——上海：商務印書館，1936

1 冊；23 厘米

四部叢刊初編縮本集部 147

HSMH（HS-N11F4-010）

附注：

印章：鈐有"胡適的書"朱文方印。

批注圈劃：(1)《皎然集》序，卷 6、8、9 有胡適的朱、藍筆注記與圈劃。(2)《劉隨州詩集》卷 1、8 有胡適的朱筆圈點。(3)《韋江州集》卷 3,6—8,10 有胡適的朱筆圈點。

夾紙：《皎然集》卷 6、8 各有夾紙 1 張；《劉隨州詩集》卷 8 有夾紙 1 張；《韋江州集》卷 8 有夾紙 1 張。

其他：(1)初版。(2)扉頁印有"HONG KONG"字樣。(3)牌記記載"上海商務印書館縮印江安傅氏雙鑑樓藏影宋精鈔本"。(4)《皎然集》卷端題名"晝上人集"。(5)與《劉隨州詩集》、《韋江州集》合刊。

0596 校補定本墨子閒詁十五卷目錄一卷後語二卷校補十五卷附編一卷/孫詒讓撰；李笠校補.——臺北：藝文印書館，出版年不詳

4 冊；19 厘米

HSMH（HS-N07F2-018）

附注：

印章：鈐有"胡適的書"朱文方印。

0597 校訂書目答問補正/范希曾補正.——臺北：藝文印書館，1957

1 冊；15 厘米

藝文叢書 1003

HSMH（HS-N07F3-025）

附注：

印章:鈐有"胡適的書"朱文方印。

其他:(1)初版。(2)目錄題名"書目答問補正"。

0598 教師思想改造文選/中南人民出版社編.——漢口:中南人民出版社,1953

1 冊;18 厘米

HSMH（HS-N06F4-007）

附注:

印章:鈐有"胡適的書"朱文方印。

批注圈劃:封面有紅筆注記:"98。"

其他:(1)初版。(2)原書不只 1 冊,館藏上輯。

0599 教廷與中國使節史/羅光著.——臺中:光啓出版社,1961

269 頁;19 厘米

歷史叢書 3

HSMH（HS-N18F5-028）

附注:

批注圈劃:頁 181,183,203,211—213,215 有胡適的紅筆注記、校改與劃綫。

夾紙:有夾紙 1 張。

其他:臺初版。

0600 教育部公布校改國音字典/教育部讀音統一會編纂.——上海:商務印書館,1924

1 冊;17 厘米

HSMH（HS-N17F1-012）

附注:

夾紙:有夾紙 1 張。

其他:35 版。

0601 教育概況:中華民國三十九年至五十年/"教育部"編.——臺北:"教育部",1961

[6]，186 頁：表；26 厘米

HSMH（HS-N17F5-019）

0602 劫火/江流著.──臺北：尚德印書館，1961

[1]，411，[1]頁；19 厘米

HSMH（HS-N17F6-051）

附注：

印章：鈐有"趙天池"白文方印。

題記：扉頁有手寫題贈："適之先生賜正 後學趙天池敬贈"；同頁有胡適的紅筆注記："士林、天母發電所。"

內附文件：書末粘附 1961 年 7 月 19 日趙天池致胡適贈書信函 1 封，參見館藏號：HS-NK05-118-005。

其他：初版。

0603 劫中得書記/鄭振鐸著.──上海：古典文學出版社，1956

20，204 頁；19 厘米

HSMH（HS-N07F5-041）

附注：

題記：書名頁有胡適的紅筆注記："民國四九（一九六十）年十月，在日本東京買得此書。適之。"

批注圈劃：頁 198、199 有胡適的紅筆筆記。

其他：第 1 版。

0604 鮚埼亭集三十八卷經史問答十卷外編五十卷/全祖望撰.──上海：商務印書館，1936

5 冊；23 厘米

四部叢刊初編縮本集部 372—376

HSMH（HS-N11F6-017）

附注：

印章：鈐有"胡適的書"朱文方印。

批注圈劃：(1)第 1 冊多處有胡適的藍、紅、黑、朱筆注記、校改與圈劃；

《世譜》末有胡適的朱筆筆記一則。(2)第 2 冊多處有胡適的藍、紅、黑、朱筆注記與圈劃;卷 32 有胡適的朱筆筆記:"謝山全祖望序 用趙氏水經注釋刻本校 胡適 一九五一,六,十四。"(3)第 3 冊多處有胡適的黑、紅、鉛、藍、朱筆注記、校改與圈劃;《外編目錄》末有胡適的黑筆長篇筆記。(4)第 4、5 冊均多處有胡適的黑、紅、藍、朱筆注記與圈劃。

夾紙:(1)第 1、4、5 冊均有夾紙。(2)第 2 冊有夾紙數張,其中卷 30 粘附便箋 2 張,上有胡適的紅、鉛筆筆記。

其他:(1)初版。(2)扉頁印有"HONG KONG"字樣。(3)第 1 冊牌記記載"上海商務印書館縮印原刊本"。

0605 鮚埼亭詩集十卷/全祖望撰.——上海:商務印書館,1936
102 頁;23 厘米
四部叢刊初編縮本集部 377
HSMH(HS-N11F6-018)
附注:
印章:鈐有"胡適的書"朱文方印。
批注圈劃:多處有胡適的黑、紅、藍、朱筆等各色筆注記、校改與圈劃。
夾紙:夾紙 1 張。
其他:(1)初版。(2)扉頁印有"HONG KONG"字樣。(3)牌記記載"上海商務印書館縮印無錫孫氏小淥天藏舊鈔本"。

0606 今古奇觀/馮夢龍著;汪乃剛句讀.——上海:亞東圖書公司,1949
4 冊;19 厘米
HSMH(HS-N07F6-019)
附注:
批注圈劃:(1)第 1 冊扉頁有胡適的紅筆注記:"此是亞東原版,印在 1949 年三月,是最後的印本了。適之。"(2)第 1 冊孫楷第《今古奇觀序》一文、《校讀後記》有胡適的紅、黑筆圈劃與注記。
其他:8 版。

0607 今日西德/余堅著.——臺北:帕米爾書店,1955

[18]，370 頁；21 厘米

HSMH（HS-N18F4-029）

附注：

印章：鈐有"胡適的書"朱文方印。

夾紙：夾有信封殘片 1 張，背面有藍筆注記："已復謝 帕米爾書店贈 四九，七，八。"

其他：(1)初版。(2)封面有藍筆注記"四分局"，似非胡適筆迹。

0608 今日西德/余堅著. ——臺北：帕米爾書店，1955

[18]，370 頁；22 厘米

HSMH（HS-N18F4-030）

附注：

印章：鈐有"胡適的書"朱文方印、"余堅"朱文方印。

題記：扉頁有作者的毛筆題贈："適之先生教正 後學余堅敬贈 一九五六年三月二十四日於台中市"；旁有胡適的藍筆注記地址。

其他：(1)初版。(2)精裝。

0609 今日的問題/"自由中國編輯委員會"編著. ——臺北："自由中國社"，1958

2，168 頁；19 厘米

HSMH（HS-N06F2-028）

附注：

印章：封面有胡適紅筆簽名"適之"，鈐有"胡適的書"朱文方印。

批注圈劃：有胡適的紅、藍筆注記與劃綫。

其他：初版。

0610 今檮杌傳/姜貴著. ——臺南：姜貴，出版年不詳

[6]，519 頁；19 厘米

HSMH（HS-N17F6-070）

附注：

相關記載：1957 年 12 月 8 日有胡適覆姜貴信，回復已收到此書事，參見館藏號：HS-NK01-143-013。

其他:春雨樓藏版。

0611 今文尚書考證/皮錫瑞著.——臺北:藝文印書館,出版年不詳

3 冊;19 厘米

HSMH(HS-N10F2-010)

附注:

印章:鈐有"胡適的書"朱文方印。

批注圈劃:(1)中冊卷 15 有胡適的紅筆圈點。(2)下冊卷 25、30 有胡適的紅、藍筆圈劃。

其他:據清光緒丁酉年(1897)孟春師伏堂刊本影印。

0612 金剛般若波羅多經/鳩摩羅什中譯;徐照英譯.——出版地不詳:出版者不詳,出版年不詳

1 冊;19 厘米

HSMH(HS-N18F5-009)

附注:

印章:鈐有"胡適的書"朱文方印。

題記:館藏一冊封面有英譯者的毛筆題贈:"適公先生賜正 後學徐照敬贈 一月廿六日。"

其他:中、英文對照。

0613 金華黃先生文集四十三卷/黃溍撰.——上海:商務印書館,1936

2 冊;23 厘米

四部叢刊初編縮本集部 304,305

HSMH(HS-N11F5-029)

附注:

印章:鈐有"胡適的書"朱文方印。

批注圈劃:(1)第 1 冊卷 11、12、16、17、19 有胡適的紅筆注記與圈劃。(2)第 2 冊卷 41、42,《行狀》有胡適的紅筆注記、校改與圈劃。

夾紙:二冊均有夾紙。

其他:(1)初版。(2)扉頁印有"HONG KONG"字樣。(3)第 1 冊牌記記

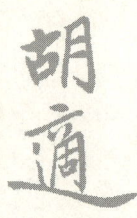

載"上海商務印書館縮印常熟瞿氏上元宗氏日本岩崎氏藏元刊本"。

0614 金華萬佛塔出土文物/浙江省文物管理委員會編.——北京：文物出版社，1958

86頁：圖；19厘米

HSMH（HS-N18F5-008）

附注：

印章：鈐有"胡適的書"朱文方印。

其他：第1版。

0615 金門志十六卷/林焜熿著.——臺北：臺灣銀行，1960

3冊：圖；19厘米

臺灣文獻叢刊第八十種

HSMH（HS-N09F2-026）

附注：

印章：鈐有"胡適的書"朱文方印。

0616 金史一百三十五卷/脫脫等修.——臺北：藝文印書館，出版年不詳

3冊：表；26厘米

HSMH（HS-N09F4-017）

附注：

印章：鈐有"胡適的書"朱文方印。

其他：據清乾隆武英殿刊本影印。

0617 金玉盟歌劇本/王文山著.——出版地不詳：出版者不詳，出版年不詳

130頁；26厘米

HSMH（HS-N21F2-012）

附注：

夾紙：頁114夾有"王文山"名片1張。

其他：多處有紅筆注記、校改與劃綫，但非胡適筆跡。

0618 唫香僊館書目/馬瀛撰.——上海：古典文學出版社，1958

　　6，68，22 頁；19 厘米

　　HSMH（HS-N07F5-045）

　　附注：

　　　　印章：鈐有"胡適的書"朱文方印。

　　　　其他：第 1 版。

0619 近十年來民族學論文集/凌純聲著.——出版地不詳：出版者不詳，出版年不詳

　　1 冊：圖；26 厘米

　　HSMH（HS-N13F2-015）

　　附注：

　　　　題記：扉頁有作者的手寫題贈："適之院長教正 晚凌純聲敬贈。"

　　　　其他：精裝。

0620 近百年來中譯西書目錄/"國立中央圖書館"編.——臺北："中華文化出版事業委員會"，1958

　　[7]，328 頁；19 厘米

　　"現代國民基本知識叢書"第五輯

　　HSMH（HS-N17F3-006）

　　附注：

　　　　印章：鈐有"胡適的書"朱文方印。

　　　　其他：初版。

0621 近代歐洲社會政治史/曹紹濂譯.——臺北：臺灣"商務印書館"，1960

　　4 冊；21 厘米

　　HSMH（HS-N07F4-010）

　　附注：

　　　　印章：鈐有"胡適的書"朱文方印。

　　　　夾紙：下卷之二頁 816 處夾有 1960 年 4 月 6 日胡適的購書發票收執聯 1 張。

其他：臺 1 版。

0622 近代學風之地理的分布/梁啓超著. ——臺北：臺灣"中華書局"，1956

59 頁；18 厘米

HSMH（HS-N06F5-013）

附注：

　　印章：鈐有"胡適的書"朱文方印。

　　其他：(1)臺 1 版。(2)附《中國地理大勢論》。

0623 近思錄十四卷/朱熹編；張伯行集解. ——上海：商務印書館，1936

4 冊；18 厘米

叢書集成初編

HSMH（HS-N10F5-047）

附注：

　　印章：第 1 冊書名頁蓋有"國立中央圖書館敬贈 PRESENTED BY THE NATIONAL CENTRAL LIBRARY NANKING"印戳，鈐有"胡適的書"朱文方印。

　　批注圈劃：(1)第 1 冊有胡適的紅、藍、朱、黑筆注記與劃綫。(2)第 2 冊有胡適的紅筆注記、圈點與劃綫。(3)第 3 冊扉頁有胡適的藍筆注記；卷 9、10 有胡適的綠、藍筆圈點與劃綫。

　　夾紙：第 1、2 冊有夾紙數張。

　　其他：(1)初版。(2)據正誼堂叢書本排印。

0624 晉書斠注一百三十卷/房玄齡等奉敕撰；吴士鑑，劉承幹注. ——臺北：藝文印書館，出版年不詳

5 冊；26 厘米

HSMH（HS-N09F5-011）

附注：

　　印章：鈐有"胡適的書"朱文方印。

　　其他：據 1928 年北平刊本影印。

0625 晉書一百三十卷/房玄齡等奉敕撰. ——臺北：藝文印書館，出版年不詳

 3 冊；26 厘米

 HSMH（HS-N09F5-010）

 附注：

  印章：鈐有"胡適的書"朱文方印。

  批注圈劃：各冊均有胡適的紅、藍、黑等各色筆圈點、劃綫與注記。

  夾紙：第 3 冊卷 114、116 各有夾紙 1 張。

  其他：據清乾隆武英殿刊本影印。

0626 京本通俗小說殘存七卷/著者不詳. ——臺北：世界書局，1958

 2，105 頁；19 厘米

 世界文庫四部刊要中國通俗小說名著之一

 HSMH（HS-N06F5-045）

 附注：

  印章：鈐有"胡適的書"朱文方印。

  其他：(1)1 版。(2)據繆荃蓀刻煙畫東堂小品本排印。

0627 京氏易傳三卷/陸績註；范欽訂. ——上海：商務印書館，1936

 1 冊；23 厘米

 四部叢刊初編縮本經部 011

 HSMH（HS-N11F2-026）

 附注：

  印章：鈐有"胡適的書"朱文方印。

  批注圈劃：《韓詩外傳》卷 1 頁 3 有胡適的一則藍筆眉批。

  其他：(1)初版。(2)與《尚書大傳》、《韓詩外傳》十卷合刊。(3)牌記記載"上海商務印書館縮印天一閣刊本"。

0628 荊川先生文集/唐順之撰. ——上海：商務印書館，1936

 2 冊；23 厘米

 四部叢刊初編縮本集部 334，335

 HSMH（HS-N11F5-045）

附注：

　　印章：鈐有"胡適的書"朱文方印。

　　其他：(1)初版。(2)扉頁印有"HONG KONG"字樣。(3)第1冊牌記記載"上海商務印書館縮印明刊本"。

0629 經典常談/朱自清著. ——臺北：啓明書局，1958

　　[7]，173頁；18厘米

　　青年百科入門國學入門組

　　HSMH（HS-N10F1-054）

　　附注：

　　　　印章：鈐有"胡適的書"朱文方印。

　　　　其他：初版。

0630 經典釋文三十卷校勘記三卷/陸德明撰. ——上海：商務印書館，1936

　　2冊；23厘米

　　四部叢刊初編縮本經部013,014

　　HSMH（HS-N11F2-028）

　　附注：

　　　　印章：鈐有"胡適的書"朱文方印。

　　　　批注圈劃：第1冊卷1有胡適的紅筆注記與圈劃。

　　　　其他：(1)初版。(2)第1冊牌記記載"上海商務印書館縮印通志堂刊本"。

0631 經濟學新論/王官獻譯. ——臺北：王官獻，1959

　　[11]，500，22頁：圖；21厘米

　　HSMH（HS-N18F4-033）

　　附注：

　　　　印章：鈐有"胡適的書"朱文方印、"王官獻"朱文方印。

　　　　題記：封面有譯者的毛筆題贈："適之院長先生 賜正 王官獻呈贈。"

　　　　其他：再版增訂。

0632 經濟學原論/高叔康編.——臺北：高叔康，1960

[21]，295 頁：圖；21 厘米

HSMH（HS-N18F4-034）

附註：

印章：館藏二冊均鈐有"胡適的書"朱文方印。

題記：館藏二冊封面裏均有編者的手寫題贈："適之先生指正 高叔康敬贈。"

其他：初版。

0633 經濟制度研究/ Theo Suranyi-Unger 著；陳樹桓譯.——香港：大成文化事業公司，1957

[34]，579，27 頁；23 厘米

HSMH（HS-N09F6-013）

附註：

印章：扉頁鈐有"陳樹桓印"朱文方印、"胡適的書"朱文方印。

題贈：扉頁有譯者題贈："適之院長教正 陳樹桓敬贈 四十八年仲秋。"

夾紙：頁 215 夾有信封殘片 1 張，有胡適的黑筆注記："已復謝並登記 四八，十一，四。"

其他：(1)初版。(2)精裝。

0634 經進東坡文集事略六十卷/郎曄注.——上海：商務印書館，1936

2 冊；23 厘米

四部叢刊初編縮本集部 205，206

HSMH（HS-N11F4-046）

附註：

印章：鈐有"胡適的書"朱文方印。

批注圈劃：(1)第 1 冊目錄、卷 4 有胡適的紅筆圈劃。(2)第 2 冊卷 39，44—46，53—56 有胡適的紅、藍筆注記與圈劃。

夾紙：(1)第 1 冊扉頁夾有手寫綠色紙 4 張，上有胡適的藍、紅筆筆記。(2)第 2 冊有夾紙數張。

其他：(1)初版。(2)扉頁印有"HONG KONG"字樣。(3)第 1 冊牌記記載"上海商務印書館縮印烏程張氏南海潘氏合藏宋刊本"。

0635 經學通論/皮錫瑞著.——出版地不詳：商務印書館，出版年不詳

1 冊；19 厘米

國學基本叢書簡編

HSMH（HS-N07F1-005）

附注：

印章：鈐有"胡適的書"朱文方印。

其他：依據萬有文庫版本印行。

0636 經傳釋詞十卷/王引之著.——上海：商務印書館，1935

1 冊；19 厘米

學生國學叢書

HSMH（HS-N07F1-004）

附注：

印章：鈐有"胡適的書"朱文方印。

題記：書名頁有胡適的藍筆注記："王引之的《經傳釋詞》附孫經世的《經傳釋詞補》一九五三年一月在東京買的。胡適。"

批注圈劃：(1)目錄有胡適的紅筆圈點。(2)《繇由猷》頁 23 末有胡適的藍筆長篇筆記；《誕》頁 35 有胡適的紅筆注記。

其他：國難後第 2 版。

0637 精選陸放翁詩集/陸游撰.——上海：商務印書館，1936

75 頁；23 厘米

四部叢刊初編縮本集部 260

HSMH（HS-N11F5-009）

附注：

印章：鈐有"胡適的書"朱文方印。

批注圈劃：前集卷 8—10，後集卷 7、8 有胡適的紅、鉛筆圈劃與校正。

其他：(1)初版。(2)扉頁印有"HONG KONG"字樣。(3)牌記記載"上海商務印書館縮印烏程劉氏藏明弘治本"。(4)書名頁題名"放翁詩選"。